옹정황제의 인간경영학

晴眼看雍正
by 李傲

copyright ⓒ 2007 by 中國華僑出版社
All rights reserved.

Korean Translation Copyright ⓒ 2008 by SANSUYA

Korean edition is published by arrangement
with 中國華僑出版社
through EntersKorea Co., Ltd, Seoul.

옹정 황제의 인간 경영학

리아오 지음 | 김인지 옮김

산수야

옹정황제의 인간경영학

초판 1쇄 발행　2008년 9월 5일
초판 2쇄 발행　2010년 2월 10일

지은이　　　리아오
옮긴이　　　김인지
발행인　　　권윤삼
발행처　　　도서출판 산수야

등록번호　　제1-1515호
주소　　　　135-270 서울시 마포구 망원동 472-19
전화　　　　02-332-9655
팩스　　　　02-335-0674

ISBN 978-89-8097-177-0　03320
값은 뒤표지에 있습니다. 잘못된 책은 바꾸어 드립니다.

이 도서의 국립중앙도서관 출판시도서목록(CIP)은 e-CIP 홈페이지
(http://www.nl.go.kr/cip.php)에서 이용하실 수 있습니다.
(CIP제어번호: CIP2008002138)

■ 서문

청대 강건성세康乾盛世의 연결점이자 중국 역사상 가장 치열한 논쟁의 주인공 중 1명인 옹정제. 그는 지나치게 많은 역사적 책임과 모욕, 오명을 짊어져야만 했다.

하지만 고집과 근면, 인내의 화신 옹정제는 단 한 번도 위대한 황제가 되겠다는 꿈을 포기한 적이 없었다. 황위를 둘러싸고 형제들과 다툼을 벌일 때나 즉위 후 대업을 위해 치욕을 참아야 했던 길고 긴 시간 속에서도 그는 언제나 이상을 추구하며 개인의 명예와 혈육의 정을 포기했다. 이렇게 복잡한 성격 속에서 탄생한 옹정제만의 독특한 지략! 그것은 오늘날 우리에게 중요한 현대적 의미와 역사적 의미를 동시에 보여주고 있다.

이 책《옹정황제의 인간경영학》속에는 역사를 보는 전혀 새로운 관점과 자세한 사실 그리고 생동감 있는 이야기와 심오한 철학이 녹아 있다. 따라서 이 책이 오늘날의 독자에게 많은 것을 일깨워주리라 믿어 의심치 않는다.

'옹정황제의 인간경영학'이라는 제목에서 알 수 있듯, 이 책은 무정하고 잔인한 인물로 낙인찍혀버린 옹정제를 객관적으로 해부하고 있다. 당시의 역사적 배경, 인물의 성격 및 성장과정을 바탕으로 옹정제라는 복잡한 인물을 연구한 것이다. 그것은 이 책이 많은 독자들을 끌어들일 수 있는 이유이기도 하다.

옹정제가 살았던 시대의 역사를 자세히 짚어보면, 그 시절의 그가 얼마나 복잡한 인물관계와 사회배경에 얽매여 있었는지를 쉽게 알 수 있다. 바로 이 때문에 많은 사람들이 옹정제를 객관적으로 평가하지 못하는 것이다. 이 책의 목적은 좀더 맑고 정확한 눈으로 옹정제의 진짜 모습을 바라보고, 인재를 적재적소에 배치하는 그의 지혜를 배우는 것에 있다. 옹정제 시기의 역사자료에 대한 전면적인 연구를 거친 후 12개의 키워드로 그의 일생을 종합해보았다.

옹정제 인생의 첫 번째 키워드
굴욕을 참는 인내

"남들이 참지 못하는 것을 인내하면 남들이 하지 못하는 일을 이룰 수 있다."

이것은 바로 고대의 성현들이 걸출한 지도자에게 요구했던 것으로, 그들의 인내력을 시험해보는 것에 그 목적이 있었다.

옹정제는 황제라는 최고의 위치에 있었던 인물이다. 하지만 일국의 황제로서 결코 참을 수 없는 굴욕, 바로 증정이 악종기에게 모반을 부추겼던 사건이 그의 재위 기간에 발생했다. 그러나 옹정제는《대의각미록

大義覺迷錄》을 지어 자신을 변론하며, 민간에 떠돌던 나쁜 소문 ─ 황제를 죽이고 어머니를 핍박했으며, 황위를 찬탈했고 색을 밝힌다 ─ 을 직접 반박하기도 했다.

그는 분명 중국 역사상 가장 많은 모욕을 당한 황제였다. 누군가가 "사람의 가장 큰 약점은 바로 자신을 극복하기 힘들다는 점이다."라고 말했다. 하지만 옹정제는 평생 동안 자신의 결점을 극복하기 위해 노력했으며, 단 한 번도 자신에게 주어진 책임을 회피하지 않았다.

옹정제는 백성을 사랑한 황제였다. 또한 "고생을 하지 않은 사람은 어떤 일에서도 성공할 수 없다."라고 항상 말했던 그는 '고진감래苦盡甘來'를 누구보다 믿었다. 그는 명예만을 추구하는 황제는 스스로에게 무한한 고뇌를 안겨줄 뿐이라는 사실을 잘 알았다. 때문에 인격수양을 게을리하지 않았고 스스로를 채찍질하며 백성들에게 인정받는 황제가 되기 위해 노력했다.

옹정제는 언제나 성실하고 근면하게 정무에 임했다. 그것은 즉위 초기에 복잡한 정사政事의 갈피를 잡을 수 없었기 때문만은 아니었다. 황제의 자리에 오른 후 자신의 위치를 정확히 알았던 그는 황제 노릇이 얼마나 힘든지 깨달을 수 있었다. 그래서 항상 '위군난爲君難'이라는 탄식을 멈추지 않았다.

백성들은 폐단투성이인 정치를 개혁하지 않으면 황제가 정무에 소홀하다고 비난하고, 개혁에 힘쓰면 오히려 가혹하다며 불만을 털어놓는다. 관리의 의견을 수렴하지 않으면 간언諫言을 받아들일 그릇을 갖추지 못했다 하고, 그 말이 터무니없어 처벌하면 신하들의 입을 막아버린다 하니 어떻게 해야 좋단 말인가. 그래서 그는 "황제가 되는 것은 실로 어려운 일이다."라고 입버릇처럼 말했던 것이다. 옹정제는 옥새에 '위군 난' 이라는 글자를 새겨넣기도 했다.

그는 역사책을 읽으며 학學, 문問, 사思, 판辦의 능력을 높였으며, 실천을 통해 정치적 재능을 키웠다. 백성을 위해 부지런히 정사에 임했던 옹정 제는 특히 다음과 같은 것들에서 탁월한 재능을 보였다. 첫째, 아랫사람 들의 상황과 사정에 대해 잘 알고 있었다. 둘째, 자신을 정확하게 이해 하고 있었다. 셋째, 실리적 태도를 바탕으로 여러 사회문제를 해결했다.

자신의 위치를 정확하게 알고 있었던 그는 효과적으로 대국大局을 통치 할 수 있었다.

"일국의 군주라면 언제나 정확한 정책을 시행하며 신하들의 의견을 겸허하게 받아들이고 아첨을 일삼는 무리들을 멀리해야 한다."

옹정제는 항상 이를 되새기며 자신을 다잡았다.

옹정제는 밀절제도를 개선하기 위해 직접 군기처를 설치하고 신하들 의 권력을 줄여나갔다. 이렇게 국가의 원수이자 행정의 수뇌를 겸하게 된 그는 모든 권력을 두 손에 꽉 움켜쥘 수 있었다. 물론 이 때문에 그가 할 일은 더욱 많아졌다.

옹정제 인생의 두 번째 키워드

늑대의 지략智略

옹정제는 선할 때는 양이요 부지런할 때는 소였으며, 무정할 때는 늑 대와 같았다. 하지만 누가 뭐라 해도 그는 늑대의 본성을 가장 많이 가 진 황제였다. 그의 늑대 본성은 야생늑대와 마찬가지로 주변환경의 영향으로 만들어진 것이었다. 만약 한 마리의 늑대가 되지 않았다면 그는 권력투쟁에서 밀려 일찌감치 목숨을 잃었을 것이다. 만약 그랬다면 역사 속의 '철혈황제'도 탄생하지 못했음은 물론이다.

원숭이가 진화해서 사람이 되기까지는 아주 오랜 고난의 시간이 필요하다. 마찬가지로 늑대, 아니 늑대왕이 되는 과정에서 옹정제는 끊임없이 추구와 포기의 과정을 거쳤다. 그는 황좌를 얻기 위해 형제들을 버려야 했으며 강희제의 총애를 얻기 위해 자신의 본성을 숨겨야만 했다. 더 큰 권력을 손에 넣기 위해 권력집단을 결성했던 그는 이 때문에 그전까지 지켜왔던 중립의 입장을 포기해야 했다.

가장 총애했던 신하를 죽이기 위해서 그에게 주었던 사랑과 정을 모두 버려야만 했고, 개혁을 위해 수많은 기득권자의 미움을 사야 했던 그는 원칙을 지키기 위해 가까운 사람들이 모두 등을 돌리는 고통을 견뎌내야만 했다. 그는 또 세상 사람들에게 자신의 결백을 해명하고 인격을 알리기 위해 사생활을 만천하에 드러내는 굴욕을 감수해야만 했다.

최고의 통치자가 되는 길의 한 발 앞에는 함정이, 또 한 발 앞에는 물웅덩이가 있었다. 하지만 옹정제는 그 모든 고통과 희생을 기꺼이 받아들였다. 결국 피와 살을 대가로 삼았던 그는 자신을 감싸고 있던 추한 껍질을 깨고, 사나운 불길 속에서 날개를 퍼덕이는 봉황으로 태어날 수 있었다.

앞서 얘기했듯, 옹정제는 신하들 앞에서 한 마리 늑대였다. 조그만 잘못도 용납하지 않고 언제나 완벽을 추구했던 그는 대신들의 작은 실수에도 불같이 화를 내는가 하면, 독한 언사로 그들의 정치생명을 손수 끊어버리기도 했다. 학문을 하는 사람에게도 그는 늑대였다. 그는 문자옥*

字獄을 통해 여유량을 부관참시剖棺斬屍하고 그들의 구족九族을 멸했다. 수많은 학자들은 이 일로 인해 밤마다 지독한 가위에 눌렸다.

여러 형제에게도 옹정제는 늑대와 같았다. 갖가지 이유를 갖다대며 그들을 죽이거나 가둬버렸으며, 쉴 새 없는 감시로 두려움에 떨게 했다.

옹정제 인생의 세 번째 키워드
신념대로 행동하는 기개

즉위 후 곳곳에서 비방과 모욕적인 말들이 들려오고 황권 역시 안정되지 않았을 때, 옹정제는 남다른 고집과 인내를 보여주었다. 고집스럽지만 용감했던 그는 중상을 입은 장수와도 같았다. 피가 철철 흐르는 상처는 쓰라리며 아팠고 앞에 놓인 길은 너무나도 험했지만, 여전히 깃발을 높이 치켜들고 앞을 향해 돌진했던 것이다.

그는 침착함과 인내심의 화신이었다. 세심하고 신중했던 그는 자신의 속내를 절대 내보이지 않으면서 상대방의 생각과 행동을 읽어낼 줄 아는 탁월한 능력을 갖고 있었다. 정적조차도 혀를 내두르게 만드는 바로 그런 능력 말이다.

"남들이 뭐라고 하든 내 길을 가련다."

이 말을 가장 좋아했던 그는 행동으로 이를 보여주었다.

옹정제는 행운과 불행을 모두 가진 황제였다. 모든 이의 예상을 뛰어넘고 강희제에게 선택을 받은 것은 분명 행운이었다. 하지만 아버지에게서 물려받은 것이 뜨거운 감자인 데다, 평생에 남을 오명을 얻었다는 점은 불행이었다. 하지만 옹정제는 묵묵히 이 모두를 받아들였다.

그와 비교해볼 때 건륭제는 복받은 황제에 속했다. 어린 시절부터 계승자로 선택되었다는 점, 아버지가 자신의 왕조를 위해 훌륭히 기초를 닦아주었다는 점이 바로 그것이다. 건륭제가 태평성대를 이룰 수 있었던 것 역시 옹정제의 도움이 있었기에 가능했던 일이다. 오늘날 옹정제를 바라볼 때도 이 점을 간과해서는 안 된다.

옹정제 인생의 네 번째 키워드
이중성격

옹정제는 우리에게 과연 어떤 모습의 황제로 남아 있을까?

옹정제의 일생은 즉위 전과 후의 두 단계로 나누어볼 수 있다. 황제로 즉위하기 전의 옹정제는 부드럽고 너그러우며 전체적인 상황을 주시하고 남의 기분을 풀어줄 줄 아는 사람이었다. 하지만 황제가 된 후 그는 잔인하고 비정하며 엄격하고, 큰일을 위해 굴욕을 참는 사람으로 변했다. 각기 다른 역할로 인해 옹정제는 전혀 다른 두 사람을 섞어놓은 듯한 복잡한 인물이 된 것이다.

툭하면 불같이 화를 내거나 정적들을 잔인하고 비정하게 내치던 일, 여유량을 부관참시하고 그 가족 모두를 연좌했던 일은 옹정제에게 폭군이라는 이름을 남겨주었다. 그리고 대부분의 사람들도 옹정제를 폭군으로 묘사한다.

하지만 성장과정을 조금만 더 자세히 살펴본다면 우리는 그의 또 다른 모습을 어렵지 않게 만나볼 수 있다.

황위를 둘러싼 여러 황자들의 싸움이 치열하게 벌어지고 있을 때, 그는 앞장서서 폐위된 황태자를 보호했다. 또 병에 걸린 강희제를 정성으로 간호하고 그가 시킨 일들을 성실하게 수행해내기도 했다. 때문에 강희제 역시 "윤잉(폐위된 황태자)이 구금되었을 때 오로지 성격이 어질고 대의를 아는 사아가(四阿哥 : 네번째 황자, 옹정제를 가리킴)만이 짐에게 여러 차례에 걸쳐 윤잉을 살려달라는 상주문을 올렸다. 그의 이러한 마음과 행동을 어찌 위대하다 하지 않을 수 있겠는가?"라며 그를 칭찬했던 것이다.

영민한 군주 강희제가 옹정제의 연극에 마냥 속절없이 속았다고는 생각하지 않는다. 그 역시 옹정제의 사람됨을 바로 보았기에 그를 황제로 지목했던 것이다.

또한 옹정제는 감격스런 일이 있으면 남들의 눈은 아랑곳하지 않고 눈물을 흘렸으며, 상주문에도 이런 자신의 감정을 그대로 드러냈다. 이 모두는 옹정제에게 남아 있던 선량함과 너그러움을 보여주는 것이다.

어떤 사람은 그 두 가지 모습 중 과연 어떤 것이 진실인지 궁금할 수도 있을 것이다. 나는 두 가지 모습이 다 진실이라고 생각한다. 당시의 사회적 배경을 떠나서 옹정제를 객관적이고 공정하게 평가할 수는 없기 때문이다.

옹정제는 강한 의지와 과감함을 가졌지만 한편으로는 매사에 조급했다. 스스로도 강희제가 항상 "서두르지 말고 매사에 참으라."고 훈계했다는 사실을 털어놓지 않았던가!

그는 아버지의 충고를 글로 써서 방에다 두고는 아침저녁으로 되새기곤 했다. 이처럼 옹정제는 나쁜 천성을 고치려는 노력을 게을리 하지 않았다.

또 그는 시력이 좋지 않은 나이 든 신하에게 자신이 쓰던 안경을 하사하기도 했으며 한 번도 만난 적이 없는 관리들의 생활을 걱정했고, 신하들의 모친 생일까지 기억하고 챙겨주었다.

그는 모반을 꾀했던 증정에게 벌을 주는 대신 황제라는 신분에도 불구하고 직접 《대의각미록》을 편찬해서 천하에 이를 알리기도 했다. 또한 아들 홍력(훗날의 건륭제)을 위해 미리 태자 책봉제도를 만듦으로써 훗날 그에게 닥칠 위험을 미연에 방지해두었다.

이처럼 옹정제는 좀처럼 그 속을 알 수 없으면서도 단순하고, 잔인하고 거칠지만 자애롭고, 책임감이 강하면서도 완벽함을 추구했으며, 사람을 쓸 줄 알면서도 의심이 많고, 장수長壽를 원했으나 일찍 저세상으로 떠나버렸으며—아버지나 아들과 비교하면— 무정하지만 한없이 너그러웠던, 모순적인 성향을 가진 황제였다.

옹정제 인생의 다섯 번째 키워드
시대를 앞선 용인술

인재를 알아보고 적절히 쓸 줄 아는 것은 정치가가 갖추어야 할 기본적인 덕목이다. 옹정제 부자는 바로 이런 면에서 뛰어난 군주들이었다. 옹정제가 즉위하기 전에 그의 주변에는 수많은 모사들이 있었다. 그중에서 가장 많은 수를 차지하며 옹정제와 긴밀한 관계를 유지했던 사람들은 다름 아닌 스님이었다.

옹정제가 스님들을 모사로 삼은 이유는 뚜렷했다. 대부분이 속세를 떠나 출가를 했던 그들은 궁정암투에 참여하지 않았고, 이해관계 또한 없었기 때문에 비교적 객관적인 의견을 낼 수 있었다. 또 학식이 풍부한 이들은 보통 사람들보다 식견이 뛰어났으며 매사에 주도면밀해 실수가 적었다.

옹정제는 격식에 얽매이지 않고 인재를 등용했으며, 그들의 장점을 적절하게 쓸 줄 알았다. 덕분에 윤상이나 악이태는 각기 다른 개성과 능력으로 자신들만의 공을 세울 수 있었던 것이다. 또한 옹정제는 상벌을 분명히 할 줄 알았다.

그의 용인술에는 반드시 변하지 않는 원칙이 있었다. 충忠, 공公, 능能이 바로 그것이다.

군신관계에 대해 맹자는 이런 말을 했다.

"군주가 신하들을 자신의 손발로 보면 신하들은 군주를 자신의 심장으로 생각한다. 군주가 신하들을 개나 말로 보면 신하들은 그 군주를 평범한 사람으로 본다. 군주가 신하들을 흙이나 풀처럼 하찮은 존재로 보면 신하들은 군주를 적으로 간주한다."

맹자는 이 이야기를 통해 세 가지 유형의 군신관계를 얘기했다. 안타까운 사실은 수천 년 동안 이어져온 전제제도 속에서 가장 많은 수를 차지했던 군신관계가 바로 뒤의 두 가지라는 점이다.

신하가 군주를 평범한 사람으로 보면 천하는 아무런 문제 없이 평화로울 수 있다. 하지만 신하가 군주를 적으로 간주하면 토사구팽의 비극이 발생할 수도 있다. 이러한 비극이 발생하는 이유는 군주와 신하의 사이가 너무 가깝고 긴밀하기 때문이다.

특히 군주의 권력 획득과정이나 그것을 공고히 하는 데 결정적인 역할을 했던 신하, 능력이 뛰어나거나 혹은 명성이 높은 신하들은 실제로 군주에게 위험을 끼치지 않더라도 잠재적인 위협세력으로 간주될 수 있다. 그렇게 되면 군주는 그를 없앰으로써 후환을 미연에 방지하려 하기 마련이다. 옹정제 역시 주변의 핵심인물들과 밀접한 관계를 맺고 있었다. 물론 이 인물들은 계속 바뀌었지만, 옹정제는 시종일관 그들에 대한 통제와 감시의 고삐를 늦추지 않았다.

여기서 짚고 넘어가야 할 사실은 바로 옹정제가 살았던 시대가 만주족과 한족이 공존했던 초기단계였다는 점이다. 청나라를 통치하기 위해서는 만주족의 지지가 필요했지만 또 한편으로는 인구의 대다수를 차지하는 한족의 정서를 돌보지 않을 수 없는 상황이었다. 그래서 옹정제는 반청운동을 주도하는 한족을 무력으로 진압하는 동시에 우대정책을 취함으로써 자기편으로 끌어들이려 했다.

당시 만주족들이 많이 거주하는 지역에서는 특권의식을 바탕으로 한족들을 괴롭히는 일이 빈번하게 발생했는데, 이는 종종 사회충돌로 이어지기도 했다. 그러자 옹정제는 만주족 중에서 문제를 일으키는 이를 엄하게 처벌해야 한다고 생각했다.

옹정제 즉위 후, 각각 악이태와 장정옥을 대표로 하는 세력집단은 마치 물과 불처럼 대립했다. "천하의 만주족은 악이태에게 기대려 하고, 한족은 장정옥에게 의탁하려 하는구나."라는 옹정제의 말처럼, 두 세력을 따르는 사람은 기하급수적으로 늘어났다. 그러자 옹정제는 악이태와 장정옥, 두 당의 균형을 맞추어줌으로써 한족과 만주족 사이의 갈등을 해결했다. 이는 개혁정책을 시행하는 데도 좋은 밑거름이 되었다.

옹정제 인생의 여섯 번째 키워드
억울한 황제

옹정제에 대한 수많은 역사서의 공통점은 바로 그를 살인을 일삼는 마왕으로 묘사했다는 것이다. 이들은 대부분 '살육', '철혈鐵血', '망나니'라는 단어를 빼놓고는 옹정제의 진짜 모습을 이야기할 수 없다고 생각한다. 하지만 그것은 엄청난 오해다. 옹정제가 비정한 황제가 된 이유는 모두 어느 정도 시대와 타인에게 책임이 있다고 생각한다.

그렇다면 옹정제는 왜 그런 책임을 짊어져야 했을까? 그것은 당시의 역사적 배경을 보면 어렵지 않게 알 수 있다.

옹정제는 시대에 이끌려 어쩔 수 없이 정치무대에 섰던 사람이다. 강희 말년, 이미 지쳐버린 강희제는 황자들의 잔혹한 싸움에 관여할 여력이 없었다. 이때 황위와 아무런 관계가 없어 보이는 황사자, 바로 훗날의 옹정제가 뜻하지 않게 후계자로 지목되어 오명을 뒤집어쓴 황제가 되어야 했던 것이다.

옹정제가 정치무대로 나섰을 때, 그는 그 옛날 강희제와 마찬가지로 위험하고 곤란한 환경에 처하고 말았다. 당시는 황위 계승에 불만을 품고 정국을 뒤엎으려는 일념에 사로잡힌 황자들을 제외하고도 각종 사회문제가 산더미처럼 쌓여 있었다. 강희 말년, 강희제가 정치에 소홀했던 이유로 발생한 갖가지 복잡한 사회문제, 예를 들면 국고가 바닥나 국가 재정이 약해진 것 역시 옹정제에게 커다란 도전으로 다가왔다. 이러한 배경 속에서 옹정제는 굴욕을 참고 이 모든 부담을 짊어져야만 했다.

어쩌면 옹정제가 잔혹하고 비정한 방법으로 형제들을 제거한 것 역시 어느 정도는 불가피한 일이었다. 그리고 그 원인은 다름 아닌, 사람들에게 영명한 군주로 칭송받는 강희제에게 있었다. 만약 강희제가 황위 계승문제에서 강한 태도를 보여 일찌감치 계승자를 낙점했다면, 황자들의 싸움은 일어나지 않았을 것이다. 그랬다면 옹정제 집정 후의 골육상잔 역시 피할 수 있었을 것이다. 따라서 옹정제는 바로 아버지인 강희제 때문에 살인자라는 오명을 뒤집어썼다고 할 수 있다.

옹정제 인생의 일곱 번째 키워드

허명을 좇지 않는 실천

"자고로 성현들이 정치를 행할 때는 실천을 중시하며 허명을 가장 혐오했다."

"치국은 허명이 아닌 실무에 바탕을 두어야 한다."

옹정제는 이와 같은 말을 몸소 실천으로 옮겼다.

옹정제는 강건성세의 계승자이자 발전자이기도 하다. 강희 말년, 관직사회에는 "황제의 비위를 맞추는 것이 능력이요, 명예를 좇는 것이 현명한 일이다."라는 말이 공공연히 나돌았다. 관직사회에 속임수, 아첨, 허풍, 거짓이 난무하게 된 것이다. 이는 곧 부정부패로 이어졌다. 그것도 아주 심각한 부정부패로 말이다. 이 때문에 청나라의 '성세盛世'는 점차 쇠퇴의 국면을 맞게 되었다.

옹정제는 즉위 후 실무를 무엇보다 강조했는데, 그것은 강희 말년에 만연했던 허위풍조를 겨냥한 것이었다. 대청의 기업基業을 발전시키기 위해서는 반드시 관직사회에 만연한 악습을 뿌리 뽑고 실리적이며 진실하고 검소한 풍토를 조성해야만 했다. 특히 옹정제는 '농민들이 농사에 힘쓸 수 있도록 이끄는 것이 정치의 제일'이라고 생각했다. 역사상 수많은 현명한 군주들 역시 바로 이 점을 기본국책으로 삼기도 했다. 한 나라의 군주로서 옹정제가 시행한 개혁, 그 호소력과 영향력은 다른 황제들과 비교할 수 없을 정도였다. 그것은 옹정제의 개혁에서 가장 빛나는 부분이기도 하다.

즉위 후 옹정제는 곧 복잡하고 혼란스런 여러 문제들에 봉착하게 되었다. 강희 말년에 관리 소홀로 불거진 문제들과 청나라 개국 이후에 누적되었던 갖가지 폐단, 청나라 사회의 충돌과 갈등, 이 모두는 옹정제에게 과감하고 용기 있는 결단을 요구하고 있었다. 그리고 또 다른 커다란 문제, 바로 심각한 재정문제가 옹정제 앞에 모습을 드러냈다. 당시 일부 지방에서는 창고가 거의 바닥을 드러내고 있었다. 이 모두는 옹정제가 개혁을 선택하는 데 커다란 영향을 주었다.

이러한 사회문제들을 속히 해결하기 위해서 옹정제는 자신이 말한 바와 같이 시종일관 냉정하고 엄격한 태도로 새로운 경제정책을 시행해나가야만 했다. 그는 관리들의 부정부패를 뿌리 뽑고 사전주조를 금지시켰으며, 화모귀공火耗歸公, 양렴은養廉銀, 탄정입무攤丁入畝와 같은 정책을 시행했다. 이로 인해 청나라는 어느 정도 적폐를 해소하고 새로운 정치풍토를 조성할 수 있었다. 그가 시행한 탄정입무, 화모귀공과 같은 정책은 청나라 부역제도의 개혁이자 그의 혁신사상의 산물이며 실천이기도 했다.

옹정제 인생의 여덟 번째 키워드

인정사정없는 비정함

옹정제의 성격을 살펴보면, 어린 시절의 그는 감정의 기복이 매우 심했음을 알 수 있다. 강희제 역시 옹정제의 성격을 그렇게 묘사하기도 했다. 그는 즉위 후 심신수양을 게을리 하지 않았지만 편협하고 조급한 성격은 완전히 고쳐지지 않았다. 특히 자신의 권력이 도전받거나 도저히 속을 알 수 없는 사람들을 대할 때, 편협한 성격의 그는 가혹하고 비정한 수단을 쓰기도 했다.

사람들은 옹정제가 모질고 잔인하다고 이야기한다. 그것은 바로 그의 통치수단을 가리키는 말이다. 자신과 황권을 다투었던 형제들이나 자신이 총애했던 신하들을 대할 때, 그는 가장 잔인하고 모진 방법으로 그들을 제거하는 냉혈한의 모습을 보여주었다.

옹정제는 강경한 수단을 쓰는 데 탁월한 능력을 가진 황제였다. 그는 사이가 좋았던 사람이나 형제들을 잔인하게 제거했다. 어떤 때는 황가의 비밀이나 권력을 쥐고 있는 사람, 든든한 지원세력을 갖고 있는 사람에게 칼을 대기도 했다. 옹정제는 이 모든 것에 대응하는 방법을 알고 있었으며, 결코 관용을 베푸는 일도 없었다. 때문에 옹정제는 청나라의 역대 황제들 중 가장 악명 높은 황제가 될 수밖에 없었던 것이다.

옹정제가 가장 많은 비난을 받는 부분은 아마도 형제들을 잔혹하게 제거한 일일 것이다. 큰형 윤제나 둘째 형 윤잉은 강희제 시절에 연금을 당했다. 하지만 옹정제는 그들을 끝내 풀어주지 않고 높은 성벽에서 최후를 마감하도록 내버려두었다. 셋째 형 윤지와 열째 동생 윤아, 열넷째 동생 윤제 역시 평생을 갇혀 지내야 했다.

그중 가장 비참했던 인물은 바로 여덟째 동생 윤이와 아홉째 동생 윤당일 것이다. 관직을 모두 박탈당하고 가택 연금된 그들은 이름마저 아치나와 싸이스헤이로 바꾸고 수많은 굴욕과 고통을 당해야 했으며, 아무도 몰래 죽음을 맞이했다. 그뿐만이 아니었다. 이 골육상잔으로 인해 아주 오랫동안 수많은 사람이 목숨을 잃거나 고통을 당했다. 이러한 비극은 건륭제 때가 되어서야 비로소 멈춰질 수 있었다.

옹정제는 의심이 많았다. 아랫사람들을 좀처럼 믿지 않았던 그는 자신이 했던 말처럼 신하들을 '절반' 만 믿었다. 때문에 옹정제는 신하들이 서로를 감시하고 자신에게 비밀스럽게 보고를 올리게 하는 새로운 관리제도를 만들기도 했다. 보고사안의 경중을 떠나 신하들은 그 자체에 대단한 두려움을 느끼고 있었기 때문에, 이 제도는 상당한 실효를 거두게 되었다.

하지만 옹정제의 비정함은 자신이 악인이라고 판단하는 사람이나 정적, 붕당들에만 국한되었다. 그는 자신과 정치적 견해가 다른 사람에게는 오히려 관대하고 너그러운 모습을 보여주었으며, 붕당을 결성하지 않으면 언제나 똑같이 신임하고 중용했다. 또한 모든 격식을 깨고 인재를 선발하여 끝까지 그들을 지켜주기도 했다.

옹정제 인생의 아홉 번째 키워드
현명함과 강직함

옹정제가 대단한 용기를 가진 황제였다는 점은 부인할 수 없다. 그는 자신에 대한 끊임없는 비방이 난무하는 가운데서도 남다른 용기로 이 모두를 바꾸려 했다. 그는 세속적인 관점에서 반대세력을 압도하려 했을 뿐만 아니라 행동에서도 자유롭지 못하도록 했으며, 사상적인 면에서는 그들보다 더 우월한 위치를 차지하려 했다. 그렇게 하면 반대세력이 자신에게 진심으로 탄복하며 다른 마음을 품지 않을 것이라고 생각했기 때문이다. 그렇게 해야만 진정한 성공의 희열을 맛볼 수 있다는 사실을 그는 잘 알았다.

옹정제는 결코 평범할 뿐인 '승부욕이 강한' 지도자가 아니었다. 그의 강경한 통치는 선천적인 난폭함이나 후천적인 열등감에서 비롯된 것이 아니다. 그는 날쌔고 용맹한 만주인의 피와 즉위 이전에 쌓은 풍부한 정치경험을 가졌을 뿐만 아니라 유교, 불교, 도교를 통해 수준 높은 수양의 경지를 이룰 수 있었다. 또한 그의 지위는 정치무대뿐 아니라 사상에 있어서도 무한한 자신감의 원천이 되었다. 정신과 사상에서 굴복한 상대방은 육체적으로도 쉽게 제압할 수 있다. 그것이야말로 통치의 고수가 갖추어야 할 최고의 자질인 것이다.

옹정제 인생의 열 번째 키워드
비정한 황제

우리는 옹정제의 일생을 '비정한 황제'라는 말로 종합해볼 수 있다.

옹정제의 일생은 장렬했다. 즉위 당시 이미 45살이었던 그는 58살에 세상을 떠나기 전까지 온갖 굴욕과 비난을 모조리 감내하며 자신의 사명을 완성했다. 안타까운 것은 그가 행복한 승리자가 아닌 비정한 황제로 일생을 살아야 했다는 사실이다.

옹정제가 미신에 심취해 있었다는 사실을 우리는 잘 알고 있다. 그는 어쩌면 귀신의 힘이라도 빌리고 싶을 만큼 힘들었을지도 모른다. 하지만 결코 짧지 않았던 일생에서 그가 진정으로 믿었던 사람은 바로 자신이었다.

옹정제 인생의 열한 번째 키워드

권력놀음가

우리는 권력과 통치에 열중했던 옹정제의 모습을 쉽게 발견할 수 있다. 그는 다른 황제들과 달리 권력과 권위를 위해 자신의 일생과 모든 정력을 바쳤다. 그는 강희제처럼 늦추고 당길 때를 잘 알거나 관심거리가 많지 않았다. 옹정제는 오로지 상대를 이기는 것을 낙으로 삼는 황제였다.

권력을 거머쥐기 위해 그는 군기처를 설치했다. 또한 만주족의 권력을 분산시킨 후 그 대부분을 자신이 장악했다. 청나라의 황제들 중 옹정제만큼 강한 권력집중을 이룬 이도 없었다. 그는 생사권을 가진 군주였으며 강한 의지의 권모술수가이기도 했다. 권력을 차지하고 사용하는 과정에서 옹정제는 언제나 자신감이 넘쳤다.

그는 심오한 정치적 수양과 사람의 재능을 알아보는 능력, 그리고 국가를 다스리는 남다른 통치력에 자신 있었다. 바로 이런 자신감 때문에 모든 권력을 한 손에 거머쥐고 통제할 수 있었던 것이다.

옹정제 인생의 열두 번째 키워드

탁월한 통치자

옹정제는 통치수완을 제대로 사용할 줄 아는 현명한 군주였다. 무력으로 정권을 얻을 수는 있지만 그것으로 국가를 다스릴 수는 없다는 도리를 그는 잘 알고 있었다.

"무武로써 나라를 세우고 문文으로써 다스린다."

이는 대부분의 봉건시대 황제들이 대업을 이루고 이를 지키기 위한 원칙으로 삼고 있는 것이었다.

문치文治는 권력을 공고히 하는 효과적인 방법일 뿐 아니라 태평성대의 상징이기도 했다. 옹정제 역시 문치로써 정권을 공고히 했다. 하지만 그의 문치는 남들과는 달랐다. 그는 모든 황제들이 추앙하는 문화 중 공자 사상을 가장 따랐다.

대부분의 역사서에서는 강건성세를 청대 태평성대의 지표로 삼고 있다. 때문에 강희제와 건륭제가 역사학자들에게 긍정적인 평가를 받고 있는 것이다. 하지만 여기에는 절대 간과해서는 안 되는 사실이 있다. 바로 강희제와 건륭제의 통치 시기 사이에 13년 동안 옹정제가 없었다면 청대의 강건성세는 결코 탄생하지 못했을 거라는 사실이다. 이 책을 통해 그것을 분명히 알게 될 것이다.

이제 두 눈을 지그시 감고 200년 전 옹정제의 모습을 천천히 음미해 보도록 하자.

제4장 이중성격

─왕도와 패도를 겸하라

제5장 시대를 앞선 용인술

─사람의 마음을 얻으면 천하를 얻을 수 있다

제6장 억울한 황제

─비난을 참고 명예를 추구하라

제 11 장 권력놀음가

-결탁하여 사욕을 꾀하는 자를 공격하라

제 12 장 탁월한 통치자

-한 손은 강하게, 한 손은 부드럽게

제 1 장

굴욕을 참는 인내

-발톱을 감추고 때를 기다리라

인내, 군주의 재목은 기다림을 아느니
싸우지 않는 싸움이 진정한 싸움이다
독문심법獨門心法, 모두 취해 있더라도 나만은 흐트러지지 않으리
그 역시 바로 민심民心을 얻기 위함이니
절대 적을 만들지 마라
윗사람의 마음을 헤아리라
모든 일은 느긋하게事緩則圓, 때로는 잠시 미루는 것도 전술일 터
작은 것을 버려 큰 것을 지키라
좋은 금속은 불로 제련해야 하는 법
양렴養廉으로 부패를 다스리라

늑대는 지혜로운 동물이다. 사냥감이 있는 곳을 주시하다 조용히 뒤따라가서는 상대가 경계를 늦춘 틈을 이용해 목덜미를 물어뜯어버리니 말이다. 옹정제의 정치적 지혜 역시 바로 여기에 있었다. 사냥감에 대해 언제나 신중하고 침착한 태도를 취했던 그는, 다른 형제들과 달리 날카로운 발톱을 드러내지 않고 성급하게 손을 뻗지도 않았다.

그는 황자들이 아귀다툼을 할 때 명철한 태도를 유지하며 한 발 물러나서 그들의 싸움을 지켜보았다. 조용히 시기를 관망했기 때문에 수많은 적들의 공격을 피할 수 있었고, 그로써 더 많은 힘을 비축하여 좋은 시기를 기다릴 수 있었다. 그리고 결정적인 시기에 손을 내밀어 최후의 승리를 거두었던 것이다. 그는 가장 마지막에 웃었지만, 마음껏 웃을 수 있었다.

군주의 재목은 기다림을 안다

청대의 문인 정관응은 《성세위언 자서(盛世危言 自序)》에서 이런 말을 했다.

"내가 생각하기에, 사람이 나이가 들면 재능이 변변치 못해지고 다만 최소한의 도리만을 알 뿐이다. 온 힘을 다해 인격을 수양하고 재능을 감추며 때를 기다려야 한다."

이렇듯 자신의 재능을 감추고 때를 기다리는 것은 정치생활의 응변술로, 불리한 정치환경에서 생명을 보전하고 훗날을 기약할 수 있는 좋은 방법이다. 옹정제는 그야말로 응변술의 대가였다. 그는 자신의 본모습과 속마음을 숨겼기에 적을 속이고 경계를 풀도록 할 수 있었던 것이다. 그리고 적당한 시기가 왔을 때, 단 한 번의 움직임으로 모든 사람들을 놀라게 했다.

승리에 대한 갈망이 클수록 인내할 때의 절제력은 강해야 하는 법이다. 그러면 과연 어떤 상황에서 인내해야 하는 걸까? 첫 번째, 적이 나보다 강한 경우, 두 번째, 적당한 때가 오지 않았을 경우, 세 번째, 충분한 준비를 하지 못한 경우다.

옹정제가 형제들과 천하를 다툴 당시 오랫동안 참고 기다렸던 것은 위에서 말한 원인 모두가 함께 발생했기 때문이다. 그렇다면 황태자의 자리가 비었을 때 넷째 황자였던 윤진(胤禛 : 옹정제)이 한발 물러서서 싸움을 구경하는 태도를 취한 이유를 쉽게 알 수 있을 것이다.

당시 황자들끼리의 싸움은 이미 극에 달해 있었다. 장자인 윤제允䄉는 윤이와 당파를 맺고 있었는데, 윤이를 황제로 옹립하려는 사람이 적지 않았다. 게다가 십사자 윤제允䄉와 윤당의 세력 또한 무시할 수 없었다. 이렇게 형제들은 서로 속고 속이며 치열한 싸움을 하고 있었다.

그런 위기 상황에서 윤진은 남다른 총명함을 보여주었다. 당시 자신이 황위를 차지할 가망이 없다는 것을 잘 알았던 그는 오히려 한 발자국 물러서서 각계 인사들과의 관계정리에 힘을 쏟았다.

윤진은 먼저 폐위된 태자 윤잉에게 눈을 돌렸다. 대부분의 사람들이 이미 엎어진 윤잉을 밟고 있을 때 윤진은 오히려 그를 구하기 위해 안간힘을 쓰는 모습을 보여주었다. 당시 강희제는 윤진에게 윤잉을 감시하도록 했지만, 그는 오히려 상주문을 올려 윤잉의 목에 걸린 쇠사슬을 풀어주고자 했다. 윤잉이 힘든 시기에 자신을 도와준 윤진에게 감사하는 마음을 갖게 되었음은 물론이다.

윤이와 윤제 역시 윤진과는 좋은 관계를 맺고 스스럼없이 왕래하고 있었다. 윤진은 부황父皇 앞에서 형제들에 관한 좋은 말만 골라했다. 강희제 역시 윤진을 두고 "아가(阿哥 : 청나라 때 황자를 가리키는 만주어)들을 위해 상주문을 올리는 일이 많다."라며 칭찬을 아끼지 않았다.

윤진은 자신이 패륵(貝勒 : 청나라 종실에 수여된 관직으로 패자 → 패륵

→ 군왕 → 친왕의 순)에 책봉되고, 윤당과 윤제가 패자에 봉해지자 또다시 상주문을 올려 이렇게 말했다.

"소자들은 다 같은 형제입니다. 저도 다른 형제들과 같은 지위를 갖도록 해주십시오."

이렇듯 윤진은 철저하게 자신의 본모습과 야심을 숨겼기에 치열한 황위 다툼에서도 형제들에게서 좋은 평가를 얻을 수 있었다. 최소한 그를 적으로 보는 사람은 없었던 것이다.

강희제 역시 효성이 지극하고 겸손한 윤진에게 후한 점수를 주었다. 몇 달 후 윤잉이 다시 태자 자리에 오르자 황제는 특별히 유표^{諭表}를 내려 윤진을 칭찬했다.

"윤잉이 구금되었을 때 오로지 성격이 어질고 대의를 아는 사아가만이 짐에게 여러 차례에 걸쳐 윤잉을 살려달라는 상주문을 올렸다. 그의 이러한 마음과 행동을 어찌 위대하다 아니할 수 있겠는가?"

황제의 칭찬을 들은 윤진은 속으로는 기뻤지만 겉으로는 짐짓 황공한 표정을 지으며 자신은 폐위된 태자를 도와준 것이 아니라고 겸양을 떨었다. 그는 장래에 태자에게 무슨 일이 일어날 경우 자신에게 돌아올 책임을 피하고, 당장 다른 형제들의 질투를 받지 않기 위해 또 한 번 겸손한 태도를 보였던 것이다.

태자가 폐위되고 다시 시작된 궁정암투 속에서 윤진은 모든 사람들에게 호감을 얻음으로써 자신의 신분과 지위를 상승시켰으며, 범상치 않은 정치적 재능을 보여주었다. 황위에 대한 뜨거운 열망을 가졌던 그는 고단수의 방법을 사용했다. 그리고 그의 '한 발 후퇴, 두 발 전진' 전략은 성공을 거두었다.

중국 역사에서 기회를 기다려 약함으로 강함을 이겼던 지자^{智者}들의 이야기는 셀 수 없이 많다.

> 동한東漢 시기에 소불위라는 사람이 있었다. 사예교위司隸校尉를 지냈던 그의
> 부친 소겸은 상사였던 이호에게 모함을 당해 목숨을 잃고 말았다. 당시
> 열여덟이었던 소불위는 아버지의 시신을 고향으로 가지고 와 얕은 땅에
> 대충 묻으며 원한을 갚은 후 제대로 장례를 치르겠노라 맹세했다. 그는
> 어머니를 무도산으로 피신시키고 자신 역시 이름을 바꾼 후, 가산을 모
> 두 팔아 자객들을 모집하고 이호를 죽일 기회를 엿봤다.
> 몇 년 후 이호는 대사농大司農으로 승진했는데, 그 관저 옆에는 군용 여물
> 을 쌓아두는 창고가 있었다. 소불위는 부하들을 이끌고 그곳에 잠입한
> 후, 밤에는 땅굴을 파고 낮에는 숨어 지냈다. 그러기를 며칠, 마침내 이
> 호의 침실까지 통하는 땅굴을 팔 수 있었다. 소불위는 자객들과 함께 이
> 호의 침실로 숨어 들어갔는데, 공교롭게도 그는 뒷간에 가고 없었다. 이
> 일은 실패로 끝났지만 소불위는 다른 방법을 이용했고, 결국 이호는 숨
> 을 거두고 말았다.

옛 사람들은 이호가 개인적인 원한으로 소겸을 죽여놓고도 정작 후환
이 되었던 그 아들을 처치하지 않았던 것 역시 소불위가 자신을 숨기는
데 능했기 때문이라고 이야기한다. 재능을 감추고 때를 기다리는 것은
처세의 도道와도 통한다. 그 주요 목적은 날카로운 발톱을 감추어 문제를
일으키는 일을 막는 것이다.

홍응명은 《채근담》을 통해 이런 말을 했다.

"군자의 재능을 가진 자는 그 재능과 본모습을 숨겨 다른 사람들이 쉽
게 알지 못하도록 해야 한다."

하지만 재능을 감추는 것은 결코 의지를 무디게 하거나 뜻을 바꾸라는 것이 아님을 알아두자. 그것은 자신의 재능, 권력, 부를 믿고 남에게 위세를 떨지 않음으로써 사회와 그 구성원들에게 쉽게 받아들여져야 함을 의미한다. 그리고 사실 그 역시도 자신의 지식과 재능을 갈고닦는 하나의 과정이라고 볼 수 있다. 이러한 응변술을 배우는 것은 각종 인간관계를 처리하는 능력과 기술을 키우는 데 도움이 되며, 개인의 허영심을 버리고 착실하게 인생을 헤쳐 나가는 데도 유익하다.

《사기 활계열전史記 滑稽列傳》에는 이런 이야기가 있다.

"3년 동안 울지 않았다가 한 번 울면 사람들이 놀란다."

처음부터 어떤 일에 성공할 자신이 없다면, 공연히 떠벌려서 상대방이 방비를 하도록 하는 것보다는 기습적인 공격과 승리를 통해 사람들이 놀라게 하는 편이 낫다는 얘기다. 이렇게 하면 승리를 향한 장애물, 특히 방해가 되는 적수들을 줄일 수 있으며 상대방의 허를 찌름으로써 승리 후의 영향력을 배가시킬 수 있다.

옛말에 "때를 아는 자가 진정한 영웅이다."라고 했다. 소위 말하는 '때'는 객관적인 정세와 시대의 흐름이다. 객관적인 정세와 시대의 흐름을 정확히 파악할 줄 아는 사람이 총명한 인물이란 얘기다. 옹정제의 이야기를 통해 우리는 사람의 모든 행동은 객관적인 조건의 도움이 필요하며, 반대로 그 조건의 제약을 받는다는 사실을 알 수 있다. 성공하고 싶은 사람은 객관적인 정세의 발전과 변화를 정확하게 파악하고 때맞추어 적절한 행동을 해야 한다.

시대에 뒤떨어지고 시야가 좁은 사람은 하는 일마다 돌부리에 걸려 넘어지게 마련이고 자신의 포부를 실현시킬 수도 없다. 반대로 객관적인 조건이 갖추어지지 않은 상황에서 적절한 전략도 마련하지 않고 때를 기다리지도 않으며 막무가내로 밀어붙이는 사람은 영웅이라고 할 수 있을지는 모르지만 성공을 이루기는 어렵다. 게다가 그 행동은 성공에 아무런 도움이 되지 않는다.

싸우지 않는 싸움이 진정한 싸움이다

원대한 계획 없이 성공을 꿈꾸는 것은 터무니없는 일이다. 하지만 자신의 재능과 원대한 계획을 드러내면 약점을 쉽게 들킬 뿐만 아니라 상대방의 계략에 빠질 수도 있다. 총명한 사람은 언제나 두루뭉술한 태도를 보이며, 상대방이 도저히 그 내막을 알 수 없게 해서 결국 그를 해치지 못하도록 한다. 이처럼 싸우지 않는 싸움이 전술에 있어 상책上策이다.

옛말에 "두 강자가 싸우면 반드시 잃는 것이 있다."라고 했다. 바로 그때 한 발자국 떨어져서 사태를 지켜보던 제삼자가 '어부지리'를 얻지 말란 법도 없다.

윤진은 태자가 폐위되는 사건에서 자신이 그 자리를 대신할 가능성이 없다는 사실을 알고 윤잉을 보호하려는 태도를 취했다. 뿐만 아니라 그는 아버지를 자상하게 돌보고 윤잉에 대한 의리를 보여줌으로써 황제와 폐위된 태자의 앙금을 씻어주는 역할을 했다.

또한 그는 겉으로는 반대도 지지도 하지 않은 채 형제들 중 가장 세력이 컸던 윤이와 모종의 관계를 유지했다. 비록 속으로는 그의 세력확장을 원하지 않았지만 말이다. 그는 황제 앞에서도 다른 형제들에 대한 좋은 얘기만을 했고 도움이 필요할 때는 지원을 아끼지 않았다. 강희제가 '윤진은 황자들을 위해 상주문을 올리는 일이 많다'고 얘기한 것처럼 말이다. 또한 윤진은 윤당, 윤도, 윤아가 패자로 봉해졌을 때도 자신의 세작을 낮추거나 형제들의 세작을 올려 지위를 같게 해달라는 상주문을 올렸고, 그로 인해 부친의 신임과 호감을 얻으려고 했다.

역사적으로 볼 때, 한 걸음 물러나서 사태를 관망하는 태도는 자신의 힘을 유지하는 데 도움이 되며 정확한 시기를 파악하고 승리를 이끌어내는 데 중요한 역할을 한다.

진혜왕 시기, 한나라와 위나라가 벌인 전쟁이 몇 년 동안 이어지고 있었다. 그때 진나라는 한나라를 도와주어야 할지를 두고 고심을 하던 중이었다. 마침 모사 진진이 초나라에서 돌아오자 진혜왕은 그에게 좋은 방법을 물었다. 그러자 잠시 생각에 잠긴 진진이 천천히 입을 열었다.

"대왕께서는 변장자가 호랑이를 잡은 이야기를 들어보셨는지요? 옛날에 호랑이 두 마리가 소를 차지하기 위해 싸움을 벌이려고 했습니다. 이를 보고 있던 변장자가 호랑이를 잡으려 하자 마침 옆에 있던 하인이 그를 막으며 말했습니다. '호랑이 두 마리가 소 한 마리를 두고 싸울 것은 불 보듯 뻔합니다. 그렇게 되면 힘이 있는 쪽은 다치고 약한 쪽은 죽겠지요. 그때 다친 쪽을 죽이면 그게 바로 일거양득이 아니고 무엇이겠습니까?' 하인의 말이 일리가 있다고 생각한 변장자는 칼을 거두고 조용히 사태를 지켜보기로 했습니다. 잠시 후, 하인의 말대로 호랑이들은 죽기 살기로 싸우기 시작했고, 결국 작은 놈은 죽고 큰 놈은 큰 상처를 입었습니다. 변장자는 그제야 상처 입은 쪽을 공격해 두 마리 다 손에 넣을 수 있었지요. 지금 한나라와 위나라의 전쟁은 불가피합니다. 그러면 대국은 상처를 입을 것이요, 소국은 멸망하겠지요. 그때 공격하신다면 두 나라를 다 얻을 수 있습니다. 그것은 결국 변장자가 호랑이를 잡은 이치와 같은 것이지요."

진진의 말을 들은 진혜왕은 한나라의 지원요청에 응하지 않고 조용히 사태를 지켜보기로 했다. 얼마 후, 진진의 말대로 소국은 멸망하고 대국은 그에 못지않은 타격을 입고 말았다. 진혜왕은 그 기회를 놓치지 않고 대국을 공격했고, 별다른 힘을 들이지 않고 두 나라를 손에 넣을 수 있었다.

이것은 진진이 적을 대하는 방법이었다. 물론 당시 위나라와 한나라는 막 전쟁을 시작하려던 찰나였다. 만약 두 나라가 전쟁을 시작하지 않았다면 싸울 때까지 기다리는 것이 옳다. 그래도 아무런 기미가 보이지 않는다면 미끼를 던지거나 이간계를 써서라도 싸우도록 해야 한다. 그것이 계책 중에서도 상책이기 때문이다.

위에서 말한 것은 병법이다. 하지만 비단 전쟁에서뿐만 아니라 무슨 일을 하든 그 방법을 응용해볼 수 있다. 먼저 상대와 나의 열세와 우세, 승패의 형세를 판단한 다음, 적의 꿍꿍이를 파악하고, 주변과의 관계를 확정해야 한다. 그리고 가장 마지막에 그 열세와 우세를 반전시키고, 이해관계에 따라 적과 친구의 관계를 바꾸면 승리를 거머쥘 수 있다. 다시 말해, 그것이 인간관계든 군사적 사안이든 모든 일을 정세에 맞게 자신에게 유리하게 이끌어야 하며 기회를 찾아 빠르게 판단해야 한다는 것이다.

총명한 사람은 언제나 주도권을 쥐고 적을 마음대로 조종할 수 있으며 한 가지 계책으로 만 가지 꾀를 당해낼 수 있다. 그런 사람이야말로 훗날 불패의 고지에 우뚝 설 수 있게 된다.

독문심법^{獨門心法}, 맑은 정신을 유지하라

배우고 묻고 생각하며 판단하는 것, 그것은 천하를 다스리는 사람이 반드시 염두에 두어야 할 비전^{祕傳}이다. 역대 제왕들은 이 네 가지를 황위에 오르기 위해 필수적으로 갖추어야 할 덕목으로 보았다. 자신이 똑똑하지 못하다고 생각했던 옹정제 역시 실천을 통해 스스로를 갈고닦으며 마침내 천하를 다스리는 독문심법을 터득하게 되었다.

고대사회에서 통치자의 인격수양이 그의 지도능력을 결정한다는 사실을 부인할 수는 없다. 그런 점에서 보면, 옹정제는 자신에 대해서 한없이 엄격하며 소양을 높이기 위해 항상 힘썼던 황제였다.

옹정제의 정치적 재능은 다음의 세 가지 분야에서 두드러지게 나타났다. 첫 번째, 그는 관리들이나 아랫사람들의 상황을 비교적 잘 이해하고 있었다. 두 번째, 누구보다 자신을 잘 알고 있었다. 세 번째, 이러한 이해를 바탕으로 정치개혁의 포부를 세웠다.

늘 자신을 강희제에 비해 한참이나 모자란 황제라고 평가했던 옹정제였지만, 아랫사람들의 사정에는 아버지보다 환하다고 자부하고 있었다. 8살에 즉위해 줄곧 구중궁궐 속에서 생활한 강희제가 관리들이나 민간의 실제 상황을 알기는 힘들었다.

"공을 세우기에 급급한 대신들이 자신의 폐단을 먼저 말할 리 만무하다. 짐 역시 황위에 오르기 전엔 그 사정을 황제에게 모조리 말할 수 없었다. 황제의 총애를 받고 있는 황자도 모든 것을 솔직하게 얘기할 수 없으니, 황제는 과연 어디에서 진실한 상황을 알 수 있단 말인가?"

하지만 40여 년 동안 변방에서 경험을 쌓은 옹정제는 관직사회와 정치무대의 실제 모습을 잘 알고 있었다.

"무릇 신하라고 하는 자들은 아첨과 청탁을 좋아하며 잘못을 숨기기에 급급하다. 그들은 겉으로는 뜻을 받드는 듯하지만 속으로는 이에 불복한다. 이러한 상황을 짐은 모두 알고 있다. 그러한 마음을 품은 자를 가려낼 수도 있다."

그는 변방에서 오랜 시간을 보냄으로써 경험이 풍부해진 자신이 보고 들은 것이, 황궁 안에서 대통을 이어받은 자들보다 훨씬 많다고 말하기도 했다. 황제의 자리에 오른 옹정제는 상주문제도, 시위, 파견, 직접 미행 혹은 일반 관리들의 공문을 통해 관리들의 공무집행 상황을 파악했으며 이로써 실제 상황을 비교적 정확하게 파악할 수 있었다.

또한 모든 일을 직접 처리함으로써 사건과 정세의 흐름을 확실히 꿰뚫을 수 있었다.

예를 들어 연갱요가 정여사의 부정부패 사건을 폭로했다가 채정의 저지를 받은 사건이 있었다. 그 일로 연갱요는 오히려 모함을 받게 되었다. 그러자 옹정제는 석문작을 사천으로 보내 수습하도록 명령했다. 사실 연갱요와 친분관계가 있었던 석문작은 그 일로 자신이 연갱요를 감싸주려 했다는 오해를 받을까봐 일부러 정여사와 채정에게 유리한 쪽으로 보고를 올렸다.

훗날 채정의 사건이 불거졌을 때 정여사의 사건 역시 재심을 해야만 했는데, 옹정제는 이 일 역시 석문작에게 맡기려 했다. 이 사건에서 옹정제는 연갱요를 죽이고 채정과 정여사의 잘못을 덮어주려 했다. 그리고 석문작은 황제의 뜻에 부합하여 정여사를 석방해주었기 때문에 그 잘못을 석문작에게 돌릴 수는 없었다. 하지만 석문작과 연갱요의 관계를 잘 알고 있었던 옹정제는 석문작의 생각을 꿰뚫어 보고 있었다.

옹정제는 일찍이 호광총독 복민을 시켜 하남을 거쳐 전문경에게 유지를 전달하도록 했다. 훗날 그 과정에서의 실수를 발견한 옹정제는 또다시 절강의 관풍정속사(觀風整俗使) 왕국동에게 개봉(開封)을 경유해 이를 바로잡도록 했다. 그러자 전문경은 상주문을 올려 이렇게 말했다.

"황제는 사람을 살리고 죽일 수 있는 권력을 가지고 있습니다. 비범한 혜안을 갖고 있는 황제를 속이는 것은 불가능합니다."

이 모두는 옹정제가 관리들의 사정을 잘 알고 있기 때문에 신하들이 그를 속이기가 불가능했다는 사실을 알려주고 있다. 옹정제는 항상 배우고 묻고 생각하며 판단하는 데 있어 많은 노력을 기울였다.

이를 통해 우리는 황제나 지도자, 최고 결정권자의 소양은 결정력에 직접적인 영향을 준다는 사실을 알 수 있다. 결정력과 개인적인 소양은 불가분의 관계다. 기본적인 소양은 능력을 결정하며, 능력은 소양의 운용이자 체현이라 할 수 있다. 즉 최고 결정권자의 소양이 높을수록 결정력 역시 강해진다. 반대의 경우에 정확한 결정을 내릴 수가 없음은 물론이다.

또한 최고 결정권자의 소양은 결정의 승패에 직접적인 영향을 미친다. 고대의 군사가 손빈은 조나라를 공격한 위나라를 물리치기 위해 위위구조(圍魏救趙 : 위나라를 포위해 조나라를 구한다는 뜻. 직접적인 싸움을 피하고 상대의 허점을 공격해 승리를 이끌어냄을 비유)의 계책을 생각해냈다. 그리고 삼국시대의 원소는 수많은 명장과 모사들을 거느렸음에도 불구하고 개인적인 소양이 낮았던 관계로 관도전투에서 패할 수밖에 없었다. 이는 일의 실패와 성공이 모두 최고 결정권자의 소양과 밀접한 관계가 있음을 반증하는 예다.

각 시대와 사회제도에서 최고 결정권자에게 요구하는 소양은 모두 다르다. 전쟁시대에는 싸움을 잘하는 장수가 가장 훌륭한 지도자일 것이다.

일본 기업계는 최고 결정권자에게 다음과 같은 소양을 요구한다. 사명감, 책임감, 인내심, 공정함, 열정, 조직력, 통찰력, 설득력, 창의력 등이 바로 그것이다. 이는 오늘날 우리가 반드시 배우고 갖추어야 할 부분이기도 하다.

과학기술이 눈부시게 발전하고 경제경쟁이 나날이 뜨거워지고 있는 국제사회에서 각국의 최고 결정권자에 대한 요구는 더욱 높을 수밖에 없다. 여기에서 이 시대에 필요한 최고 결정권자의 소양에 대해 살펴보자.

첫째, 정치사상적 소양이다. 그것은 최고 결정권자가 반드시 갖추어야 할 사항이기도 하다. 최고 결정권자는 각 분야에 있어 정당과 국가의 방침과 법령에 따라 국민에게 봉사할 수 있어야 한다. 이는 최고 결정권자의 발전 방향을 결정할 수 있을 뿐 아니라, 국가 발전의 성패와도 큰 관련이 있다. 세계의 여러 기업가들이 강조하는 책임감과 사명감 역시 근본적으로 정치사상적 소양을 가리키고 있다.

둘째, 과학·문화적 소양이다. 과학과 문화의 지식은 우리가 무언가를 결정하는 데 중요한 영향을 미친다. 어떠한 문화적 배경을 가졌느냐에 따라 결정의 향방이 달라질 수 있고, 어떠한 지식구조를 가졌느냐에 따라 결정의 효과가 다르게 나타나기 때문이다. 과학과 문화는 최고 결정권자의 사유질서와 방법에도 영향을 미친다. 다시 말해, 최고 결정권자의 지적능력의 배경은 과학적 결정을 내리는 데 기본이 된다는 말이다.

오늘날 전 세계가 참여하고 있는 경제전쟁 역시 과학과 문화의 전쟁으로 귀결된다. 매일 새롭게 변화하는 과학기술은 생산과 과학생활에 신속하게 응용되고 있으며, 경제발전 속에서 더욱더 중요한 역할을 맡고 있다. 또 과학기술은 생산력과 경쟁력, 경제발전의 키워드가 되고 있다. 이러한 객관적인 조건은 최고 결정권자가 과학·문화의 지식을 갖출 때만 과학기술이 비약적으로 발전하는 이 시대에 적응할 수 있음을 말해주고 있다.

1939년, 아인슈타인은 루즈벨트 대통령에게 다른 나라보다 먼저 원자폭탄을 만들 것을 제안했다. 하지만 루즈벨트는 그의 제안을 일언지하에 거절했다. 얼마 후 대통령의 개인고문이었던 알렉산더 삭스는 루즈벨트에게 나폴레옹과 풀턴의 이야기를 들려주었다.

19세기 초, 반프랑스 연맹의 함대가 파리를 포위하자, 풀턴은 프랑스 함대를 자신이 발명한 증기선으로 개조할 것을 제안했다. 하지만 나폴레옹은 그의 의견을 귀담아 듣지 않았다. 이야기를 마친 삭스가 말했다.

"만약 나폴레옹이 풀턴의 말을 들었다면 근대사를 다시 써야 했을 겁니다."

그의 말은 원자폭탄에 대해서 무지했던 루즈벨트의 마음을 움직였다. 이렇게 대통령의 허락을 얻은 미국은 그 유명한 '맨해튼 계획'을 시작했고 세계 최초로 원자폭탄을 만들게 되었다.

이렇듯 높은 과학적, 문화적 지식을 갖추지 못한 최고 결정권자는 정확한 결정을 내리기가 힘들다.

모두가 민심民心을 얻기 위함이다

중국의 역대 황제라면 누구나 길상吉祥을 중요하게 생각했다. 옛 사람들은 하늘에서 단이슬이 내리거나, 기린을 보는 것, 서지(瑞芝 : 버섯의 한 종류)가 자라는 것 등을 길조라고 보았다. 이 모두는 올바른 정치로 인한 태평성대를 나타내는 것이었다. 이러한 길조를 믿고 또 일부러 이를 만들기도 하는 사람은 대부분 통치자들이었다. 역대 황제들 중에는 이에 매우 심취했던 사람도 있었고, 반대로 아무런 흥미를 보이지 않았던 사람도 있었다. 강희제는 후자에 속했다. 그는 상운祥雲, 상성祥星, 봉황, 기린, 영지, 감로, 천서天書, 월궁月宮 등이 후세를 조롱한다 하여 탐탁지 않게 여겼다. 하지만 재해에 관심을 기울였던 그는 월식이나 일식, 가뭄과 홍수를 하늘의 경고라고 생각해 올바른 정치를 펴는 데 더욱 힘을 쏟았다. 반면 옹정제는 전자에 속하는 황제였다. 그는 길상을 누구보다 따졌는데, 그것은 모두 자신이 황위를 계승한 것이 바로 '천명'이었음을 보여주기 위해서였다.

옹정제는 귀신이나 운명 따위에 심취해 있었다. 자신의 황위 계승방법에 항상 콤플렉스를 느꼈던 그는 미신을 통해서라도 그 정당성을 증명하고 싶어 했다. 물론 미신이 자신에게 행운을 가져다준다고 믿었기 때문이기도 하다.

옹정제는 즉위 이전부터 자신의 미래에 대한 호기심 때문에 온갖 방법을 동원해 미신을 가까이 했다. 윤진의 측근이었던 대택이 강희 55년 (1716년) 가을, 복건의 지부로 부임하게 되었을 때였다. 그는 부임지로 가면서 보고 들은 것과 처리한 일들을 윤진에게 보고했다. 그의 편지에는 무이산에서 만난 도인의 이야기도 있었다.

"생김새와 행동이 기괴한데 말을 해보니 이야기는 더욱 괴상했습니다."

편지를 읽고 호기심이 발동한 윤진은 답장을 쓰며 도인에 관한 이야기를 슬쩍 물었다.

"그대가 만난 도인이 무슨 말을 했는지 자세하게 써보도록 하라."

얼마 후 대택에게서 답장이 왔다.

"그 도인에게 제가 슬쩍 주인님에 관한 이야기를 물었더니 '萬(만)'이라는 글자를 써주었습니다. 그 말을 들은 저는 기쁨을 금할 수가 없었지요. 자세한 이야기는 만나 뵙고 말씀드리겠습니다."

첫 번째 편지에 비해 많은 것을 이야기하고 있지만 여전히 궁금한 건 사실이었다. 하지만 대택은 편지를 이용해 특혜를 바라거나 윤진을 희롱하기 위해 입을 다문 것이 아니었다. 편지의 내용이 다른 사람에게 알려질 것을 두려워했던 그는 또다시 답장을 썼다.

"복건에서 북경까지 멀기는 하지만 글로 쓰려니 번거롭습니다."

이 편지는 공물을 담은 상자에 따로 만들어진 비밀함 속에 넣어진 채로 윤진에게 전달되었다. 윤진은 대택의 신중함을 칭찬하면서도 한편으로는 자신의 운명을 예언한 도사의 말이 궁금해 견딜 수가 없었다. 그는 도인의 말을 자세하게 적으라고 하는 한편, "그런 사람을 만난 것 역시 그대의 복이다."라는 말을 덧붙였다. 하지만 거기에는 황제가 될 운명을 가진 자신을 주인으로 둔 것이야말로 '대택의 복'이라는 뜻이 담겨져 있었다.

이 외에도 윤진의 운명을 점쳐본 이가 있었는데 바로 마이제합이었다. 이에 대한 자세한 기록은 남아 있지 않지만 윤진은 황제가 된 후 마이제합이 강희제 시절에 한 일을 질책했다고 한다.

"천문을 보고 운명을 예견하는 것은 어리석은 자들이 일삼는 짓이다."

이를 볼 때, 마이제합이 윤진에게 '천명' 운운하며 황제가 될 운명이라고 예견했음을 알 수 있다. 윤진의 신하들 역시 주인의 심중을 꿰뚫어보았고, 그 주인도 그 말을 사실로 믿고 있었다.

그뿐만이 아니었다. 윤제는 장개에게 점을 보기도 했고, 윤잉 역시 철포존단파에게 자신의 운명을 물어보았다. 이렇듯 황자들은 모두 황제의 천명을 타고났다고 믿고 있었다.

윤진이 운명과 미신을 굳게 믿은 이유는 다음과 같다. 첫째, 제왕의 자리를 차지하기 위해 스스로를 독려하기 위함이었다. 둘째, 수하들에게 끝까지 자신을 따르면 높은 자리에 오를 수 있다는 믿음을 심어주기 위해서였다. 셋째, 여론을 형성해 민심을 자기편으로 끌어들이기 위해서였다.

미신에 심취했던 그는 무슨 일을 하든 반드시 길일을 정해 처리했다. 악종기의 서로군이 본진을 옮길 때 역시 옹정제는 역서를 보고 길일을 정해 이동하도록 했다. 그는 또 지방관이 관지로 부임해 가는 날짜 역시 역서에 따라 정했다. 옹정제는 어떤 일에서든 길상의 조짐을 중요하게 생각했다. 때문에 관리들이 출행을 하기 전에는 항상 여의^{如意}를 하사했으며, 제왕과 대신들이 자신을 알현할 때도 여의를 바쳐 길조의 뜻을 담도록 했다. 이때부터 관리들이 출행하거나 황제를 알현할 때 여의를 주는 관례가 생기게 되었다.

옹정제는 사주팔자에도 심취해 있었다. 연갱요의 사주를 알고 있었던 그는 수도로 와 자신을 만나고 싶다는 연갱요의 청을 거절하며 이렇게 말했다고 한다.

"사주를 보는 사람이 자네가 도읍으로 오는 것이 좋지 않다고 했다."

그러면서 그는 이렇게 덧붙였다.

"자네의 사주는 사람들에게 알리지 않는 게 좋을 듯하다. 라마승들이 사람의 사주를 알아 저주를 내린다는 말이 황당하기는 하나 완전히 무시할 수는 없지 않은가."

옹정제는 연갱요에게 악종기의 사주를 알려줄 것을 요구했다. 그는 또 악이태에게도 사주를 알려달라고 했는데, 악이태는 이런 황제의 관심에 몸 둘 바를 몰라 했다.

"그대가 몸이 허약하다 하여 짐이 사주를 보고 그대의 수명을 알아보았다. 사주에서 그대가 장수할 운명이라고 하여 짐의 마음의 병이 씻은 듯 나았구나."

이렇듯 옹정제는 점, 미신 등과 떼려야 뗄 수 없는 관계를 맺고 있었다.

절강의 사할자라는 사람이 점을 잘 보기로 유명했는데, 누군가가 그를 옹정제에게 추천했다. 하지만 사할자의 예언이 맞지 않자 옹정제는 그를 요좌遼左로 귀향을 보내기도 했다. 옹정제가 얼마나 미신을 신봉하고 있었는지 잘 드러나는 부분이다.

하지만 점이나 예언은 결국 옹정제에게 큰 도움이 되지는 못했다. 옹정제는 미신 때문에 군사적인 결정을 내릴 좋은 기회를 놓치기도 했고, 불로장생할 수 있다는 단약을 남용해 건강을 해치기도 했으며, 또한 너무 많은 사람들을 쉽게 믿어서 결국에는 어쩔 수 없이 이들을 죽이거나 엄벌에 처하는 명령을 내려야 했다.

이런 옹정제의 모습은 오늘날의 우리가 경계로 삼아야 할 부분이기도
하다.

절대 적을 만들지 마라

인간관계에서 가장 유념해야 할 것은 바로 '적을 만들지 마라'는 것이다. 더군다
나 상대방이 나에게 악감정을 품도록 해서는 더더욱 안 된다. 이를 실천하기만 하
면 친구는 많아지고 적은 적어지게 마련이다. 《육리자陸離子》에서는 관직에 오르는
첩경 중 하나로 '너무 많은 적을 만들지 말 것'을 꼽고 있다. 적이 많을 경우 대중
의 분노를 살 수 있기 때문이다. 중국의 속담 중에 '친구가 많아지면 길이 하나 더
늘지만, 친구가 적어지면 벽이 하나 더 는다'는 말이 있다. 이처럼 인간관계에서 지
나치게 교만한 사람은 쉽게 이런 실수를 범하며, 결국에는 모든 일에 실패할 수밖
에 없다.

연갱요는 한군 양황기(鑲黃旗 : 팔기군의 하나)의 사람이었다. 부친 연
하령은 '필첩식(筆帖式, 서기)'에서 병부주사, 형부낭중, 하남도어사, 공
부시랑, 호광순무를 지낸 인물이었다. 과반科班 출신이었던 연갱요는 강
희 39년에 진사에 급제했고 그 후 사천 광동의 향시 감독관, 내각학사에
올랐다가 강희 48년에는 사천순무가 되었다.

강희 59년, '평서장군'의 인印을 받은 그는 악종기 등을 이끌고 서장을
공격해 책망아랍포탄의 군관 책릉돈다복을 격퇴시키기도 했다. 이듬해

강희제는 그를 '사천섬서총독四川陝西總督'으로 승진시켜 주었다.

옹정제는 즉위 후 무원대장군撫遠大將軍 윤제를 도읍으로 불러들였다. 그리고 연갱요에게 그의 장군 인을 관리하도록 했고, 연신에게 윤제의 자리를 대신하도록 했다.

옹정 원년(1723년) 10월, 연신이 서녕에 도착하자 옹정제는 또다시 그를 평역장군으로 봉하고 연갱요를 무원대장군으로 봉했다. 당시 청해 몽고인의 수령이었던 라복장단진(고실칸의 손자)이 반란을 일으켰다. 옹정 2년 3월, 연갱요는 라복장단진을 물리치고 청해 지역 전체를 평정할 수 있었다.

10월, 옹정제는 연갱요를 도읍으로 불러들여 쌍안화령(雙眼花翎 : 눈과 같은 무늬가 2개 있는 공작의 깃털로, 청대의 훈장과도 같음)과 네 마리의 용이 수놓아져 있는 대례복, 황금색 허리띠, 자색의 말고삐와 금화를 하사했다.

하지만 누가 알았으랴. 연갱요가 궁중에 있는 누이와 황제의 총애를 믿고 늘 거드름을 피우고 사치를 일삼으며 관리들을 탄핵하고, 자신의 측근을 그 자리에 넣는 등 많은 사람들의 미움을 사게 된 것이다.

옹정 3년 2월, 연갱요는 옹정제의 근면함을 찬양하기 위해 상주문에 '조건석척朝乾夕惕'이라고 쓴다는 것이 그만 '석척조건夕惕朝乾'이라고 쓰는 실수를 범하고 말았다. 이로 인해 그는 황제의 미움을 사게 되었다. 4월, 옹정제는 연갱요의 대장군과 총독 지위를 박탈하고 항주장군으로 임명했다. 10월, 수도로 압송된 연갱요는 결국 사약을 받고 말았다.

연갱요가 체포된 것은 그의 여동생이 죽은 지 채 한 달이 지나지 않아 벌어진 일이었다. 옹정제의 비였던 연갱요의 여동생은 죽은 후 '돈숙황귀비敦肅皇貴妃'라는 시호를 갖게 되었다. 연갱요가 항주장군으로 좌천되었을 때, 그에 의해 등용되었던 관리들은 모두 연갱요를 험담했고 그를 감싸주는 사람은 극소수에 불과했다.

연갱요가 황제의 총애를 잃은 원인은 대략 다음의 몇 가지로 나누어 볼 수 있다.

첫째, 제멋대로 세도를 부렸기 때문이다. 막대한 권력을 가졌던 연갱요는 신중하기는커녕 마음대로 조정의 일에 간섭하며 다른 신하들의 권력을 빼앗으려 했다. 그는 오만방자하고 무례한 행동을 서슴지 않았으며 각 성의 관리들에게 서신을 보낼 때도 함부로 이름을 불렀다. 몽고왕공蒙古王公, 즉 황제의 사위인 아보 역시 그를 만날 때는 무릎을 꿇고 예를 행해야 했다.

둘째, 붕당을 결성한 점이다. 그는 자기편이 아닌 사람은 철저하게 배척하고 측근들을 기용함으로써 자신을 주축으로 하는 파벌을 형성했다.

셋째, 부정부패다. 연갱요가 착복한 식량과 재산은 수백만 냥에 이르렀다. 객관적으로 보면 옹정제의 과도한 총애와 신임으로 인해 연갱요의 권력은 점점 커졌고, 결국은 그를 통제하지 못하는 상황에까지 이른 것이다. 연갱요는 자만에 취한 나머지 신하의 본분을 잊고 오만방자한 행동을 일삼아 결국은 황제의 미움을 사게 되었다. 이 때문에 옹정제는 자신에게 대권을 쥐여준 '제일의 은인'을 처치하리라 마음먹게 된 것이다.

전국시대, 제晋나라의 대부이사大夫李斯가 황제의 연회에 참석했다. 술이 거나하게 취한 그는 정신을 차릴 겸 밖으로 산보를 나갔다. 그때 황궁의 문지기 하나가 그를 보더니 간절하게 말했다.

"나리, 남은 술이 있거든 제게도 좀 주십시오."

하지만 이사는 냉정하게 그의 청을 거절했다.

"문이나 지키는 비천한 것이 감히 왕이 마시는 술을 넘보다니 썩 꺼지지
못할까!"

이사가 자리를 떠난 후, 공교롭게도 문지기는 실수로 사발에 담긴 물을
문 앞의 조그만 웅덩이에 흘리고 말았는데, 꼭 누군가가 소변을 눈 것처
럼 보였다. 날이 밝은 후, 궐문을 나서던 제왕이 이것을 보고 문지기에
게 물었다.

"어젯밤에 누가 궐문 앞에서 소변을 본 것이냐?"

그러자 문지기가 말했다.

"대부이사가 이곳에 서 있는 것을 보았습니다."

이 말을 듣고 노한 제왕은 즉시 이사를 잡아다 죽여버렸다.

한낱 문지기도 모욕을 당하면 갖은 궁리를 써서 대신의 목숨을 위협
하게 마련이다. 때문에 청대의 명신 증국번 역시 '적을 만드는 것을 가
볍게 생각해서는 안 된다'고 항상 강조했던 것이다.

이사와는 반대로 누르하치는 그야말로 제왕의 풍모를 갖추고 있었다.
도량이 넓었던 그는 과거의 원수라 할지라도 넓은 마음으로 포용했다.
1580년(만력 12년), 누르하치가 대군을 이끌고 제길달성을 공격했다.
하지만 이 소식이 미리 새어나가는 바람에 누르하치의 대군이 도착했을
때 성안에서는 이미 전쟁을 위한 만반의 태세를 갖추고 있었다.
강공을 결심한 누르하치는 대열의 가장 앞에 서서 적장을 차례로 무너
뜨렸다. 이때 누르하치의 용맹한 모습을 보고 있던 명사수 악이과니가
조용히 그를 향해 화살 한 발을 쏘았다. 화살은 그의 투구를 뚫고 깊게
박혔다.

하지만 그런 위급한 상황에서도 누르하치는 악이과니를 노려보며 머리에 박힌 화살을 뽑아냈다. 그리고 상대방이 아연실색해 있는 사이 그의 다리를 명중시켜 쓰러뜨렸다.

격전 속에서 누르하치는 부상을 돌볼 틈도 없이 용맹하게 전투에 임했다. 그러던 중 성안에 있던 또 다른 명사수 낙과가 누르하치의 이마를 명중시켰다. 화살 끝이 고리 모양으로 되어 있었기에 누르하치가 화살을 뽑아내자 살점이 떨어져 나갔고, 붉은 피가 쏟아져 나왔다. 활을 지팡이 삼아 끝까지 싸우던 누르하치는 결국 정신을 잃었고, 공격을 포기할 수밖에 없었다.

며칠 후, 부상이 어느 정도 호전되자 누르하치는 또다시 대군을 이끌고 성을 공격하기 시작했다. 누르하치의 용맹함을 직접 목격했던 적병들은 모두 겁을 집어먹을 수밖에 없었다. 때문에 누르하치가 또다시 공격을 시작하자, 성안의 병사들은 사방으로 도망을 치고 말았다. 성이 함락된 후 용맹한 적장 악이과니와 낙과는 포로가 되었다.

두 사람은 오랏줄로 꽁꽁 묶인 채 누르하치 앞에 끌려왔다. 그러자 주위에 있던 신하들은 화를 참지 못하며 이구동성으로 두 사람을 죽여야 한다고 주장했다. 하지만 누르하치는 미소를 지으며 태연하게 입을 열었다.

"양군이 전쟁을 벌이고 있을 때 승리를 원하지 않는 자가 누구인가? 지난번 싸움에서 이 두 사람은 각자의 소임을 다한 것뿐이다. 그러니 이들을 벌하는 대신 큰 상을 주어 다음번 싸움에서는 우리를 위해 싸우도록 해야 함이 옳다. 어찌 나를 다치게 했다는 이유로 이들과 같은 용맹한 장수들을 죽일 수 있단 말인가?"

신하들은 그제야 누르하치의 깊은 뜻을 알 수 있었다. 이렇게 두 장수는 목숨을 건질 수 있었을 뿐만 아니라 높은 관직에 오르게 되었다.

만약 이 두 사람이 쏜 화살이 조금만 더 깊게 박혔더라면 누르하치는 목숨을 잃었을지도 모른다. 하지만 누르하치는 목표가 분명한 사람이었다. 그는 자신의 목표를 이루기 위해서는 많은 인재들의 도움이 필요하다는 사실 또한 잘 알고 있었다. 그래서 그는 자그마한 원한으로 자신에게 도움이 되는 인재를 저버리는 짓을 하지 않았던 것이다. 이러한 정치가의 모습은 비즈니스에서도 충분히 응용해봄 직하다.

'비굴하지도 않고 거만하지도 않은 것', 이는 처세의 지혜이기도 하다. '강직하지만 때로는 인내할 수 있는 아량을 가지는 것, 인자하지만 때가 되면 과감하게 결단을 내릴 줄 아는 것, 수완이 있지만 터무니없는 요구를 하지 않는 것, 고집스럽지만 자만하지 않는 것'. 이 모두는 지도자가 갖추어야 할 미덕이다.

지도자는 일을 처리하는 과정에서 정도를 지킬 줄 알아야 한다. 정도에서 벗어나면 혼란에 빠지고 결국은 좌절을 맛봐야 하기 때문이다. 무절제한 식생활은 몸을 망치고 정도에서 벗어난 치국은 나라를 망치며 지나친 탐욕은 목숨을 해치기 마련이다. 또 지나친 농담은 감정을 상하게 하며 심지어는 자신도 모르게 상대방의 마음에 원한을 심어줄 수도 있다. 마찬가지로 지나친 자만은 큰일을 망칠 수도 있다. 반대로 늘 자신을 낮추고 상대방을 위하는 사람은 쉽게 상대방의 마음을 얻을 수 있다.

높은 지위에 있는 사람은 세도를 부리고 싶기 마련이다. 하지만 이런 사람일수록 더욱 신중한 태도를 취하며 자신의 권력을 남용해서는 안 된다. 만약 아랫사람이 자신의 권위와 이익에 해가 되는 행동을 하려 할 때, 그것이 개인적인 문제이거나 혹은 재물과 관련된 일이라면 넓은 마음으로 너그럽게 용서해주어야 한다.

남조의 양인 양간의 자는 조흔䰄으로, 태산 양문의 사람이었다. 북조의 위나라 태산태수로 임명된 그는 조부인 양규가 고조의 제주䋝에 종사했기에 자신도 남쪽으로 가기를 희망했다.

남쪽으로 가던 양간은 연구䢜에 도착해 술자리를 벌였다. 그때 장유재라고 불리는 한 사내가 거나하게 취해 실수로 배에 불을 지르고 말았다. 이 사고로 70척의 배와 수많은 재물들이 모두 불에 타버렸다.

하지만 이 소식을 들은 양간은 전혀 개의치 않은 듯 계속해서 술을 마셨다. 한편, 잔뜩 겁에 질린 장유재는 그 자리에서 줄행랑을 치고 말았다. 그러자 양간은 사람을 보내 장유재를 불러와 위로하며 이전과 다름없이 그를 대했다.

당나라 사람 배행검의 자는 수약䋿이다. 당고종 때 이부상서를 지낸 그의 집에는 황제가 직접 하사한 말과 진귀한 안장이 있었다.

어느 날, 수하의 소리小吏 하나가 몰래 말을 타고 놀다가 잘못하여 안장을 망가뜨리고 말았다. 겁에 질린 소리는 그대로 도망을 쳤다. 하지만 배행검은 소리를 나무라기는커녕 오히려 사람을 보내 그를 불러들였다.

그러던 어느 날, 난을 평정하고 진귀한 보물을 얻은 배행검은 사람들을 불러 그것을 보여주었다. 그것은 마노로 된 커다란 접시였다. 그때 수하의 군리軍吏 하나가 실수로 넘어져서 접시를 깨뜨리고 말았다. 크게 놀란 군리는 이마에서 피가 흐르는데도 고개조차 들지 못했다. 그러자 배행검이 웃으며 말했다.

"일부러 그런 것도 아니질 않느냐?"

그의 얼굴에서는 노한 기색이라곤 전혀 찾아볼 수 없었다.

진나라의 사만은 채사와 자리 하나를 두고 다툰 적이 있었다. 채사는 사만을 자리에서 끌어내리면서 하마터면 그의 모자와 머리를 감싼 두건까지 벗길 뻔했다. 천천히 일어난 사만은 옷을 털고 자리에 앉으며 이렇게 말했다.

"하마터면 얼굴까지 다칠 뻔했네."

그러자 채사가 대답했다.

"자네의 얼굴은 생각하지 못했어."

훗날 두 사람은 이 일을 마음에 두지 않았고 다시 언급하지도 않았는데, 사람들은 두 사람의 넓은 도량에 감탄을 금하지 못했다고 한다.

아랫사람은 윗사람 앞에서 종종 실수를 하게 마련이고, 그럴 때마다 윗사람은 쉽게 화를 내게 된다. 하지만 상하관계를 올바르게 유지하기 위해서는 윗사람이든 아랫사람이든 어느 정도의 도덕적 수양을 갖추어야 하며 인내심 역시 가질 수 있어야 한다. 넓은 마음을 가진 사람이야말로 상대방의 마음을 얻을 수 있기 때문이다.

윗사람의 마음을 헤아리라

옛말에 윗사람의 마음을 헤아리는 사람은 화를 피할 수 있다고 했다. 옹정제 주위에는 엄청난 권력을 가진 중신들이 많았다. 그들은 모두 옹정제의 오른팔과 왼팔을 자처했다. 하지만 옹정제는 국가의 대사를 처리할 때, 특히 조정의 혁신과 관련된 일을 처리할 때 이 모든 중임을 악이태에게만 맡겼다. 도대체 무슨 이유 때문이었을까?

그 이유는 악이태의 일생을 자세히 들여다보면 쉽게 알 수 있다. 수많은 대신들 중 옹정제의 속뜻을 알아차리고 그에 따라 일을 집행했던 사람은 극소수였는데, 악이태가 바로 그들 중 하나였기 때문이다.

"큰일은 모호하게 처리해서는 안 되며, 작은 일은 모호하게 처리하지 않으면 안 된다. 작은 일까지 분명하게 처리하면 큰일은 분명 어지럽혀지기 마련이다."

바로 악이태가 남긴 명언이다. 어떤 일을 함에 있어 가장 중심이 되는 것만 지키면 그 외의 소소한 일들에 대해서는 관대해도 된다는 뜻으로 풀이할 수 있다.

장정옥은 악이태의 식견에 탄복하며 그의 명언을 두고 "한번 생각해 봄 직한 말이다."라며 칭찬을 아끼지 않았다. 악이태의 후임이었던 운귀 총독 윤계선 역시 이를 두고 '반드시 배워야 할 것'이라고 칭송했다. 이들의 칭찬은 악이태가 옹정제의 속마음을 정확히 꿰뚫고 있으며, 그 명령을 집행하는 데 있어 설령 작은 희생을 감수하더라도 늘 황제의 뜻에 따랐다는 것을 의미했다. 그랬기 때문에 옹정제와 그의 막료들은 언제나 안심하고 악이태와 함께 일을 처리할 수 있었다.

악이태의 마음속에 크게 자리 잡은 것은 바로 '충忠'이었다. 그 때문에 악이태는 옹정제의 지시를 두 말 않고 따를 수 있었다. 그런 점에서 보자면 악이태는 '충정' 때문에 옹정제의 눈에 들 수 있었고, '충정' 때문에 그에게 중용될 수 있었다. 그래서 악이태는 항상 이를 되뇌며 '충'의 원칙을 지키려 했던 것이다.

악이태는 언제나 진심으로 신하의 도리를 다하면 하지 못할 일이 없으며 황제의 총애와 신임을 받지 못할 일이 없다고 생각했다. 그런 신하가 작은 실수를 하더라도 황제는 너그럽게 용서할 수 있다는 뜻이다. 그래서 그는 항상 자신의 수하들에게 이를 강조했다. 이야기를 들은 옹정제는 그의 말속에서 악이태의 충심을 읽을 수가 있었다.

"그의 이야기에 실로 눈물을 참을 수가 없구나. 그는 짐을 잘 아는 사람이다. 만약 짐을 잘 알지 못하고 믿지 못한다면 그렇게 행동할 수 없을 것이다. 그런 신하를 가진 짐은 얼마나 행복한 사람인가?"

옹정제 역시 언제나 신하들에게 악이태의 충심을 칭찬하곤 했다.

옹정 5년 정월, 황하 중하류 각 성의 관리들이 하청(河淸 : 1년에 한 번씩 황하가 맑아지는 것)을 축하하는 상주문을 올렸고, 조정의 신하들 역시 앞 다투어 이를 축하했다. 그중 악이태와 양명시가 올린 하표가 그 격식에 맞지 않았다. 하지만 옹정제는 양명시만을 처벌하고 악이태는 아무런 처벌도 하지 않았다. 왜 같은 잘못을 한 두 사람이 다른 처벌을 받았을까?

그에 대한 옹정제의 설명은 이랬다.

"악이태는 결점이 없는 충신으로, 역사적으로도 그와 같은 충신을 찾기 힘들다. 그렇기 때문에 작은 실수로 인해 그를 처벌할 수는 없다. 하지만 양명시는 다르다. 그의 마음에는 군주에 대한 충심이나 나라 사랑은 찾아볼 수조차 없어, 악이태와 비교해보면 그야말로 하늘과 땅 차이다. 그렇기 때문에 악이태를 처벌하지 않았다고 하여 양명시까지 봐줄 수 없는 것이다."

옹정제와 악이태는 사이가 무척 좋았는데, 두 사람은 마치 친구 사이처럼 보이기도 했다. 옹정 3년 겨울, 운남으로 부임하게 된 악이태가 건강이 나빠지자 옹정제는 직접 가마를 보내 악이태를 북경으로 불러왔다. 얼마 후, 악이태가 건강을 회복하자 옹정제는 기쁨을 감추지 못하며 이렇게 말했다.

"짐과 악이태 사이의 군신의 정은 깊고 깊다. 그것은 그저 그런 보통의 인연과는 비교할 수조차 없다."

옹정제의 50살 생일날, 군신들이 모두 모여 화려한 연회를 열었다. 하지만 멀리 운남에 있던 악이태는 아쉽게도 생일잔치에 참석할 수가 없었다. 그러자 이를 애석하게 여긴 옹정제는 연회에 올랐던 진귀한 음식들을 손수 골라 운남으로 보냈다. 음식을 받은 악이태는 벅차오르는 가슴을 부여잡고 황제에게 감사를 표했다.

옹정제는 악이태의 집안일에도 많은 관심을 보였다. 그는 악이태의 형인 악임태의 딸을 윤상의 아들인 홍교에게 시집보냄으로써 두 충신 사이를 더욱 돈독하게 만들어주기도 했다. 옹정 5년 5월 초열흘, 옹정제는 악이태가 올린 상주문에 다음과 같은 글을 남겼다.

"그대가 무병장수하며 수많은 자손들을 거느릴 수 있도록 천지신명께 바라노라."

8월에 운남으로 돌아간 악이태는 아들 둘을 얻어 모두 5명의 아들을 갖게 되었다. 그는 옹정제의 축복에 진심으로 감사를 표했다.

악이태의 큰아들 악용안의 원래 이름은 악용이었다. 향시에 급제한 악용을 만난 자리에서 옹정제가 악용안이라는 이름을 하사한 것이다. 1733년, 악용안이 아직 한림원의 서길사였을 때, 옹정제는 관례를 깨고 그를 군기장경으로 임명했다. 강희 연간에 편수編修를 지냈던 악이태의 다섯째 동생 악이기 역시 형이 황제의 총애를 받는다는 이유로 호부상서와 보군통령의 중임을 맡았다.

훗날 법을 어긴 악이기는 직예총독 이위에게 탄핵을 받게 되는데, 옹정제는 그의 관직만을 박탈했을 뿐 실질적인 형벌은 내리지 않았다. 이런 옹정제의 총애 때문에 악이태는 더욱더 충성을 맹세할 수밖에 없었다.

옹정제의 집정 기간 동안 악이태와 같은 정치가는 손에 꼽을 정도였다. 악이태는 청나라의 발전에 큰 공을 세운 인물이었다. 또 그의 출현은 옹정제의 인재 기용방법이 얼마나 위대한 것이었는가를 증명해주는 것이기도 했다.

복잡한 정치판에서 군왕에 대한 충성심을 지키는 것은 어려운 일이다. 게다가 군왕의 마음을 꿰뚫어 보고 그의 마음에 쏙 들도록 행동할 수 있는 사람은 극소수다.

한무제漢武帝 시기에 남방의 백월국百越國은 한나라가 흉노를 토벌하느라 정신이 없는 틈을 타, 남쪽의 제군을 마음대로 공격하고 있었다. 이 문제로 골치를 앓던 한무제는 고민 끝에 대신을 보내 직접 그 문제를 해결하려고 했다. 비록 문관 출신이지만 한무제의 속마음을 정확하게 꿰뚫고 있었던 한사는 황제에게서 이 문제를 해결하는 것에 대한 전권을 위임받자 적극적으로 대책을 모색하기 시작했다.

우선 그는, 자신을 수행하던 어림군御林軍 군관의 도움으로 지방군사 회의를 소집했다. 그는 회의에서 제도에 얽매여 감히 병사들을 동원하지도 못하고 있는 지방군관들을 굴복시키고 기타 관리들을 설득해서 우수한 병력을 동원해 백월국을 직접 공격했다. 이렇게 갑작스런 공격을 받은 백월국의 병사들은 황급히 나라로 돌아가야만 했다.

두 번째로 백월국의 병사들이 수전에는 강하지만 토양과 수질에 적응하지 못한 점을 간파한 한사는, 사람을 보내 백월국 병사가 탄 배에 구멍을 뚫고 병사들을 매복해두었다. 그 결과 백월국 병사들은 대패했고, 다시는 한나라를 공격하지 않았다.

한사는 한무제의 정치적 의도를 정확하게 파악했으며 그에 따라 일을 처리했다. 사실 그 당시, 한무제는 이미 황제의 자리에 올랐지만 나이가 어렸기 때문에 병권은 모두 할머니인 두태후의 손에 있었다. 그런데 선황의 치국의 도를 계승한 두태후는 병권 사용을 꺼려했기 때문에 한무제에게 병력을 사용할 수 있는 권한을 주지 않았다.

하지만 그대로 내버려둘 경우 백월국이 더욱더 오만방자해질 것을 잘 알고 있었던 한무제는 두태후에게 강화를 목적으로 한사를 보낼 것을 요구했던 것이다. 이런 상황에서 한사는 한무제가 바라던 것을 정확하게 실현시켜 주었다. 이 일로 두태후가 자신의 손자를 다시 보게 된 것은 물론이다.

악이태나 한사처럼 윗사람을 충성으로 대하고 그가 생각하는 것을 정확하게 실천하는 사람은 정말 드물다.

모든 일은 느긋하게 事緩則圓, 잠시 미루는 것도 전술이다

모든 일을 그 자리에서 판단할 수 있는 것은 아니다. 사물과 사건의 단서가 분명해지기 전에는 냉정한 눈으로 지켜보는 것 역시 좋은 방법이 될 수 있다. 때문에 옛 선인들은 '사완즉원事緩則圓'이라고 했다.

역사적으로 볼 때 중요한 사건이 발생했던 순간, 수많은 지도자들은 늘 '지연술을 통해 사건 간의 충돌을 막고자 했다. 미루는 것은 충돌을 해결하는 좋은 방법이 될 수 있다. 충돌 당사자들은 직접적인 조치를 통해 문제를 해결하는 것이 아니라, 잠시 미뤄둠으로써 환경이 바뀌었을 때 의견 차이가 자연스럽게 해결되기를 기대하는 것이다.

오래된 중국 역사에 이런 이야기가 있다.

초왕이 보낸 사자를 만나는 것을 진왕이 난처해하자, 대신 감무가 말했다.

"대왕께서는 걱정하실 필요가 없습니다. 초왕이 입담 좋은 사자를 보내오면 그와 이야기하는 것을 거부하시고, 패기가 없고 유약한 사자를 보내면 그제야 이야기를 하겠다고 하시면 됩니다. 그럼 초왕은 분명 유약한 사자를 보낼 테니 입담이 좋은 자는 중용되기 힘들 것입니다."

과연 감무의 말은 정확했다. 결국 진왕은 협상에서 초왕의 사자를 완벽하게 제압하며 주도권을 쥘 수 있었다.

옹정제 역시 황위에 오른 후 형제들과의 충돌을 해결하는 문제에 있어 이와 같은 방법을 썼다. 먼저 그는 속마음을 내비치지 않고 형제들의 마음을 안정시키는 데 힘썼다. 그리고 형제들 중 자신의 적수가 될 만한 사람들을 갈라놓는 방법을 썼다. 어떤 형제는 친왕으로 봉하고 또 어떤 형제에게는 봉호를 내리지 않는 방법으로 그들 내부에서 갈등이 일어나도록 한 것이다.

그 후 그들 중 가장 큰 불만을 품은 사람의 주변 인물들을 하나씩 처치해나가다가, 최후에는 당사자를 처리하는 방법을 썼다. 이 과정에서 그는 사람을 보내 형제들을 감시하고 구속하도록 했는데, 그들이 잘못을 범할 때마다 즉시 과감한 조치를 취하도록 했다. 또한 불만을 품은 사람은 엄격하게 처리하고 이미 욕심을 버린 사람에게는 너그러운 태도를 보였다. 수년간에 걸친 이러한 방법을 통해 옹정제는 마침내 최후의 승리를 얻게 되었다.

옹정제의 지연술의 가장 큰 특징은 바로 철저한 비밀 유지에 있었다. 그는 겉으로는 권력에 관심이 없는 평온한 모습을 함으로써 적들을 자극하지 않았던 것이다.

즉위 초년, 옹정제는 연갱요에게 보내는 유지에서 항상 수도의 상황이 좋다고 알렸다. 옹정 원년 초여름, 그는 직접 강희제의 관을 경릉으로 옮기며 "일로평안, 내외무사路平安, 內外無事."라고 말했으며 "나라 안팎의 모든 일이 마치 봄과 같다. 모든 일이 마음먹은 대로 이루어지는구나."라고 했다.

그해 가을, 옹정제는 또 "가을이 되니 짐의 마음이 더욱 편안해지는구나. 이 모두가 나라 안팎이 평안하기 때문이다."라는 글을 썼다.

이듬해 봄, 옹정제는 경적례耕耤禮를 거행하며 이런 말을 하기도 했다.

"날씨가 좋고 민심 또한 기쁘구나. 모든 일이 순조로우니 안팎으로 모두 평안하다."

또 다른 유지에서는 이런 말을 남기기도 했다.

"수도의 모든 가정이 평화롭다."

이 모두는 물론 당시의 정치 상황이 매우 안정되어 있음을 반영하는 것이었지만, 그가 이토록 지겹게 당시의 상황을 이야기한 것은 정적들이 반란을 일으킬 것을 두려워했기 때문이라 풀이된다.

불안정한 정치판에서는 정적을 제거하는 방법을 씀으로써 상대방의 힘을 꺾어놓아야 한다. 하지만 그럴 때도 사건을 극단으로 몰고 가서는 안 된다. 그리고 어느 정도 완화된 방법을 씀으로써 상대방의 힘이 조금씩 줄어들도록 만드는 방법도 있다. 이럴 때 역시 상대방을 완전히 제어할 수 있다는 전제조건을 만족시킬 수 있어야 한다. 옹정제는 두 번째 방법을 이용해 성공을 거둘 수 있었다. 그는 투쟁 중에 언제나 신중한 태도를 취했기 때문에 모든 상황을 자신에게 유리하게 만들 수 있었다.

옹정제는 황위 쟁탈전에 참여했던 형제들을 대하는 방법을 모두 달리했다. 즉 각자의 상황에 맞추어 제거할 사람은 제거하고, 끌어들일 사람은 자신의 편으로 만든 것이다.

황삼자 윤지의 세력범위가 몽양재蒙養齋 수서처修書處에 있다고 생각한 옹정제는, 즉위한 지 한 달이 채 되지도 않아 수서처의 사람들에게 손을 뻗치기 시작했다. 옹정제는 경계무의 반란 당시에 죄를 지었지만 황제의 은혜로 수서처로 가게 된 진몽뢰가 '지난날의 잘못을 반성하기는커녕 오히려 법을 어기는 일을 수차례나 일삼았다'고 따끔하게 꼬집었다. 그리고 또다시 황제의 너그러움을 베풀어 더 이상 처벌하지는 않고 그와 아들들을 먼 곳으로 함께 유배 보냈고, 그의 수하들 중 이와 관련된 자들은 엄하게 처벌할 것임을 덧붙였다.

하지만 이를 집행했던 형부상서 도뢰와 장정추는 유지의 내용을 그대로 따르지 않고 진몽뢰의 두 아들을 풀어주고 말았다. 이 일로 옹정제는 두 사람을 파면시켜 버렸다. 그것은 윤지의 세력을 완전히 없애려는 그의 결심을 그대로 보여주는 행동이었다.

결론적으로 옹정제의 지연술은, 소극적으로 일을 미루는 것이 아니라 일종의 단계성을 가진 계획이었던 것이다. 그것이 바로 그가 남보다 뛰어난 부분이기도 했다. 물론 지연에는 또 다른 방법이 있다. 상대방의 요구를 무시하는 것 역시 충돌을 해결하는 지연의 또 다른 방법이 될 수 있다. 여기에는 바로 문제에 대한 결정을 내리지 않아서 발생되는 충돌보다는, 상대방의 요구를 거절하는 게 더 낫다는 심리가 내재되어 있다.

오늘날의 수많은 조직과 기구들이 난처한 문제에 대해서 '연구해보겠다'는 태도를 취하는 것 역시 지연술의 전형적인 예라 볼 수 있다.

작은 것을 버리고 큰 것을 지키다

사회생활을 하다 보면 "누구누구는 정말 상종하지 못할 사람이야"라는 말을 들을 때가 있다. 자세히 관찰해보면, 이런 이야기의 주인공들은 매우 극단적이거나 사소한 잘못도 그냥 넘기지 못하는 성격의 소유자가 대부분이다. 이런 사람들은 어느 곳에서든 좋은 인연을 만나기가 힘들다. 이를 통해 우리는 사회생활을 할 때는 너무 극단적이어서는 안 된다는 사실을 알 수 있다.

역사적으로도 과격하고 극단적인 성격 때문에 커다란 실수를 범했던 사람은 셀 수 없을 정도로 많았다. 반대로 개인적인 고통을 참고 냉정을 유지하며 문제를 객관적으로 볼 수 있었던 사람은 큰일을 해낼 수 있었다.

옹정제의 성격을 살펴보면, 젊은 시절의 그는 '감정의 기복이 심했다'는 사실을 알 수 있다. 그것은 부친인 강희제가 내린 평가이기도 했다. 황제가 된 후 더 깊은 수양을 쌓긴 했지만, 가끔씩은 그도 편협하고 조급한 성격을 드러낼 때가 있었다. 특히 자신의 권력이 도전을 받을 때나 도무지 꿍꿍이속을 알 수 없는 신하들을 대할 때는 자신도 모르게 편협한 성격을 드러냈다.

옹정제가 일찍이 윤당과 그의 주변 인물들에게 했던 행동을 통해 그의 극단적인 성격을 알 수 있다. 강희제의 붕어 소식이 전해졌을 때, 마침 병중이었던 윤당의 생모인 의비는 황급히 연탑軟榻을 타고 영당靈堂으로 왔다. 강희제의 총애를 받았던 의비는 아무런 생각 없이 덕비의 앞까지 뛰어갔는데, 이를 본 옹정제는 몹시 기분이 나빴다. 게다가 분위기 파악을 하지 못한 의비가 어머니 행세를 하려 하자 옹정제는 더욱 마음이 상해버렸다.

12월 초사흘, 옹정제는 의비의 태감 장기용이 법을 어기고 매매를 했다는 이유로 투르판으로 보내 농사를 짓도록 했다. 또 윤당부의 태감 태진충은 운남으로 보내 노역을 하도록 했으며, 태감 하옥주는 삼성三姓에 노예로 보내고 모든 재산을 몰수했다. 유배를 원치 않는 자들은 스스로 목숨을 끊도록 했는데, 죽어서도 그 유골은 유배지에 뿌리도록 했다.

같은 달, 옹정제는 윤당의 집안일을 돌봐주던 예과급사禮科給事 중 진도연이라는 자를 잡아들였다. 윤당의 권세를 등에 없고 악행을 일삼았으며 불법으로 모은 재산 10만 냥을 감숙 충군充軍의 군비로 썼다는 죄목이었다. 진도연은 무석無錫 사람이었다. 양강총독 사필납이 옹정제의 명령을 받고 진도연을 조사했는데, 그 재산이 모두 1만 냥 정도밖에 되지 않았다. 그러자 황제는 진도연을 가두고 끝까지 추궁하도록 했다.

옹정제는 이상하리 만큼 윤당을 무시했다. 그는 언제나 윤당을 두고 '문이면 문, 무이면 무, 어느 것 하나 뛰어난 게 없다'고 평가했다. 하지만 그렇다고 해서 윤당을 놓아줄 수도 없었다. 그래서 윤제가 전선에서 돌아왔기 때문에 사람이 필요하다는 명목을 내세우며 윤당을 서녕으로 보내버렸다.

윤당은 이것이 사실상의 귀양이라는 점을 잘 알고 있었다. 처음엔 선황의 백일제가 끝나면 떠나겠다고 했던 그는 입관이 끝난 후 서녕으로 가겠다고 자꾸만 날짜를 미루었다. 하지만 옹정제는 더 이상은 봐주지 않고 매몰차게 윤당을 쫓아버렸다. 옹정 원년(1723년), 윤당은 서대통(西大通 : 오늘날의 청해성靑海省 통현通縣 동남쪽)으로 부임하게 된다.

윤당이 서대통에 도착하자 연갱요는 성내의 주민들을 밖으로 이주시키고 병사들을 보내 윤당을 감시하도록 했다. 옹정제는 연갱요에게 병사들이 윤당에게 매수되지 않도록 각별히 신경 쓰라고 했다. 한편 서대통에 도착한 윤당은 그날부터 조정으로 돌아가고 싶다는 상주문을 올렸지만 옹정제는 확답을 피한 채 "알겠다."라는 말만 되풀이했다. 그러고는 조용히 연갱요를 시켜 윤당이 절대 수도로 돌아오지 못하도록 했다.

얼마 후 윤당이 하주河州로 사람을 보내 목지를 살펴보도록 한 일이 있었다. 사실 이 일은 큰 문제가 되지 않았다. 하지만 옹정 2년(1724년), 종인부宗人府에서는 윤당이 '군법을 어기고 마음대로 근무지를 이탈했다' 는 내용의 상주문을 올려 그의 패자貝子 작위를 박탈하도록 했다.

하지만 사람은 변하게 마련이다. 재위 후기, 옹정제는 꽤 높은 수양의 경지에 오르게 된다. 그것은 어쩌면 너무도 많은 일을 겪었기 때문이었을 것이다. 옹정제가 일을 처리하는 방법에도 변화가 일어났는데, 그것은 그가 악종기를 책동한 증정의 사건을 처리하는 데서도 잘 나타났다. 그는 자신의 편협함을 극복하면서 더 넓은 시각을 갖게 된 것이다.

옹정 7년 9월, 옹정제는 증정의 모반사건을 기록해놓은 모든 문건을 한데 모아 《대의각미록》이라는 책을 완성했다. 책에서 옹정제는 반역자 증정의 도전을 받아들여 그가 주장한 무법무천無法無天의 관점을 요점만 기록한 다음, 그에 대한 반론을 펼쳤다. 이 책에는 10여 개의 유지가 수록

되어 있으며, 증정의 자백과 진술 등이 담겨 있다.

후에 증정은 자신의 죄를 인정하면서 옹정제에 대한 칭송을 아끼지 않았다. 그는 옹정제를 두고 근면하고 성실하며 효와 인을 행할 줄 알고 백성을 사랑하는 진정한 황제라고 말했다.

옹정제는 증정과 같은 이가 내세우는 논리에 반박하기 위한 목적으로 직접 《대의각미록》을 편찬한 것이다. 그는 이 책을 전국 각지에 반포하고 모든 선비들과 관리들이 읽도록 했다. 만약 이 책을 모르는 사람이 있으면 해당 지역의 관리들이 중벌을 받아야만 했다.

재미있는 점은 옹정제가 증정과 장희를 처리하는 데 있어서 조금 다른 태도를 보였다는 것이다. 당시 조정의 신하 대부분은 증정을 능지처참하고 그 가족들을 몰살시키는 것을 당연하다고 생각하고 있었다. 하지만 옹정제는 신하들의 반대를 무릅쓰고 증정과 장희를 죽이는 대신 오히려 이들을 사면하고, 훗날 그 자손 역시 선대가 황제를 해하려 했다는 이유로 죽음을 당하지 않을 것임을 발표했다.

이 일에 대한 옹정제의 설명은 이렇다.

"악종기는 진실을 밝혀내기 위해 장희에게 맹세를 했다. 국가의 중신에게 실언을 하도록 할 수는 없지 않은가? 때문에 짐은 그 두 사람을 살려둔 것이다."

옹정제는 이어서 두 번째 이유를 밝혔다.

"증정은 실제로 모반을 꾀하지 않았다. 만약 그가 악종기에게 자수를 하지 않았다면 짐이 어떻게 그 일을 알 수 있으며, 천하의 백성들이 어찌 그 사실을 알 수 있었겠는가? 이런 점으로 볼 때 증정의 공이 없다고도 할 수 없으니 너그럽게 봐주어도 되지 않겠는가?"

옹정제의 뜻은 이랬다. 증정과 장희의 투서로 아치나(윤이를 가리킴,

돼지), 싸이스헤이(윤당을 가리킴, 개)와 같은 모반의 원흉들을 색출해낼 수 있었다는 것이다. 때문에 옹정제는 관례에 따르면 마땅히 목을 베어야 할 증정과 장희를 '반면교사(反面敎師 : 사람이나 사물의 부정적인 면에서 교훈을 얻는다는 뜻)'로 삼아 절강, 섬서 등지에서 설교를 펼치고 《대의각미록》을 전파함으로써 자신의 자애로움을 널리 알리게 했다.

옹정제의 결단에 조정의 문무대신들은 놀랄 수밖에 없었다. 황제의 몸으로 일개 반역자와 설전을 펼치고 1년 후에는 황실의 추문을 다룬 자료를 모아 책으로 엮은 후 이를 전국에 공표하더니, 얼마 후에는 그 반역자를 석방해주었다. 증정의 문제를 해결하는 데 있어 옹정제가 보여준 행동은 역사적으로도 그 유례를 찾아보기 힘든 것이었다. 이 사건은 옹정제가 편협하고 극단적인 시각에서 성숙한 모습으로 변모하게 되었다는 사실을 증명해주었다.

우리 주변에서도 선천적으로 속이 좁고 극단적인 사람을 쉽게 볼 수 있다. 하지만 이들 역시 후천적인 노력으로 자신의 결점을 극복할 수 있다는 사실을 잊지 말자. 얼마든지 '관심법寬心法'을 통해 성격적 결함을 극복할 수 있다. 열심히 일하고 공부하며 수양을 쌓고 새로운 생활을 꾸려나가면 생각의 폭은 그만큼 넓어지게 마련이다.

또 '유망법遺忘法'을 이용하면 원한의 고통을 극복할 수 있으며 과거의 일을 파헤치기 위해 힘들어할 필요도 없다. 과거의 기억에서 달콤한 환상을 찾으려 한다면 고통은 더욱 커지게 마련이다.

마지막으로 '배제법排除法'을 이용해 뜻을 이루지 못한 고통을 극복할 수 있다. 오로지 자신의 인식과 판단을 기본으로 최종 방안을 결정함으로써 자신만의 권위를 확립하는 것이다.

덕으로 원한을 갚는 것은 모든 사람이 존경하는 경지다. 원한을 처리하는 가장 고상하고 지혜로운 방법은 바로 덕으로 원한을 갚고, 원한을 우정으로 만드는 것이다. 그리고 내가 누군가를 다치게 했다는 것을 알게 되었을 때는 즉시 사과하고 용서를 구해야 한다. 갖은 방법을 동원해 잘못에 대한 핑계를 대거나 잘못을 인정하지 않아 상대방의 미움을 사서는 안 된다.

좋은 금속은 불로 제련해야 하는 법이다

자고로 위대한 인물이란, 하늘을 떠받들고 땅 위에 우뚝 설 수 있는 대장부를 가리킨다. 어린 시절부터 마음속에 큰 뜻을 품었던 이들은 수많은 좌절을 겪으면서도 굳은 신념과 목적을 이루기 전에는 절대 쉬지 않겠다는 의지를 가진다. 옹정제 역시 바로 그런 신념과 의지를 가진 황제였다. 그는 황제 즉위 후 수많은 비방과 힐책을 당했지만, 특유의 강하고 고집스런 성격으로 자신의 능력을 증명해보였다. 마흔을 넘긴 나이에 황제의 자리에 올라 13년간이라는 길지 않은 기간 동안 나라를 다스렸지만 누구보다 위대한 업적을 세웠다. 그 일생을 살펴보면, 옹정제는 분명 가슴에 큰 뜻을 품은 황제였다.

역사유물론의 관점에서 보면, 옹정제는 긍정적 의미를 가진 역사적인 인물이다. 옹정제 집권 시기의 청나라 왕조는 분명 역사적으로도 빛났기 때문이다. 하지만 과거의 역사자료나 연구자료의 대부분은 옹정제, 특히 그의 인격에 관한 비난을 서슴지 않는다. 물론 그들 역시 그의 정치적 재능을 인정하고는 있지만 그것만으로는 부족하다. 때문에 옹정제에 대한 새로운 연구가 필요한 것이다.

옹정제가 역사에 오명을 남긴 이유는 그의 잘못이라기보다는 그와 대립하는 쪽에서 만든 여론의 영향 때문인 것이 사실이다. 거기에는 옹정제와 정치관을 달리하는 후대의 사람들이 그에게 가한 비판도 있었다.

옹정제에 의해 제거당한 정적이나 탐관오리들은 여론을 형성할 능력을 갖추고 있었다. 그리고 여론을 퍼뜨릴 수 있는 충분한 시장을 가지고 있었다. 자신들의 이익을 무엇보다 중요하게 생각했던 그들은 분명 옹정제와는 다른 정치관을 가지고 있었다. 옹정제는 관리들의 규율을 바로잡고 부정부패를 척결함으로써 그들의 이익을 저해했다. 때문에 그들은 옹정제를 탐욕스런 황제라고 말했던 것이다. 또한 옹정제가 천민제도를 폐지하자 일부 특권을 가진 지방토호들이 모두 들고일어나 잘못된 정책임을 공공연하게 주장했다.

한 가지 일에 대해 사람마다 모두 다른 견해를 보이는 것은 정상적인 현상이다. 중요한 것은 서로 다른 의견을 분석해보면 어떤 것은 맞거나 합리적일 수 있지만, 또 어떤 것은 사실에 부합하지 않을 수도 있다는 것이다. 더 깊이 들여다보면 당시 사람들이 비난하고 질책하던 것이 사실에 부합하지 않는다는 점을 쉽게 알 수 있다. 그것들 중 대부분은 타격을 입은 일부 사람들의 정서를 반영한 것이기 때문에 그 사실을 동정하거나 믿을 필요가 없다.

봉건시대에 옹정제와 정치이념을 달리하던 사람들의 눈에 그의 행동이 곱게 보였을 리가 없었다. 때문에 그들은 옹정제에 의해 정리당한 사람들을 동정하고 옹정제에게 불만을 표했다. 그들은 당시 공격을 당한 사람들의 말을 믿고 그것을 전달하는 데 힘썼다. 건륭 시절의 유명한 문인 원매는 옹정 시기 인물들의 전기를 통해 그에 대한 비난을 서슴지 않았다. 이 역시 정치사상이 편향되어 있음을 반증하는 것이다. 당시 사람들이 남겨놓은 기록들은 자연히 후대에 영향을 미치게 되었다.

후대에 옹정제의 정치를 비난하는 사람들의 대부분은 아마도 이러한 전통적인 견해와 깊은 관련이 있을 것이다. 하지만 이 모든 것들이 오늘날 옹정제의 업적을 평가하는 데 영향을 미쳐서는 안 된다. 역사를 살펴보면 옹정제에게서 참다운 군주의 모습을 엿볼 수 있기 때문이다.

> 항우는 젊은 시절, 자신의 숙부 항량과 함께 전국을 떠돌아다녔다. 어느 날 우연히 진시황의 화려한 행렬을 보게 된 항우는 젊은 혈기를 참지 못하고 분한 듯 물었다.
> "그도 사람이고 숙부님도 사람인데 왜 그 자리를 대신하지 않으시는 겁니까?"
> 조카의 도발적인 질문에 놀란 항량은 고개도 들지 못하고 그 자리를 떠났다. 그때 사람들 틈에 껴 있던 한 젊은이가 큰 소리로 말했다.
> "대장부라면 응당 그런 생각을 해야 하는 법이지."
> 그 젊은이는 바로 유방이었다.

한조漢朝 이전의 모든 권력과 유지, 작위는 모두 세습의 방식으로 계승되었다. 때문에 일반 백성은 권력을 가질 꿈조차도 꾸지 못했다. 하지만 유방과 항우는 젊은 시절부터 당시의 제도를 깨야 한다는 진보적인 생각을 갖고 있었다. 이를 볼 때 그들은 보통 사람이 아니라, 가슴에 큰 뜻을 품은 위대한 인물이라는 사실을 알 수 있다.

지도자는 반드시 신의의 중요성을 알아야 한다는 사실을 역사는 증명해주고 있다. 그들에게 있어 말한 것을 행동으로 옮기는 일은 가치를 매길 수 없는 인격의 발현이다. 반대로 자신의 이익을 위해 약속을 저버리는 사람은 비도덕적인 인물이라 할 수 있다.

우리는 우선 믿을 수 있는 사람이 되어야 한다. 믿을 수 있는 친구를 사귀고 싶은가? 그렇다면 자신이 먼저 믿을 수 있는 벗이 되어야 한다. 다음으로 중요한 것은 현실에 안주하지 않는 사람이 되어야 한다는 점이다. 현 상황에 안주하는 사람의 정신세계는 공허하며 그 인격 역시 높을 수 없기 때문이다.

마지막으로 강조하고 싶은 것은 진취적인 사고방식을 가진 사람이 되어야 한다는 것이다. 노력은 하지만 진취적이지 못한 사람은 비록 자신은 만족을 느낄지 모르지만 혜안을 가진 사람의 눈에는 쳇바퀴를 도는 다람쥐로밖에 보이지 않는다. 온몸이 땀으로 젖을 만큼 노력해도 결국은 같은 자리를 맴돌 뿐이라는 얘기다. 또한 우리는 만족을 모르는 투쟁가가 되어야 한다. 그래야만 끊임없는 노력 속에서 개척자의 행복과 새로운 생활의 즐거움을 맛볼 수 있기 때문이다.

옹정제의 일생을 가만히 살펴보면 우리는 다음과 같은 결론을 얻을 수 있다. 그는 분명 이 모두를 갖춘 지도자였다는 것이다.

양렴養廉으로 부패를 다스리다

봉건시대 왕조의 지속 시간은 황제에 의해 결정된다. 황제의 연치가 높아지고 재위 기간이 길어지면 백성들의 정신 역시 위축되고 가라앉게 마련이다. 강희제 통치 말년에 정치환경이 느슨해지자, 관리들의 부정부패 현상이 점차 고개를 들기 시작했다. 하지만 강희제 시기의 경제적 쇠퇴, 관리들의 부정부패, 백성들의 정신적인 위축은 옹정제의 끊임없는 노력으로 극복되었다. 옹정제의 통치를 거치며 청 왕조의 경제는 다시 부흥했고, 정치는 깨끗해졌으며, 백성들 역시 활기를 되찾게 되었다. 이렇게 옹정제는 다음 왕조의 발전을 위해 든든한 기초를 닦았다.

강건성세(康乾盛世 : 내·외치에 성공적이었던 강희제와 건륭제의 통치 시기를 말함)는 청 왕조 중 가장 찬란했던 통치 시기를 가리킨다. 옹정제는 바로 이 두 시기의 과도기에 있었는데, 강건성세는 옹정제의 훌륭한 정치와 뗄 수 없는 관계에 있다. 옹정제는 늘 대신들에게 다음과 같이 말했다.

"백성들을 편안하게 하려면 항상 관리들을 살펴보아야 한다."

강희제 통치 말년에 정치환경이 어느 정도 느슨해지자 관리들의 부패 현상이 나타났다. 봉건시대 왕조의 수명은 황제의 수명에 의해 결정되는 것이 대부분이다. 황제의 연치가 높아지고 재위 기간이 너무 길면 백성들 역시 위축되고 가라앉게 된다. 때문에 강희제 통치 말년의 청나라는 경제가 쇠퇴하고 관리들은 부정을 일삼기 시작했으며, 백성들 역시 정신적으로 위축되고 말았다.

하지만 옹정제는 강희제가 이끌었던 봉건 전제제도의 마차에 새 바퀴를 달고 기름칠을 함으로써 궤도를 벗어나려던 마차를 다시금 힘차게 이끌었다. 그는 다음 왕조를 위한 확실한 기초를 마련한 것이다.

"백성들을 편안하게 하려면 늘 관리들을 살펴보아야 한다."

그는 언제나 이렇게 말했고, 또 그것을 행동으로 옮겼다.

옹정제는 자신이 부황 강희제와 같은 업적을 쌓기를, 아니 그것을 능가할 수 있기를 바랐다. 그는 강희제 말년에 남겨졌던 관리들의 부패문제를 어떻게 해결했을까?

관리들을 감찰하는 데 있어 그는 안민지도(安民之道 : 백성들이 안심하고 편하게 살 수 있도록 함)를 최우선으로 했다. 그는 거짓과 부정을 일삼는 관리들에게 맞서기 위해 갖은 방법을 궁리했다. 하지만 부정을 조사하는 과정에서 옹정제는 탐관오리들의 방해를 받을 수밖에 없었다. 이를 해결하기 위해 옹정제는 불시에 사람을 보내 이들의 문제를 처리하도록 했다.

옹정 4년, 강서성에서 지세地稅와 관련한 대규모 부정부패 사건의 조사가 진행되었다. 당시 순무였던 배율도는 각 부주현의 곡식창고가 비어 있다는 사실을 알고 있으면서도 이를 보고하지 않았으며, 부하들의 부패행위도 감싸주었다. 이런 일이 계속되자 조사는 아무런 진전을 볼 수 없었다. 일이 뜻대로 되지 않자 옹정제는 불같이 화를 내기 시작했다.

옹정제는 배율도를 임지에 남겨두고, 전임 포정사 장해와 진안책을 강서로 보내 조사를 시작하도록 했다. 그는 현임 순무 도립이 관리로서 한없이 나약하며 명예만을 좇는 인물이기 때문에 이번 사건을 완벽하게 해결하지 못할 것이라는 사실을 잘 알고 있었다. 그래서 이부시랑 매주를 서강으로 보내 부패 사건을 확실하게 처리하도록 했다. 그와 동시에 옹정제는 다른 주현에서 수십 명의 관리를 선발해 서강으로 가도록 했다. 이렇게 조사가 끝나자 옹정제는 즉시 배율도와 전임 관리들에게 모자란 분량의 곡식들을 채워넣도록 했다.

다른 지역의 관리들을 특파하여 현지 관리들과 서로 감시하며 조사하게 하는 방법은 옹정제가 즐겨 사용한 것이었다. 옹정제는 부정부패를 척결하는 데 있어 주목할 만한 성과를 거두었는데, 이는 탐관오리를 철저하게 처벌하겠다는 그의 의지와 신념을 그대로 보여주었다.

이러한 노력 덕분에 3년 후 각 성은 대부분의 빚을 청산할 수 있었다. 옹정 3년 8월, 직예총독 이유균은 상주문에서 '은 41만 냥을 빚졌던 직예는 올해 6월에 이미 20만 냥을 갚았으며, 나머지 21만 냥은 두 번에 나누어 모두 갚을 수 있다'고 알려왔다. 옹정 2년, 하남성 순무 전문경이 보낸 상주문에서도 이는 잘 드러난다.

"소신은 부패 사건을 정확하게 조사하기 위해 각 주·현의 관리들이 서로 감독하며 사건을 보고할 수 있도록 독려했으며, 엄격하게 법을 집행했습니다. 그 덕분에 나라에서는 모자란 지세를 정확하게 회수할 수 있었습니다."

옹정제는 부정부패를 뿌리 뽑는 데 최선을 다했다. 하지만 이로 인해 '부수입'을 챙길 수 없었던 관리들의 생활은 매우 어려워졌다. 당시 관리들의 부패와 근무태만은 사실 그들에 대한 낮은 대우에서 기인한 것이었다. 당시 청나라 관리의 봉록은 중국 역대 봉건왕조 중에서도 가장 낮은 수준이었다. 청나라는 문무백관의 봉록을 다음과 같이 규정하고 있었다.

1품은 은 180냥, 2품은 155냥으로, 단계가 낮아질수록 봉록 역시 줄어들었는데, 9품 관리의 봉록은 겨우 은자 33냥에 불과했다. 봉록은 은 외에 쌀로도 지급이 되었는데, 은 1냥이 쌀 10말에 해당했다. 하지만 지방으로 파견된 문관은 그나마 쌀도 받지 못했고, 무관들은 문관보다 사정이 더 열악했다. 이렇게 9품 관리가 받는 봉록은 지주가 30평 정도의 땅을 빌려주고 받는 지세 정도밖에 되지 않았다. 이런 박봉으로 지방관리들이 어떻게 식구들의 입에 풀칠을 할 수 있겠는가?

당시 청나라 관리들의 부패는 어쩔 수 없는 현상이라고 보는 게 옳을 것이다. 부패를 청산하는 과정에서 이 사실을 알게 된 옹정제는 새로운 방법을 이용해 관리들의 생활수준을 높이기로 결정했다. 그것이 바로 양렴은제도養廉銀制度다.

양렴은제도는 모선귀공(耗羨歸公 : 징발한 식량을 운송할 때 손실분이 있어 지정된 수량 이외에 거둬들인 것을 모선耗羨이라고 한다. 귀공은 모선의 일부나 전부를 지정된 액수에 포함시키는 것을 뜻한다)과 밀접한 관계에 있다. '모선' 이란 명대 이후부터 지방에서 시행해오던 일종의 세금정책이다.

명, 청대 관리들의 봉록은 비교적 낮았다. 이 때문에 역대 통치자들은 관리들의 수입을 늘리기 위해 각 지방에서 국가를 위해 세금을 징수하는 것과 동시에 지정된 액수 이외의 부가세를 따로 징수하는 것을 허락했던 것이다. 하지만 이 제도는 부정부패의 원인이 되었다. 관리들이 일부러 부가세를 늘려 자신들의 재산을 불림으로써 백성들의 고통이 가중된 것이다. 청대의 조신교 역시 이를 규탄하는 상주문을 올리기도 했다.

옹정제는 즉위 이전부터 관리들의 부정부패, 매관매직, 뇌물수수 등의 문제에 대해 잘 알고 있었다. 때문에 황제의 자리에 오른 그는 이런 말을 했다.

"역사에 기록된 성실한 신하들은 이로운 것을 흥하게 하고, 해로운 것을 없애기 위해 노력했다. 그들은 진심으로 정치를 행했다. 하지만 오늘날의 관리들은 명예를 좇으며 제 배를 불리는 것을 목표로 삼고 있다."

이러한 문제를 해결하기 위해 옹정제는 서둘러 조치를 내리지 않을 수 없었다. 그는 인두세 개혁과 지방의 부채조사, 부패척결 외에도 모선이나 양렴은과 같은 제도를 채택했다. 모선귀공이란 각 주·현에서 징수한 세금을 모두 은으로 바꾸어 성省에 바치면, 성에서 비율에 맞추어 다시금 일정한 금액을 각 주·현에 지급하는 제도다. 즉 모든 모선을 상부에 납부하는 것인데, 이렇게 되자 주·현의 관리들은 세금을 많이 걷

어봤자 자신에게 아무런 이익도 돌아오지 않는다는 사실을 알게 되었다. 백성들의 부담 역시 크게 줄어들었음은 물론이다. 이 제도는 중앙의 권력을 강화시키는 한편 백성들에게도 큰 도움이 되었다.

그 후 옹정제는 관리에게 양렴은을 지급하고 지방의 모자란 지세를 메우는 데 모선귀공을 썼다. 부채문제가 어느 정도 해결되자 이 돈은 지방관리들에게 양렴은을 지급하는 데 이용되었다.

양렴은은 모선 중에서 일부분을 떼어 관리들의 개인생활과 관청의 사무에 쓰던 은銀을 말한다. 더 정확하게 말하면 관리들의 생활을 어느 정도 보장해줌으로써 부정부패를 저지르거나 백성들을 괴롭히지 못하게 한 것이다.

물이 너무 맑으면 물고기가 살지 못하고 사람이 지나치게 청렴하면 따르는 이가 없는 법이다. 이 점을 잘 알고 있었던 옹정제는 모선귀공을 실시하며 이런 말을 했다.

"모선귀공을 실시한 후 재물을 모을 길이 막혀버린 지방관리들이 더욱 백성들을 괴롭힐까 걱정이구나. 그러니 모선 중 일부분을 떼어서 관리들에게 장려금으로 지급하여 부정부패가 생기지 않도록 하라."

옹정제의 정책은 뛰어났다. 대부분의 사람들이 재산을 불리기 위해 관리가 되려 한다는 사실을 알았던 그는 관리들이 몰래 재물을 끌어 모으지 않아도 되도록 공개적으로 금품을 지급했던 것이다. 그는 탐관오리들의 퇴로를 근본적으로 막음으로써 그들이 백성들을 괴롭히지 못하도록 했다. 이 정책을 실시한 후 각 성의 모자란 지세를 효과적으로 메울 수 있게 되었고, 지방관리들의 양렴은 역시 계속해서 늘어났다.

게다가 이 과정 중에서 옹정제는 양렴은의 지급을 제도화시키기에 이른다. 옹정 12년, 지방관리들이 받는 양렴은은 정식 봉록의 열 배에서 많게는 백 배까지 이르게 되었다. 예를 들어 독무^{督撫}의 실제 봉록은 180냥 정도에 지나지 않는데, 양렴은은 1만 5,000~3만 냥 정도에 이르렀다. 45냥의 봉록을 받는 현 관리의 양렴은은 4,000~6,000냥 정도였다.

지방관리들의 문제는 이렇게 해결이 되었지만 수도관료들의 낮은 봉록으로 야기되는 문제는 더욱 심각해졌다. 이 문제를 시급히 해결하지 않으면 지방관들이 수도의 관리들에게 뇌물을 주는 현상을 더 이상 막을 수가 없게 될 터였다. 이를 해결하기 위해 옹정제는 이^吏, 호^戶, 병^兵, 형^刑, 공^工의 오부상서와 시랑에게 쌍봉^{雙俸}을 지급하기로 결정했으며, 한족 출신의 하급관리들에게도 봉록을 약간 올려주기로 했다. 새로운 정책으로 이익을 얻게 된 수도와 지방의 관리들은 다시는 이를 문제삼지 않게 되었다.

전체적으로 볼 때 부정부패를 척결하는 데 있어 옹정제는 주목할 만한 성과를 거두었다. 그는 날카롭고도 매서운 기개로 당시 사회에 만연해 있던 부정부패를 뿌리 뽑고, 그것이 후세에 미칠 수 있는 나쁜 영향을 줄이기 위해 힘썼다. 가경^{嘉慶} 연간의 사학자 장학성은 이런 옹정제를 긍정적으로 평가하기도 했다.

"옹정제는 깨끗한 정치를 펼쳤다. 나쁜 제도를 개혁했으며 탐관오리를 벌하는 훌륭한 황제였다. 당시 관리들은 이런 황제 때문에 감히 나쁜 짓을 일삼지 못했다."

옹정제는 부정부패를 해결하는 데 있어 누구보다 치밀하고도 세심했다. 또한 모든 상황을 정확하게 통찰하고 당근과 채찍, 상과 벌을 적절하고 분명하게 이용했던 그는 훌륭한 치국의 도를 보여주었다.

제2장

늑대의 지략^{智略}

-남의 칼로 정적을 제거하라

재능을 감추고 때를 기다리라
번개같이 나타났다 구름처럼 사라지라
밀정密偵의 손을 빌려 천하를 손에 넣으리
하나를 이용해 둘을 얻으라
지나친 총애는 불행의 시작이니
사람을 먼저 살피라
작은 일에 구애받지 말고 어질고 재능 있는 자를 쓰라
밀절密折로 천리안을 대신하고
선인을 본받으면 실패하지 않으리니
외모로 사람을 평가하지 마라
참된 앎은 인이라 하지 않는 법이니

늑대는 위장偽裝에 강하다. 늑대가 꼬리를 감추고 있으면 대부분은 개로 착각한다.
늑대는 특히 사냥감 중에 섞여서 본모습을 감추는 데 능하다. 흔히 말하는 '양의 탈을 뒤집어쓴 늑대'라든가 《빨간 망토》에 나오는 '할머니로 변장한 늑대' 이야기는 모두 늑대의 뛰어난 위장술을 보여주는 것이다.

옹정제 역시 위장술에 뛰어난 인물이었다. 자신의 포부와 재능을 깊이 감추었던 그는 한 발 물러나 있다가 뒤에 손을 써서 적을 제압했다. 그는 조용하면서 계획적이고 단계적으로 상대방을 사지로 몰아넣기 위해 음모를 전개해나갔다.

옹정제가 다른 황제들과 전혀 다른 점은 우는 연기를 잘했다는 것이다. 게다가 상대방은 옹정제의 눈물이 진심에서 우러나오는 것이라 믿어 의심치 않았다.

하지만 옹정제의 눈물 속에서도 항상 그의 감출 수 없는 살기를 엿볼 수 있다. 옹정제가 아무리 진심을 털어놓으려 해도 상대방이 공포로 전율을 느낄 수밖에 없었던 것도 바로 이런 이유 때문이었다.

재능을 감추고 때를 기다리라

　중국 역사에서 재능을 감추고 때를 기다림으로써 성공적으로 적을 제압한 예는 아주 많다. 우리는 이를 도회지계韜晦之計, 도광양회韜光養晦 혹은 도광회적韜光晦迹이라고 한다. 이 전략은 크게 두 부분으로 나누어볼 수 있다. 첫째는 도회韜晦로, 이는 자신의 재능과 포부를 감추는 것을 뜻한다. 둘째는 대기待機로, 이는 적당한 때를 기다리는 것을 말한다.

　총명한 사람은 적이 자신보다 훨씬 강해서 불리한 상황일 때 이 방법을 쓴다. 자신을 감추는 것은 방법이요 때를 기다리는 것은 전략이며, 이를 통해 상대를 이기는 것이 바로 목표가 되겠다. 여기에서 강조하고 싶은 것은 때를 기다리면서 반드시 자신과 적의 변화를 관찰해야 한다는 점이다. 그리고 일단 적당한 기회가 오면 조금도 주저하지 말고 공격을 개시해 승리를 거머쥐어야 한다.

　'도회韜晦'는 자신의 재능을 감추고 남을 속이는 것을 말한다. 원래 활집을 가리키는 '도^闇'는 '안으로 들어감'을, '회^晦'는 '어두움', 즉 '감추는 것'을 뜻한다. 그믐달을 회월^{晦月}이라고 하는 것처럼 말이다.

자신의 본모습을 감추면 스스로를 보호할 수 있다. 그렇게 되면 적당한 기회에 상대방이 미처 경계하지 못한 틈을 이용해 목적을 달성할 수도 있다. 그것은 "진인^{眞人}은 본모습을 드러내지 않으며, 본모습을 드러내면 진인이 아니다."라는 말과도 일맥상통한다. 약 200여 년 전, 옹정제 윤진은 바로 이 방법을 이용해 천하를 호령할 수 있었다.

역사는 현실의 거울이다. 그러니 옛것을 익혀 새로운 것을 알아야 하는 법!

그해는 과거를 통해 문무대신들을 뽑던 해였다. 마침 사천과 섬서의 신임 총독으로 부임하게 된 연갱요가 황제를 알현하기 위해 수도로 왔고, 강희제는 그를 대동하고 한림원으로 가게 되었다. 잠시 후, 인재들이 줄지어 한림원으로 들어왔다. 그들은 모두 자신들의 재능을 뽐내느라 정신이 없었고, 이들을 바라보던 강희제 역시 속으로 기쁜 마음을 감추지 못했다. 그때, 이들의 행동을 유심히 지켜보고 있던 연갱요가 황제의 눈에 들어왔다. 강희제가 조용히 물었다.

"지금 무엇을 생각하고 있는가?"

그러자 연갱요가 황급히 입을 열었다.

"6년 전 오늘, 소신 역시 이들처럼 황궁으로 들어왔고 그렇게 황상의 옆을 지키게 되었습니다. 갑자기 그 생각이 나서 그만……."

강희제가 고개를 끄덕이며 다시 물었다.

"그대가 보기에 과거의 황제들과 비교했을 때 짐의 인재등용의 도^道는 어떠한 것 같은가?"

연갱요가 겸손하게 입을 열었다.

"신이 생각하기에 황상의 인재등용의 도는 과거보다 나으면 나았지 못하지 않습니다. 송태종은 소문관, 집현관과 같은 삼관三館을 설립하고 비각秘閣, 용도각龍圖閣 등을 만들고 문인들만을 등용했습니다. 하지만 지금의 황상께서는 과거를 시행하는 것 외에도 특별히 박학홍사과博學鴻詞科를 통해 천하의 인재들에게 또 다른 길을 열어주고 계십니다. 고로 신은 송태종에 비해 황상의 인재등용의 도가 더 뛰어나다고 생각합니다."

하지만 강희제는 박학홍사과가 어쩔 수 없는 상황에서 만들어졌다는 사실을 잘 알고 있었다. 강희제는 어린 시절부터 몰래 궁을 나가 민정을 살펴보는 것을 좋아했다. 10살이 된 강희제는 소마라고蘇麻喇姑를 통해 하루 종일 저자에서 하는 일 없이 빈둥거리는 사람들이 모두 팔기八旗 출신의 젊은이라는 사실을 전해 들었다. 처음에는 그 말을 믿지 않았지만 실제로 그 사실을 목격하고는 개탄을 금할 수가 없었다.

당시 만주족의 대부분은 제대로 된 교육을 받지 못했다. 중국 내륙에 들어온 후에도 선진적인 한족 문화를 배우지 못했던 이들은 한인들의 오락문화에만 심취해 있었다. 하루 종일 빈둥거리기만 하던 만주족들은 점차 날쌔고 용맹한 기개마저도 잊어버리게 되었다. 때문에 만주귀족들 중 인재라고 불릴 수 있는 사람은 손에 꼽을 정도였다.

이런 상황에서 강희제는 한족 지식인들을 수도로 불러들여 관직에 임용시키기 위해 박학홍사과를 설치한 것이다. 추천을 받은 143명의 인재들은 1679년 3월 체인각體仁閣에서 시험을 보았고, 강희제는 직접 답안을 채점해 53명을 선발했다. 당시 뛰어난 재능을 가졌던 엄승손은 단 한 편의 시만을 썼고, 팽손휼은 일부러 매끄럽지 않은 어휘를 썼으며, 반뢰, 이래태, 시윤장 등은 운율을 맞추지 않았지만 모두 등용되어 한림원의 관직을 받았다.

하지만 이들도 모두 나이가 들었다. 그리고 마침내 양황기 중에서 문무를 모두 갖춘 연갱요가 등장한 것이다. 강희제는 이 기회를 이용해 자신이 인재들을 얼마나 중요시하는지 보여줌으로써 천하의 인재들을 불러들이기로 결심했다. 바로 이런 이유로 강희제는 일부러 연갱요를 옆에 앉혔던 것이다.

어느 날, 강희제는 연갱요에게 이렇게 물었다.

"짐은 옛날에 그대가 실수로 알합을 때려죽인 일을 기억하고 있다. 그때 옹친왕雍親王이 증언을 했지."

그러자 연갱요가 대답했다.

"그렇습니다. 신과 알합이 싸움을 하고 있을 때 사아가께서 곁에 계셨기에 증언을 하신 것입니다. 하지만 이후에 황상께서 사면령을 내려주셨지요. 신은 황상의 은혜에 깊이 감사할 따름입니다."

강희제는 고개를 가로저으며 입을 열었다.

"사실 그 일은 그대의 잘못이 아니다. 팔기는 중원에 들어온 후부터 초원의 기개를 모두 잊었다. 알합과 같은 무리들은 분명 청나라에 위기를 가져올 것이다."

강희제는 또 그 '스님'이 어떠한지를 물었다. 그러자 연갱요가 어리둥절한 표정으로 되물었다.

"어떤 스님을 말씀하시는지요?"

"짐은 옹친왕 스님을 말하는 것이라네."

연갱요는 허리를 굽혀 대답했다.

"듣자하니 옹친왕이 가릉성음迦陵性音에게 시를 한 수 지어서 보냈다고 합니다."

"그래? 어떤 시인지 궁금하군. 짐에게 읊어줄 수 있겠나?"

강희제가 잔뜩 궁금한 얼굴로 묻자 연갱요는 기억을 더듬어 시를 읊기 시작했다.

綠陰垂永晝 人靜鳥啼煙 녹음수영주 인정조제연
　　백주의 녹음 짙게 드리우고 고요한 가운데 새소리 들리고 연기 피어오르네
天罔游金鯽 翻階艶石蟬 천망유금즉 번계염석단
　　하늘 그물에는 금붕어 헤엄치고 계단에는 아름다운 돌과 매미가 있네
無心猶是忘 有說卽非元 무심유시망 유설즉비원
　　생각하지 않는 것 역시 잡념이요 말하는 것은 즉 시작하지 않음이라
偶値朝來暇 留師品茗泉 우치조래가 유사품명천
　　한가로운 시간에 대사와 더불어 차를 마시네

한참을 시에 빠져 있던 강희제는 자신도 모르게 시 구절을 흥얼거렸다. 옹친왕은 불교를 진정으로 이해하고 있었던 것이다.

그때 연갱요가 다시 입을 열었다.

"옹친왕은 진실로 불자입니다. 그래서 북경 서산西山에 대각사를 짓고 가릉성음을 주지로 삼아 불교를 전파하기도 했지요."

속으로 감탄하던 강희제는 겉으로는 근엄한 표정을 지었다. 연갱요의 말이 이어졌다.

"옹친왕의 선기(禪機 : 설법을 할 때 언행이나 사물로 깨달음을 주는 비결) 역시 무척이나 재미있습니다."

그는 강희제에게 얼마 전에 일어난 이야기를 들려주었다.

어느 날 옹친왕이 성 밖으로 꽃구경을 나갔다가 잔뜩 취해 궁으로 돌아

온 적이 있었다. 침실로 들어간 옹친왕은 시종을 불러 방에 불을 켜라고
했다. 하지만 옹친왕은 시종이 켠 등불을 훅 불어서 꺼버리고는 다시 소
리를 쳤다.

"불을 켜도록 하라."

그러기를 여러 차례, 난처해진 시종은 자신도 모르게 푸념을 늘어놓았
다.

"친왕께서 취하신 모양이야."

그의 말을 들은 옹친왕이 또다시 소리를 질렀다.

"빨리 불을 켜지 못할까!"

시종은 또다시 불을 붙이고 그 자리에 서 있었다. 그러자 옹친왕이 짓궂
게 웃으며 물었다.

"등불 아래에서 자세히 보거라. 내가 취한 것이냐? 아니면 네가 취한 것
이냐?"

어리둥절해진 시종은 울 수도 웃을 수도 없었다.

이 이야기를 들은 강희제는 탁자를 치면서 웃으며 말했다.

"넷째는 취하지 않았고 시종 역시 취하지 않았는데 듣자하니 짐이 취
한 것 같구나."

사실 연갱요는 속으로 무언가 꿍꿍이가 있는 것 같은 옹친왕을 풍자
함으로써 강희제에게 경계심을 심어주려 했다. 그는 그 옛날 조조의 이
야기를 떠올렸던 것이다.

조조가 처음 거병을 했을 때 군내에는 규율이 제대로 잡혀 있지 않았다.

이런 상황에서 그는 누군가가 자신을 죽이려 하는 꿈을 자주 꾼다고 이

야기했다. 그리고는 자신이 잠자리에 들었을 때는 누구도 가까이 다가오지 말 것을 명령했다.

그러던 어느 날 밤, 잠자리에 든 조조는 일부러 이불을 발로 차버렸다. 이를 보고 있던 시종이 재빨리 침상 곁으로 가 이불을 덮어주자 조조는 갑자기 칼을 들어 그 시종을 베어버리고는 다시 잠든 척했다. 다음 날, 시종이 죽은 것을 본 조조는 서럽게 울며 후한 장례를 치러주었다.

아무도 사건의 진상을 모르는 가운데 오로지 양수楊修만이 죽은 시종의 관에 대고 말했다.

"승상은 꿈을 꾼 것이 아니라네. 자네가 꿈을 꾼 것이지."

물론 연갱요는 양수처럼 사실을 입 밖에 낼 수 없었다. 이 이야기를 통해 넷째 아들 옹친왕의 행동과 생각하는 바를 어느 정도 알아차리게 된 강희제는 그의 속마음에 놀라지 않을 수 없었다.

사실 사아가 옹친왕은 변경에 있을 때부터 불교를 이용해 자신의 야심을 숨기고 있었다. 황자들이 황위를 놓고 쟁탈전을 벌이고 있다는 사실을 잘 알았던 강희제 역시 태자의 옹립과 폐위를 반복했다. 하지만 영리한 옹친왕은 공개적인 장소에서는 늘 마음을 비운 듯한 모습을 보여주며, 문을 걸어 잠그고 《열심집悅心集》을 펴내기도 했다.

다음은 옹친왕이 지은 '경세가警世歌'다.

南來北往畫西東 看得浮生總是空 남래북왕주서동 간득부생총시공

　　이곳저곳을 왔다 갔다 하는 인생은 공허한 것

天也空地也空 人生杳杳在其中 천야공지야공 인생묘묘재기중

　　하늘도 공허하고 땅도 공허하고 인생도 공허하다

日也空月也空 來來往往有何功 일야공월야공 래래왕왕유하공

　해도 공허하고 달도 공허해 오고가는 공이 없도다

田也空地也空 換了多少主人翁 전야공지야공 환료다소주인옹

　밭도 공허하고 땅도 공허하니 그 얼마나 많은 주인이 바뀌었는가

金也空銀也空 死後何曾在手中 금야공은야공 사후하증재수중

　금도 공허하고 은도 공허하니 죽은 뒤 손에 남는 것은 무엇이더냐

妻也空子也空 黃泉路上不相逢 처야공자야공 황천로상불상봉

　아내도 공허하고 자식도 공허하니 황천길에서도 만날 수 없네

　처음에 강희제는 어엿한 황자가 이러한 시를 지었다는 것을 불길하게 여기며 자못 불쾌해했다. 연갱요 역시 그런 황제의 모습을 보고 서둘러 입을 다물었다. 하지만 강희제는 곧 생각을 바꾸었다. 그 시는 옹친왕이 세상의 다툼과 인연을 끊고, 오로지 불심을 닦는 데만 힘쓰고 있음을 설명해주고 있었기 때문이다.

　사실 옹친왕은 줄곧 황위 다툼에 적극적으로 참여하고 있었다. 다만 그 방법을 겉으로 드러내지 않았을 뿐. 강희제 역시 이 다툼에 마음을 비운 황자는 아무도 없다는 것을 잘 알고 있었다.

　황자들 사이에도 주종관계는 있었다. 태자와 첫째, 셋째, 넷째 황자는 주主요, 아홉째, 열째, 열셋째 황자는 종從이었던 것이다. 하지만 지금 남아 있는 주는 셋째, 넷째, 여덟째, 열넷째 정도였고 여덟째는 강희제의 눈 밖에 난 상태였다. 때문에 황제는 셋째, 넷째, 열넷째 황자 중에서 계승자를 선택해야만 했는데, 그 역시 쉬운 일은 아니었다. 하지만 강희제는 자신이 내려놓은 권력이 넷째 황자에게 가리라고는 생각지도 못했다. 이 모든 것을 보면 강희제 앞에서 일관되게 본뜻을 감추었던 옹친왕

의 전략은 성공을 거둔 셈이었다.

옹친왕은 자신의 힘이 약하다는 사실을 잘 알고 있었다. 보유한 병력이나, 세력, 위세 역시 형제들보다 못한 상황에서 그는 철저하게 자신을 감추고 때를 기다려야 했다. 아직 충분한 시기가 되지 않았을 때는 너무나도 쉽게 제거당할 수도 있기 때문이다.

한신이나 양수가 총명하지 않다고 할 수는 없다. 하지만 그들은 너무 일찍 본모습을 드러냈다. 한 사람은 막무가내로 유방에게 자신을 왕으로 봉해줄 것을 요구했고 또 한 사람은 주인의 뜻을 멋대로 추측해 군심을 동요시켰기에 비참한 결과를 맞이했던 것이다. 반대로 철저하게 자신을 감추었던 진평은 한나라 부흥의 공신이 될 수 있었고, 유비 역시 삼분천하三分天下의 주인공이 될 수 있었다.

이제 자신을 감추는 전략이 얼마나 대단한 것인지를 잘 알 수 있으리라. 감정을 얼굴에 드러내지 않는 것이나, 일부러 우둔하게 보이는 것 역시 이와 같은 생존의 전략이다.

사실 자신을 감추는 목적은 '감추는 것'이 아니라 '드러냄'에 있다. 때문에 상황을 정확하게 판단하고 자신을 드러내야 할 시기가 왔을 때는 주저하지 않고 과감하게 행동을 취해야 한다. 물론 자신을 감추어야 할 때는 타인에 의해 수동적으로 숨어서는 안 된다. 감추면서도 드러내야 한다는 말이다. 이 모든 것을 정확히 이행하기만 한다면 승리는 따놓은 당상이다.

측천무후 역시 처음 섭정을 시작할 때는 고종 앞에서 자신의 본모습을 드러내지 않았다. 하지만 문무대신들 앞에서는 자신이 권력을 장악할 수 있는 힘을 가졌음을 보여주었다. 때문에 성공적으로 고종의 자리를 폐찰 수 있었던 것이다.

감추고 드러냄의 시기를 파악하는 것은 쉬운 일이 아니다. 언제 숨어야 하는지, 또 언제 나와야 하는지 규칙이 있는 것이 아니며, 상황에 따라 그것을 결정해야 한다. 이러한 시기를 정확하게 판단할 수 있는 사람은 결코 평범한 인물이 아닐 것이다.

여상은 이런 말을 했다.

"돌아감으로 공격하고, 물러감으로 나아가라. 자신을 감춤으로써 적의 경계를 늦추고 때를 기다려 결정적인 승리를 노려라. 모든 일은 지략을 이용해 승리를 거두어야 하니, 각각의 상황마다 다른 전략이 필요한 법. 때로는 재능을 숨기고 때를 기다리는 것이 다른 전략을 이용하는 것보다 더 나을 수 있다."

남의 칼을 빌려 천하를 손에 넣다

옹정제는 재위 기간 동안 수하들을 다스리는 새로운 통치방법을 개발해냈다. 그것은 아랫사람들이 서로를 감시하며 비밀리에 자신에게 보고하도록 하는 방법인데, 중대한 사안이든 사소한 것이든 즉각 옹정제에게 전달되었다. 강력한 위력을 갖고 있었던 이 통치방법은 꽤 좋은 결과를 이끌어내곤 했다.

왕운금은 옹정 시절에 과거에서 장원을 한 인물이었다. 때문에 많은 사람들이 옹정제의 신임을 받고 있던 그의 비위를 맞추기 위해 애썼다. 집에서 쉬는 날이면 그는 어김없이 동료들을 불러 서재에서 지패(紙牌 : 종이로 만든 패)를 하고 놀았다.

그날도 어김없이 그는 동료들과 지패를 하고 있었다. 크게 이긴 왕운금이 종이를 탁자 위에 펼쳐놓고 계산을 하고 있을 때였다. 갑자기 바람이 불어 탁자 위에 있던 종이를 모두 날려버리는 것이 아닌가. 잠시 후 자리에 모인 사람들이 종이를 주워 탁자 위에 올려놓았고, 왕운금은 패 한 장이 없어졌다는 사실을 알게 되었다. 하지만 그는 개의치 않고 사람을 시켜 다른 지패를 가져오도록 한 다음 다시 놀이를 시작했다.

다음 날, 왕운금을 만난 자리에서 옹정제가 물었다.

"어제 무엇을 했는가?"

그러자 왕운금은 어제의 일을 사실대로 고했다.

"집에서 지패를 하고 놀았습니다."

그의 말을 들은 옹정제는 웃으며 입을 열었다.

"왕운금, 그대는 짐을 속이지 않는구나. 짐은 그대가 그 판에서 크게 이겼지만 바람 때문에 종이가 모두 날아가버렸다는 이야기를 들었다. 분명 기분이 좋지 않았겠지. 오늘은 그 패를 찾았는가?"

황제의 말을 들은 왕운금은 두려운 마음에 이마를 찧으며 말했다.

"황공하옵니다. 오늘도 그 패를 찾지 못했습니다."

그러자 옹정제는 소맷자락에서 잃어버린 지패를 꺼내들며 말했다.

"이것이 맞는가?"

그것은 분명 왕운금이 어제 잃어버린 그 패였다.

왕운금이 머리를 조아리며 "예."라고 대답하자 옹정제가 웃으며 입을 열었다.

"짐이 그대를 대신해 잃어버린 패를 찾았으니 어서 돌아가 하던 놀이를 마저 하도록 하라."

말을 마친 옹정제는 그대로 일어나 자리를 떠났다.

한편 이 소식을 전해 들은 조정의 관리들은 모두 섬뜩한 기분을 느낄 수밖에 없었다. 자신들이 어떠한 잘못을 했는지 하루면 옹정제의 귀에 들어간다는 사실을 알게 되었기 때문이다. 이렇듯 서로의 잘못을 감시하도록 만드는 그의 '아랫사람 다루기 전략'은 실로 대단한 것임에 틀림없었다.

또 다른 사건 역시 그가 개발한 방법이 얼마나 대단한 것인가를 설명해주고 있다.

옹정 7년, 전문경을 탄핵한 일로 옹정제의 분노를 사게 되어 아이태 (阿爾泰 : 신강의 북부)로 쫓겨난 사제세는 평군왕 복팽에게 자신이 직접 쓴 《고본대학주古本大學注》를 바쳤다. 책에서 그는 정주학(程朱學 : 성리학. 이를 집대성한 정이, 정호 형제와 주자의 성을 따서 정주학이라고도 함)이 유학의 정통이 아니라고 했는데, 이로 인해 복팽의 관심을 얻게 된다. 한편 그와 함께 아이태로 가게 된 같은 고향 출신의 육생남 역시 모두 17편으로 구성된 《통감론通鑑論》을 써, 복팽과 진무장군振武將軍 석보 등에게 바쳤다.

사제세와 육생남의 생각은 고염무나 여유량과 비슷했다. 그들은 모두 봉건제는 좋지만 전제제도는 나쁘다고 말했던 것이다. 육생남의 글은 더 노골적이었다.

"봉건제도는 고대부터 이어져온 폐단이 없는 완벽한 규칙이기에, 이를 폐하면 해가 되며 이를 따르지 않는 것도 해가 된다……. (군주가) 존엄해질수록 권력은 더욱 강해지며 일신은 더욱 위태로워지고 화禍 역시 더욱 커진다……."

석보는 사제세와 육생남의 행동을 비밀리에 옹정제에게 보고했으며, 두 사람이 지은 글 역시 함께 바쳤다. 그들의 글을 읽은 옹정제는 불같이 화를 내며 대신들에게 이 일을 처리하라고 했다. 며칠 후 사제세는 노역형을 선고받았고 육생남은 참수를 당했다.

　사실 아랫사람들이 서로를 감시하도록 하는 제도는 한나라 때도 있었는데, 다만 방법상에서 청대와 차이를 보일 뿐이었다.

　한나라 초, 유방과 함께 천하를 통일했던 수많은 원로대신들은 그 공을 인정받아 모두 두터운 신임을 얻고 있었다. 때문에 한나라의 역대 황제들 역시 이들의 도움을 받아 치국에 힘썼다. 특히 승상丞相에게는 많은 권력을 부여해 군사와 정치에 관련된 각종 일들을 처리하도록 했다.

　승상의 지위와 권력은 계속해서 높아졌고, 국가의 대사도 그들의 동의를 거치지 않고는 처리할 수 없었다. 심지어 승상의 서명이 없는 황제의 조서는 합법적이지 않은 것으로 간주되었으며, 승상은 '봉환조서封還詔書', '불긍평서不肯平書'와 같이 서명을 거부할 권리도 있었다. 그야말로 사법과 행정의 대권을 한 손에 쥐고 있었던 승상은 황제와 동등한 입장에서 나라를 다스렸던 것이다. 그것은 절대권력을 세움으로써 역사에 자신의 발자취를 뚜렷하게 남기려 했던 한무제에게 있어 반드시 바꾸어야 할 상황이었다.

　이 상황을 바꾸기 위해서 그는 군주의 권한을 강화하는 한편, 원래부터 승상에게 속하지 않아야 했던 일부 권력을 빼앗아버렸다. 그는 다시는 외척을 승상으로 임명하지 않았으며 과거, 후작에서 승상을 선출하던 관례를 바꾸어 먼저 승상을 임명하고, 그다음에 후侯로 봉했다. 즉 승상으로 임명이 되었다고 해서 후작이 되는 것은 아니므로, 자연히 자신을 고귀한 신분이라 믿고 멋대로 행동하지 않게 된 것이다. 이들은 자신을 중용해준 황제에게 감사한 마음을 가지게 되었으며, 완전하게 황권에 복종하게 되었다. 이와 동시에 한무제는 이전보다 승상에 대한 감독을 더욱 강화했다.

더 대단한 것은 한무제가 관료들을 확충하고 규정된 조정의 결정체제 외에 자신만의 세력범위를 만들었다는 것이다. 이로 인해 승상을 우두 머리로 하는 관료들은 그저 정책을 시행하고 처리하는 사무적인 역할로 전락했다. 승상 등 중신들의 권력을 견제하기 위해 한무제는 한 가지 교 묘한 방법을 착안해냈다. 바로 문인들의 입을 빌려 권신들의 손발을 묶 는 것이었다.

그는 매고, 사마상여, 엄조, 동방삭, 주매신, 오구수왕 등과 같이 원래 양관(良官 : 시랑^{侍郞}과 낭중^{郎中}을 가리킴)이었던 이들을 막료로 삼고 막대한 권력을 주었다. 이들은 군사계획을 세우는 것과 같은 국가대사에 참여 하며 조정에도 참석해 자신들의 의견을 펼칠 수 있었다. 이 방법을 통해 정책결정에서 나타나는 실수를 줄일 수 있었고, 승상의 권력 역시 대폭 감소시킬 수 있었다.

한번은 승상 공손홍이 한무제에게 이런 제안을 한 적이 있었다.

"열 도적이 활시위를 당기고 있으면 100명의 병사가 있다 한들 가까이 가는 것조차 어렵습니다. 그러니 백성들이 활과 화살을 휴대하는 것을 금지시키면 분명 사회치안에 도움이 될 것입니다."

한무제는 즉시 어전회의를 열어 이 문제를 논의했다.

공손홍이 사회안정을 위해 이런 제안을 했음에도 불구하고 오구수왕은 가장 먼저 반대의견을 냈다.

"선인들이 각종 병장기를 만든 것은 결코 서로를 죽이기 위해서가 아니 라 사회악을 제압하기 위함이었습니다. 진나라는 천하를 손에 넣은 뒤 모든 무기를 없애버렸습니다. 그런데 그 결과가 어땠습니까? 백성들은 쟁기와 채찍, 몽둥이로 서로를 공격했으며 범법행위는 더욱 늘었고 사방에 도둑 떼가 끊임없이 출몰했지요. 결국 천하는 대혼란에 빠지게 되었습니다. 그러니 현명한 군주라면 소극적으로 무언가를 금지시킬 것이 아니라, 예로써 백성을 교화해야 합니다. 《예의^{禮儀}》에는 이런 말이 있습니다. '남자 아이가 태어나면 뽕나무로 된 활과 봉초^{蓬草}로 된 화살을 하늘과 땅 그리고 동서남북 각 방향을 향해 한 번씩 쏜 후 주위에 이를 알린다.' 이러한 규정은 천자에서부터 평민에 이르기까지 모두 지켜야 했으며, 변한 것을 본 적도 없습니다. 성군은 문무를 합일시키고 교화를 통해 백성들을 바로잡지, 활쏘기를 금지시킨다는 말 역시 들어본 적 없습니다. 게다가 그것을 금지시켜야 한다는 이유가 도적들이 활을 이용해 강도짓을 하기 때문입니다. 도적질은 분명 죽어 마땅한 죄이지만 지금까지도 근절되지 않고 있습니다. 이런 짓을 일삼는 무리들도 엄한 형벌을 개의치 않고 있습니다. 게다가 악한 무리들이 활을 휴대하는 것은 관아에서도 막을 수가 없을 것입니다. 그런데 선한 사람들이 활을 휴대하는 것이 오히려 법에 저촉된다면, 이것은 도적들이 나쁜 짓을 일삼도록 부추기는 것이나 다름없습니다. 그렇기 때문에 저는 그것을 금지시키는 게 능사가 아니라고 생각하는 것입니다."

금지정책의 이익과 폐단을 분석하고 진나라의 일을 예로 든 오구수왕의 주장은 꽤 설득력이 있었다. 할 말이 없어진 공손홍은 자신의 주장을 철회할 수밖에 없었다.

이와 관련된 회의는 이후에도 여러 번 열렸다. 엄조, 주매신 등은 모두 이를 결정하는 과정 중에서 승상과 기타 중신들의 제안에 반박을 가했다. 하동태수는 가짜 '주나라 솥'을 이용해 한무제의 환심을 사려 했다. 한무제는 이를 믿고 기뻐했지만 오구수왕에 의해 거짓이 탄로 나기도 했다.

권력을 가진 사람들끼리 서로 감시하고 제약하는 것은 분명 필요하다. 물론 한무제는 권력집중을 위해 위와 같은 정책을 취했다. 권력자들을 제약하기 위해 그는 문인들의 '입'을 빌려 승상의 '손'을 묶어버렸다. 이 방법은 일부 사람들의 권력욕을 성공적으로 억제했으며, 동시에 승상들의 정책결정이 실제 상황에 더욱 부합할 수 있도록 만들었다. 이러한 점은 긍정적인 평가를 받기에 충분하다. 한 체제의 내부가 지나치게 팽창하여 제약에서 벗어나버리는 것은 절대 좋은 일이 아니기 때문이다. 역대 중국의 간사한 재상들의 이야기 역시 이 점을 잘 설명해준다.

하나를 이용해 둘을 얻다

큰일을 하기 전에 시기와 형세를 파악한다면, 환경과 상대방의 심리상태를 신속하게 꿰뚫어 현 이외의 음을 연주할 수 있다. 화살 하나로 두 마리 새를 맞춘다는 뜻의 일전쌍조一箭雙雕, 그것이 가르치는 본뜻은 하나를 말하면서 또 다른 것을 함께 떠올리도록 하는 것, 즉 동시에 두 가지 모두를 아우르는 것이다.

옹정제 역시 강희제 집정 말년에 이와 같은 방법을 썼다. 강희제 앞에서는 황위 쟁탈전에 아무런 관심이 없는 듯 굴면서도 또 다른 한편으로는 자신의 재능과 인격을 다른 사람에게 보여주었던 것이다. 이로 인해 모든 분야에서 다른 황자들보다 뛰어남을 보였던 그는 결국 최후의 승리자가 될 수 있었다.

강희 61년(1722년) 11월 13일, 강희제가 병으로 세상을 떠나고 넷째 아들 옹친왕 윤진이 황제의 자리에 올랐다. 그는 이듬해를 옹정 원년으로 삼았다.

윤진의 생모 오아烏雅 씨는 만주 정황기 사람으로, 출신이 미천했다. 윤진을 낳을 당시 일반 궁녀였던 그녀는 훗날 덕비로 존숭되었다. 강희 14년(1675년), 강희제가 윤잉을 황태자로 책봉했을 때 윤진은 세상에 태어나지도 않았다. 강희 37년(1698년) 3월, 강희제는 이미 성년이 된 여러 황자들을 책봉했다. 이때 첫째 윤제와 셋째 윤지는 군왕으로, 넷째 윤진과 다섯째 윤기, 일곱째 윤우, 여덟째 윤이는 겨우 패륵으로 봉해졌다.

강희 47년(1708년), 첫 번째 태자 폐위사건이 일어났다. 강희제는 윤잉을 구금하고 윤진과 윤제에게 그를 감시하도록 했다. 그 이전에 윤진의 지위나 세력은 다른 황자들에 비해 한참이나 모자랐다. 첫 번째 태자 폐위 후, 위로는 황장자皇長子 윤제와 아래로는 황팔자皇八子 윤이의 세력이 윤진에 비해 강했음은 물론이다. 이를 잘 알았던 윤진은 강희제에게 윤잉을 감싸는 말을 자주 했다. 그는 윤잉의 말이나 태도에 '모반'을 꾀하려는 의도가 전혀 없었다는 등의 이야기를 함으로써 강희제가 윤잉의 목에 걸어둔 쇠사슬을 벗겨주도록 했다.

또 다른 한편으로 그는 윤제, 윤이와의 관계 유지에 힘썼다. 비록 그 사이 윤잉을 비호하고 윤이와의 관계가 가깝다는 이유로 황삼자 윤지, 황오자 윤기와 함께 구금을 당하긴 했지만 그나마도 금방 풀려났다.

이밖에도 그는 나이 많은 황제에게 지극한 효심을 보여주었다. 이렇게 욕심이 없어 보이는 그의 태도는 강희제의 호감을 사기에 충분했다. 당시 강희제는 여러 황자들에게 이런 말을 하기도 했다.

"오로지 사아가만이 기른 보람이 있구나. 어린 시절에는 성격이 급하더니 크고 나서는 짐의 뜻을 누구보다 잘 헤아리고 효심 또한 지극하니 효자라고 할 만하지 않은가!"

훗날 강희제는 황태자 윤잉의 복권을 결정하면서 윤진에 대해 이런 말을 하기도 했다.

"마음이 넓고 대의가 무엇인지 잘 안다. 실로 위대하지 아니한가!"

때문에 강희제는 윤잉의 복권을 정식으로 선포한 후, 윤진을 친왕으로 책봉했던 것이다.

첫 번째 태자 폐위사건 속에서 윤진은 교묘하게 정치적 폭풍을 견뎌내며 강희제의 신임을 얻고 다른 황자들의 마음을 살 수 있었다. 이 모두는 훗날 황위 쟁탈전에 참여하기 위한 그만의 커다란 재산이 되었다.

한편 또다시 황태자의 자리에 오른 윤잉은 붕당을 맺고 사사로운 활동을 하는 등 전혀 조심하는 모습을 보이지 않았다. 이런 윤잉의 태도를 지켜보던 강희제는 강희 51년(1712년)에 어쩔 수 없이 윤잉을 또다시 폐위해야만 했다. 당시 윤진은 '태자당太子黨' 활동에 참여하고 있지 않았다. 때문에 강희제는 윤진과 윤지 등에게 명하여 종인부와 함께 윤잉의 오른팔인 보군통령 탁합제를 심문하도록 했던 것이다.

태자가 두 번째로 폐위된 후 황장자 윤제는 이미 황태자의 자리에 오르는 것이 불가능해졌다. 때문에 여러 황자들 중 황삼자 윤지를 제외하면 윤진이 그 다음으로 나이가 많은 셈이었다. 나약한 서생의 분위기를 풍기는 윤지는 황위를 노리고 있긴 했지만 지략이나 권모술수에 있어서는 한 수 아래였다. 반면 정적이 적었던 윤진은 강희제의 두터운 신임까지 받고 있어 황위 쟁탈전에서 윤지에 비해 유리한 것이 사실이었다.

황위 쟁탈전에서 윤진이 가장 먼저 관심을 기울인 일은 중앙과 지방에서 실력을 갖춘 인물들을 자신의 편으로 만드는 것이었다. 윤진은 그들의 지지가 필요했다. 지방관리들 중 윤진과 밀접한 관계를 유지하고 있었던 인물은 바로 연갱요였다. 오랫동안 사천의 독무督撫를 지냈던 그는 훗날 사천과 섬서의 총독으로 임명된다. 그는 청나라의 서부 지역을 관할하는 중요한 장수였으며 서부 변경 지역을 지키는 데 탁월한 실력을 갖춘 인물이었다.

사천과 섬서 지역의 총독이 된 연갱요는 서안에 주둔하며 동서의 요충지를 지키면서 서북 지역의 정세를 장악하고 있었다. 그는 당시 위세를 떨치며 황위 쟁탈전에서 윤진과 맞붙게 될 황십사자 윤제에게 두려운 대상이었다. 조정에서는 보군통령 옹사이가 윤진과 가까운 편이었다. 옹사이는 훗날 윤진이 황좌에 오르는 순간에 특별하고도 중요한 역할을 하게 된다. 수도의 구문九門을 통제함으로써 윤진이 순조롭게 즉위할 수 있게 군사적인 도움을 준 것이다.

윤진은 모든 일에서 강희제의 눈에 들기 위해 노력했고 그로써 신임을 얻을 수 있었다. 윤진은 강희제가 태자를 폐위하는 과정에서 황자들의 서열관계와 황위 계승 가능성을 정확하게 평가할 수 있었다. 때문에 자신 역시 황권을 얻기 위한 야심이 있었음에도 불구하고 겉으로는 이를 드러내지 않은 채 오로지 강희제를 보살피는 데만 열중했던 것이다. 강희제가 병이 나면 밤낮으로 간호하고 궁 밖을 나가면 그도 함께 나가 가마를 호위하기도 했다.

다음으로 그는 정적을 줄이기 위한 위장전술을 구사했다. 윤진은 윤잉이 다시금 폐위될 경우, 황팔자가 자신의 경쟁상대가 될 것이라는 사실을 잘 알고 있었다. 하지만 그는 일부러 황팔자와의 친분을 다지는 데 힘썼고 심지어는 강희제에게 황팔자에 대한 좋은 이야기를 해주기도 했다. 이로 인해 강희제는 윤진이 윤이의 비호세력이 아닌가를 의심하기도 했다.

정적들의 관심을 돌려놓기 위해 윤진은 문을 걸어 닫고 시를 쓰거나 승려들과 왕래했다. 겉으로는 명리를 추구하지 않고 조용하게 사는 모습을 보였지만 속으로는 황위를 얻기 위한 준비작업이 한창이었다.

윤진은 심복 대택에게도 몰래 여러 가지 활동을 지시했다. 대택은 심지어 황태자를 옹립하는 데 있어 줄곧 초연한 자세를 보였던 이광지에게도 손을 뻗기 시작했다. 윤진을 도와주기만 하면 엄청난 부귀영화를 누리게 될 것이라는 달콤한 제안을 하면서 말이다.

윤진의 이러한 전략은 점차 효과를 보게 되었다. 그와 강희제의 사이가 날이 갈수록 좋아졌던 것이다. 강희제는 수차례나 윤진에게 자신을 대신해 대사大事를 주간하도록 했다. 그것은 분명 윤진에게 있어 대단한 영광이었으며 그의 지위를 높여줄 만한 사건이었다.

한무제 시절에 장탕이라는 사람이 있었다. 대단한 재능을 갖추었던 그는 지방의 하급관리에서 부재상까지 올랐다.

어느 날 커다란 사건을 맡게 된 그는 심리를 모두 끝내고 한무제의 지시를 기다리고 있었다. 하지만 사건의 결과에 불만을 품은 한무제는 장탕에게 처음부터 다시 심리를 시작하라고 했다.

한무제가 자신의 의견에 동조하지 않자 장탕은 사건에 대한 이야기를 잠시 접어두고 먼저 자신의 잘못을 빌었다.

"황상께서 하신 말씀은 모두 옳습니다. 신은 반드시 황상의 뜻에 따라 일을 처리할 것입니다. 사실 맨 처음에 제 부하 중 누군가가 황상과 비슷한 의견을 낸 적이 있습니다. 하지만 제가 우매하고 무능한 탓에 그 의견을 귀담아 듣지 못했습니다. 이 일에 대한 책임은 모두 제가 질 터이니 황상께서는 부디 노여움을 거두소서."

며칠 후, 새롭게 조사에 들어간 사건의 서류가 황제에게 전달되었다. 한무제는 매우 기뻐하며 심리 결과에 서명을 했고, 장탕을 칭찬하는 것도 잊지 않았다. 그때도 장탕은 자신의 부하에 대한 이야기를 잊지 않았다. "이것은 저의 공이 아닙니다. 황상의 가르침을 받들어 제 아랫사람의 의견을 채택했기에 비로소 좋은 결과를 얻을 수 있었던 것입니다. 그러니 황상께서는 상벌을 분명하게 하셔야 합니다."

장탕은 자신이 일 처리를 제대로 하지 못해 야기된 한무제의 불만을 효과적으로 없앴으며, 이를 통해 아랫사람의 마음을 얻을 수 있었다. 이것이야말로 진정한 '일거양득'이 아닐까?

명군 한무제의 수하에서 관리의 직책을 다하는 것은 결코 쉬운 일이 아닐 것이다. 하지만 남보다 뛰어난 인간관계 능력을 가지지 못한다면 출세하기는 힘들다. 대단한 임기응변 능력을 가졌던 장탕은 윗사람은 물론 아랫사람과도 좋은 관계를 맺는 데 힘썼고, 그들의 호감을 얻어낼 수 있었다. 우리는 이 이야기를 통해 장탕의 뛰어난 처세술을 살펴볼 수 있다.

'1개의 화살'이 '두 마리의 새'를 맞출 수 있느냐는 모두 '화살'의 선택과 관련이 있다. 상대방에게 작위감이 느껴지거나 아첨한다는 기분이 들지 않도록 감정을 두루 살핀다면 자신과 상대방 모두 심리적 평형 상태에 도달할 수 있다. 이와 동시에 인격수양과 언어수양에 힘쓰면 '일석이조'의 진정한 효과를 이룰 수 있다.

지나친 총애는 불행의 시작이다

선인들은 이런 말을 했다.

"큰일을 하려면 양심과 기개, 그리고 용기와 지략이 있어야 한다."

양심이 있는 사람은 두 마음을 가지지 않고 자신을 알아주는 사람을 위해 목숨도 바칠 수 있다. 기개가 있는 사람은 보국報國을 위한 의리를 가진 사람이다. 용기가 있는 사람은 강한 적을 대할 때도 두려워하지 않는다. 충성스럽고 어진 사람이 지략을 갖춘 사람을 얻게 되면 군막 안에서 전술을 세워 천리 밖에서도 승리를 거둘 수 있다. 이러한 충과 인을 갖춘 사람은 누구나 좋아하며 그를 자기편으로 만들고 싶어 한다.

옹정제가 사람을 쓰는 방법은 좀 특별했다. 충성스럽고 어진 사람이 있으면 오로지 그 장점 하나만을 취했고 다른 것이 모자란다고 해서 버리는 일은 결코 없었다. 어질고 충성스런 사람에게 너무 많은 기대를 하면 교활하고 무능한 무리들이 요행히 중용될 수 있기 때문이다.

보통 사람이 갑자기 엄청난 이득을 보는 것을 모두 '행운'이라고 볼수는 없다. 옛 선인들은 이렇게 말했다.

"겨울에 꽃이 피는 나무는 봄에 열매를 맺지 못하고 어려서부터 지나치게 총명한 사람은 수명이 짧다."

하늘 아래 공짜 점심은 없다. 아무런 노력 없이 찾아온 행복은 길게 가기 어렵다. 때문에 황제는 아무리 자신이 총애하는 사람이라 할지라도 자신을 도와 공을 세울 수 있도록 해주어야만 그 사람이 제대로 된 역할을 하도록 만들 수 있다. 이와 동시에 총애를 받는 사람 역시 부단한 노력을 통해 윗사람의 인정을 받을 수 있어야 한다. 그러지 않으면 과도한 사랑이 불행으로 이어질 수 있기 때문이다.

알다시피 연갱요는 옹정제가 총애하던 신하였다. 연갱요는 청해의 반란을 평정한 후 일등공^{一等公}의 자리에 올라 대단한 권세를 가지게 된다. 하지만 그를 청나라 초기에 병권을 장악했던 제왕들과 비교할 수는 없다. 그럼에도 불구하고 연갱요는 전임 대장군이었던 열넷째 황자 윤제와 자신을 비교하며 심지어 그의 지위를 뛰어넘으려고까지 했다.

대장군으로서 각 성의 독무들과 서신을 왕래할 때는 자문의 형식을 취해 서로 평등함을 보여주는 것이 마땅했다. 하지만 연갱요는 같은 직위에 있는 관리들을 아랫사람으로 대하며 장군이나 독무에게도 유령^{論令}을 내리는 게 다반사였다.

군대에서 그의 행동은 더욱 가관이었다. 몽고의 왕들은 무릎을 꿇고 그를 알현해야 했는데, 부마나 군왕에게 총애받는 신하들도 예외는 아니었다. 그는 또 강제로 몽고 패륵 칠신^{七臣}의 딸을 첩으로 삼기도 했다. 이 모두는 지나치게 자만한 나머지 보인 경솔한 행동들이었다.

이 밖에도 연갱요는 수도로 가서 옹정제를 알현할 때도 조정의 모든 규정을 무시하고 귀빈 대접을 받으려고만 했다. 도통 범시첩, 직예총독 이위균 역시 무릎을 꿇고 그를 영접해야만 했다. 또한 옹정제가 파견한 어전시위조차도 자신의 의장대로 취급하며 그들의 사열을 받고자 했다.

전해지는 바에 따르면 연갱요는 순시를 할 때나 일상생활 중에서도 황제와 같은 행세를 하려 했다고 한다. 그가 집 밖으로 나오면 백성들은 길 양옆으로 줄을 서야 했으며, 점포 역시 모두 문을 닫아야만 했다. 그의 출행을 알리는 나팔수 역시 비단망포를 입었다.

옹정 2년 11월, 도읍에서 섬서로 돌아가야 했던 연갱요가 보정^{保定}을 지날 때의 모습이 이렇게 기록되어 있다.

"깃털 장식을 한 이들 수십 명이 앞서 행렬을 이루고 그 뒤와 좌우에도 줄이 길게 이어졌다."

관리들은 연갱요에게 선물을 바치는 것을 '공진恭進'이라 했고 연갱요가 그들에게 물건을 주는 것을 '하사한다'고 말했다. 연갱요에게 물건을 하사받은 사람들은 북쪽을 향해 머리를 조아리며 감사를 표했다. 연갱요는 또 친족을 만나는 것을 '인견引見'이라 했고 자신이 음식을 먹는 것을 '용선用膳', 손님을 청하는 것을 '배연排宴'이라고 했다. 이러한 모든 행동은 사실 봉건시대에는 대역무도에 해당되었다. 하지만 연갱요는 이를 전혀 개의치 않았고 그의 수하들 역시 덩달아 문무백관들을 무시했다.

어느 날, 연갱요가 하남을 지날 때였다. 회경부懷慶府 동지同知가 관복을 입고 무릎을 꿇은 채 연갱요의 순포관巡捕官에게 인사를 했는데, 그 순포관은 아무렇지 않게 이를 받아들였다. 위지요 역시 단지 연갱요의 사람이라는 이유만으로 조복을 입고 포정사나 제독提督, 총병總兵과 같은 대신들과 동석했다.

그뿐만이 아니었다. 위지요가 수도에 입성할 때, 문관들은 두 손을 공손히 모으고 양옆으로 길게 줄을 섰으며 무관들 역시 무릎을 꿇고 예를 행했다. 그리고 그의 가마가 지나갈 때는 감히 고개를 들지도 못했다. 연갱요의 가숙家塾 교사였던 심 씨가 고향 강소로 돌아갈 때도 가마가 지나가는 지역의 관리들은 모두 나와 두터운 예로써 그를 맞이했다. 당시 연갱요의 권세가 얼마나 대단했는가를 알 수 있는 대목이다.

대장군으로 봉해진 후 연갱요는 조정의 다른 대신들에게 더욱더 안하무인이 되었다. 그는 갖은 명목으로 수많은 황족들과 관료들의 자제를 자신의 수하에 두었다. 물론 이들 중에는 자의로 연갱요의 편에 선 사람들도 있었지만 대부분은 어쩔 수 없는 상황에서 그의 막료가 되어야만 했다.

사천진四川鎭의 총병 왕윤길이 퇴임하자 연갱요는 '큰 은혜를 베풀 것이니 아들을 군전軍前에서 복무케 하라'는 명령을 내렸다. 말이 좋아 군관이 되는 것이지, 사실은 인질이나 다름없었다. 아들을 인질로 삼음으로써 왕윤길을 자신의 편으로 만들려는 속셈이었던 것이다.

이러한 일들을 옹정제가 묵인해주자, 연갱요는 황제 앞에서도 제멋대로 행동하기 일쑤였다. 황제의 조서가 군전에 전달될 때는 조복을 갖추어 입고 향안(香案 : 긴 탁자)을 둔 공당公堂에서 무릎을 꿇고 듣는 것이 규정이었다. 하지만 연갱요는 이러한 규정들을 무시하고 자신의 방에서 조서를 읽은 뒤 이를 다른 사람에게 알리지도 않았다.

연갱요가 《육선공주의陸宣公奏儀》라는 책을 지어 바치자 옹정제는 서문을 써주겠노라고 했다. 하지만 연갱요는 옹정제의 글이 아직 완성되지도 않았는데 자신이 쓴 글을 보이며 서문을 대신하겠다는 뜻을 밝혔다. 그러나 옹정제는 연갱요의 행동을 나무라지 않고 오히려 칭찬함으로써 두 사람의 관계가 돈독하다는 것을 보여주었다.

하지만 연갱요의 행동은 올바른 군신관계에서 한참이나 어긋나는 행동이었다. 심지어 연갱요는 옹정제를 알현할 때도 제대로 된 신하의 예를 갖추지 않았다. 규정을 지키지 않고 제멋대로인 연갱요는 스스로 자신의 무덤을 파고 있었던 것이다.

사실 강희 연간부터 옹정제와 연갱요는 매우 친밀한 관계를 유지하고 있었다. 때문에 황제의 자리에 오른 후 연갱요에 대한 옹정제의 총애는 다른 신하들에 비길 수 없을 정도였다. 그들은 일반적인 군신의 관계를 넘어선 사이였던 것이다. 오로지 치국만을 생각했던 옹정제는 연갱요와 같은 인재를 너무나 아꼈고, 그와 함께 천고에 남을 군신의 모범이 되기를 바랐다. 연갱요가 청해의 반란을 평정하자 옹정제는 체면을 모두 벗어던지고 그를 '은인'이라 부르기도 했다. 당시 옹정제는 연갱요에게 이런 말을 했다.

"짐을 생각하는 그대의 마음에 어떻게 보답해야 좋을까? 그대가 세운 공을 굳이 말로 할 필요도 없다. 서녕이 위기에 빠졌을 때, 그대가 올린 상소문의 글자 하나하나에서 짐을 걱정하는 마음을 느낄 수 있었다. 매번 이친왕과 숙부에게 이 이야기를 할 때마다 짐은 흐르는 눈물을 참을 수 없었다. 짐을 생각하는 그대의 마음을 알고 있다. 그리고 그 마음에 하늘도 감동하기를 바란다. 그대와 같은 충신이 있어 짐은 기쁘고 또 기쁘도다."

옹정제는 이 말로 연갱요에 대한 무한한 사랑을 표현하려고 했을 것이다. 하지만 그의 말에서 황제의 위엄이라곤 전혀 찾아볼 수 없었다. 심지어 옹정제는 이런 말을 하기도 했다.

"짐은 뛰어난 황제가 아니다. 그대와 같은 훌륭한 신하를 거느릴 수 있는 황제가 아니다."

옹정제는 연갱요의 가족에게도 관심을 아끼지 않았다. 연갱요가 손목과 어깨를 다쳤을 때나 그의 아내가 병이 났을 때도 자상하게 위로했고, 아버지의 건강 상태나 여동생 귀비와 그녀가 낳은 황자의 근황에 대해서도 관심을 기울였다.

종실 보국공輔國公 소연의 딸이었던 연갱요의 아내는 현군縣君으로 봉해졌다. 또 연갱요의 아내라는 이유로 그녀의 집안에도 많은 혜택이 돌아갔다. 옹정제는 연갱요에게 수많은 상과 선물을 하사했다. 옹정 원년 봄,

소주의 직조織造 이후의 가산을 몰수한 옹정제는 수도에 있던 이후의 집을 연갱요에게 주고 노예들 중 마음에 드는 이를 고를 수 있도록 했다. 비단이나 약초, 음식을 하사하는 것은 보통이었다. 한번은 여지荔枝라는 과일을 하사한 적이 있는데, 그 신선도를 유지하기 위해 북경에서 서안까지 엿새 동안 쉬지 않고 말을 달리도록 했다. 당현종이 양귀비에게 여지를 가져다주기 위해 했던 눈물겨운 노력과 비교해도 손색이 없을 정도였다.

혁혁한 공을 세운 데다 옹정제의 과한 총애를 받고 있었기에 조정에서 연갱요의 권세는 하늘을 찌를 듯했다. 그러다 보니 연갱요는 황권으로도 통제하기 힘든 인물이 되어버렸고, 수많은 대신들이 이에 불만을 품게 되었다. 정의를 중요하게 생각하는 일부 대신들 사이에서도 연갱요에 대한 의견은 분분했다.

옹정 원년, 도통 도석과 부도통 악삼 등은 연갱요가 아가들을 우롱하고 방자하다 하여 그를 탄핵한 적이 있었다. 연갱요가 천거한 범시첩조차도 여러 차례 옹정제에게 연갱요의 '방자함'을 상소했다. 처음에는 별다른 인식을 하지 못했던 옹정제는 결국 모든 사실을 알게 되었고, 내키지는 않았지만 할 수 없이 오만방자한 연갱요를 정리할 수밖에 없었다.

사실 황제든 부모든 신하 혹은 자식을 아긴다면 분에 넘치는 사랑을 주기보다는 그가 훌륭한 사람으로 성장할 수 있도록 도와주어야 한다. 잠시 전국시대의 촉룡과 조태후의 이야기를 들어보자.

춘추시대 조나라의 태후는 작은 아들 장안군을 가장 아꼈다. 당시 진秦의 공격을 받고 있었던 조나라는 제齊에 도움을 청한 상태였다. 그러자 제나라는 장안군을 인질로 주어야만 출병을 하겠다는 의견을 제시했다. 아들을 목숨보다 아꼈던 조태후가 제나라의 제안을 받아들이지 않으려 하자 좌사*(左師)* 촉룡이 말했다.

"부모가 자식을 아낄 때는 반드시 장래를 생각해야만 합니다. 숙후*(肅侯)*가 개국을 한 이래, 당시 후로 봉해진 인물들 중에 그 자리를 지키고 있는 사람이 있습니까? 다른 나라 역시 황후의 자손이 계속해서 황위를 잇고 있는 사례가 있습니까?"

태후가 대답했다.

"없소."

잠시 후 촉룡이 다시 아뢰었다.

"이를 볼 때 권력은 좀처럼 지키기 힘든 것임을 알 수 있습니다. 자칫 잘못하다가 자신은 물론이고 자손까지도 해를 입을 수 있지요. 제왕의 자손들이 훌륭하지 못해 황위를 잇지 못하는 것이 아닙니다. 다만 지위가 높으면서도 공이 없고 높은 봉록을 받으면서도 하는 일이 없어서이지요. 만약 장안군에게 높은 지위를 주시고 수많은 영토를 하사한다고 생각해보십시오. 태후께서 승천하시고 난 후, 공이 없고 할 일이 없는 장안군이 황위를 잇게 된다면 이 나라가 능히 보전될 수 있겠습니까?"

마침내 촉룡에게 설득당한 조태후는 장안군을 제나라로 보냈다. 그것은 봄에 씨를 뿌리고 가을에 거둬들이는 것과 같이 장안군이 공을 세워 국가의 대업을 잇는 데 밑거름이 되도록 한 것이다. 훗날 제나라는 진나라에 병사를 보냄으로써 조나라를 구해주었다.

인재에 대한 총애 역시 그 정도에서 벗어나서는 안 된다. 특히 인재가 잘못을 했을 경우, 지도자는 정당한 책임을 묻는 것이 마땅하다.

잘못을 한 사람에게 인신공격을 하는 것은 절대 효과적인 질책이 될 수 없으며 엄하기만 한 비판은 위험할 뿐이다. 상대방의 자존심을 상하게 하면 쉽게 분노를 살 수 있으며 공격적인 비판을 받은 사람은 대부분 자신을 방어하려는 마음에 핑계를 찾기 일쑤기 때문이다.

아끼는 사람이 잘못을 했을 경우 따끔하게 나무라는 것은 반드시 필요하다. 그러한 질책은 잘못을 바로잡아주고 상대방이 목표를 향해 나아가는 데 큰 도움이 되기 때문이다. 여기에서 중요한 것은 질책의 기술을 익히는 것과 동시에 질책이 끝나면 바로 사랑을 보여줌으로써 상대방이 잘못을 고칠 수 있도록 도와주어야 한다는 점이다.

과거나 지금이나 사람을 얻은 자는 천하를 얻을 수 있고, 사람을 잃은 자는 천하를 잃을 수밖에 없다.

사람을 먼저 살펴 어질고 재능 있는 자를 쓰라

어떠한 정권이든 그 이념은 반드시 사람에 의해 관철되고 사람에 의해 실행되어야만 한다. 인재를 임용할 때 완벽함만을 추구하여 하나의 결점도 용납하지 않으면, 결국 뽑힌 인재는 그저 평범한 사람에 불과하고 그 조직 역시 그저 그런 단체에 지나지 않게 된다.

한 유명한 인물은 이런 말을 했다.

"자신이 쓰는 사람이 단점이 하나도 없기를 바라면 그저 평범한 조직을 만들게 될 뿐이다. 재능이 뛰어난 사람은 그 단점 역시 다른 사람보다 더 두드러지게 마련이다. 높은 봉우리는 낮은 계곡이 있어야 만들어지는 법, 이 세상에는 완벽한 사람이 있을 수 없다."

길고 긴 봉건시대, 대부분의 제왕들은 인재를 뽑을 때 그 사람됨, 즉 어질고 현명함을 가장 중요하게 생각했다. 하지만 용인의 중요성을 잘 알았던 옹정제는 상주문을 통해 이런 말을 하기도 했다.

"천하를 다스리는 데 유일한 근본은 바로 사람을 쓰는 것이며, 나머지는 모두 하찮은 일에 불과하다. 그대가 쓴 상주문에서 언급한 문무대신들을 짐은 다 알고 있고 그들의 행동에 만족하고 있다. 그대가 올린 글은 대공이 아니면 쓸 수 없고 나라를 위하는 사람이 아니면 쓸 수 없으며, 마음이 밝은 사람이 아니면 쓸 수 없다. 짐은 그대의 글에 기뻐했노라. 하지만 만약 보이는 것이 그렇다 하더라도 반드시 그 공로를 바탕으로 바른 판단을 해야 한다. 어떠한 일에 대한 행동으로 그것을 믿어야 한다. 비록 그들이 중요한 일을 했다 하더라도 그것은 이미 지나간 일에 불과하다. 그러니 반드시 그들이 장래에 어떤 행동을 취할지도 유념해 두어야 한다. 그들이 영원히 바뀌지 않을 것이라 생각해서는 안 된다."

이렇듯 사람을 쓰는 것이야말로 정치의 근본이라는 사실을 잘 알았던 옹정제는 늘 사람들의 행동과 변화를 유심히 관찰했다. 그는 자신뿐 아니라 주필(朱筆 : 신하들의 상주문에 붉은색 글씨로 답을 하던 형식)의 방법을 이용해 신하들에게도 이 원칙을 배우고 익히도록 했다. 옹정제는 주필을 이용해 관리들에게 사람됨의 방법과 올바른 관리의 모습을 가르쳤다.

막하남의 순무로 선발된 전문경은 잘하려는 마음이 앞선 나머지 공무를 처리하는 데 큰 실수를 범하고 말았다. 이 사실을 알게 된 옹정제는 그가 올린 상주문에 붉은 글씨로 다음과 같은 글을 남겼다.

"열심히 맡은 바 직무를 다하는 것은 그대의 장점이라 할 수 있다. 하지만 천하의 일은 지나침이 모자람만 못한 법이지. 짐은 모자람을 걱정하지 않는다. 다만 두려운 게 있다면 공을 세우려는 마음이 지나친 나머지 작은 것을 놓치게 되는 것이지."

옹정제는 또 다른 상주문에서 전문경의 타당하지 못한 일 처리를 비판하기도 했다.

"큰일을 함에 있어 가장 피해야 할 일이 바로 망설이는 것이다. 또 윗사람에게 잘 보이기 위해 그 뜻을 추측하여 일을 처리하면 일은 반드시 어긋나게 마련이며, 오히려 윗사람의 본뜻을 거스르게 될 뿐이다. 이제부터는 절대 일을 함에 있어 망설이지 말고 상황에 맞게 적절하게 대처하도록 하라. 언제나 자신이 맡은 중임을 잊지 말고 큰일에 임할 때는 소신을 버리지 말라. 그리고 이 모든 것을 항상 마음속에 새기고 기억하라."

옹정제는 윗사람에게 잘 보이려 하기보다는 황제의 뜻을 정확하게 파악하는 것이 바로 신하의 본분이라고 강조했다. 이와 비슷한 일은 여러번 있었다. 예를 들면 이병충이 올린 상주문에 다음과 같은 비답을 남기기도 했다.

"이제 그대는 소주의 직조로 임명되었으니 언제나 맡은 바 직무를 성실하게 수행하고 자신의 명예를 지키는 것을 임무로 삼으라."

그는 또 다른 상주문에 이런 비답을 남겼다.

"명예를 지키는 데 온 힘을 쏟고 언제나 짐의 기대를 저버리지 말라. 작은 이익 때문에 명예를 더럽히고 은인을 저버리는 사람은 너무도 많다. 그대가 상주문을 통해 맹세했던 말을 짐은 곧바로 믿지는 않을 것이다. 그러니 행동으로 그것을 보여주도록 하라."

옹정제는 항상 '관리들, 특히 일반관리들은 마음만 맞는다면 정사를 훌륭하게 처리할 수 있다'는 내용을 신하들에게 주지시켰다.

선제포와 정사일이 함께 대만을 수시하는 어사가 되었는데, 그들이 올린 상주문에 옹정제는 다음과 같은 글을 남겼다.

"화충(和衷 : 서로 마음을 합친다는 뜻)이라는 두 글자는 관리가 늘 새겨야 할 말이다. 서로 의견이 다를 때는 공평하게 사실에 근거해 보고하고, 넓은 마음으로 서로 원망하지 말라. 또 사사로운 감정에 얽매여 일을 그르치지도 말라."

옹정제는 사람들의 의견이 서로 다른 것을 두려워하지 않았다. 중요한 것은 힘을 합쳐 정사를 돌보는 일이었다. 그리고 그의 생각은 옳았다.

옹정제는 상주문에 비답을 하는 형식으로 관리들을 칭찬하거나 훈계하기도 했다. 옹정 원년 4월, 강남제독 고기탁이 안부차 보낸 상주문을 보고 옹정제는 이런 말을 했다.

"고기탁의 상주문을 읽어보니, 글 전체에서 애국심이 느껴지는구나. 단지 글만이 아닌 진실된 마음을 느끼니 짐도 모르게 눈물이 흘렀다. 이 글을 돌려보고 그에게 상을 내림으로써 그 진실됨을 알리고자 한다."

옹정제는 '모범관리'를 지정해 관리들의 본보기로 삼기도 했다.

"노론(弩論)에서는 훌륭한 사람을 골라 그를 따르라고 했거늘 어째서 이위, 악이태, 전문경과 같은 이를 본받기 위해 노력하지 않는가? 여러 대신들이 그들같이 되는 걸 내키지 않아하는 것을 짐은 이해할 수 없다. 그것을 원치 않는다면 짐이 그들에게 보이는 총애를 기대하지 말라. 그러니 능력을 키워 맡은 바 일을 열심히 수행하도록 하라."

옹정제는 주필을 통해 신하들을 매우 엄격하게 질책하기도 했다. 명예만을 좇는 양명시의 상주문에 불만을 느낀 옹정제는 그 글 중간에 이런 말을 남겼다.

"자신이 세속에 물들었다는 것을 모르고 그것을 좇으려고 하는 사람은 쉽게 그 잘못을 고칠 수 있다. 하지만 그 사실을 알면서도 옛것을 부정하고 세속을 좇으려 하는 사람은 어떤 약으로도 그것을 치료할 수 없다. 짐이 말한 것을 곰곰이 생각해보라. 만약 이미 그런 잘못을 저질렀다면 반성하고, 그러지 않은 이는 이를 경계로 삼으라. 입으로 좋은 말을 내뱉으려 하지 말고 마음속으로 생각하도록 하라."

그리고 옹정제는 다음과 같은 말을 덧붙였다.

"짐이 그대들을 일깨우기 위해 너무 많은 말을 했구나."

옹정제는 명예를 탐내는 양명시의 잘못을 따끔하게 꾸짖기도 했다.

옹정제는 상주문을 이용해 인물을 평가하거나 관리의 면직과 임용을 결정하기도 했다. 이위는 상주문에서 인화의 지현 기록의가 담이 너무 작기 때문에 중요한 업무를 하기에 적합하지 않다고 지적했다. 후보관 주영령이 상주문을 통해 기록의가 성실하고 근면하긴 하지만, 북방 사람인 탓에 남쪽의 상황을 잘 몰라 인화의 지현이라는 중임을 감당하기 힘들다고 주장했던 것과 마찬가지로 말이다.

이밖에도 절강 인화의 지현 장탄웅과 운남의 지주 장탄총, 지주 장탄양의 관직 생활을 이야기하기도 했다. 옹정제는 이위에게 절강으로 파견할 원호와 신성장에 대해 평하기도 했다.

때때로 옹정제는 사람을 시켜 유지를 전달하도록 했는데, 잘못된 부분이 있을 경우 붉은 글씨로 이를 고치기도 했다. 복건의 안찰사 유번장이 포정사 반체풍에게 다음과 같은 내용의 황제 유지를 전달한 적이 있었다.

"반체풍은 사람됨이 경솔하고 무모하다. 그곳에서 항상 흔들리고 있기에 짐 역시 더 이상 그를 잡고 있을 수가 없구나."

이 말을 듣고 두려워진 반체풍은 즉시 상주문을 써서 유번장에게 전달했다. 한편 반체풍의 글을 읽은 옹정제는 자신의 유지가 잘못 전달되었다며 그 내용을 고칠 것을 명령했다.

"반체풍은 짐이 찾던 인물이다. 다만 그 사람됨이 경솔하고 일 처리가 무모하다. 하지만 아직까지 주견이 없기에 짐 역시 그에 대한 확신을 가질 수 없다. 이제 그에게 강한 의지를 가지도록 명하니 스스로 힘쓰도록 하라."

옹정제는 주필을 통해 관리의 면직과 승진, 좌천 등을 본인과 그 상사에게 먼저 알리기도 했다. 옹정 9년 10월 초하루, 옹정제는 강소 숭명총병관 이찬의 상주문에 다음과 같은 주필을 남겼다.

"이제 그대에게 절강총독의 임무를 맡길 것이니 반드시 온 힘을 다해 임하도록 하라."

옹정 7년 8월, 광동 경주총병관 시정전은 복산 오양함이 풍랑을 만났다는 사실을 보고했다. 그러자 옹정제는 그의 상주문에 다음과 같은 글을 남겼다.

"이미 그대가 경주를 떠나도록 명령했으니 이제 그 지역의 일은 그대와 아무런 상관이 없다."

옹정제는 상대를 보고 그에 맞는 주필을 썼다. 때문에 비슷한 사건이라도 전혀 다른 내용을 남기기도 했는데 《주비유지朱批論旨》를 통해 그 필요성을 역설하기도 했다.

"같은 일이라 하더라도 짐은 상대에 따라 다르게 주비를 쓴다. 그것은 상대에 따라 마땅히 그 교육방법이 달라야 하기 때문이다. 조급하고 빈틈없는 이에게는 넓은 마음을 보여주고, 침착하고 유순한 이는 엄하게 질책해야 한다. 넘치는 자는 멈추도록 하고 모자라는 자는 이끌어주어야 한다. 이렇게 읽는 이로 하여금 짐의 진심을 알아차리도록 하는 것이 중요하다."

세상에 완벽한 사람이란 있을 수 없다. 유물변증법의 관점에서 볼 때 사물은 항상 대립적 통일을 이루고 있는데, 사람 또한 마찬가지다. 사람의 장점과 단점은 공존하게 마련이다. 뛰어난 재능을 가진 인물의 단점이 더욱 두드러지는 경우도 있지 않은가? 진취적인 기상과 모험정신을 가지고 남들이 가지 않은 길을 개척해나가는 사람이 때로는 치밀하거나 꼼꼼하지 못한 단점을 드러내기도 한다.

대단한 능력과 남의 비판에도 굴하지 않는 강한 의지, 독립심을 가진 사람도 때로는 자만심과 오만함에 빠진다. 또한 목표를 이루기 전에는 절대 쉬지 않는 불굴의 의지를 가진 사람은 자신만의 주관에 빠지기 쉽다. 즉 좋은 사람이라고 해서 모두 재능이 있는 것은 아니며, 재능이 있다고 해서 완벽한 사람이라고 할 수는 없다.

밀절密折로 천리안을 대신하다

최고 통치자의 비밀은 좀처럼 쉽게 알아낼 수가 없다. 역사적으로 봤을 때, 황제에게 난처한 일이 생기면 황권 유지를 위해서 항상 잘못을 감추거나 주변 사람들 모두가 입을 다물어 흐지부지 끝나게 만든다. 무지한 백성들이 금세 그 일을 잊기를 바라면서 말이다. 절대 새어나가지 않을 '기밀 유지 작전' 때문에, 통치 내부집단에서 아무리 싸운다 해도 외부세계에서는 조그만 소리도 들을 수 없게 마련이다.

옹정 시기의 문서를 들춰보면 '임금이 되는 것은 실로 어려운 일'이라는 뜻의 '위군난^{爲君難}'이라는 말을 쉽게 찾아볼 수 있다. 즉위 후 비로소 자신의 지위를 인식한 옹정제가 황제가 되는 것이 얼마나 어려운 일인지를 깨달았기 때문이리라. 그래서 그는 늘 신하들에게 '위군난'이라고 외쳤던 것이다.

폐단투성이인 정치를 개혁하지 않으면 사람들은 황제가 정무에 소홀하다고 비난하고, 개혁에 힘쓰면 오히려 가혹하다며 불만을 털어놓는다. 관리의 의견을 수렴하지 않으면 간언^{諫言}을 받아들일 그릇을 갖추지 못했다 하고, 그 말이 터무니없어 처벌하면 신하들의 입을 막아버린다 하니 어떻게 해야 좋단 말인가. 그래서 그는 "임금이 되는 것은 실로 어려운 일이다."라고 입버릇처럼 말했던 것이다.

옹정제는 옥새에 '위군난'이란 글자를 새기기도 했다. 언제나 자신의 처지를 잊지 않고 정무에 임하려는 생각에서였다. 옹정제는 일국의 군주라면 마땅히 정확한 판단을 내리고 신하들의 의견을 수렴해야 하며, 아첨을 일삼는 무리들을 멀리해야 한다는 사실을 잘 알고 있었다.

청나라 시대의 공문은 제본^{題本}과 주본^{奏本}으로 이루어져 있었다. 제본은 관리가 공사를 위해 쓴 상주문으로, 반드시 관인^{官印}이 필요했다. 하지만 개인적인 내용을 담은 주본은 날인을 할 필요가 없었다. 이들은 모두 통정사를 통해 황제에게 전달되었는데, 사실은 황제가 읽기 이전에 내각에서 이 문서를 먼저 검열하게 된다. 때문에 이 두 공문서는 모두 내부에 공개되는 것이라 할 수 있다.

이러한 여러 가지 제한 때문에 관리들은 사실을 그대로 전달하기를 꺼렸으며, 자연히 황제는 진실을 알 수 없는 경우가 허다했다. 때문에 강희 연간에는 비밀 상주문이라는 자구책이 생기게 된 것이다.

비밀 상주문은 황제의 심복이나 가장 가까운 사람이 사용할 수 있는 방법으로, 백성들의 생활상이나 지방정치, 관리들의 상황이나 기후, 식량의 가격 등이 모두 포함되어 있었다. 이 상주문은 황제에게 직접 전달되었기 때문에 다른 사람은 절대 볼 수 없었다.

황제는 다 읽은 상주문에 어지를 표시하고 이를 직접 보관했다. 하지만 강희제 때 비밀 상주문을 이용하는 사람은 많지 않았고, 엄격한 제도역시 마련되지 않았다.

집권 후 옹정제는 비밀 상주문이야말로 관리들과 백성들의 상황을 이해하는 가장 좋은 방법임을 깨닫게 되었다. 집정 초기, 그는 비밀 상주문 제도인 밀절제密折制를 만들었다. 그것은 옹정제가 최초로 만든 제도는 아니다. 강희 51년에 이미 '밀주密奏'라는 방법이 있었기 때문이다. 즉 조정 내외의 대신들이 각자 황제에게 안부를 묻는 상주문에 기밀을 요하는 내용의 상주문을 덧붙였다. 그 주된 내용은 관리들의 악행이나 민정에 관한 것이었다. 밀주의 내용은 오로지 황제만이 볼 수 있었다.

강희제는 각 관리들이 서로를 감시함으로써 황권을 더욱 강화시키는데 그 목적을 두었다. 강희제의 밀주를 더욱 구체화시킨 옹정제는 이를 제도로 만들어 시행하기에 이르렀던 것이다. 옹정제는 수도 내의 대신들과 지방의 독무제진督撫提鎭들이 모두 '밀절' 제도를 이용하도록 규정했으며, 특히 수도의 과도감찰관은 매일 밀절을 제출하도록 했다.

하찮은 일이든 큰일이든 하나의 상주문에는 반드시 하나의 사건만을 기록하고 사실에 근거해 정확하게 쓰도록 했다. 만약 보고할 일이 없으면 그 원인 역시 자세하게 쓰도록 규정했다. 이들 밀절에는 거의 모두 황제의 주필이 첨가되었는데, 이를 주비유지라고 한다. 또 이미 주필을 받은 밀절은 '주비주절朱批奏折'이라 불렀다.

옹정 연간에는 수많은 개혁이 이루어졌는데, 이들 모두는 밀절을 통해 상의되어 결정되고 시행되었다. 옹정제는 밀절의 내용이 정확하면 반드시 이를 수렴하고 시행했으며, 타당하지 않을 경우에는 회답을 주지 않고 다른 사람에게 알려지지 않도록 했다. 같은 일을 두 번 보고하거나 무고한 모함일 경우에는 반드시 그 시비를 정확하게 가려내어 일을 처리했다.

옹정제는 밀절을 황제와 신하 사이의 개인적인 통신방법이라고 생각했다. 이를 통해 무엇이든 이야기할 수 있었다. 신하의 제안이 마음에 들지 않을 경우 황제는 붉은색 글씨로 그에 대한 이유를 썼고, 신하 역시 황제의 의견에 동의할 수 없으면 거리낌 없이 자신의 의견을 이야기할 수 있었다.

다음은 비밀 상주문의 역할이다.

(1) 관리들끼리의 상호 감시는 물론, 견제도 할 수 있다.

(2) 독무 등 대신들의 월권행위를 방지한다.

(3) 경계심을 가진 관리들이 경거망동하지 못하도록 하며, 이런 관리가 있을 경우 고발할 수 있다.

(4) 주위의 시선이나 결과에 좌우되지 않고 사실에 근거한 상주문을 올릴 수 있다.

(5) 개혁에 관해 군신들이 사전에 협의를 할 수 있고 경솔한 행동을 방지할 수 있으며, 완충의 역할을 할 수 있다.

(6) 주필을 통해 관리들을 교화시킬 수 있다.

(7) 주필은 관리들을 고무시키고 격려하는 데 큰 역할을 한다.

(8) 인재의 임용이나 관리의 면직 등을 사전에 계획할 수 있다.

(9) 상주문을 통해 관리의 속마음을 읽을 수 있다.

(10) 견문을 넓힘으로써 정무 처리에 도움이 될 수 있다.

이렇듯 상주문의 역할은 제본을 훨씬 뛰어넘는 것이었다.

옹정제는 마음속으로 만주의 관리들은 '본本'이요, 공적인 일은 '신臣', 사적인 일은 '노비'라고 그 지위를 매겨두었다. 주비주절 중 만주와 기인旗人들은 언제나 자신들을 '노비'라고 썼는데, 이것은 다 함축적인 뜻을 가지고 있다. 하지만 황제는 일률적으로 붉은색 물감을 사용하여 이 모두를 '신'으로 고치고 거기에 직위와 이름을 써넣도록 했다.

제소록, 양종인, 포란태, 모문전 등 50여 명의 신하들이 올린 상주문에 모두 이를 첨삭한 흔적이 있다. 하지만 유독 이납제, 고빈만이 고쳐지지 않았는데, 그것은 아마 황제의 실수로 보인다. 이렇듯 '노비'를 '신하'로 바꾸는 방법은 결코 가볍게 넘길 수 없다. 그도 그럴 것이, 이는 옹정제가 상주문에 일정한 지위를 부여한 것임을 설명하고 있기 때문이다. 상주문은 정식 공문이 될 수 없었다.

옹정 8년, 내각은 다음과 같은 내용의 조칙을 받았다.

"짐이 밀절을 쓰도록 하는 것은 바깥세상의 일을 더욱 자세히 알기 위해서지 밀절로 하여금 모든 상주문을 대신하려는 것이 아니다. 밀절의 내용은 건의일 뿐이지 완전히 결정된 것은 아니다."

옹정제의 뜻은 이랬다.

"만약 모든 상주문을 다 없애고 밀절만을 이용한다면 그 시비是非가 모두 짐에 의해서만 결정될 것이다. 만약 잘못이 있을 경우 그에 대한 책임과 비난을 짐 혼자서 어찌 감당할 수 있겠는가?"

밀절을 쓸 수 있는 자격범위를 확대한 옹정제는 각 성의 독무에게도 그 권한을 주었다. 얼마 후 이 범위는 제독, 총병관, 포정사, 안찰사 그리고 학정관에게까지 확대되었다. 일부 중·하급관리 역시 옹정제의 윤허를 받은 후 밀절을 올릴 수 있었으며, 지방에 임시로 파견된 관리들 역시 이 권한을 부여받았다. 옹정제의 재위 기간 중 밀절을 올릴 수 있는 권리를 가진 사람은 약 1,000명 정도에 달했다.

밀절제도로 인해 옹정제는 중국 전역의 상황을 한눈에 볼 수 있게 되었다. 때문에 정무를 처리하는 데 적절한 조치를 취해 가장 좋은 결과를 끌어낼 수 있었다. 옹정제의 재위 기간 동안 이루어진 크고 작은 개혁 모두가 밀절의 공으로 이루어졌다 해도 과언은 아니다. 화모귀공火耗歸公, 탄정입무攤丁入畝, 개토귀류改土歸流와 같은 개혁정책은 치밀한 조사와 대신들과의 오랜 상의가 있었기에 비로소 실효를 거둘 수 있었다.

밀절은 또한 관리들을 엄격히 통제하는 역할을 하기도 했다. 즉 관리들이 스스로 경계심을 갖고 정무에 힘쓰는 데 중요한 역할을 한 것이다. 그들의 말과 행동 모두가 옹정제의 눈과 귀에서 벗어날 수 없었기에, 밀절은 마치 채찍과 같이 언제나 그들을 독려했고 또 두렵게 만들었다. 옹정제의 밀절제도에는 명나라의 동창(東廠 : 강남인을 감시하기 위한 비밀정보기관)과 같은 폐단이 나타나지 않았다. 오히려 동창보다 더 큰 효과를 거두었던 밀절제도를 보면 옹정제가 얼마나 대단한 황제인지를 알 수 있을 것이다.

영국인 블랜드는 옹정제의 재능과 지혜에 관해 이런 말을 하기도 했다.

"탁월한 정치적 재능과 뛰어난 문장력은 감탄을 자아내기에 충분하다. 신하들의 상주문에 단 첨언은 그 내용이 맛깔 나고, 그가 내린 조칙은 구절 하나하나에 기개가 넘치며 항상 사리분별이 정확하니 그야말로 비범한 인물이라 할 수 있다."

밀절제도로 인해 궁정과 바깥세상의 일은 물론 자신까지 정확하게 파악할 수 있었던 옹정제는 이를 바탕으로 실질적이고 보다 실효성 있는 정책을 펼칠 수 있었다. 게다가 그에게는 자신감까지 있었다. 이렇게 강희 말년과 옹정 초년의 정치 상황, 백성들의 생활 모습을 정확하게 파악했던 그는 '옹정개원擁正改元, 정치일신政治一新'의 목표를 세울 수 있었던 것이다.

앞선 사람을 본받으면 실패하지 않으리라

주周나라부터 명나라에 이르기까지 황위 계승은 항상 공개적으로 태자를 책봉하는 제도를 통해 이루어져왔다. 즉 먼저 태자를 책봉하여 천하에 이를 알린 후 황위를 잇도록 하는 것이다. 계승자를 선택하는 기준과 원칙은 후보자의 인격이나 능력이 아닌 황제의 적자이자 장자인지의 여부였다. 원래 태자 책봉제도가 없었던 청나라는 황제가 죽기 전에 계승자를 지정했다. 이러한 방법은 장점과 단점을 모두 가지고 있었다. 장점으로는 황위 계승을 희망하는 자라면 누구나 황제에게 충을 행하고 호감을 얻기 위해 노력한다는 점이 있다. 하지만 태자를 책봉하지 않음으로써 경쟁자가 늘게 되고 부자와 형제간에 다툼이 생길 가능성도 많아지게 된다. 심지어는 서로 칼을 겨누는 사태가 발생할 수도 있다. 불행히도 이러한 비극은 바로 옹정제와 그의 형제들 사이에서도 비껴가지 않았다.

강희제는 즉위 후, 나라를 위해 황태자를 지정하기로 결정했다. 강희

14년(1675년), 그는 효성황후 소생의 2살배기 윤잉을 태자로 책봉했다. 반면 첫째 아들 윤제는 서자라는 신분 때문에 태자 책봉에서 유리한 조건을 가지지 못했다. 하지만 훗날 윤잉이 방정하지 못한 태도로 폐위와 복권을 거듭하자, 강희제의 여러 아들들은 황태자의 자리를 두고 서로 창끝을 겨누게 된다. 그것은 비극이 아닐 수 없었다.

당시 강희제는 태자 폐위문제로 마음고생을 한 나머지 큰 병을 얻고 말았다. 하지만 여러 황자들은 세력다툼을 하느라 아버지의 병에는 관심조차 두지 않았다. 그때 오로지 윤진과 윤지만이 뛰어난 명의와 좋은 약재를 구하기 위해 백방으로 뛰어다녔다. 이들은 곧 강희제의 눈에 들게 된다. 때문에 윤잉을 복권시킬 당시 강희제는 윤잉과 윤지, 윤진을 모두 친왕으로 봉해 윤이와 윤기의 지위를 뛰어넘도록 했다.

위장술에 능했던 윤진은 조용히 재능을 감추고 때를 기다림으로써 형제들의 시기와 질투를 피할 수 있었다. 아직은 적절한 때가 아니라고 생각했던 그는 각각의 형제들과 좋은 관계를 유지하면서 자신을 보호했던 것이다. 그는 윤잉에게 관심을 보이면서 동시에 윤지와도 좋은 관계를 유지하기 위해 노력했다.

윤진은 황제 앞에서 다른 형제들을 칭찬했으며 도움이 필요한 사람이 있으면 기꺼이 도와주었다. 친왕으로 봉해진 후 직접 상주문을 올려 자신의 작위를 낮추고 다른 형제들의 지위를 높여줄 것을 간청했다. 윤진은 이런 방법으로 강희제의 총애와 신임을 얻을 수 있었다.

윤잉의 복권은 결코 황자들의 황위 다툼을 잠재울 수 없었으며, 그와 부황 사이의 갈등을 해결할 수도 없었다. 다시 황태자가 된 윤잉은 예전과 같이 붕당을 결성하고 병사들을 모집함으로써 빠르게 자신만의 세력을 형성해갔다. 나날이 강해지는 세력을 등에 업고 점점 더 오만해지는 윤잉을 보면서 강희제는 다시 한 번 과감한 결정을 내렸다.

강희 50년(1711년) 10월, 강희제는 또다시 윤잉을 폐위시키고 그의 당인^{黨人}들을 모조리 잡아들였다. 황제는 탁합제를 불태워 죽이고 경액, 제세를 심문하는 한편 다시는 태자를 복위시키지 않을 것이라 못 박았다. 이제 더 이상 황태자의 자리에 적합한 인물이 없다는 황제의 말에 경쟁은 더욱 치열해졌다.

한편 뛰어난 식견을 가지고 있던 윤진은 윤잉, 윤이, 윤지 모두가 태자로 책봉될 가능성이 희박하다는 사실을 간파했다. 황자들 사이에서 연장자에 속하며 높은 위치를 차지하고 있던 그는 자연히 황위 계승의 야심을 가지게 되었고 몰래 그 준비에 들어갔다. 윤진이 택한 방법은 매사에 아버지의 뜻에 부합하는 행동을 함으로써 그의 호감을 사는 것이었다.

속으로는 황위 다툼에 모든 촉각을 곤두세우면서도 겉으로는 태연한 모습을 보였던 그는 수도를 호위하는 보군통령 웅사이와 서북의 병권을 장악하고 있던 사천과 섬서총독 연갱요의 지지를 이끌어냈다. 그는 또 황위에 아무런 관심이 없는 척, 아버지와 세상 사람들을 속이며 강희제와 황자들이 자신에 대한 경계심을 풀도록 했다.

윤잉을 두 번째로 폐위시킨 후 윤진을 더욱 아끼게 된 강희제는 중요한 정무를 처리할 때는 항상 그를 대동했다. 강희 51년(1712년), 윤진은 서북의 군사를 결정하는 회의에 참석하기도 했다. 57년(1718년), 강희제 재위 60년을 기념하는 행사가 열리자 윤진은 직접 수도로 와 행사에 참가했다. 수도로 돌아온 그는 황제의 명령을 받들어 태묘와 후전에 제사를 지내기도 했다.

같은 해, 회시^{會試}에 불합격한 사람이 관직에 오르는 사건이 발생하자 황제는 윤진에게 이 일을 처리하라고 명령했다. 동지에는 윤진이 직접 환구圜丘에서 제사를 지내기도 했다. 강희 61년(1722년), 윤진은 경통京通 지역의 창고조사를 담당했다. 이 모두는 강희제가 마음속으로 이미 윤진에게 대통을 물려줄 것을 계획하고 있었음을 증명해준다.

강희 61년(1722년) 11월 7일, 강희제가 병으로 몸져눕자 동지제사는 모두 윤진이 대행하게 되었다. 13일, 강희제는 창춘궁暢春宮에 윤진을 불러들였다. 하지만 윤진이 도착하기도 전에 그는 자신의 곁을 지키고 있던 윤지, 윤상, 윤기, 웅사이 등에게 윤진을 황제로 즉위시킬 것을 명했다. 저녁 8시쯤, 결국 강희제가 눈을 감았고, 윤진은 비통한 마음을 감추지 못하고 통곡했다. 그러는 사이 웅사이를 비롯한 대신들은 강희제의 유언을 발표하고 윤진에게 대통을 이을 것을 명했다.

당시 너무 놀란 윤진은 그만 혼절하고 말았는데 주위 사람들의 부축을 받고 기운을 차린 후 겨우 부황의 장례를 치를 수 있었다. 그날 밤, 강희제의 시신은 후궁으로 보내졌고, 다음 날 윤이 등이 왕王으로 봉해졌다. 웅사이를 비롯한 이들은 윤제를 도읍으로 불러들인 후 구문을 모두 닫아버렸다. 그리고 16일, 온 세상에 강희제의 유언이 공포되었다. 21일, 드디어 황좌에 오른 윤진은 문무백관들의 축하 속에서 이듬해를 옹정 원년으로 부르기로 했다. 그는 선황 시대의 법령을 그대로 따를 것을 알리며 황실과 형제들이 모두 힘을 합쳐야 한다고 주장했다.

태자 책봉을 제대로 마무리하지 못했던 강희제는 결국 분노와 걱정 속에서 생을 마감해야만 했다. 옹정제는 바로 이 혼란한 틈을 이용해 황제의 자리에 오를 수 있었다.

강희제 시기의 비극을 재연하지 않고, 재위 시절 태자 책봉으로 인한 통치근간의 동요를 막기 위해 옹정제는 전통적인 태자 책봉제도를 개혁하기로 결심한다.

중국 봉건사회의 역대 왕조는 기본적으로 적자계승의 원칙을 따르고 있었는데, 황태자를 책봉해 황위 계승자로 삼게 된다. 하지만 이로 인해 황실 내부에서는 황위를 둘러싼 암투가 끊이지 않았고 정국 역시 항상 불안했다. 옹정제가 즉위할 당시에도 황자들은 여전히 황위를 노리고 있었고, 권신들 역시 붕당을 결성해 정국은 불안하기 이를 데 없었다. 만약 태자 책봉문제를 제대로 마무리 짓지 않는다면 국가는 엄청난 혼란에 빠질 수밖에 없었다.

이러한 문제 외에도 즉위 당시 이미 45살이었던 옹정제는 반드시 태자 책봉문제를 고려해야만 하는 상황이었다. 때문에 황제가 된 옹정제는 즉시 전통적인 태자 책봉제도의 폐단과 역사적 교훈을 먼저 살펴보았다.

옹정 원년(1723년) 8월, 건청궁 서난각西暖閣에서 총리사무왕대신과 믿을 만한 문무대신들을 불러 모아 즉위 후 자신이 그토록 심사숙고했던 태자 책봉제도의 개혁 방안에 대해 얘기했다.

"당초 선황께서는 둘째 아가의 일로 몸과 마음을 많이 상하셨다. 이제 우리는 그 일을 교훈으로 삼아야 한다. 태자를 정하는 것은 반드시 신중을 기해야만 한다."

옹정제는 새로운 태자 책봉방법을 제안했는데 그 구체적인 내용은 다음과 같다. 우선 자신이 책봉한 황태자의 이름을 직접 써서 상자에 넣어 밀봉한 뒤 '정대광명正大光明'이라 쓰인 건청궁의 편액 뒤에 보관해두는 것이었다. 대신들 역시 이 방법에 적극 찬성했다.

잠시 후, 대신들을 모두 자리에서 물린 옹정제는 총리사무왕대신만을 남겨둔 채 직접 태자의 이름을 썼다. 그런 후 총리사무왕대신에게 "이것을 상자에 넣어 밀봉한 뒤 건청궁의 '정대광명' 편액 뒤에 넣어두도록 하라."고 명령했다. 즉위 후 1년이 채 되지 않아 옹정제는 새로운 태자 책봉방법을 공표했다.

옹정 13년(1735년) 8월 22일 한밤중, 보친왕 홍력, 화친왕 홍주, 장친왕 윤록, 과친왕 윤례, 대학사 악이태, 장정옥, 영시위내대신 풍성액, 눌친, 호부시랑 해망이 급히 원명원圓明園에 있는 옹정제의 침궁으로 불려왔다. 당시 옹정제는 이미 임종을 앞두고 있었다. 그리고 23일 자시, 옹정제가 세상을 떠났다.

옹정제가 죽고 난 후 태자를 책봉하고 대통을 잇게 하는 것이 당연히 가장 중요한 일이 되었다. 다행스런 것은 옹정제가 이미 이 일을 치밀하게 마무리 지어놓았다는 점이었다. 피비린내 나는 싸움을 거쳐 황제의 자리에 오른 옹정제는 옹정 원년에 이미 후계자의 이름을 쓴 종이를 하나는 건청궁의 편액 뒤에 숨겨두고 나머지 하나는 원명원에 직접 보관해두었다.

옹정제는 원명원에 그 종이를 보관해두었다는 이야기를 이미 대학사 악이태와 장정옥에게 알려둔 상태였다. 옹정제가 세상을 떠난 후 악이태와 장정옥은 즉시 숨겨두었던 유서를 꺼내왔다. 몰래 숨겨온 유언에는 황사자 홍력의 이름이 적혀 있었다. 그는 싸울 필요 없이 황위 계승의 권리를 얻게 된 것이다. 그해 8월, 홍력은 하늘과 땅에 제사를 지낸 후 황제로 즉위했고, 이듬해를 건륭 원년으로 삼았다. 새로운 황제가 순조롭게 대통을 잇게 된 것이다.

외모로 사람을 평가하지 마라

송대의 소순은 군주의 통치술을 논하며 이런 말을 한 적이 있다.

'역대 왕조 안에서 일어난 태평성대와 대혼란의 원인을 자세히 관찰하라. 그 경험과 교훈을 경계로 삼아야 한다. 큰 혼란의 원인은 대부분 무능한 이를 임용한 데서 기인한다. 어질고 충성스런 자를 신하로 삼으면 천하의 복록을 누릴 수 있지만 무능한 이를 신하로 삼으면 커다란 화를 입게 마련이다. 위태로움에 처한 군주들은 모두 이러한 이치를 모르니, 만약 이들이 조금 일찍 이 사실을 깨달았다면 어찌 국가를 망하게 할 수 있었겠는가?'

옹정제는 정적이나 붕당을 숙청하는 데 있어서 남다른 잔혹함을 보였다. 하지만 그는 자신과 정치적 견해가 다른 인물들에게는 이상하리 만큼 관대했다. 그런 인물들은 정치적 투쟁이나 붕당과 관계만 없다면 언제든 황제의 신임을 받고 높은 관직에 오를 수 있었다. 옹정제는 때로는 이들에게 파격적인 대우를 해주기도 하고 온 힘을 다해 보호해주기도 했다. 이것은 옹정제 집권 시기에 가장 그를 빛나게 했던 부분이기도 하다.

옹정 원년(1723년), 한림원 검토檢討 손가감이 상주문을 올렸다. 그가 올린 상주문의 내용은 《청사고淸史稿》에 기록되어 있다. 손가감이 올린 상주문의 내용은 대략 다음의 세 가지로 나눌 수 있다. 형제들과 가깝게 지내고, 매관매직과 서북전사를 금하기를 희망한다는 것이다. 즉, 황위를 둘러싼 투쟁의 불씨가 채 가라앉지 않은 상황에서 새로운 군주는 '넓은 마음'으로 '형제들과 친하게 지내며', '백성들의 근심과 공포를 없애도록 해야 한다'는 것이었다. 그의 상주문은 황제에 대한 불경임에 틀림없었다. 과연 옹정제는 크게 노하며 그의 상주문에 '경솔하다'는 첨언을 남겼다. 그는 또 몇몇 구절에 붉은색으로 표시를 해둔 뒤 신하들을 불러 상주문을 읽도록 했다. 잠시 후 옹정제가 엄한 목소리로 물었다.

"손가감이라는 자는 왜 이렇게 불손한가?"

그때 좌도어사左都御史 주식이 빙그레 웃으며 입을 열었다.

"그가 불손한 것은 사실이지만 그 배포는 높이 살 만합니다."

그의 말을 듣고 잠시 생각에 잠긴 옹정제는 그제야 호탕하게 웃으며 말했다.

"짐 역시 그의 배포에 탄복했도다."

옹정제는 손가감을 벌하는 대신 신하들과 논의를 거쳐 국자감國子監의 사업司業으로 발탁했다. 그 후에도 손가감은 여러 번 상주문을 올렸는데, 옹정제는 구경九卿들에게 이런 말을 하기도 했다.

"짐이 즉위한 이후 손가감은 직언을 서슴지 않았다. 짐은 그런 그에게 화를 내기보다는 오히려 감사하노니 여러 대신들도 이를 본받도록 하라."

옹정 5년(1727년), 손가감은 국자감 제주祭酒의 신분으로 순천 학정(學政 : 각 성의 교육행정장관)에 부임하게 되었다. 이때 손가감은 경비 문제로 직예총독 의조웅과 다툼을 벌이게 된다. 당시 옹정제는 손가감의 편을 들어주며 의조웅을 나무라기도 했다.

"손가감은 자신의 이익을 위해 정치를 어지럽힐 인물이 아니다. 그러니 온 힘을 다해 그를 본받도록 하라."

얼마 후 옹정제는 손가감을 순천의 부윤으로 삼고 공부시랑으로 임명했다.

사람이라면 누구나 그 사상과 성격, 지적수준, 업무능력 등이 끊임없이 변하게 마련이다. 어떤 사람은 나날이 발전을 거듭해 큰 인물이 되기도 하고 어떤 사람은 나날이 편협해져 대단한 재능을 갖고 있다가도 하찮은 인물로 전락해버리기도 한다.

옛말에 "사람은 3일만 보지 못해도 눈을 비비고 다시 볼 만큼 변하기 마련이다."라고 했다. 그만큼 인간은 끊임없이 변한다는 얘기다.

삼국시대 손권의 수하에는 여몽이라는 장수가 있었다. 그는 무척 용맹했지만 형편이 어려워 학교 근처에도 가보지 못했기에 병법을 배울 수가 없었다. 때문에 손권과 다른 장수들이 병법을 논할 때 그는 항상 구석에서 졸기 일쑤였다. 손권은 그런 그에게 책을 읽도록 권했지만 여몽은 항상 시간이 없다는 핑계를 댔다.

어느 날 손권이 말했다.

"나는 매일 나라의 대사를 처리하면서도 시간을 쪼개 공부를 하고 있소. 그런데 그대가 책 읽을 시간조차 없다는 게 말이 되오? 용맹하지만 지략을 갖추지 못한 사람은 큰 그릇이 될 수 없다는 사실을 명심하시오. 그런 자는 한낱 무장에 지나지 않는단 말이오!"

그의 말을 듣고 그제야 부끄러움을 느낀 여몽은 군영으로 돌아간 후 밤낮을 가리지 않고 책을 읽었다.

2년 후, 손권과 여러 장수들이 모인 자리에서 여몽은 막힘없이 병법을 늘어놓았고 모두들 감탄하여 그를 쳐다보았다. 이렇듯 여몽은 용맹하지만 무식했던 무장에서 문무를 겸비한 인재로 다시 태어나게 되었다. 그는 지략을 이용해 관우를 사로잡았으며 형주를 수복함으로써 동오※에 큰 공을 세웠다.

개인적인 호감으로 사람의 좋고 나쁨을 평가해서는 안 된다. 사람마다 흥미나 기호, 성격이 모두 다르기 때문에 자신만의 판단으로 어떤 이의 사람됨을 평가해서는 안 된다는 말이다.

일부 관리자들은 상대방의 성격이나 포부가 자신의 개인적 취향과 맞아떨어진다는 이유로 그 사람의 다른 모습을 보지 못한 채 쉽게 대단한 인재로 평가하기도 한다. 이렇게 자신의 마음에 드는 사람만을 중용하는 일이 벌어지면 결국 내 주위에는 다른 사람들이 인정하지 않는 '인재'들만 남게 마련이다.

제갈량을 만나기 전 유비는 개인적인 기호나 용모로 사람을 평가하고 인재를 등용했다. 그는 자신에게 이미 '문에는 손건과 미축 같은 이가 있고 무에는 관우, 장비, 조운이 있다'고 생각했다. 천하에 얼마나 많은 인재가 있는지를 미처 깨닫지 못했던 것이다. 이렇듯 감정에 따라 사람을 판단하면 잘못된 길로 빠지게 마련이다.

인재에 목말라 있던 유비는 자신 곁에 훌륭한 인물이 없음을 한탄했다. 그는 사마휘를 처음 만난 자리에서도 이러한 불평을 늘어놓았다.

"나는 언제나 재야에 은거해 있는 어진 선비들을 찾기 위해 노력하고 있습니다. 하지만 진정한 인재를 만나본 적은 한 번도 없었지요."

그의 말을 잠자코 듣고 있던 사마휘는 공자의 말을 인용해 유비의 잘못된 생각을 꾸짖었다.

"공자는 '십여 가구가 있는 작은 마을에도 반드시 충신은 있다'고 했습니다. 그런데 어찌 인재가 없다고 하십니까?"

그런 후 형양荊襄의 인재 제갈량을 천거했다. '삼고초려三顧草廬'의 이야기는 이렇게 탄생한 것이다.

높은 사람의 개인적인 취향이나 풍겨오는 이미지로 사람을 평가하면 진정한 인재를 얻기 힘들다. 역사적으로 현명한 군주들은 반드시 현재[※][※]를 구하고 인재를 등용했다.

하지만 그 전에 필요한 것이 바로 사람을 알고, 그 어짊을 판단할 수 있어야 한다는 것이다. 먼저 정확한 판단을 거친 후 능력에 맞추어 적절하게 인재를 이용하는 것, 그것이야말로 용인술의 가장 기본적인 법칙이다. 복잡한 현실은 지도자에게 더 많은 것을 요구하고 있다. 사람을 세심하게 관찰하고 열심히 분석하며 그 겉모습에 현혹되지 않도록 말이다.

춘추시대, 진[※]나라와 채[※]나라 사이에서 궁핍한 생활을 한 공자는 7일 동안 아무것도 먹지 못했다. 그때 제자 안회가 쌀을 구해와 밥을 지었다. 밥이 다 되었을 무렵, 공자는 안회가 솥을 열고 밥을 집어먹는 모습을 우연히 보게 되었다.

잠시 후 안회가 밥상을 들고 들어오자 공자는 짐짓 아무것도 모르는 척하며 입을 열었다.

"내 잠시 선잠이 들었는데 꿈에서 선군^{※※}을 만났다. 선군께서는 다른 사람에게 올리는 음식은 반드시 깨끗해야 한다고 말씀하셨다."

안회는 공자가 자신을 의심하고 있다는 사실을 깨달았다. 그러자 그는 정색을 하며 말했다.

"밥을 짓다 보니 솥 안에 재가 들어갔습니다. 재가 묻은 밥을 그대로 버리기가 아까워 먹은 것인데, 스승님의 말을 듣고 보니 깨끗하지 못한 밥을 스승님께 바친 제가 부끄럽습니다."

그제야 자신이 안회를 오해했다는 사실을 깨달은 공자는 탄식하며 말했다.

"사람들은 모두 다 자신의 눈으로 본 것을 믿는다. 하지만 보아하니 그
눈도 꼭 진실을 본다고 말할 수는 없구나!"

이 이야기는 겉만 보고 사람을 판단하면 쉽게 실수를 저지를 수밖에
없다는 사실을 말해주고 있다. 물론 겉모습과 행동은 사람의 본모습을
반영하기도 한다. 하지만 그 겉모습이 거짓일 수도 있다는 사실을 잊지
말자.

지도자가 그런 거짓 모습에 미혹되면 쉽게 판단착오를 일으키거나 잘
못된 인재등용을 하며 진정한 인재를 잃을 수밖에 없다. 사람을 판단하는
것이 어려운 이유는 바로 그 거짓된 모습을 알아차릴 수 없기 때문이다.

삼국시대의 인재 유소는 《인물지人物志》에서 이런 말을 했다.

"인재가 중용되지 않는 것은 그가 재능이 없어서가 아니라 등용하는
자가 겉모습에 미혹되어 있기 때문이다. 그들은 잘 알지 못하여 쓸 수
없는 것이다. 춘추시대의 변화는 두 번이나 초왕에게 옥을 진헌했다. 하
지만 옥이 가짜라고 생각했던 초왕은 오히려 그의 두 다리를 베어버리
고 말았다. 반대로 한낱 돌멩이가 보석으로 여겨지기도 한다. 이야말로
'어리석은 자는 옥과 같은 돌멩이를 취하고, 미련한 자는 구슬과 같은
생선 눈알을 가진다.' 와 같은 상황이 아니겠는가?"

참된 인仁은 인이라 하지 않는 법이다

공자는 '인자요산仁者樂山, 지자요수知者樂水' 라 했다. 어진 사람은 산을 좋아하고 지혜로

운 사람은 물을 좋아한다는 말이다. 개인의 인격을 말할 때, 그가 만약 어진 품성을 갖추었다면 그것은 참으로 좋은 일일 터다. 개개인이 어질고 자애로워야만 아름다운 세상을 만들 수 있을 테니 말이다. 하지만 큰 범위에서 보면 작은 선과 큰 선, 큰 악과 작은 악, 큰 옳음과 큰 잘못은 모두 다르다. 옹정제의 성장과정 중에서 선과 악은 늘 투쟁을 벌였다. 때문에 옹정제는 항상 복잡한 심경변화를 보였다.

즉위 이전, 옹정제는 마음이 넓은 황자였다. 강희제 앞에서 폐위된 태자를 두둔한 것이나 황제가 위중할 때 지극 정성으로 간호했던 이야기를 통해서 그 사실을 어렵지 않게 알 수 있다. 바로 그 때문에 강희제는 황좌를 물려줄 때 그의 인품을 칭찬하는 말을 잊지 않았던 것이다. 당시 옹정제는 분명 '어질고 너그러운' 황자였다. 하지만 황제의 자리에 오른 후 옹정제의 '인자함'은 혹독한 시련을 겪게 된다.

처음에 옹정제는 자신을 반대하던 형제들을 항상 자애롭게 대했다. 이에 관한 이야기는 《대의각미록》 중 그의 독백에서도 잘 나타난다.

짐은 즉위한 후에도 형제의 정을 잊지 않았다.

하지만 아치나와 같은 형제들은 짐의 뜻을 헤아리지 못하고 붕당을 결성하며 사단을 일으키고 민심을 어지럽혔다. 그래서 짐은 그들을 개도하고 잘못된 야심을 없애며 조용한 나날을 보낼 수 있도록 했다.

이아가가 금고禁錮에서 풀려났을 때, 짐은 그에게 높은 봉록을 내렸다. 짐은 수년 동안 그에게 먹을 것과 입을 것을 보내주었지만, 그것이 황제가 내린 것임을 알리지 않도록 했다. 그가 군신의 예를 행하는지 제가하기 위해서였다. 이아가는 항상 물건을 가져다주는 태감에게 물었다.

"이것은 황제께서 하사하신 것이냐? 만약 그렇다면 마땅히 무릎을 꿇고 신하의 예를 행해야 한다."

하지만 태감들은 짐의 뜻에 따라 물건들의 출처를 밝히지 않았다.

옹정 2년 겨울, 이아가 병에 걸리자 짐은 태의원에서 의술이 뛰어난 의원 여러 명을 뽑은 뒤 이아가 직접 그들 중에서 한 명을 고르도록 했다. 평소 의술에 일가견이 있던 이아가는 의원들과 상의하여 처방을 내렸다.

이아가의 병이 위중해지자 짐은 대신들을 보내 병을 살펴보도록 했다. 그러자 이아가는 짐의 깊은 은혜에 감사한 듯 눈물을 흘리며 말했다.

"본디 죄인인 제가 선종善終을 맞을 수 있는 것은 모두 황상의 은혜 덕분입니다."

그리고 아들 홍석에게 이렇게 당부했다.

"나는 황제의 깊은 은혜를 입었다. 하지만 이생에서는 그 은혜에 보답할 수 없으니 너는 최선을 다하여 내가 미처 하지 못한 것을 마치도록 하라."

이아가의 병이 더욱 위중해지자 짐은 의장호위를 시켜 그를 오룡정五龍亭으로 옮겨 오도록 했다. 천자가 사용하는 황금가마를 본 이아가는 손으로 이마를 치고 입으로 불경을 외우며 짐에게 감사를 표했다. 함안궁咸安宮의 궁녀와 태감을 비롯한 100여 명의 사람이 모두 그 광경을 목격했다.

이아가가 병으로 세상을 떠난 후 짐은 그를 친왕으로 봉했는데, 모든 일을 격식에 갖추어 진행했다. 그리고 짐은 직접 그 장례를 주관하며 비통한 심정을 드러냈다. 장례에 드는 비용은 모두 국고에서 충당하도록 했으며 신하들도 진심으로 장례에 참가하도록 했다. 마지막으로 그의 두 아들에게 왕공의 작위를 주었으며 후한 재물을 하사했다.

하지만 황제의 지위가 공고해지고 자신에 대한 황자들의 불만이 커짐에 따라 옹정제의 너그러움은 점차 사라졌다. 형제들의 악행이 날이 갈수록 두드러졌기 때문이다. 그에 대한 이야기는 《대의각미록》에도 남아 있다.

착한 일을 하면 반드시 보상을 받고 나쁜 일을 하면 벌을 받게 마련이다. 큰 죄를 지은 사람은 너그럽게 용서하고 벌을 면해주더라도, 또 같은 잘못을 저질러 법망에 걸려들 수밖에 없다. 마치 천지신명이 그들로 하여금 그런 행동을 하도록 부추기는 것처럼 말이다.

아치나(돼지, 철면피), 싸이스헤이(개, 철면피), 윤제, 윤아의 문하에서 그들과 함께 간악한 짓을 일삼는 무리들은 실로 국가의 간악한 도적이나 다름없다. 이들은 국가에 커다란 우환을 안겨주었다. 짐은 그들을 정확히 꿰뚫어 보고 있었다. 그런 그들을 엄격하게 다스려 화의 근원을 제거해야 마땅할 것이나 짐은 인으로써 그들을 대했다. 멀리 유배를 보냄으로써 그 목숨만은 부지할 수 있도록 한 것이다. 만약 그들에게 조금이라도 양심이 있다면 잘못을 뉘우치고 고칠 것이라 믿고 말이다.

하지만 어찌 알았겠는가. 그들은 회개하기는커녕 더욱 안하무인으로 나쁜 짓을 일삼아 하늘과 짐의 분노를 사고야 말았다. 그래서 짐은 증정 등의 손과 입을 빌려 그들의 악행을 온 천하에 알렸다. 서녕에 살고 있던 싸이스헤이는 반역을 일삼았지만 두려움이라곤 전혀 없었다.

보정(保定)으로 불러들였을 때 그는 잘못을 회개하기는커녕 오히려 오는 도중에 마음껏 웃고 떠들었다고 한다. 호송관이 그에게 즉위 이후 짐이 했던 조정의 정무들을 늘어놓자, 그는 오히려 코웃음을 치며 "그는 언제나 영리했지."라고 말했다고 한다.

신하의 도를 전혀 행하지 않고 안하무인인 그가 어찌 잘못을 반성하기를 바랄 수 있겠는가? 윤제는 구금된 지 이미 4년이 넘었지만 여전히 오만방자하다. 윤아는 갇혀 있는 곳에서도 도술을 써서 짐을 해하려 했다가 부하들에게 고발을 당하지 않았던가. 짐은 대신을 보내 그에게 이전의 악행들을 사실대로 자백할 것을 명령했다. 그때 파견된 대신은 그에게 이런 말을 했다.

"황상께서는 그대가 모든 일을 속이지 않고 사실대로 고할 경우 너그럽게 대하실 것이오."

그러자 그는 아치나, 싸이스헤이, 윤지 등이 그동안 숨겨왔던 음모와 짐이 즉위한 후 했던 각종 역모들을 사실대로 말했다.

이런 결과 앞에서 옹정제는 치밀어오르는 화를 참을 수가 없었다. 그래서 그는 여러 황자들을 엄격하고 잔혹하게 다스리기로 결심했다.

하지만 그의 마음속 깊은 곳에서는 이에 대한 갈등이 있었다. 그래서 집정 후기에 그는 자신도 모르게 자신의 행동에 대한 해명과 반성을 반복했다. 어쩌면 스스로의 행동을 정당화시키고 그 양심을 어루만지기 위해서였을 것이다. 옹정제는 《대의각미록》에서 자신의 행동 하나하나를 해명했다. 예를 들면 술에만 취하면 난폭해진다는 소문에 대해 이렇게 해명했다.

민간에서는 짐이 술을 마시면 난폭해진다는 말이 떠돈다고 한다. 술은 제사나 연회에 빠져서는 안 될 음료다. 성현이라 할지라도 술을 마시지 않을 수는 없다. 옛말에 '요천충, 순백합'(堯千盅舜百榼 : 요임금은 술을 천 잔 마시고 순임금은 술 백 항아리를 마신다는 말. 모두 술을 좋아한다는 뜻)이라 했다.

또 《논어》에서는 공자의 주량을 가늠할 수가 없다고도 했다. 술은 본래부터 성인의 도덕에 해가 되지 않는 것이니 금할 필요가 없다. 하지만 짐이 술을 마시지 않는 것은 강제로 그리하는 것이 아니라 타고난 것이다. 작년, 도읍으로 온 제독 노진양이 갑자기 상주문을 올려 말했다.

"신은 도읍으로 와 매일같이 황상을 알현하지만 한 번도 술에 취하신 모습을 보지 못했습니다. 그런데 왜 바깥에서는 황상께서 술을 좋아하신다는 소문이 도는 것입니까?"

그의 상주문을 보고서야 바깥세상에서 그러한 소문이 돈다는 사실을 알게 된 짐은 그저 웃고 말았다. 지금 역적들이 짐을 두고 술을 좋아하며 난폭하다는 비방을 일삼고 있으니 바로 그 소문 때문일 것이다.

옹정제는 자신이 색을 밝힌다는 소문에 대해서 이런 말을 했다.

역서歷書에서는 짐이 호색하다고 한다. 옹친왕으로 있을 때부터 마음을 깨끗하게 하고 욕심을 버렸던 짐은 천성적으로 색을 좋아하지 않는다. 짐이 즉위한 후 황궁 내에 궁녀는 손으로 꼽을 정도다.

짐은 항상 천하에서 색을 밝히지 않는 사람으로는 짐을 따를 자가 없다고 생각한다. 짐은 언제나 원색(遠色 : 색을 멀리함)을 실천하고 있다고 자신한다. 이는 제왕과 왕공대신, 하인들이 모두 알고 있는 사실이다. 그러나 오늘날 짐이 호색하다는 비방이 돌고 있는데, 과연 짐이 어떤 색을 좋아하고 어떤 이를 총애하는지 모르겠구나. 이러한 유언비어를 퍼뜨리는 역적들은 눈과 귀도 없단 말인가?

또한 옹정제는 자신이 현량하고 충성스런 신하들을 함부로 죽인다는 소문에 대해서는 이렇게 반박했다.

> 역서에서는 짐이 의심이 많아 어질고 충성스런 자들을 함부로 죽인다고
> 한다. 그러나 짐은 다른 사람을 단 한 번도 거짓으로 대한 적이 없다.
> 짐은 하고 싶은 말은 반드시 해야만 속이 후련한 사람이다. 그렇기에 맹
> 세코 단 한 번도 남을 속이거나 신의에 어긋나는 일을 하지 않았다. 짐
> 은 신하들을 내 몸과 같이 대하고 언제나 성심으로 그들을 교육했다. 여
> 러 신하들 역시 짐의 이런 마음을 알고 진심으로 믿고 복종하고 있다.
> 연갱요, 악윤대, 아이송아阿爾松阿는 일찍이 짐에게서 사형을 선고받았다.
> 연갱요는 부황과 짐의 은혜를 받았음에도 불구하고 마음속에 나쁜 생각
> 을 품고 반란을 일으키려 했다.
> 재물을 탐하고 폭력을 일삼는 등 신하들의 상주문을 통해 본 그의 죄는
> 92가지가 넘는다. 국법에 따르면 사형함이 마땅하나 짐은 그가 서장과
> 청해에서 세운 공을 잊지 않았다. 이에 관대함을 베풀어 그에게 자진을
> 하도록 했다. 그의 부모와 형제들은 처벌을 받지 않았고, 아들은 먼 곳
> 으로 유배를 보냈으나 지금은 은혜를 입어 풀려났다.

이렇게 옹정제가 자신의 행동에 일일이 해명을 늘어놓은 것은 첫째, 일의 실상을 알리기 위함이요, 둘째, 심리적 압박에서 벗어나기 위함이었다. 이는 당시 옹정제의 마음속에 정치가의 권모술수 외에 여전히 양심과 인의가 있음을 설명해주고 있다.

사실 사람은 누구나 선악의 양면을 지니게 마련이다. 한편으로는 선을 갈망하면서도 또 한편으로는 악을 저지르는 것이 사람이다.

김용의 무협소설 《천룡팔부天龍八部》에는 '4대 악인'이 등장한다. 첫째, 악관만영惡貫滿盈, 둘째, 무악불작無惡不作, 셋째, 흉신악살凶神惡煞, 넷째, 궁흉극악窮凶極惡이 바로 그들이다. '악'은 바로 그들이 기본적으로 가지고 있는 성격이지만 그렇다고 해서 그들이 착한 일을 한 번도 하지 않은 것은 아니었다. 그들에게도 선한 면은 있었다.

생활 속에는 선과 악이 더욱 복잡하게 얽혀 있기 마련이다. 불교에서는 '선즉시악 악즉시선(善卽是惡 惡卽是善 : 선은 곧 악이요, 악은 곧 선이다)'이라고 했다. 바로 이 말에 선과 악에 대한 이치가 모두 담겨 있다. 다만 사람들이 멋대로 그 이치를 부정하고 있는 것일지도 모른다.

《삼국지연의》에 등장하는 조조는 악인이다. "내가 천하를 저버릴지언정 천하가 나에게서 등을 돌리지는 못하게 할 것이다."라고 말했던 부분에서도 그 점은 드러난다. 하지만 실제로 조조는 오히려 빼어난 담력과 식견을 갖추고 문무를 겸비한, 세상을 구할 만한 영웅이었다. 잠시 그의 일화 하나를 살펴보자.

위태조(조조)가 곽가에게 물었다.

"원본초(袁本初 : 원소)는 넓은 땅과 강한 병력을 갖추고 있다. 내 그를 치고 싶지만 그럴 만한 힘을 갖추지 못했는데 어찌하면 좋겠는가?"

그러자 곽가가 대답했다.

"유방과 항우는 본디 적수가 되지 못했지만 유방은 지혜가 있었습니다. 항우는 비록 힘이 셌지만 결국 그에게 잡히고 말았습니다. 제가 생각해 보건대, 원소는 10가지 패할 요인을 가지고 있으며, 승상께서는 10가지 승리의 이유를 안고 계십니다. 첫째, 원소는 필요 이상의 예의를 따지지만 승상께선 모든 것을 자연의 이치에 맡기시니 도로써 상대를 이길 수 있습니다. 둘째, 원소는 반역을 하고 있지만 승상께서는 천하의 순리대로 모든 일을 하시니 의로써 상대를 이길 수 있습니다. 셋째, 한 말기부터 정치가 타락했는데, 원소는 이를 관대하게 처리했지만 승상께서는 엄격한 법도를 세우셨으니, 바로 치적으로 상대를 이길 수 있습니다. 넷째, 원소는 겉으로는 관대하지만 실상은 시기심이 많아 사람을 쓰는 데 항상 의심부터 하고 봅니다. 때문에 모든 일을 자신의 일가에게 맡기지요. 하지만 승상께서는 겉으로는 간소하고 안으로는 밝아서 사람을 의심하지 않고 재능 있는 이에게 일을 맡기시니 도량으로 상대를 이길 수 있습니다. 다섯째, 원소는 꾀가 많지만 결단력이 부족해 일을 그르치는 경우가 많습니다. 하지만 승상께선 계책이 서면 바로 행동에 옮기시니 바로 지략으로 상대를 이길 수 있습니다. 여섯째, 원소는 명성으로 사람을 대하지만 승상께서는 허명을 좇지 않고 진심으로 사람을 대하시니 이는 덕으로 상대방을 이길 수 있습니다. 일곱째, 원소는 눈에 보이는 헐벗고 굶주린 자는 돕지만 보이지 않는 곳은 도울 줄 모릅니다. 하지만 승상께서는 멀리, 보이지 않는 곳까지 은혜를 베푸시니 인으로써 상대를 이길 수 있습니다. 여덟째, 원소는 중상모략하는 말을 듣고 흔들리지만 승상께선 전혀 흔들림이 없으시니 명철함으로 상대를 이길 수 있습니다. 아홉째, 원소는 흑백과 시비를 가리지 못하지만 승상께선 법도를 엄격하게 구분하시니 문으로써 상대를 이길 수 있습니다. 열 번째, 원소는 허세를 좋아하고 병법의 요점을 모르지만 승상께선 적은 병력으로 많은 상대를 이기는 방법을 알고 귀신같은 용병술을 쓰시니 무로써 상대를 이길 수 있습니다."

그의 말을 듣고 있던 조조가 입을 열었다.

"나도 알고 있다. 원소는 뜻은 크지만 지략이 얕고, 엄한 듯하지만 담력이 약하다. 질투심이 많고 위엄이 없으며 병력은 많지만 그 구분이 모호하여 장수와 병졸들이 명령에 따르지 않는다."

양부도 한마디 거들었다.

"원소는 관대한 듯하나 도량이 좁고 결단력이 부족합니다. 때문에 강한 병력을 가졌다 한들 반드시 패하게 되어 있습니다. 하지만 승상께서는 뛰어난 식견과 담력은 물론 과감한 결단력을 갖추고 계신 데다 병법에 정통하시니 분명 큰일을 도모하실 수 있을 겁니다."

곽가가 말한 '십승십패^{十勝十敗}'에도 바로 '인^仁'을 통한 승리가 등장한다. 곽가는 원소가 '눈에 보이는 헐벗고 굶주린 자는 돕지만 보이지 않는 곳은 도울 줄 모른다'고 말했다. 원소의 인애^{仁愛}에는 천하의 모든 사람을 사랑하고 가엾게 여기는 박애정신이 결여되어 있었다. 때문에 그가 큰일을 할 수 없다고 말하는 것이다.

비슷한 예로 한신은 항우를 평가하며 이런 말을 한 적이 있다.

"항왕은 모든 사람을 예로 대하며 항상 자애로웠다. 병자를 만나면 그를 위해 눈물을 흘리며 자신이 먹던 것을 나누어주기도 했다. 하지만 공을 세운 자에게 상을 줄 때 그는 인장을 손에 꼭 움켜쥐고는 주는 것을 아까워하기도 했다."

'남을 위해 울어주고 음식을 나누어주는' 그는 확실히 자애로웠지만, '상 주기를 아까워하는' 모습은 그의 도량이 좁다는 것을 의미했다. 원소와 항우는 인이 넘치기보다는 그저 인정이 많은 인물들이었기에 큰일을 이룰 수가 없었던 것이다.

'참된 인은 인이라 하지 않는다'고 했다. 가슴속에 원대한 뜻을 품은 사람은 천하를 두루 사랑하는 마음을 가지고 있으며 천하의 모든 어려움을 수용할 수 있는 기개를 갖추고 있다. 지금 이 순간, 한 지역, 한 두 사람만을 바라봐서는 큰일을 이룰 수 없다.

항우가 함양威陽을 무너뜨렸을 때 누군가가 이런 말을 했다.

"관중은 지세가 험하고 산과 물이 요새처럼 막혀 있으며 토지가 비옥하여 패업을 이루셔도 좋을 듯합니다."

함양을 도읍으로 정할 것을 권하는 말이었다.

하지만 항우는 그의 의견을 받아들이지 않았다. 그런데 그에 대한 대답이 무척 재미있다.

"부귀를 얻고도 고향에 돌아가지 않는 것은 비단옷을 입고 밤길을 다니는 것과 같지 않은가?"

이 말만 보아도 그가 한고조 유방에 비해 얼마나 도량이 좁은지를 잘 알수 있다. 항우의 포부라는 것은 고작 출세한 후 강동의 고향 사람들에게 과시하는 일에 지나지 않았던 것이다. 그런 생각을 가진 그가 어떻게 큰일을 이룰 수 있으랴!

천하를 손에 넣은 유방은 낙양을 도읍으로 정하려 했다. 그러자 제나라 사람인 누경이 물었다.

"낙양에 도읍을 정하려 하심은 혹시 주周에 필적하려는 뜻이 아닙니까?"

"그렇다네!"

거리낌 없는 유방의 대답에 누경이 천천히 입을 열었다.

"낙양은 천하의 중심입니다. 덕이 있는 자는 이곳에서 왕이 될 수 있지만 그렇지 못한 자는 쉽게 공격을 당할 수 있는 곳이기도 합니다. 주나라는 후직后稷 때부터 문왕, 무왕에 이르기까지 오랜 시간에 걸쳐 덕을 쌓고 선을 행했기에 이곳에 도읍을 정할 수 있었습니다. 하지만 대왕께선 무력으로 천하를 얻으셨으며 전쟁의 불씨는 아직도 사그라지지 않았습니다. 이렇게 상황이 완전히 다른데 어찌 주나라와 비교할 수 있단 말입니까? 차라리 도읍을 관중으로 정하느니만 못합니다."

장량 역시 그의 말을 거들었다. 그러자 유방은 조금도 망설임 없이 누경의 의견을 받아들였다. 그리고 그에게 황금 500냥을 하사하며 관작을 내리는 것도 잊지 않았다.

사람에게 있어 가장 큰 선은 진실로 사람을 대하는 것이다. 지도자에게 있어 가장 큰 선은 열심히 일하고 있는 수많은 민중들에 대한 책임일 것이다. 바로 적극적으로 세상을 구하는 태도 말이다.

'인'은 두 가지 뜻을 가지고 있다. 첫째는 작은 선심, 바로 인정이며, 둘째는 세상을 구하고 천하를 품는 '인'이다. 두 번째의 인을 훌륭하게 이행하는 사람만이 큰일을 할 수 있다. 그리고 이를 통해 그 사람의 도량과 미래를 가늠해볼 수 있다.

제 3 장

신념대로 행동하는 기개

─가장 높은 곳에 오른 자는 자신을 지키기 힘들다

자신만의 방법으로 세상을 다스리라

단약^{丹藥}으로 불로장생을 꿈꾸다니 얼마나 어리석은가

적을 나누어 다스리라

사람을 이기기는 쉬우나 자신을 이기는 것은 어렵나니

업적과 과오를 말하라

지나친 자신감은 독이 될 뿐

병사를 잃을지라도 장수는 반드시 구하고

누가 충신이고 누가 간신인지 유심히 살펴라

천하의 지낭^{智囊}들을 곁에 두고

천하의 대권을 눈 아래 두라

늑대는 고독한 동물이다. 그들은 추운 겨울이 와도 홀로 들판을 누빈다. 마지막 사냥감을 위해서 참을 수 없는 추위와 배고픔도 묵묵히 견뎌내는 것이다. 살을 에는 듯한 추위 속에서 오랜 시간을 견디는 늑대의 고집과 인내를 우리가 상상하기 힘들다.

옹정제는 즉위 후에도 끊임없이 들려오는 비방과 모욕 속에서 황권이 공고해지기 전까지 남다른 고집과 인내를 보여주었다. 그는 고집스러웠고 용감했다. 온몸 가득 입은 피맺힌 상처는 견디기 힘들 만큼 쓰라렸고 눈앞에 펼쳐진 길은 너무나도 험난했지만, 그는 깃발을 높이 들고 꿋꿋하게 전진했다.

그는 언제나 침착했고 또 인내했다. 항상 주도면밀했던 그의 마음은 좀처럼 헤아리기 힘들었다. 그는 언제나 상대방의 행동을 예측하고 그보다 더 나은 계책을 썼다. 그래서 적들은 자신도 모르게 그에게 감탄할 수밖에 없었다.

자신만의 방법으로 세상을 다스리라

성격은 사람의 사상과 행동의 표면적인 특징이다. 매력적인 군주는 언제나 비슷비슷한, 전형적인 가면을 쓰고 있으면 안 된다. 반드시 개성적인 이미지와 매력으로 사람들을 움직여야 한다. 현대에서도 마찬가지다. 리더십을 발휘하기 위해서는 반드시 자기만의 개성과 매력을 갖추어야 한다. 지도력과 지도자의 성격은 밀접한 관계를 맺고 있다. 예를 들어 감정기복이 심한 지도자는 모든 일에서 그 감정의 영향을 받게 마련이다. 기분이 좋을 때는 언제나 희망과 자신감에 넘치지만 그렇지 않을 때는 비관과 자괴에 빠지기 십상이다. 그리고 그것은 그의 리더십에도 많은 영향을 미치게 된다.

의지가 강하고 과감한 옹정제는 조급하고 다혈질적인 면도 있었다. 이런 성격을 고치기 위해 노력했지만 그것을 완벽하게 고칠 수는 없었다. 그는 의지가 강했지만 고집스러웠고 자신감에 넘쳤지만 그 정도가

지나쳤다.

한 연구 결과에 따르면 성격과 리더십은 밀접한 관계를 가진다고 한다. 일정한 범위에선 성격이 지도의 방법을 결정짓기도 한다.

우선 전제형 지도자를 살펴보자. 그들은 일반적으로 고집스럽고 속이 좁다는 특징을 가지고 있다. 겉으로 보기에도 성격이 조급하고 주관적이며 잘난 체하는 경우가 많다. 또 시기심이 강하고 배타적이며 의심도 많아 상대방을 잘 믿지 못한다. 그래서 남과 손을 잡는 일이 드물다.

옹정제는 강하고 과감한 성격 때문에 언제나 정책이나 법령집행이 신속하고 명확했으며 효율을 중시했다. 그래서 즉위 후 그가 벌였던 개혁은 그리 오랜 시간이 걸리지 않아 커다란 효과를 거둘 수 있었다.

하지만 그는 조급한 성격 때문에 어떠한 사물에 대한 객관적인 인식을 충분히 하지 못한 상태에서 결정을 내리는 일이 많았다. 이렇게 충분한 분석 없이 벌인 행동은 좌절을 겪거나 예상된 효과를 거둬들일 수 없었다. 자신감은 과감한 행동에 도움이 된다. 하지만 황제로서 자신감이 지나치면 신하들의 직언을 막아 정치적 잘못을 고칠 수 없게 된다.

옹정제의 재능과 성격은 그의 정치에 중요한 영향을 미쳤으며 그만의 개성과 이미지를 만들었다. 정치도 사람처럼 분명한 성격을 가지고 있다. 만약 옹정제가 전혀 다른 성격을 가졌더라면 그가 통치했던 시대는 완전히 다른 모습을 띠게 되었을 것이다.

취미를 즐기는 것 역시 옹정제의 본성이었다. 그는 상류계층들의 기호품인 향대香袋나 분경盆景에도 높은 관심을 보였다. 또 개와 말을 좋아해 개의 옷이나 집, 밥그릇을 따로 만들어주기도 했다. 서양의 기계나 사치품도 쉽게 받아들였던 그는 온도계나 망원경을 모방해서 만들 것을 명령하기도 했다.

재물과 인력을 들여 취미생활을 즐겼지만, 생리적인 필요에 의해서 만들어진 것도 있었다. 예를 들면 안경이 바로 그랬다. 노안 때문에 안경을 써야 했던 그는 발회처漑灰處의 장인들에게 안경을 보급하기도 했다.

옹정제와 같은 전제형 지도자 외에도 다음과 같은 두 가지 종류의 지도자가 있다. 첫째, 민주형 지도자다. 그들은 남을 믿으며 넓은 마음을 가졌다. 겉으로는 신중하고 온화하며 자기절제에 강하다. 늘 너그럽게 사람을 대하며 임기응변에 능하고 남과 협력할 줄 안다. 둘째, 방임형 지도자다. 그들은 남에게 냉담하며 책임감이 부족하다. 의존성이 강하고 인간관계가 소원하며 자신감이 결여되어 있다.

지도자의 성격은 그 지도방식에 큰 영향을 미치며 리더십 발휘에도 영향을 준다. 서로 다른 지도방식은 리더십의 수준과 효과에도 영향을 미칠 수밖에 없다. 예를 들어 전제형 지도자는 일체의 의논 없이 권력으로 부하들을 지휘하려고만 한다. 때문에 그의 리더십은 제한을 받게 된다.

하지만 민주형 지도자의 지도방식은 리더십 발휘의 가장 적합한 방법이라고 할 수 있다. 리더십을 발휘할 수 있는 가장 이상적인 환경을 만들어주며 그 효과 역시 가장 크기 때문이다. 반면에 방임형 지도자는 일반적으로 리더십을 발휘하기가 힘들다. 이런 지도자들은 큰일에 관여하지 않고 권력을 아랫사람에게 주어버리는 경우가 많기 때문이다.

어떤 분야의 지도자든 옹정제와 같은 분명한 개성을 가질 수는 있다. 하지만 일부러라도 좋은 성격을 만들기 위해 노력해야 한다. 일상생활 속에서 더 많은 사람들과 교류하며 자신의 영향력을 높이기 위해서 말이다.

단약丹藥으로 불로장생을 꿈꾸다

불로장생은 역대 황제들 모두가 꿈꾸던 것이었다. 청나라의 황제들 중에서도 옹정제는 불교와 도교의 양생養生에 심취해 있었다. 자신을 화상이라 칭하던 옹정제는 젊은 시절부터 불교를 신봉했으며, 단약丹藥 : 도가에서 불로장생하는 약으로 알려져 있음을 만드는 일에 깊은 관심을 보였다. 훗날 여러 화상이나 도인들과 친분을 다진 그는 단약을 복용하면 불로장생할 수 있을 것이라 굳게 믿게 되었다. 단약을 신하들에게 하사하기까지 했던 모습에서 그가 단약에 의한 불로장생을 얼마나 믿었는지 알 수 있다. 하지만 옹정제는 단약을 너무 많이 복용한 탓에 일찍 죽음을 맞게 되었다. 원래부터 건강이 좋지 못했던 그는 단약으로 부족한 기를 다스리려 했지만 먹으면 먹을수록 건강이 더 나빠졌던 것이다. 그러자 옹정제는 단약을 더 많이 복용했고, 결국 이런 악순환 때문에 소중한 건강을 망치고 말았다.

아주 오래전부터 옹정제는 도술사들을 찾아다녔는데, 현재 남아 있는 궁중문서에도 이러한 기록이 적지 않게 있다.

옹정 8년 이전에도 2개의 기록이 있지만 그 목적이 분명하지는 않다. 그중 하나는 옹정 7년 2월 16일, 섬서총독 악종기의 밀절에 덧붙인 주비에 남겨져 있다. 주비에서 옹정제는 비밀리에 녹피선 또는 구피선이라 불리는 종남산의 수행도사를 찾을 것을 명령했다. 하지만 녹피선이 괴팍하기만 할 뿐 도행道行이라곤 전혀 하지 않는다는 악종기의 말에 옹정제는 명령을 철회했다.

또 다른 하나는 《기거주책起居注冊》과 《실록實錄》 등의 관서에 나타난다.

"옹정 7년, 옹정제는 백운관白雲觀 도사 가사방을 만났다. 하지만 그가 심성학心性學에 대해 아는 것이 하나도 없자 약간의 재물을 주어 쫓아버렸다."

이런 이야기들을 통해 옹정제가 도인들을 찾으려 했던 의도를 알 수는 없었다. 그러던 것이 옹정 8년, 옹정제는 갑자기 지방관들에게 명의나 영명한 도인들을 찾으라는 내용의 유지를 발표했다. 그중 사천순무 헌덕의 이야기에서 우리는 비로소 옹정제의 속뜻을 읽어볼 수 있었다.

옹정 8년 2월 28일, 헌덕은 옹정제에게서 2개의 서신을 받았다. 다음은 그중 하나의 내용이다.

"헌덕은 다음의 명령을 이행토록 하라. 짐은 공륜이라는 자에 대해 들었다. 그러니 그를 만나면 두터운 예로 대한 뒤 속히 도성으로 보내도록 하라. 이 일은 크게 떠들어 뭇사람들이 알게 할 필요가 없다. 도성에서의 거처는 모두 준비할 것이다."

또 하나의 문서는 바로 공륜의 인적사항이었다.

"공륜은 사천 성도부 인수仁壽현 사람으로 올해 아흔이다. 양생에 능해 마치 젊은이처럼 강건하여 여든여섯에 첩에게서 아들을 얻었다고 한다. 의술에 정통하여 공선인龔仙人이라 불리기도 한다. 어린 시절부터 침술이 뛰어났으며 지금도 근방에서 모르는 사람이 없을 정도다."

3월 24일, 헌덕이 밀절을 보내왔다.

"공륜은 숭정崇禎 술인년에 태어나 옹정 6년 12월 세상을 떠났습니다. 모두 4명의 아들을 남겼는데 큰 아들은 65살이요, 가장 어린 아들은 겨우 4살이라고 합니다."

숭정 술인년은 1638년이고 옹정 6년은 1728년이다. 그러니 그가 아흔까지 살았단 말은 거짓이 아니었다. 게다가 4살배기 아들은 1726년에 태어났으니 '여든여섯에 자식을 얻었다'는 말과도 비슷하게 들어맞았다. 살아 있을 때 도술까지 능했다고 하여, 옹정제는 공륜이 죽었다는 소식을 듣고도 쉽게 포기할 수가 없었다. 그래서 그는 또 헌덕의 밀절에 이렇게 썼다.

"그의 자식들 중 아버지의 도술을 깨친 자가 없느냐? 반드시 후한 예로 대하며 그들을 넌지시 떠보도록 하라. 만약 적합한 자가 있으면 도성으로 보내도록 하라."

'비범한 인물이 죽자 그 아들로 자리를 채우려 한다.' 당시 옹정제가 '양생'을 행하는 도인을 찾는 일에 얼마나 혈안이 되어 있었는지를 잘 보여주는 대목이다.

하지만 안타깝게도 공륜의 아들 중 누구도 그의 도술을 물려받지 못했다. 아니 어쩌면 자신들에게 지워질 짐이 너무도 부담스러워 일부러 재능을 드러내지 않은 것일지도 모른다.

어쨌든 이 일 역시 이렇게 마무리되었다. 그러자 헌덕은 옹정제의 비위를 맞추기 위해 또 다른 인물 왕신선王神仙을 천거했다. 하지만 그는 옹정제에게 '사기꾼'이란 소리를 들었다.

도인을 찾아 단약을 구하려는 옹정제의 심정은 절박했다. 그래서 헌덕을 포함한 일부 지방관리들은 옹정제에게서 특별지령을 받게 되었다. 이 지령을 받은 사람 중에는 하남총독 전문경, 절강총독 이위, 운남총독 악이태, 서천섬총독 사낭아, 산서순무 각나석린과 복건순무 조국린 등이 포함되어 있었다. 다음은 유지의 내용이다.

"내·외과의 훌륭한 의원, 양생에 정통한 도인이나 도를 행하는 유학자, 속인들을 찾는 데 유념하라. 만약 인연이 되어 그런 인물을 만나면 넌지시 떠보아 기꺼이 그 재주를 드러내도록 해야지, 절대 강제로 시켜서는 안 된다. 그리고 후한 재물을 준 다음에 짐에게 이를 알리는 한편 사람을 시켜 그를 도성으로 보내도록 하라. 반드시 쓸 데가 있으니 짐을 대신해 찾는 데 온 힘을 다하라. 혹여 잘못된 이를 보낸다 하더라도 짐은 나무라지 않을 것이다."

옹정제는 유지에서 유학자나 속세의 사람들을 언급했지만 그들 역시 반드시 '도道'에 정통해야 했다. 여기에서 말하는 '도'란 바로 도교를 가리킨다. 그게 아니라면 조정과 재야에도 이미 유학자가 넘쳐나는 데 왜 군이 사람을 시켜가며 그런 이들을 찾으려 했겠는가? 게다가 그것은 단순한 도교의 '도'를 가리키는 것이 아니었다. 바로 불로장생을 가능하게 하는 단약을 만들 수 있는 '도'를 의미했다. 이 유지는 타이베이 고궁 박물관에 보관되어 있다.

각 기관에 전달되는 유지는 모두 서리胥吏들이 작성하는 것이 일반적이다. 하지만 옹정제는 직접 주필을 이용해 유지를 작성했다. 그의 유지는 수십 장에 걸쳐 매우 정갈한 글씨로 채워져 있다. 유일하게 전문경에게 보내는 유지의 글씨만이 거칠었는데, 글자 행간 사이에 내용을 다듬은 흔적도 보인다. 짐작이 맞다면 전문경에게 보낸 유지가 가장 먼저 작성되었을 것이다.

황제의 유지를 받고 신하된 입장으로 어찌 태만할 수 있으리! 이들은 곧장 행동에 돌입했다. 그중 이위의 반응이 가장 빨랐다. 그는 유지를 받은 바로 다음 날 황제에게 밀절을 보냈다. 우선 자신의 수하에 있는 의원 사붕을 도성으로 보내겠다는 내용이었다. 아울러 신선이라 불리는 가문유를 함께 추천했다. 하지만 가문유는 입궁한 지 얼마 되지 않아 참수를 당했다.

옹정제는 연갱요에게 이런 말을 한 적이 있었다.

"도성에 유 씨 성을 가진 유명한 도인이 있다고 하네. 이미 100년을 살았다고 한다는데, 과연 그가 몇 살인지는 아무도 모른다지. 얼마 전에 이친왕 윤상이 이 도사를 만나 전생에 관한 이야기를 들었는데, 그 노인이 말하기를 이친왕은 전생에 도인이었다고 하더군. 그래서 짐이 웃으면서 말했다네. '자네들은 전생부터 인연이 있었나보군. 아마 그런 것일 테지. 그런데 자네는 왜 스님과 입씨름을 하고 있는가.'"

옹정제는 이처럼 자신을, 중생을 위해 밤낮 없이 사방을 뛰어다니는 승복을 입지 않은 중이라고 칭했다.

옹정제는 오래전부터 도가의 약석藥石에 대단한 관심을 가지고 있었다. 자양진인紫陽眞人을 추앙했던 옹정제는 그를 위해 도교사원을 지었으며 그를 '금단金丹' 발명의 핵심인물로 찬양하기도 했다.

옹정제는 평소에도 단약을 즐겨 먹었다. 옹정 4년(1726년)에는 악이태에게 단약을 하사하기도 했는데, 1개월 후 악이태는 '효과가 탁월하다'는 내용의 글을 올렸다. 옹정제는 악이태에게 유의儒醫와 도의道醫를 함께 사용하도록 했다.

옹정제는 전문경에게도 단약을 하사했다. 자신은 한 번도 거르는 일 없이 꾸준히 복용하고 있다는 말을 덧붙이면서 말이다. 그는 병을 치료할 목적이 아닌 원기를 보충하기 위해 늘 단약을 복용했다. 하지만 다른 사람들은 혹시 약이 몸에 맞지 않을까 걱정했다. 그래서 옹정제는 전문경을 안심시키기 위해 이렇게 말했다.

"이 약은 정확한 처방으로 성심을 다해 만든 것이며 효과가 탁월하니 의심할 필요 없이 안심하고 복용해도 된다. 짐이 바로 확실한 증거이지 않은가!"

옹정제는 도인들을 궁중에도 데려다 놓았다. 이들은 약이나 침 외에도 여러 가지 방법으로 병을 치료했다. 그중에서도 가사방은 주문을 외우거나 안마술을 이용했다. 누근탄은 사당을 지어 제사를 지내는 방법으로 병을 치료했다. 옹정제의 총애를 받았던 그는 묘응진인妙應眞人에 봉해지기도 했다.

옹정제는 독무들에게 의약에 정통한 도인들을 천거할 것을 비밀리에 명령했다. 바로 '양생'을 수련하는 사람들 말이다. 이런 옹정제를 위해 단약을 만든 사람은 도사 장태허와 왕정간 등이었다. 그들은 원명원에서 수련을 했다. 이렇게 도인들과 가까워진 옹정제는 그들이 자신의 병을 치료해주고 몸을 건강하게 만들어주기를 바랐다. 자연스럽게 도가의 단약에도 푹 빠지게 되어버렸음은 물론이다. 이런 모든 상황은 그가 단약에 함유된 독 때문에 죽었을 가능성에 무게를 실어주기도 한다.

옹정제가 사망한 지 3일째 되던 날, 황좌에 오른 건륭제는 도사 장태허를 쫓아내버렸다. 그것은 장태허가 옹정제의 죽음과 관련이 있을지도 모른다는 뜻을 의미했다. 최소한 건륭제만은 옹정제의 죽음이 단약과 관련 있다고 생각했던 것이다. 그렇지 않다면 막 즉위한 건륭제가 왜 해야 할 수많은 일을 제쳐두고 먼저 도사들을 쫓아냈겠는가? 어쩌면 아버지 옹정제에게 단약으로 목숨을 잃었다는 오명을 남기지 않기 위해 그렇게 서둘러서 그들을 쫓아버렸을지도 모른다.

옹정제의 죽음에 대해서는 세 가지 설이 있다.

첫째는 병으로 인한 갑작스런 죽음이다. 하지만 충분한 해명이 없었기에 그 원인에 대한 의견이 분분했다. 어떤 이는 '옹정제가 중풍으로 죽었다'고 말했다. 안타깝게도 그에 대한 자세한 설명은 없었지만 다시 한 번 생각해볼 만한 가치가 있다.

두 번째는 여사낭 살해설이다.

세 번째가 바로 단약 중독설이다. 세 가지 설 중에서 가장 설득력이 있는 것이기도 하다. 옹정제의 일생을 돌아보면 미친 듯 화를 내는 일이 자주 있었는데, 그게 마치 약을 먹고 난 후 발작을 일으키는 것과 흡사했다고 한다.

의심이 많았던 옹정제는 측근들조차도 신임하지 않았다. 하지만 그는 스님과 도인들에게는 늘 극진한 예를 행했다. 옹정제는 그들이 단약을 만들어 자신의 불로장생을 도울 것이라고 믿었다. 그는 이런 잘못된 욕망에 사로잡혀 결국 목숨을 축내고 말았으니, 반드시 이와 같은 일을 경계해야 할 것이다.

적을 나누어 다스리라

어떠한 군주든 최고 통치자의 자리에 오른 뒤 그 자리를 오래도록 지켜나가고 싶다면 알아둘 것이 있다. 먼저 '안정'을 추구하고 민심을 다스린 후, 정권이 공고해지기를 기다려 개혁을 시행하는 것이다. '안정' 초기의 군주는 먼저 진보적인 정책을 펼치고 환경을 여유롭게 하며 자신에 대한 민중의 신뢰를 높여야 한다. 백성들의 마음이 편안해져야만 비로소 정치집단을 지지하고 보호할 수 있기 때문이다. 바로 이 분야에 있어서 옹정제는 진정한 고수였다.

즉위 후 옹정제는 관리들의 공무집행 풍속을 바로잡는 한편, 윤이 무리의 거센 반격을 막아야만 했다. 막 황제의 자리에 오른 옹정제는 그 기반이 공고하지 못했다. 그런 상황에서 정적에게 공격을 받으면 기반을 다지지 못할 뿐 아니라 최악의 상황이 벌어질 수도 있었다. 그래서 옹정제는 천천히 당근과 채찍을 번갈아 쓰는 정책을 취했다.

정식으로 즉위하기 전에 그는 윤이, 마제, 윤상, 웅사이를 총리사무부 대신으로 임명했다. 그리고 자신은 상중이라는 핑계를 대며 전반적인 국사를 4명의 대신이 맡아서 보도록 했다. 총리사무부대신은 최고 권력을 가진 새로운 조정의 핵심인물이었다. 옹정제는 형제와 측근들은 물론 윤이의 무리인 마제까지 중용함으로써 사람들을 깜짝 놀라게 만들었다. 조정의 대신들에게 자신의 넓은 포용력을 보여주기 위함이었던 것이다.

옹정제의 이런 행동은 민심을 안정시키는 효과를 가져왔다. 게다가 웅사이와 윤상은 옹정제의 심복이자 근친이었기 때문에 윤이와 마제가 높은 권력을 쥐고 있다고는 해도 이를 마음껏 이용할 수는 없었다. 바로 윤상과 웅사이의 감시와 제약 때문이었다. 이러한 절묘한 계책은 옹정제만이 쓸 수 있는 것이었다.

하지만 황십사자 윤제는 강력한 병권을 쥔 채 변방에 나가 있었기 때문에 무엇보다 그를 도성으로 불러와 병권을 빼앗아야 했다. 그래서 옹정제는 윤제와 기타 인물들 즉 윤이, 윤당, 윤아, 윤지 등의 문제를 해결하는 데 있어 공적인 명목을 내세워 자신의 목적을 달성하려 했던 것이다. 당시 옹정제는 이렇게 말했다.

"선황의 장례에 윤제가 불참한다면 마음이 얼마나 불편하겠는가. 그러니 어서 그를 도성으로 불러오도록 하라."

겉으로 보면 윤제를 생각해주는 것 같지만 실제로는 그 기회를 이용해 병권을 뺏으려는 속셈이었다. 이렇게 옹정제는 윤제를 수도로 돌아오게 하는 한편 보국공 연신을 감주^{甘州}의 군영으로 보내 윤제의 장군 인장을 빼앗도록 했다. 그리고 천섬총독 연갱요에게 연신을 도와 서북의 일을 처리하도록 했다. 이렇게 윤제는 어쩔 수 없는 상황에서 장례를 치르러 수도로 돌아와야 했다.

당시 그가 정변을 일으켜 남하하지 않았던 이유는 여러 가지가 있다.

첫째, 연갱요가 이끄는 천섬군대의 견제 때문에 함부로 행동할 수 없었기 때문이다.

둘째, 옹정제가 이미 윤이를 총리사무부대신으로 임명한 것을 본 윤제는 황제가 자신을 해치지 않을 것이라 확신했다. 그래서 경계심을 늦추게 된 것이다. 게다가 옹정제가 당시 회유정책을 쓰고 있었기 때문에 딱히 군대를 출동시킬 명분이 없었다. 이런 상황에서 무모하게 군대를 움직였다간 조정과 재야의 성토를 받을 것이 분명했다.

우리는 여기에서 옹정제가 취했던 안정정책이 얼마나 대단했는지를 잘 알 수 있다. 옹정제는 윤이라는 미끼를 이용해 병권을 쥔 윤제라는 대어를 낚으려 했던 것이다.

과연 윤제는 아무것도 모르고 낚싯바늘에 걸려들었다. 그는 어쩔 수 없는 상황에서 병권을 모두 내주고 급하게 수도로 가야 했던 것이다. 입궁하기 전에 윤제는 옹정제에게 서신을 보냈다. 먼저 경산에 있는 수황전에 들러 황제의 영전에 제를 올려야 하는지 아니면 새로운 황제의 즉위를 먼저 축하해야 하는지를 묻기 위해서였다. 사실 윤제도 나름대로 속셈이 있었다. 옹정제가 먼저 선황의 영전으로 가라고 명령하면 영당에서 난동을 피워 옹정제를 난처하게 하려 했고, 자신의 즉위를 먼저 축하하라고 한다면 어떤 구실을 갖다 대서라도 옹정제의 불효를 꾸짖을 셈이었던 것이다.

하지만 옹정제는 그의 꾐에 걸려들지 않았다. 옹정제는 윤제에게 먼저 황제의 재궁(梓宮 : 임금의 관을 가리킴)을 배알한 후 곧바로 수황전으로 가 부황의 영전에 예를 올릴 것을 명했다. 당시 옹정제도 그곳에 있었다. 윤제는 굴욕을 느꼈지만 이미 군신관계가 정해진 터라 속으로 분을 삭여야 했다. 하지만 여전히 마음속의 노기를 가라앉히지 못한 그는 새로운 황제에게 축하의 예를 올리지 않았다.

옹정제는 넓은 도량을 보여주기 위해 윤제에게 다가갔지만 그는 여전히 꼼짝도 하지 않았다. 당시 그곳에 있었던 몽고인 시위^{侍衛} 납석은 이 상황을 보다 못해 윤제의 손을 끌고 옹정제에게로 다가갔다. 잠시 후 옹정제가 나가자마자 윤제는 납석에게 한바탕 욕을 퍼부었다. 그리고 그는 옹정제를 찾아가 납석의 무례함을 고하며 이렇게 말했다.

"저는 황제의 친형제이고 납석은 포로였던 비천한 자입니다. 만약 제가 잘못을 했다면 황상께서 저를 벌하여 주십시오. 그러나 제게 잘못이 없다면 납석을 엄중히 다스리시어 국법의 지엄함을 보여주셔야 합니다."

겉으로는 납석을 공격하는 것처럼 보였지만 사실은 그 창끝을 옹정제에게 겨누고 있었다. 그러자 옹정제는 그 기회를 이용해 윤제를 질책하고 작위를 박탈한 다음 그를 패륵으로 강등시켰다.

옹정 원년 3월에서 4월로 넘어가던 날, 옹정제는 강희제의 재궁을 준화현의 경릉향전^{景陵享殿}으로 옮겼다. 그리고 교지를 내려 윤제를 훈계했지만 그는 여전히 불복했다. 교지를 전달했던 윤이는 일이 커져 윤제의 상황이 더욱 악화될 것을 걱정해 그에게 무릎을 꿇고 황제의 뜻을 받아들일 것을 명령했다. 준화의 일을 어느 정도 마무리 지은 후 도성으로 돌아온 옹정제는 윤제에게 경릉을 지키도록 했다. 사실은 그를 구금한 것이나 다름없는 처사였다. 옹정제는 이렇게 함으로써 윤이와 윤제 두 사람을 떼어놓으려고 했던 것이다.

아울러 그는 정치기반을 공고히 하고 사람들의 마음을 사기 위해 이전의 일을 문제 삼지 않고 윤이와 그 도당의 무리들을 대담하게 기용했다.

옹정제가 즉위한 후 얼마 지나지 않아 윤이는 친왕으로 봉해져 염친왕의 작호를 하사받았다. 윤이의 측근들을 기용했으며 가족들을 특별 대우해주기도 했다. 이렇게 옹정제는 정적들에게 당근과 채찍을 골고루 씀으로써 조직을 와해시켰다. 따라서 그들은 반격을 가할 수 없었고 목숨이라도 보전해야 했다. 이런 시간들을 통해서 옹정제는 드디어 주도권을 쥐게 되었다.

사람을 이기기는 쉬우나 자신을 이기는 것은 어렵다

옛말에 "삼군三軍을 이기기는 쉽지만 자신을 이기는 것은 어렵다"고 했다. 이 세상에서 가장 다루기 힘든 것이 바로 자신의 마음이다. 세상에는 너무도 유혹이 많아 매일 우리의 욕망을 자극하고 있기 때문이다. 나태함, 이기심, 명예욕, 권력욕, 탐욕, 유약함, 교만, 질투, 허영 등등. 일단 이러한 것들에 눈이 멀어버리면 더 이상 자신을 제어할 수 없게 된다. 평범한 사람의 탐욕은 그의 앞길을 막을 수 있고 황제의 탐욕은 그 시대를 어둠에 빠지게 할 수도 있다.

한 철학자가 말했다.
"사람의 가장 큰 약점은 자신을 이길 수 없다는 데 있다."
이 말은 우리에게 많은 것들을 생각하게 한다. 모든 사람은 다 약점을 가지고 있게 마련이다.

황제였던 옹정제 역시 커다란 결점을 가지고 있었다. 강한 의지와 과감성을 겸비한 옹정제는 성격이 조급했다. 그 스스로도 "일찍이 부황께서는 짐에게 너무 조급하게 서두르지 말고 참을 것을 당부하셨다."라고 말했다.

그는 선황의 훈계를 글로 적어 침실에 두고 밤낮으로 보곤 했다. 옹정 2년(1724년) 윤 4월, 옹정제는 충분한 관찰 없이 성급하게 아포란에게 중임을 맡겼던 것과 그가 죄를 지었을 때 이를 참지 못했던 것을 반성하기도 했다. 이런 점을 볼 때 그의 급한 성격은 쉽게 고쳐지지 않았음을 알 수 있다.

강희 47년(1708년), 강희제는 그의 아들들을 평가하며 옹정제가 어린 시절부터 '감정의 기복이 심하다' 고 말하기도 했다. 이미 성인이 된 자신의 성격이 많이 달라졌다고 생각한 옹정제는 강희제에게 예전에 썼던 자신에 대한 유지를 국가문서에 넣지 말 것을 부탁하기도 했다. 강희제 역시 십수 년이 넘도록 사아가가 예전에 보였던 성격적 문제를 보이지 않았음을 인정했다.

'감정의 기복이 심하다' 는 말은 성격이 괴팍하고 신경질을 자주 낸다는 뜻인데, 불안정한 심리상태와 정서에서 기인한 것으로 보인다. 때문에 옹정제는 무슨 일이 있으면 지나치게 기뻐하거나 과도하게 화를 냈다. 여기에는 거칠고 급한 성격 탓도 있었다. 그래서 끓어오르는 감정을 주체하지 못하고 그대로 표현해버리는 것이다. 그런 아들에게 강희제는 항상 '조급히 서두르지 말고 참으라' 고 당부했다.

옹정제는 자신의 조급한 성격을 고치기 위해 무던히도 애썼다. 이는 그가 이불에게 쓴 주비에서도 잘 나타난다.

"짐은 오랫동안 국가 중대사를 처리하며 강한 의지와 인내심을 배웠고, 이를 통해 조급한 성격을 극복할 수 있었다."

황위 쟁탈전을 벌일 때도 그는 《열심집》을 쓰고 불학을 연구했는데, 이 역시 인내심을 키우기 위한 행동이었다. 황제가 된 후에도 이런 성격적 결함을 드러내지 않기 위해 항상 조심하고 또 조심했다.

옹정 3년 봄, 직예총독 이위균이 하수도를 늘릴 것을 요청해왔다. 하지만 옹정제는 그런 일은 쉽게 결정할 것이 아니라며 그를 나무랐다. 그와 관련된 일을 급하게 처리하는 것은 불합리하다는 말과 함께 다른 사람의 웃음거리가 되지 않도록 경고하기도 했다.

"짐은 경거망동한 자의 주인이 되고 싶지는 않다."

한 나라의 제왕이 자신의 약점을 바로 알고 그것을 고치려고 노력하는 것은 결코 쉬운 일이 아니다. 이러한 옹정제를 보면서 우리는 어떻게 하면 자신을 극복할 수 있는지를 생각하지 않을 수 없다. 그 방법은 바로 하나도 인내요, 둘도 인내다. 그럼 그 구체적인 내용을 살펴보자.

첫째, 자신을 통제하는 방법을 배워야 한다. 언제나 스스로의 일에 만족하며 살고 있는지 다른 사람에게 알려주고 싶은 충동을 느낄 수 있기 때문이다.

둘째, 조그만 이익에도 굽실거리는 친구들과 거리를 두어야 한다.

마크 트웨인은 말했다. "자신의 포부를 가볍게 보는 자를 멀리하라. 다른 사람의 사기를 꺾는 것은 소인배들이 자주 쓰는 수법이다. 반대로, 정말 위대한 사람은 네 자신이 평범하지 않다고 느끼도록 해주는 사람이다."라고.

셋째, 무슨 일이든 환경이나 남을 탓해서는 안 된다. 대부분의 사람들은 남을 미워하는 데 아까운 시간과 열정을 쏟는다. 이상적이지 못한 직업이나 비전은 남을 원망하는 가장 좋은 소재가 된다.

넷째, 다른 사람들이 내 이야기를 하더라도 참아야 한다. 만약 내가 그저 현실에 불만을 가지고 있는 사람이라면 다른 사람의 주의를 끄는 이슈가 될 수 없다. 하지만 내 일이 정말 성공을 거둔다면 그때는 수많은 소문을 감당해야 할 것이다.

다섯째, 소수파가 되자. 주류파와 거리를 둘 수 있을 것이다.

여섯째, 자신을 바라보고 성찰하는 데 더 많은 시간을 써야 한다.

일곱째, 편안하고 자유로운 생활을 희생해야 한다.

이러한 대가를 지불하는 과정을 끝까지 견뎌낼 수 있다면, 절대 흔들리지 않는 인내심을 가질 수 있다.

소동파는 이런 말을 했다.

"큰일을 이룬 사람은 위대한 재능이 아니라 흔들리지 않는 인내심을 가졌던 사람이다."

그 유명한 퀴리 부인은 이런 말을 했다.

"지름길에서 얻은 물건은 절대 사람을 놀라게 할 수 없다. 성공한 사람의 이름 뒤에는 마르지 않는 땀과 피가 있었다. 그들의 이름은 펜이 아닌 생명으로 쓰인 것이다."

무슨 일을 하든 쉽게 성공을 얻는 사람은 없다는 사실을 기억하자. 성공을 위해서는 인내와 고난의 시간이 필요하니 말이다. 역사적으로도 역경 속에서 성공한 인물들은 모두 다양한 인고의 세월을 겪었다.

업적과 과오를 말하다

세상에 완벽한 사람은 없다. 그렇기 때문에 정치가가 용인술에 뛰어나지 못하면 아무리 부지런해도 일을 하는 데 있어서 매우 적은 효과를 얻거나 처참하게 실패할 수도 있다. 그런 사람은 좋은 사람일 수는 있어도 좋은 정치가는 될 수 없다.

역사 속의 비정한 황제를 사람들이 존중하는 이유는 진정으로 그에게 탄복해서가 아니라, 단지 동정하기 때문이다. 어쨌든 한 나라의 군주라면 그의 말과 행동, 업적과 과오는 반드시 평가를 받게 되어 있다. 옹정제 역시 아직까지도 그 업적에 대해 쟁론이 끊이지 않는 황제다.

옹정제는 옹정 13년(1735년) 8월에 세상을 떠났다. 그날은 아마도 정해일(丁亥日 : 21일)이었을 것이다. 하지만 《청사고》에는 기축일己丑日이라고 기록되어 있다.

무자일戊子日에 악이태가 갑자기 원명원으로 불려갔다. 원명원에는 대학사 겸 군기대신인 장정옥과 장친왕 윤록, 과친왕 윤례, 영시위내대신 풍성액, 눌친, 내대신 겸 호부시랑 해망이 이미 와 있었다. 여러 가지 상황으로 볼 때, 옹정제가 이미 사망했다는 것을 알 수 있다. 그의 사망 시각은 아마 정해일 한밤중이거나 무자일 새벽 이전으로 보인다.

《청사고》혹은 그 원시 자료의 집필자는 옹정제의 '갑작스런 붕어'를 일부러 은폐하려 했던 것으로 보인다. 때문에 정해일에는 옹정제의 몸이 '불편하다', 무자일에는 여러 대신들을 만나 '명을 내렸다'는 기록을 남기고, 기축일이 되어서야 비로소 '붕어하셨다'고 썼던 것이다.

민간에서는 옹정제가 여유량의 손녀 여사낭에게 살해당했다는 이야기가 떠돌았다. 그녀가 어떻게 옹정제를 죽였는지에 대해서는 여러 가지 이야기가 있다. 첫째는 검술에 뛰어난 그녀가 비검으로 옹정제의 목을 베었다는 것이다. 또 하나는 가까스로 원명원의 궁녀가 되었거나 혹은 궁녀로 가장해서 옹정제의 시침을 들면서 살해했다는 것이다.

그밖에도 여사낭이나 혹은 다른 검협에게 '혈적자血滴子'로 살해당했다는 이야기도 있었다. 혈적자란 작은 칼들을 주머니에 넣어 만든 암기인데, 그것을 옹정제의 목에 씌워 단단히 매어서 머리를 베어버렸다는 것이다. 이 이야기가 사실인지는 훗날 고고학자들이 옹정제의 관을 파내어 조사해보면 알 수 있을 것이다.

오늘날 우리가 추정할 수 있는 것은 정해일 이전에 옹정제의 건강상태가 나쁘지 않았다는 것이다. 당시 그에게는 별다른 병도 없었고 궁궐을 떠나 원명원에서 잠시 머물 여유도 있었다.

일생 동안 수많은 원한 관계를 맺었던 그는 적지 않은 사람을 죽였다. 특히 그는 여유량의 아들 여보중을 육시(戮屍 : 이미 죽은 시신의 목을 베는 형벌)하고 여의중을 참수했으며, 여 씨 일가의 남자들을 모두 징집하고 여자들을 궁녀로 만드는 등 여 씨 가문을 철저히 무너뜨렸다. 그렇기 때문에 백성들 사이에서 떠돌던 여사낭의 이야기가 완전히 터무니없는 소리는 아닐 수도 있다.

옹정제는 연갱요, 웅사이 및 배다른 형제들과 친혈육이었던 열넷째 황자 윤제에 대해서도 너무나 가혹했다. 사람들에게 너무 '매정' 했던 그였기에 비참한 죽음—만약 그가 살해당했다는 이야기가 맞다면—은 어쩌면 인과응보일지도 모를 일이다.

하지만 황제로서의 그는 훌륭하지 않은 인물이라고 말할 수 없다. 매일 국사를 돌보느라 바빴던 그는 아침 일찍 일어나 늦게 잠들었고 먹는 것도 적었으며, 좀처럼 쉬거나 여가를 즐기지도 않았다. 그는 단 한 번도 건륭제처럼 강남을 유람한 적도 없었다. 13년 동안 황제 자리에 있었던 그가 쌓은 치적 또한 61년 동안 황제였던 강희제보다 결코 적지 않다.

물론 그도 실수할 때는 있었다. 부이단에게 준가르 부족을 칠 것을 명령했다가 오히려 패하고 말았던 것이 그 예다. 옹정제는 또 웅사이, 도리침, 액부책릉을 차례로 보내 러시아와 국경문제를 협상했다. 그 결과 옹정 5년 9월, '캬흐타 조약'을 맺었지만 러시아에 캬흐타 이북 지역, 바이칼호 이남 지역 및 이르티슈강 이동 지역의 토지 30만㎢ 이상을 내주어야 했다.

그밖에도 몇몇 선교사들이 강희 말년 황권 쟁탈전에 연루된 것이 못마땅했기에 옹정 원년 12월, 옹정제는 백성들에게 천주교를 믿지 못하도록 했으며, 소수 선교사들을 북경 성내에 거주시키고 나머지는 모두 국경 밖으로 쫓아버렸다. 때문에 중국은 서양 문화와 100여 년간이나 단절되었던 것이다.

이렇듯 그의 업적과 과오는 그가 죽고 200년이 지나서야 비로소 새로운 평가를 받게 되었다. 역사가 마침내 그에게 공정한 평가를 돌려준 것이다.

지나친 자신감은 독이다

어떤 일을 하든 자신감과 의지는 없어서는 안 되는 것들이다. 이러한 자신감과 의지는 선천적이기도 하지만 또 다른 한편으로는 실천을 하면서 얻은 경험에서 나오기도 한다. 한 연구에 따르면 사람의 의지력 중 50%는 본래의 사명감에서 비롯되고 나머지 50%는 스스로의 자신감에서 나온다고 한다. 그러니 모두 합해도 의지력이 50% 정도밖에 안 된다면, 그건 분명 자신감 부족이 낳은 결과가 아닐까?

지도자가 자신의 재능 중 80%를 발휘할 수 있다면 분명 훌륭하게 업무를 처리할 수 있을 것이다. 한 분야의 지도자는 반드시 회사를 눈부신 발전으로 이끌겠다는 강한 바람을 갖고 있어야 한다. 그렇게 해야만 어떤 정책이나 프로젝트를 실행할 때 각각의 전문 분야의 지도자들에게서 각종 의견을 제공받을 수 있다.

만약 지도자가 이런 바람을 가지고 있지 않다면 아무리 훌륭한 부하직원이라 할지라도 상사에게 대든다는 생각에 감히 자신의 의견을 내놓지 못하게 한다. 그렇기 때문에 지도자는 반드시 먼저 목표를 제시한 다음에 그 목표에 도달할 때까지 절대 쉬지 않겠다는 강한 결심을 보여주어야 한다. 그리고 갖은 방법을 동원해 자신의 의지를 부하직원들에게 알려야 한다. 그들이 지도자의 행동에 자극을 받고 목표를 향해 함께 노력할 수 있도록 말이다.

대부분의 상황에서 가장 훌륭한 모습을 보이는 지도자는 충분한 자신감으로 자신의 분야를 관리함으로써 사람들의 의심을 일축시킨다. 하지만 지나친 자신감으로 자신의 잘못을 인정하지 않고 고언苦言을 받아들이지 않으면 문제는 달라진다.

청나라 역사의 한 페이지를 장식했던 옹정제는 자신감이 넘치는 황제였다. 아니 그는 자신감이 지나친 황제라고 하는 편이 옳을 것이다. 자신감은 그의 장점이자 단점이었다.

옹정제의 지나친 자신감은 강인한 성격을 낳았다.

"주저하거나 이것저것 따지지 말며, 이거다 싶으면 다른 일은 걱정하지 말고 바로 행동에 돌입하라."

그가 항상 신하들에게 하던 말이었다. 탄정입무나 화모귀공 같은 제도 역시 '바로 이것' 이라고 생각했기 때문에 주변의 의견에 아랑곳하지 않고 끝까지 이를 밀어붙였던 것이다. 하지만 이러한 성격은 '조급함' 이라는 부정적인 측면을 갖고 있기도 했다. 강희제 역시 이런 옹정제를 나무란 적이 있었는데, 그런 성격은 황제가 된 후에도 바뀌지 않았다.

옹정제가 조급함으로 일을 그르쳐버린 예도 적지 않았다. 오랑캐들에게 강제로 표준어를 가르치려 했던 것도 그중 하나였는데, 결과적으로 아무런 실효를 거두지 못했다. 그는 화가 나면 극단적인 말을 서슴없이 내뱉었고 무척이나 사나워졌다. 이런 일은 종종 있었다. 관리가 화나게 하면 국가문서로 그를 크게 꾸짖고 면전에서도 욕을 퍼부었지만, 잠시 지나고 나면 다시 그를 칭찬하기도 했다.

옹정제는 고집이 셌지만 가끔은 자신의 잘못을 인정하기도 했다. 연갱요의 일을 처리하고 나서도 그는 여러 번 자신이 부당한 처사를 했다는 사실을 인정했다.

옹정제는 언제나 진지하게 정사를 처리했으며 조금의 거짓이나 애매함도 용납하지 않았다. 상주문을 꼼꼼히 살폈던 까닭에 늘 문제점을 발견했는데, 일단 문제가 발생하면 반드시 결과가 있어야 했다. 자신이 내린 명령에 신하들이 즉시 반응을 보이지 않으면 금세 화를 냈다. 때문에 옹정 시기의 행정효율은 상당히 높았다. 이러한 그의 업무방식 때문에 신하들은 괴로워할 수밖에 없었다. 옹정제는 항상 천하를 보살피는 황제로서 반드시 성실하고 진지하게 국사를 처리해야만 한다고 강조했다.

하지만 옹정제의 지나친 자신감으로 억울한 일을 당하는 신하들도 많았다. 옹정제는 그런 일이 있을 때마다 매번 잘못을 인정한 게 아니라 자신의 기분에 좌우되었다.

아마 옹정제처럼 자신감이 지나친 상사를 모시고 싶은 사람은 없을 것이다. 그렇다면 어떻게 하면 자신감을 키우되 지나치지 않을 수 있을까?

가장 효과적인 방법은 바로 하루하루를 자기긍정으로 시작하는 것이다. 매일 최소한 5분간은 건설적인 능력을 키우기 위해 노력해보자. 하루 일을 시작하기 전에 조용하고 방해받지 않는 곳을 찾아 긴장을 풀고 깊은 심호흡을 해보자. 그런 다음 자기긍정을 시작한다. 업무나 인간관계에서 야기되는 모든 도전을 받아들일 수 있다고 스스로에게 말하는 것이다. 그리고 가장 최근에 성취감을 맛보았던 일이나 한 달 동안 들었던 칭찬들을 떠올린다.

이와 동시에 중요한 것은 바로 자기부정을 하지 않는 것이다. 자신에게 절대 해서는 안 될 말들이 있다. "내가 모자라서겠지만…….", "아무도 내 의견을 묻지 않아." 혹은 "나도 내가 잘못했다는 건 아는데…….", "내가 그 사람보다 많이 못 배운 건 아는데……." 등등, 이와 같은 말들은 자신감을 좌절시킨다.

자신감에 넘치면 언제나 이런 말을 한다.

"나는 한다면 하는 사람이야. 만약 당신이 나와 가까워지고 싶다면 자신이 말한 것을 실천할 수 있다는 걸 증명해야 해."

자동차왕 포드는 강인하고 고집이 센 인물이었다. 그는 마음속에 한 가지 생각이 자리 잡으면, 절대 다른 사람의 거절을 받아들이지 않았다.

한번은 그가 엔지니어에게 8기통 엔진을 만들도록 한 적이 있었다. 곧 각자의 자리로 돌아간 엔지니어들은 각종 논문과 모형, 도구, 원형들을 모아놓고 연구를 했지만 대답은 "죄송하지만 어떻게 해도 그런 것은 만들어낼 수 없습니다."였다.

그러자 포드가 말했다.

"다시 가서 해보게. 이번에는 내가 자네들에게 무엇을 만들라고 했는지 잘 생각해본 다음에 그걸 만들어오게."

그러자 엔지니어들은 또 사무실, 실험실로 돌아가 포드가 자신들에게 내던진 문제를 해결하기 위해 노력했다. 하지만 이번에도 실패였다. 그들은 또다시 포드를 찾아가 말했다.

"죄송합니다. 하지만 단언컨대 그런 엔진을 만드는 것은 절대 불가능합니다."

그러나 포드는 여전히 자신의 고집을 꺾지 않았다.

"난 그 엔진이 필요하네. 그건 우리 회사가 성장하는 데 반드시 필요한 물건이야. 반드시 그걸 만들어내야 해. 난 부정적인 답은 원하지 않네. 그러니 지금 당장 자리로 돌아가서 그 엔진을 만들어오게."

오랜 시간이 지난 후, 엔지니어들은 완벽한 설계도를 들고 포드 앞에 나타났다. 바로 '축류식 8기통 엔진'이다. 마침내 자동차 산업의 새 시대가 온 것이다.

남들이 뭐라 해도 내 고집을 꺾지 않는 것, 그것은 강한 지도자의 공통적인 특징이다.

하지만 여기에도 여러 가지 위험이 도사리고 있다. 강한 성격으로 성공을 거둘 것이냐, 잘못에 잘못을 거듭하기만 할 것이냐는 그 결과에 맡길 수밖에 없다.

먼저 공격하라

전쟁은 지도자에게 있어 최고의 기회가 될 수 있다. 전시에는 지도자의 재능과 우수함을 유감없이 보여줄 수 있기 때문이다. 전쟁이 일어나면 지도자의 의지와 리더십은 검증을 받을 수밖에 없다. 위풍당당하던 군대가 전쟁에서 맥없이 무너져 버린다면 그것은 지도자의 무지와 무능력 때문이다. 전쟁을 통해 우리는 그것을 쉽고 빠르게 알 수 있다. 이기기만 하는 군대는 없다. 이길 때가 있으면 질 때도 있다. 전쟁의 승패는 지도자의 능력, 즉 적을 알고 나를 아는지, 냉철한 두뇌를 가졌는지, 강한 의지와 융통성을 가졌는지의 여부에 따른다는 말이다.

옹정제는 특별히 군사 분야에 정통한 황제는 아니었다. 하지만 그는 전쟁이 국가에 얼마나 중요한 영향을 미치는지 정확하게 알고 있었다. 그는 결코 전쟁을 좋아하지는 않았지만 강한 나라를 만들기 위해선 어쩔 수 없이 전쟁을 벌여야만 했다.

청나라와 준가르 부족의 전쟁은 강희제와 옹정제 시기 전반에 걸쳐 무려 반세기 동안이나 계속되었다. 이 전쟁은 중국의 서북 지역과 서남 지역, 북부 변경 지역의 안정과 통일에 관계된 중요한 전쟁이었다. 때문에 청나라는 이 전쟁에 어마어마한 재산과 병력을 투입했다. 하지만 강희제와 옹정제는 준가르 부족의 공격을 겨우 막아낼 뿐, 본격적인 전쟁은 벌이지 않았다.

옹정제는 옹정 7년부터 적극적으로 준가르 부족을 공격하기 시작했다. 옹정 13년이 되자 먼저 전쟁을 멈추고 화친을 요청했다. 화친을 맺든 전쟁을 하든 모든 선택권은 옹정제에게 있었던 것이다. 하지만 6년간의 전쟁으로 청나라는 귀중한 재물과 병사들을 잃어야 했다. 게다가 전쟁은 종국의 목적에 닿지도 못한 채 멈췄다. 그의 용병술이 실패했던 것이다. 하지만 시기적절하게 전쟁에서 손을 놓았고, 상대방의 병력을 어느 정도는 약화시킬 수 있었기에 완전한 실패라고 보기는 힘들다.

옹정제가 전쟁에서 패한 원인 중 하나는 바로 그의 자만심이었다. 청해青海와 서장에서의 승리로 그는 커다란 착각을 했다. 준가르와의 싸움에서도 쉽게 이길 수 있다는 착각 말이다. 그래서 그는 '적에게 도저히 틈이 없다'는 주식 등의 의견을 무시했다.

옹정 5년 말, 옹정제는 전쟁을 준비한 적이 있다. '말과 군량, 나아가고 물러나는 계책까지 모두 준비되었다'는 그의 말은 바로 자만심에서 비롯된 것이었다. 이런 자만심 때문에 옹정제는 전략, 부대의 배치에서 치밀할 수 없었으며 정확한 판단도 할 수 없었다. 인재들이 저마다의 능력을 발휘할 수 없게 되었음은 물론이다.

윗사람이 무언가를 좋아하면 아랫사람들은 경쟁적으로 그것을 따라하기 마련이다. 악종기가 터무니없는 '십승설十勝說'을 주장한 것이나 부이단이 적을 가볍게 본 것도 모두 옹정제의 자만심에 영향을 받은 것이다. 옹정제가 길상의 조짐을 대대적으로 알렸던 것 또한 서로西路 군영에서 올라온 보고를 반영한 것이었다.

"옹정 7년 12월 28일, 파르쿠르巴爾庫爾 지역에 보라색의 상서로운 빛이 나타나 동북으로 길게 이어졌는데, 네 시간이 지나도 밝은 빛은 사라지지 않았다."

옹정 9년에 서천섬총독 사낭아는 상주문을 올려 공창부鞏昌府의 강이 2월에 모두 녹았다고 알려왔다. 원래 이 강은 5월이 되어서야 녹기 시작해 곡식을 운반할 수 있었던 곳이다. 이러한 조짐들로 인해 병사들은 경계심을 늦추어버렸고 적에게 기습공격을 당하고 말았다.

옹정제는 그제야 그간의 행동들을 반성하기 시작했다.

"습격을 당한 것은 너무도 자만한 우리에 대한 하늘의 훈계가 아닌가! 작년에 도적들에게 침략을 당한 것 역시 짐과 악종기 등이 사전에 철저히 준비하지 않았기 때문이다."

하지만 옹정제는 결코 자신의 잘못을 고치지 않았다. 자만심에 가득 차 전쟁 중에 일어났던 문제를 성실하게 해결하지 않았기에 옹정제는 결국 실패할 수밖에 없었다.

전쟁의 실패를 옹정제 개인의 책임으로 돌리는 것은 공정하지 못할뿐더러 역사유물주의에도 부합하지 않는다. 역사에서 개인은 일정한 역할만을 할 뿐이며 옹정제 역시 그 책임을 모두 부담할 수는 없다. 아울러 옹정제가 실패한 데는 사회적인 원인도 있었다. 팔기군의 전력약화가 바로 그것이다.

비록 실패로 끝난 전쟁이었지만 나름의 의의는 있었다. 준가르는 카얼커를 세 번 공격해 승리했지만, 어찌 된 일인지 즉시 철수해버리고 말았다. 감히 그곳에 머무르지 못했던 그들은 결국 알타이산(아이태산)을 청나라와의 경계로 삼았다. 청나라와 준가르가 긴장관계에 놓이게 된 것은 바로 강희 말년에 준가르가 청을 공격해왔기 때문이었다. 그래서 옹정제의 공격은 일종의 반격이었던 셈이다. 비록 실패로 끝나긴 했지만 준가르의 세력확장을 저지하는 역할을 했다. 준가르가 활하와 청해 석특(西特), 서장을 간섭하지 못하도록 한 것이다.

이러한 점에서 본다면 비록 전쟁에서 패하긴 했지만 전체적으로는 청나라에 유리한 결과를 가져온 셈이었다.

누가 충신이고 누가 간신인지 유심히 살피라

사람의 마음을 이해하는 데 가장 좋은 방법은 바로 대화다. 누군가는 말했다. 이 야기가 무르익으면 상대방의 심리를 느낄 수 있다고 말이다. 일단 상대방을 일대 일로 유심히 관찰하면 그 사람의 본질을 이해할 수 있다.

대화로 사람을 알아가는 방법은 일대일, 일대다라도 가능하다. 그중 에서도 가장 좋은 방법은 맨투맨 대화다.

맨투맨 대화는 상대방을 관찰하는 데 있어 다른 어떠한 방법과도 비 교할 수 없는 장점을 가지고 있다. 단 둘이서 얘기하기 때문에 상대방은 별다른 경계 없이 자신이 말하고 싶은 것을 털어놓는다는 게 바로 장점 이다. 선택자와 피선택자가 직접 얼굴을 마주보고 얘기한다면 선택자는 상대방의 정보를 정확하게 얻어낼 수 있으며 이를 바탕으로 과감한 결 정을 내릴 수 있을 것이다.

그러나 이 방법에도 역시 단점은 있다. 대화 당시 제삼자가 없기 때문 에 피선택자는 대화의 결과에 따라 선택자에게 감사할 수도, 혹은 지독 한 원한을 품을 수도 있다는 것이다. 현재 대부분의 '맨투맨 대화'가 의 식적으로 '정량定量' 위주의 방향으로 가기보다는 여전히 전통적인 '정성 定性' 위주의 낮은 수준에 머물러 있는 것도 문제다.

또한 효율이 낮으며 소모가 크다는 점도 문제가 있다. 연속해서 많은 사람과 이야기를 나누는 것은 반복적인 노동이나 다름없다. 가장 좋은 방법은 이야기를 나누기 전에 미리 계획을 세워두고, 그것이 끝난 후 상 대방을 찬찬히 분석해보는 것이다.

나라를 다스리고, 제대로 된 사람을 쓰며, 잘못된 정책을 바로잡는 데 있어 청나라의 옹정제는 절대 당태종에게 뒤지지 않았다. 그는 누구보다도 나라를 다스리는 데 최선을 다한 훌륭한 황제였다. 막 즉위한 옹정제는 특히 군과 관련된 일에 많은 관심을 기울였다. 그는 뛰어난 공을 세운 무관들을 내정으로 불러 직접 만나보고 적절한 칭찬과 훈계를 함으로써 군심을 자신의 것으로 만들었다.

그중 세 번이나 옹정제의 접견을 받은 참장※※ 장요조는 이를 커다란 영광으로 생각하기도 했다. 장요조는 강남 회안의 참장으로 있을 때 많은 공을 세웠는데, 옹정 원년 3월에는 가장 우수한 지방관으로 평가되기도 했다. 그러자 조운총독 장대유가 병부에 공문을 보냈고, 장요조는 5월 초이튿날 수도에 도착할 수 있었다. 12일 장요조가 건청문에서 황제 알현을 청하자 옹정제는 즉시 이를 허락해주었다.

장요조의 간단한 이력을 들은 옹정제가 물었다.

"그대는 섬서 사람으로, 지금은 강남에서 정무를 보고 있구나. 강남에서 출세하고 싶은가?"

"소신은 6년간 운남에서 전투를 하다가 병부의 명을 받고 강남으로 가게 된 것입니다."

그러자 옹정제가 다시 물었다.

"그대는 진정 전투를 해본 적이 있는가?"

"네, 있습니다. 원래 운남제독이었던 상격을 따라 오삼계의 반란을 평정한 적이 있습니다."

"그때 사람이라면 그대도 늙은이로구면."

옹정제는 웃으며 말했다. 그 대화를 통해 옹정제는 그의 재능을 인정했고 3일 후, 장요조를 부장으로 임명했다.

5월 19일, 장요조와 신임 참장 민문수가 옹정제의 명을 받고 건청문으로 왔다. 하지만 주사관奏事官 장문빈은 그들을 바로 맞아들이지 않고 황제의 유지를 먼저 내렸는데, 거기에는 이런 글이 있었다.

"경주진총병과 갈석진총병은 수군인가 육군인가? 병부는 이를 조사해 아뢰도록 하라. 장요조와 민문수는 아직 부임하지 않았으니 권세에 붙어 이익을 탐하지 않도록 당부하라."

유지를 받은 두 사람은 연신 이마를 땅에 찧으며 황제의 '가르침'에 감사를 표했다. 게다가 처세에 능한 장요조는 순간적인 기지를 발휘해 장문빈에게 이렇게 말했다.

"소인은 황제의 은혜를 받아 이미 부장의 자리에 올랐습니다. 그런데 무엇이 부족하여 권세에 빌붙는단 말입니까?"

장요조는 이 한마디로 황제에 대한 충성심을 나타낸 것은 물론 자신을 변호하기까지 했다.

옹정제는 유지를 이용해 두 사람을 시험해보았던 것이었다. 그렇다면 장요조의 대답은 도대체 어떤 역할을 했을까?

장문빈은 즉시 양심전으로 갔다. 잠시 후 다시 건청문으로 온 장문빈은 양심전으로 들라는 황제의 명을 받았다. 드디어 황제를 만난 두 사람은 얼굴 가득 미소를 짓고 있는 옹정제의 모습에 의아하지 않을 수 없었다.

"보아하니 장대유는 맡은 바 임무를 열심히 하는 것 같구나. 그랬으니 그대들을 짐에게 천거할 수 있었겠지."

먼저 두 사람에게 '정심환定心丸' 한 알씩을 하사한 옹정제는 장요조에게 말했다.

"그대를 부장으로 임명했으나 그 역시 짐의 마음을 다 보여준 것은 아니었다. 그대의 재능으로는 더 큰일을 할 수 있으니 그대를 경주진총병관으로 임명하노라."

그런 다음 민문수에게도 말했다.

"그대에게는 서주徐州 부장의 지위를 주겠노라."

장요조와 민문수는 기뻐서 어쩔 줄을 몰랐다. 꿈에도 생각지 않던 일이 벌어졌으니 말이다. 그들은 머리를 조아리며 황제에게 감사를 표했다.

조금 전까지만 해도 옹정제는 마치 두 사람을 만나고 싶지 않은 것처럼 사람을 시켜 유지를 내렸다. 그러다가 느닷없이 두 사람을 접견했는데 그것은 장요조의 말 때문만은 아니었다. 사실 옹정제는 먼저 두 사람을 놀라게 한 다음 더 큰 기쁨을 주려 했던 것이다.

"짐은 관례를 깨고 그대들을 임용했다. 그러니 관직에 오르거든 성실히 직무를 수행하고 항상 병사들을 걱정하며 백성들을 가엾게 여겨야 한다. 문과 무를 똑같이 중시하고 언제나 힘을 합해야 한다. 항상 좋은 관리가 되도록 노력하며 국가를 위해 일하라. 만약 짐의 기대를 저버린다면 국법으로 지엄하게 다스리리라. 무관인 그대들은 커다란 결점은 없지만 식견이 좁다는 게 문제다. 그것만 고치면 분명 큰일을 할 수 있을 것이다."

옹정제의 말에 두 사람은 머리를 조아리며 말했다.

"소신들은 한낱 평범한 무장에 지나지 않습니다. 관직에 오른 후로 황상의 은혜에 보답할 변변한 공 하나 세우지 못했습니다. 하지만 황공하옵게도 황상의 은혜와 귀중한 가르침을 받았습니다. 매사에 조심하고 또 조심하면서 맡은 바 직무를 충실히 수행하며 이 은혜를 갚도록 하겠습니다."

그들의 대답에 옹정제는 더욱 만족한 미소를 지었다. 이윽고 두 사람에게 담비가죽 두 장과 용단^{龍緞} 네 필을 하사했다. 이것이 바로 장요조가 힘들게 두 번째로 옹정제를 알현한 때였다.

세 번째 만남은 5월 29일에 있었다.

"그대의 노련함을 보니 더 많은 명령을 내릴 필요도 없을 것 같구나. 부임지로 가면 언제나 좋은 관리가 되겠다는 마음가짐을 잊지 말라. 그대는 짐이 특별히 임용한 사람이다. 그러니 일을 잘하지 못하면 짐의 은혜를 저버리는 게 아니고 무엇이겠는가? 국법이 지엄하니 그대가 죄를 짓는다면 절대 용서하지 않을 것이다. 지금도 늙은 자들이 탐욕을 일삼고 있으니 그대는 이를 경계로 삼으라!"

황제가 자신에게 어떤 대답을 바라는지 잘 알았던 장요조가 입을 열었다.

"황상의 깊은 은혜를 받은 제가 어찌 재물을 탐하겠습니까?"

그는 옹정제가 듣고 싶었던 말을 꼭 집어 했던 것이다. 잠시 후 옹정제는 화제를 다른 곳으로 돌렸다.

"강남을 지날 때 총독 장대유에게 짐의 말을 전하도록 하라. 짐은 원래 그대를 장대유의 수하로 보내려 했다. 그의 밑에 부장 자리가 비어 있었고, 그 역시 곡식과 관련한 일을 담당할 관리를 원했으므로 짐은 그 청을 들어주어야만 했다. 하지만 그렇게 오랜 시간 동안 충성을 다한 그대가 부장의 자리에 머물러 있을 수는 없지 않은가? 그래서 그에게 또 다른 인물을 천거하도록 했다."

그러자 장요조가 말했다.

"총독 장대유는 올해 식량운반이 늦어져 무척 조급해하고 있습니다. 그는 식량을 운반하는 것 외에 병사들의 훈련에도 많은 노력을 기울이고 있습니다."

장요조는 황제에게 장대유의 칭찬을 늘어놓았다. 사실 그의 행동은 옹정제의 마음을 꿰뚫어 본 것이었다. 옹정제는 장대유를 무척이나 총애하고 있었기 때문이다.

"장대유가 병사들을 훈련시킨다고?"

옹정제가 호기심 어린 눈빛으로 묻자 장요조가 말했다.

"물론입니다. 새벽에는 병졸들을 훈련시키고 아침을 먹은 뒤에는 식량을 점검하며 저녁에는 다음 날을 준비합니다. 그가 식량운반에 조바심을 내고 있는 것도 통주에서 곡식을 내려준 뒤 도읍으로 와 황상께 문안을 드리기 위함입니다. 하지만 날이 가물어 물이 적은 탓에 최근 산동 팔갑八甲까지 배를 띄우기도 힘든 상황이라 그리 조바심을 내고 있는 것입니다."

그의 말을 듣고 있던 옹정제가 입을 열었다.

"그대는 장대유에게 서둘 필요 없다고 전하도록 하라. 작년에는 수문이 제대로 봉해지지 않아 식량운반선의 운행이 어려웠고, 올해는 산동지방의 가뭄으로 운하의 물이 얕다. 그러니 그가 조바심을 낸들 무슨 소용이 있겠는가? 강에 물이 많아지면 그때 더욱 일을 재촉해 진행하면 된다. 하지만 이 일은 그대와 장대유 두 사람만 알고 절대 밖으로 새어나가서는 안 된다. 훗날 운반선이 통주에 닿는 날짜를 어기면 장대유는 물론 이와 관련된 문무관들은 모두 벌을 받게 될 것이다. 하지만 짐은 그때가 되면 화를 풀고 그 일을 너그럽게 용서해주려 한다. 그러니 이 뜻이 절대 새어나가지 않도록 하라. 만약 그들이 사전에 이를 알게 되면 일에 소홀할 것이다."

옹정제의 주도면밀함을 잘 살펴볼 수 있는 대목이다.

"명심하겠습니다."

장요조가 머리를 조아리며 대답했다.

옹정제는 다시 화제를 바꾸어 말했다.

"광동총독 양림은 그 재주를 보니 크게 쓸 수 있는 인물이다. 순무 연희요 역시 짐이 직접 임용했다. 그대도 짐이 특별히 뽑은 사람이니 반드시 잘할 수 있을 것이다. 광동의 도적 떼들은 이미 체포되었다. 엄격하게 법을 집행하면 인을 저버리지 않을까 두렵고, 관대하게 처리하자니 백성들에게 해가 될까 걱정이구나. 그러니 그들의 다리를 자르되 목숨만은 살려두도록 하라. 그대는 부임지에 도착하면 바로 짐의 뜻을 양림 등에게 알리도록 하라."

장요조는 이때다 싶어 황제에게 자신의 충심을 알렸다.

"소신은 광동에 도착하는 즉시 양림과 연희요에게 황상의 뜻을 전달할 것입니다. 다만 이제 먼 길을 떠나면 언제 다시 황상께 문안 인사를 여쭐 수 있을지 몰라 그것이 아쉬울 따름입니다."

그러자 옹정제는 크게 웃으며 말했다.

"부임지로 가서도 도읍으로 와서 짐을 만날 일이 있거든 만나야지. 그럴 때면 먼저 글을 써서 보내도록 하라."

"황상께서는 선황과 황태후의 일로 지나치게 슬퍼하십니다. 하나 문무백관들과 백성들 모두가 황상을 바라보고 있으니 부디 이제 슬픔을 거두십시오."

장요조의 말에 옹정제는 또다시 입을 열었다.

"그대들이 짐의 마음을 안다면 반드시 좋은 관리가 되어 백성들과 나라를 편하게 하라. 그러는 편이 짐에게 슬퍼하지 말라고 권하는 것보다 훨씬 좋지 않은가?"

그리고 그는 공작의 깃털과 향병(香餠 : 향을 피우는 데 쓰는 숯)을 하사하며 이렇게 덧붙였다.

"향병은 내정內庭에서 만든 것이다. 광동은 덥고 습하니 항상 이것을 휴대하면 장독瘴毒을 막을 수 있을 것이다. 본래 더 많이 준비하려 했으나 황태후의 일로 미처 신경 쓸 겨를이 없었다. 아쉽지만 다음을 기약하도록 하자."

황제의 은혜에 감사를 표한 장요조는 다음 날 줄곧 북방인들을 두려움에 떨게 했던 광동으로 길을 떠났다.

대화는 인재를 식별할 수 있는 가장 오래된 방법이다. 인류사회에 인재 식별작업의 필요성이 존재하는 한 이 방법은 분명 가장 많은 사랑을 받을 것이다. 다만 다른 점이 있다면 맨투맨 대화의 방식과 내용이 시대나 사회별로 변화했다는 것이다.

과학기술이 발전함에 따라 인재 식별작업 중의 '맨투맨 대화'는 컴퓨터나 기타 기술로 대체될 수 있다. 하지만 여전히 대부분의 맨투맨 대화는 기술로 대체될 수 없다. 특히 인재 식별작업이 '결정단계'로 진입했을 때는 더 그렇다. 지도자와 추천을 받은 사람이 직접 접촉할 때 '맨투맨 대화'는 그 어떤 것으로도 대신할 수 없다.

옹정제처럼 '맨투맨 대화'를 통해 정확한 판단을 내리는 것, 끊임없이 대화의 방식을 개혁하며 화제를 바꿈으로써 관찰자와 피관찰자가 순조롭게 생각을 나눌 수 있는 것, 그것이야말로 만족할 만한 결과물을 얻을 수 있는 최상의 방법일 것이다.

천하의 지략가를 곁에 두다

천하를 얻고 선정을 펼쳤던 황제 옆에는 항상 뛰어난 지략가들이 있었다. 장의, 소하, 진평, 위징부터 조보, 주승, 범문정에 이르기까지, 이들 모두는 뛰어난 계책을 내놓으며 주군이 어려움을 헤쳐나가는 데 큰 도움이 되었다. 그들의 도움이 없었다면 주군은 천하를 얻지 못했을 것이며 천하를 안정시키기가 더욱 힘들었을 것이다. 바로 이 때문에 통치자들이라면 누구나 '천하를 얻으려면 먼저 어질고 재능 있는 자를 찾으라'고 한목소리로 말했던 것이다. 그중에서도 지략가, 즉 모사는 가장 중요한 역할을 했다.

옹정제 곁에는 많은 모사들이 있었다. 그중에서도 스님이 가장 많았으며, 그들은 옹정제와의 관계도 특별했다.

옹정제가 스님들을 모사로 삼았던 이유는 다음과 같다. 스님들은 출가한 사람들이기 때문에 이해관계를 따지지 않아 궁정암투에 참여하지 않았다. 따라서 그들의 의견은 비교적 객관적이었다. 또 다른 이유는 그들이 모두 박식했다는 것이다. 그들의 식견과 제안은 일반 사람보다 뛰어났으며 일 처리도 주도면밀해 실수가 적었다.

옹정제의 모사 중 가장 초기의 사람은 바로 성음이었다. 일찍부터 옹정제와 친분을 맺었던 선승 성음은 대각사의 주지였다. 소문에 따르면 옹정제가 황제의 자리에 오른 후 권력을 탐하지 않았던 그는 여산廬山의 은거사隱居寺로 들어가 수행을 시작했다고 한다. 강서 관리들과 절대 교류하지 않았던 그는 4년 후 열반에 들었다. 1727년 초, 성음의 죽음을 알게 된 옹정제는 그를 국사國師로 추증하고 시호를 내렸으며 불교와 관련된 그의 말을 경전에 넣도록 했다.

하지만 수년 후, 옹정제는 돌연히 성음에 대한 태도를 바꾸어버렸다. 그는 자신이 일찍부터 성음의 품행이 단정하지 못한 것을 알아보았기에 법문을 보호하기 위해 황제로 즉위한 후 곧바로 그에게 수도를 떠날 것을 명했다고 말했다.

그뿐만이 아니었다. 성음의 어록에 대해서도 '모호한 부분이 적지 않다'며 냉정하게 평가했다. 이 때문에 성음은 봉호를 빼앗겼고 그의 어록 역시 경전에서 삭제되고 말았다. 옹정제는 또 지방관리들에게 "성음의 제자들이 짐이 번저에 있을 당시의 이야기를 기록으로 남기지 못하게 하라. 이를 위반하는 자는 그 죄를 엄중히 다스릴 것이다."라고 명령했다.

사실 성음은 옹정제와 마음이 잘 맞았다. 하지만 옹정제가 황제로 등극한 후 성음은 버림을 받고 말았다. 아마도 옹정제가 자신이 번저에 있을 당시 이미 황위에 오르기 위해 준비를 했던 일이 발각되는 것을 두려워했기 때문으로 보인다.

모사들 중 옹정제와 가장 오랜 시간 동안 인연을 맺었던 사람은 바로 문각 선사였다. 전해지는 바에 따르면 문각 선사는 옹정제의 명을 받고 궁궐로 들어와 국가의 중대사를 계획하는 데 참여했다고 한다. 연갱요와 옹정제의 형제들을 처리하는 데도 그의 의견이 상당수 반영되었다. 하지만 공개적으로 정치에 참여하지는 않았다.

1733년 문각이 70살 되던 해, 옹정제는 그에게 강남 조산으로 갈 것을 명했는데, 그가 지나가는 지방의 관리들은 모두 문각에게 설설 기었다고 한다. 연갱요의 형 연희요, 문화전 대학사이자 이부상서이며 강남 하도총독 혜증균도 그에게 제자의 예를 행했다. 옹정제가 세상을 떠난 후 건륭제는 문각 선사에게 강남 소주부蘇州府 장사리長沙里로 가서 지방관리들에게 칙령을 내리는 일을 담당하도록 했다.

옹정제는 주위에 수많은 신하들을 두고도 왜 그렇게 많은 모사들을 이용하려 했던 것일까? 그것은 모사가 지도자의 부족한 지력智力을 메워 줄 수 있기 때문이다. 지도자라고 해서 모든 분야에서 특출할 수는 없다. 지도자는 담력과 기개, 과감함과 예지력을 모두 갖출 수는 있지만 모든 일을 미리 예상하거나 모든 분야에 통달할 수는 없다.

하지만 남보다 뛰어난 지력을 갖춘 모사형의 인재는 특별하고 훌륭한 계책을 제안함으로써 지도자에게 깨달음을 줄 수 있다. 모사형 인재들은 지도자가 눈앞의 형세는 물론 미래의 상황까지 바로 볼 수 있도록 해주며, 가장 적절한 방법을 취할 수 있도록 도와준다.

지도자가 성공을 거두는 데는 모사의 역할만 중요한 것이 아니다. 하지만 모사의 견해는 잘못된 길을 지적함으로써 대국을 안정시키고 이로써 모든 상황을 지도자에게 유리한 방향으로 만들 수 있다. 유비의 '삼고초려'가 바로 좋은 예다. 그는 삼고초려 끝에 제갈량에게서 천하의 형세에 관한 분석과 '천하 삼분책'에 관한 전략적 계획을 들을 수 있었다. 이를 통해 유비는 자신의 세력을 확장함으로써 천하를 다투는 싸움을 위한 기반을 다질 수 있었다.

옹정제는 제갈량과 같은 위대한 모사를 만나지는 못했다. 하지만 그가 내렸던 수많은 결정에서 여러 모사들의 지혜와 책략은 매우 중요한 역할을 했다.

천하의 대권을 눈 아래 두다

뛰어난 지도자의 훌륭함은 바로 효과적인 권한부여, 바로 수권(授權)에 있다. 수권은 권력을 넘겨주는 것이 아니며 대권을 잃는 것도 아니다. 그것은 아랫사람에 각종 책임을 맡기며 그에 상응하는 권한을 함께 주는 것을 의미한다. 이렇게 되면 각 분야에 있는 사람들은 자신이 맡은 책임을 다하기 위해 노력한다.

효과적인 권한위임을 위해서는 반드시 효율적인 기관을 먼저 세우고 훌륭한 인재를 뽑아야 한다. 옹정제가 재위 당시 군기처를 만든 것도 바로 조정의 업무처리 효율을 높이고 효과적인 권한위임을 실현하기 위해서였다.

즉위 후 옹정제는 제왕과 붕당세력을 뿌리 뽑는 동시에 중앙집권을 강화하는 데 더욱 힘썼다. 덕분에 청나라 역사상 옹정시대 군주의 권력은 최정점에 달했다.

옹정제는 영리한 황제였다. 강희제 후기, 대신들이 모두 나라의 폐단을 감추고 알리지 않은 이유로 강희제는 정무를 처리하면서 많은 실수를 범할 수밖에 없었다. 이를 잘 알고 있었던 옹정제는 즉위 후 그와 같은 상황이 일어나는 것을 절대 용납할 수 없었다. 그러기 위해서는 권력을 더욱더 꽉 움켜쥐고 매일 국가에서 발생하는 일을 정확하게 알고 있어야 했다. 이를 위해서 옹정제는 조정의 행정제도를 개혁하기로 했다. 바로 밀절제도를 개선하고 군기처를 설립하는 것이 개혁의 주된 내용이었다. 물론 이러한 개혁의 목적은 황권강화에 있었다.

옹정 연간에는 준가르 부족과의 전쟁 때문에 이와 관련된 군사보고가 수없이 많았다. 하지만 태화문 밖에 있었던 내각사무처는 내정(內廷)과 상당한 거리가 있었다. 때문에 군사기밀을 유지하거나 황제가 직접 명령을 내리는 것이 불가능했다. 그래서 옹정 7년(1729년) 6월, 청나라 조정은 황제가 머무는 융종문 근처에 군기방(軍機房)을 설치했다. 옹정 10년(1732년) 3월, 군기방은 군기처(정식 명칭은 군기사무 처리처)로 바뀌었다.

설치 초기에 군기처는 군사와 관련된 사무를 처리하고 계획하는 일을 담당했다. 때문에 정식 부서가 아닌 '치려(值廬 : 임시 사무소)'로 분류되었으며 전문관리도 없이 모두 '내정차사'라고 불렸다. 당시 군기처에 근무하던 군기대신, 군기장경은 모두 기존의 관직을 겸하며 군기처의 사무를 담당했다. 이렇게 임시로 설치되었던 군기처는 그 소임을 완수한 다음엔 없어져야 하는 게 정상이었다.

하지만 이 기구는 사라지지 않았을뿐더러, 오히려 확대를 거듭해 내각과 의정왕대신회의를 능가하는 권력의 최고 중추가 되었다. 바로 황권강화에 큰 도움이 되었기 때문이다. 이렇게 안으로는 육부경시(六部卿寺), 구문제독, 내무부 태감의 경사방(敬事房), 밖으로는 18개의 성이 군기처 소속이 되었다.

군기처가 군사사무를 담당하던 임시기구에서 나라의 권력을 장악하는 상설기구가 될 수 있었던 것은, 전제주의 중앙집권 통치의 필요성에 완전히 부합했기 때문이다. 내정에 있었던 군기처는 황제의 명령을 신속하게 집행할 수 있었고 높은 보안성을 갖고 있었다. 설령 왕공대신이라 할지라도 황제의 허락 없이는 군기처로 들어갈 수 없었다. 심지어는 군기처의 창문 밖, 계단 위에도 함부로 서 있을 수 없었다. 황제가 군기대신을 만날 때는 태감도 자리에서 물러나야만 했다.

군기처는 관리들의 구성이 매우 간단했다. 모든 일은 군기대신이 주관하고 실질적인 처리는 군기장경이 담당했기 때문이다. 그래서 일 처리가 빨랐고 효율 또한 높았다. 황제는 만한대학사, 상서, 시랑, 경당 등에서 군기대신을 뽑았다.

군기처는 막강한 권력을 갖고 있었지만 언제나 황제의 엄격한 감시를 받았다. 황제는 대권을 뺏기지 않기 위해 일련의 조치를 취해 그들의 권한을 제한했다. 예를 들면 군기처는 황제가 맡기지 않은 일에 대해 물을 권한이 없었다. 또한 황제가 일임했다 하더라도 반드시 황제의 뜻에 따라 일을 처리해야만 했다.

군기처를 설치한 후, 황제 아래의 중추권력은 군기처의 권력확대에 따라 점차 전이의 과정을 겪게 된다. 먼저 의정왕대신회의의 권력은 한층 약화되었다. 옹정 시절에는 강희 말년에 시행했던 기주(旗主 : 팔기의 관할자)의 권력 약화정책을 계속해서 이어나갔다. 그리고 기주에 대한 엄격한 감시도 잊지 않았다.

나라의 대사는 더 이상 의정왕대신회의에서 맡을 수가 없게 되었다. 즉 의정왕대신은 이름뿐인 직함에 머물게 된 것이다. 두 번째로 내각의 권력 역시 제한을 받게 된다. 옹정 시절 내각대학사의 관품은 정1품으로 높아졌지만, 군기처의 대신을 겸하지 않는 이상 실질적인 권력은 거의 없었다. 황제는 모든 국가대사를 군기처를 통해 처리했다.

옹정 시기 군기처의 성격은 군기대신과 군기장경의 임용에서 잘 나타난다. 옹정제는 이친왕 윤상, 대학사 장정옥, 장정석, 악이태, 마이새, 평군왕 복팽, 귀주제독 합원생, 영시위내대신 마란태, 병부상서 성계, 내각학사 쌍희, 이번원시랑 반제, 난의사 눌친, 도통 망곡립, 풍성액 등을 군기대신으로 삼았으며, 내각시독학사 서혁덕, 장병, 병부주사 상균, 서길사 악용안, 내각중서 시조생, 한림원편수 장약애 등을 군기장경으로 삼았다.

윤상, 장정옥, 악이태와 옹정제의 관계는 앞에서 언급한 바와 같다. 채정석은 옹정 4년에 호부상서를 역임했던 인물로 윤상을 도와 재정을 처리함으로써 옹정제의 신임을 얻었다. 마이새는 옹정제에 의해 북로군영 무원대장군에 임명되어 일찍부터 총애를 받았다. 망곡립은 옹정 초년 장로長蘆의 염정으로, 옹정제의 환심을 얻었다. 합원생은 서남 개토귀류(改土歸流 : 소수민족 관리정책)에서 큰 공을 세웠는데, 옹정제는 그를 만난 자리에서 자신의 옷을 벗어 하사했다고 한다. 눌친은 옹정제가 병이 위독할 당시 고명대신으로 삼았던 인물이니 그에 대한 신뢰가 얼마나 컸는지는 말하지 않아도 알 수 있다. 장약애와 악용안은 장정옥과 악이태의 아들이었다.

군기대신들의 원래 관직등급은 정1품에서 종4품까지였다. 때문에 그들을 군기대신으로 임명할 때 이러한 관직은 필수조건이었다. 하지만 무엇보다도 중요한 것은 황제와의 개인적인 관계였다.

이에 대해 오진근은 이렇게 말했다.

"오직 황제의 측근만이 군기대신이 될 수 있었다. 군기대신은 출신을 따지지 않고 뽑았다."

이들 측근은 임명된 후 더욱더 황제에게 복종해야 했다. 때문에 군기대신들은 저술이나 전달작업에만 종사할 뿐, 천자와 권력균형을 이루는 재상이 될 수 없었다. 옹정제는 군기처에 '일당화기一黨和氣'라고 쓴 편액을 하사했다. 심복들이 서로 힘을 합쳐 어려움을 극복하고 자신에게 충성을 다하는 신하들이 되기를 바라는 마음에서였다.

일단 군기처로 온 일은 크든 작든 그날 모두 해결해야만 했다. 이러한 분위기 때문에 업무효율이 높아졌음은 물론이다. 조칙을 전달하는 방법도 매우 빨랐다. 장정옥이 제안한 '정기^{또츂}'는 군기처에서 조칙의 내용을 봉한 후 병부에 넘겨주면 역참을 통해 전달하는 방법이었다.

군기처는 서신의 내용에 따라 전달속도를 결정했다. 만약 봉투 위에 '마상비송^{馬上飛送}'이라고 쓰여 있으면 전달자는 하루에 삼백 리를 달렸다. 더 급한 일이면 하루 동안 가야 할 거리를 따로 써놓기도 했다. 하루에 사백 리, 오백 리, 육백 리, 심지어 팔백 리를 가기도 했다.

하지만 내각은 그러지 못했다. 내각에서 조칙을 발표하면 육부에서 이를 베껴 쓰거나 관련 부서에서 문서로 만들고 더 많은 부서에 전달이 되었기에 시간낭비가 심했다. 게다가 보안을 지키기도 쉽지 않아 소식을 먼저 안 지방관리들이 공문이 채 도착하기도 전에 미리 대응책을 짜놓는 일도 허다했다.

사천포정사 정여사의 자살사건이 좋은 예다. 재물을 탐하다 사람의 목숨까지 해한 정여사는 성도^{成都}에서 심리를 받았다. 형부는 곧 정여사에게 사형판결을 내렸고, 최종적으로 옹정제의 비준을 기다렸다. 하지만 공문이 도착하기 5~6일 전에 미리 이 소식을 알게 된 정여사는 옥중에서 자살하고 말았다. 이러한 폐단을 알고 있었던 옹정제는 끊임없이 이런 문제들을 이야기하며 해결을 위해 노력했다.

군기처는 옹정제가 재정문제를 정리한 후 설치되었다. 당시 관리들의 공무집행 방법과 효율 역시 상당히 좋아져 있었다. 군기처의 관리들은 중요한 위치에 있었지만 별다른 특권은 없었다. 군기대신은 매일 세 번 황제를 알현할 수 있었지만 역시 직무 이외의 권력을 가지지 못했다.

하지만 그들에 대한 특별한 마음을 보여주기 위해 군기장경과 군기처 필첩식에게 조주를 걸 수 있도록 했다. 조주는 5품 이상의 문관과 4품 이상의 무관들만이 걸 수 있는 기다란 목걸이였다. 군기장경은 대부분이 6, 7품 관원이었고, 그중 편수, 검토, 내각중서는 7품의 하급관리였다. 이들에게 관례를 깨고 조주를 걸 수 있도록 한 것은 대단한 영광임에 틀림없었다.

하지만 그런 영광도 실질적인 이점이 있는 것은 아니었다. 당시 군기처의 관리들은 보안 유지를 위해 다른 사람들과도 거의 왕래를 하지 않았다. 가경 5년, 인종仁宗은 군기처의 기밀 유출사건에 대한 칙령을 발표하기도 했다.

옹정제는 권한을 부여받을 기구를 명확하게 지정하고 권력을 분산하는 방법으로 군기처를 설치했다. 아울러 모든 권력을 바로 자신의 눈앞에 집중시켰는데, 이는 꽤 괜찮은 방법이었다.

오늘날의 지도자들 역시 권력과 책임을 함께 부여하는 이 원칙을 주의해서 볼 필요가 있다. 아랫사람에게 일정한 권한을 부여할 때는 반드시 그에 상응하는 책임을 함께 주어야 한다. 책임은 있지만 권한이 없다면 효과적으로 업무를 전개할 수 없다. 반대로 권한은 있지만 책임이 없다면 무책임하게 권력을 남용하게 된다.

다시 말해 지도자는 권한을 부여할 때 반드시 다음의 두 가지를 염두에 둬야 한다. 첫째, 조직 규모의 크기를 우선 살펴보아야 한다. 조직의 규모가 크면 지도자와 기본업무 간의 거리가 멀 수밖에 없다. 또한 처리해야 할 일이 많고 복잡하다. 지도자는 반드시 더 많은 권한을 상황에 익숙한 아랫사람에게 부여해야 한다. 하지만 지도자가 문제를 정확히 알 수 있고 정확한 결정을 내릴 수 있는 범위 내에서 권한을 부여해야 함을 잊지 말자.

둘째, 조직업무 활동의 성격을 알아야 한다. 업무 활동의 전문성이 강할수록 지도자는 이 업무를 책임지고 있는 아랫사람에게 더 큰 권한을 쥐야 한다. 그들이 업무 범위 내에서 결정권을 가질 수 있도록 말이다.

권한을 부여할 때는 그것을 받은 상대방이 그 권력을 정말 원하고 있는지, 맡은 직무를 처리할 수 있는지를 고려해야 한다. 모든 사람이 윗사람에게서 부여받은 권한을 반기는 것은 아니다. 만약 그들이 문제 자체에 별다른 관심이 없다면, 혹은 더 많은 책임을 맡는 것을 달가워하지 않는다면 지도자는 억지로 강요해서는 안 된다.

어떤 지도자들은 아랫사람이 일을 망치지는 않을까 걱정하기도 한다. 때문에 권한을 주면서도 주저하거나 심지어 '차라리 내가 하는 게 낫지.'라는 마음으로 모든 권한을 한 손에 움켜쥐려고도 한다. 하지만 이렇게 되면 번거롭고 자질구레한 일들에서 결코 벗어날 수가 없다. 게다가 아랫사람 역시 단련의 기회를 잃고 만다. 물론 지도자는 이런 점도 고려해야 한다. 바로 "반드시 내가 잡고 있어야 하는 권한은 무엇일까?" 하는 것이다.

일반적으로 지도자들은 다음과 같은 권한은 절대 남에게 넘겨주지 않는다. 조직의 미래와 관계된 중요한 결정권, 직속 부문의 인사권, 각 기관들의 업무감시와 조정권이 그것이다. 이러한 권한은 반드시 지도자가 직접 행사해야 한다.

【 제 4 장 】

이중성격

-왕도와 패도를 겸하라

황제의 위엄을 지키고
닭을 죽여 허튼소리를 하는 원숭이들을 놀라게 하라
지나친 칭찬은 독이 되리니
갈등을 해결하라, 만한漢은 원래 한 가족이었으니
천하의 흥망성쇠는 군주에게 달려 있는 법
붕당의 무리를 없애고
요리하듯 천하를 통치하리니
사람을 쓸 때는 한 가지 면만 보지 마라
훌륭한 계책이 있으면 하나로도 열을 다스릴 수 있으니

늑대는 이성적인 동물이다. 늑대는 날카로운 발톱과 뾰족한 이를 가졌지만 가장 중요한 순간에만 그것을 쓴다. 평소에 가장 즐겨 쓰는 것이 바로 눈과 코다. 늑대의 눈은 어둠 속에서 더욱 무섭고 잔인하게 빛난다. 그리고 눈빛은 마치 횃불처럼 이글거린다. 늑대의 코는 방향을 판단하거나 상대의 냄새를 맡을 수 있고 위험을 감지할 수도 있다. 늑대를 속일 수 있는 사람은 없다. 우리는 옹정제에게서 이러한 늑대의 범상치 않은 모습을 볼 수 있다. 옹정제는 목표의식이 투철한 사람이었다. 뜻한 바를 이루기 위해서는 절대 쉬지 않았고 상황이 아무리 자신에게 불리해도 언제나 끝까지 해내겠다는 마음으로 버텨냈다. 그의 마음속에 가장 위대한 황제가 되겠다는 꿈이 있었기 때문이다.

위엄을 지키려면 경솔한 행동을 삼가라

돌발적인 상황이 벌어질 때 가장 중요한 것은 항상 안정적인 심리 상태를 유지하는 것이다. 그것은 지도자가 반드시 갖추어야 할 덕목이기도 하다. 봉건사회에서 최고 권력을 대표하는 인물인 황제는 남에게 어떠한 제약도 받지 않았다. 때문에 황제는 경솔한 행동과 쓸데없는 화풀이로 신하의 감정을 상하게도 하는데, 이는 생각 외로 심각한 결과를 낳을 수도 있다. 옹정제 역시 이런 경솔한 행동과 쓸데없는 화풀이를 하는 지도자의 전형이었다.

옹정제는 굳은 의지와 과감한 성격을 가졌지만 감정의 기복이 심했다. 그의 성격은 직접 쓴 주비에 잘 나타난다. 다음은 하남순무 전문경이 올린 상주문에 남긴 주비다.

"짐은 이런 대장부고 이런 성격을 가졌으며 바로 이런 황제다. 만약 그대들이 짐의 기대에 어긋난다면 짐 역시 그대들의 기대를 저버릴 것이다. 그러니 노력하라."

옹정제는 주비를 통해 신하들을 훈도했다. 일을 처리할 때는 반드시 소신을 지키고 주저하지 말라고 했다. 그는 민절총독 고기탁에게 "이리저리 휘둘리고 소신이 없으면 아무런 일도 할 수 없다."라고 질책하기도 했다. 그는 또 이렇게 말했다.

"어떤 일을 하든 남의 방해는 절대 피할 수 없다. 그런데 스스로 주저하고 망설이는 것은 누에가 실을 토해내 자신의 몸을 감는 것과 같다."

옹정제의 성격을 기록해놓은 신뢰할 수 있는 자료는 많지 않다. 하지만 그는 스스로 자신의 두 가지 결점을 인정했다. 첫째, 성격이 급하다는 것과 둘째, 감정의 기복이 심하다는 것이다.

옹정제는 유지를 내릴 때 첫 번째 결점에 대해 언급하기도 했다.

"선황께서는 짐에게 무슨 일을 하든 조급함을 삼가고 인내하라고 여러 번 훈계하셨다. 그래서 짐은 그 가르침을 글로 써서 침실에 두고 항상 경계로 삼았다."

'여러 번'이라는 말을 볼 때 옹정제가 급한 성격을 쉽게 고치지 못했다는 사실을 알 수 있다.

광동제독 왕소서, 운남순무 주강은 황제가 내린 '은유계급戒急' 이라고 쓴 편액의 유래에 대해서 털어놓은 적이 있었다. 그때는 이미 옹정제가 황제의 자리에 오른 지 4년이 지난 때였다. 하지만 여전히 조급함을 경계했던 옹정제를 보면 그 성격이 그때까지도 고쳐지지 않았다는 것을 알 수 있다.

감정의 기복이 심했다는 두 번째 단점에 대해 옹정제는 이렇게 말했다.

"선황께서는 짐을 두고 '희노부정(喜怒不定 : 기뻐함과 노여워함이 일정치 않다)'이라고 평가하셨다. 강희 41년 11월, 짐은 선황을 찾아가 이렇게 간청했다. '이제 소자는 서른이 넘었기에 마음가짐과 행동거지가 이미 정해졌습니다. 그러니 부디 유지에서 언급하셨던 그 네 글자를 지워주십시오.' 그때 선황께서는 '10여 년이 넘도록 사아가의 '희노부정' 한 모습을 보지 못했구나.'라고 하시면서 그 내용을 삭제할 것을 허락하셨다."

옹정제에 대해 정확하게 알고 싶다면 국가의 문서나 야사보다는 《옹정주비유지雍正硃批論旨》를 보는 편이 나을 것이다. 그가 직접 쓴 주비를 통해 살아 있는 옹정제의 모습을 생생하게 볼 수 있기 때문이다.

어떤 때는 큰 소리로 웃다가도 어떤 때는 눈물을 흘리며 탄식하고, 어떤 때는 유난히 흥분하다가도 또 어떤 때는 한없이 낙담하고, 어떤 때는 천진난만한 아이 같다가도 또 어떤 때는 노련한 정치가의 모습을 보였던 옹정제. 이런 모습은 신성불가침의 국가 최고 권력을 가지고 있었던 옹정제의 성격을 보여주기에 충분하다.

다음은 옹정제의 갖가지 성격과 감정을 보여주는 주비의 내용이다.

기쁨 : "이런 상주문을 읽고 상을 내리지 않는다면 황제도 아니다!"
안심 : "경이 민(閩 : 복건성을 가리킴)으로 부임한 후 짐은 더 이상 그 지역을 근심하지 않는다. 그대의 생각과 계책이 치밀하여 짐은 염려하지 않는다."
자부심 : "짐이 일생 동안 가장 중요하게 생각하는 것은 '남의 뜻을 저버리지 않는 것'이다. 짐은 평생 남의 뜻을 저버리지 않았다. 남이 짐의 뜻을 거스르면 하늘이 도와 반드시 대가를 치르도록 할 것이다."

자신감 : "붕당의 무리들은 바로 그 때문에 서로 분열되고 반목하게 된
　　　　다. 당시 그 상황을 꿰뚫어 본 사람은 짐밖에 없었다. 짐은 이
　　　　전에 3~4년간 외부에서 정국을 지켜보았다. 때문에 모든 상
　　　　황을 정확하게 알고 있다."

겸손함 : "짐의 자신감은 어떤 때는 악이태의 그것에 미치지 못한다. 짐
　　　　은 이번 치수공사 지역을 직접 가보지 못했다. 그런데도 경들
　　　　에게 그 방책을 이야기하는 것은 공자 앞에서 문자를 쓰는 것
　　　　과 같은 이치다. 상주문을 읽어보니 부끄럽기 짝이 없도다."

총애 : "실로 그대에게 수고를 끼쳤구나. 짐뿐만이 아니라 이친왕도 그
　　　대의 눈물에 가슴 아파하고 있다. 아미타불, 실로 너무 위험한 일
　　　을 그대에게 맡겼도다."

　　　"돈독한 정을 나누었던 군주와 신하는 너무나도 많다. 하지만 그
　　　누구도 우리와 같지는 못했다. 그러니 두 사람은 천고에 남을 군
　　　신의 모범이 되어 후세 사람들의 존경을 받을 것이다."

농담 : "이 법랑은 아직 다듬지 못했다. 다음번엔 더 좋을 것이다. 지금
　　　은 그대에게 이 정도만 하사한다. 하지만 그대가 '탐*'이라는 글
　　　자를 사용하지 않았다면, 단 1개도 그대에게 주지 않았을 것이
　　　다. 짐이 하사하는 이 모든 것은 바로 '탐'으로 얻은 것이다."

세심함 : "종이 위의 까만 점은 짐의 탁자에서 묻은 것이다. 혹시 그대
　　　　들이 걱정할까봐서 특별히 언급하노라."

처세 : "이친왕은 그대가 봄부터 서신 한 통 보내지 않았다고 나무라고
　　　있다. 마땅히 항상 안부를 물었어야 했다."

　　　"얼마 전에 강을 조사하러 갔던 관리에게 그대가 아무것도 주지
　　　않았다는 이야기를 들었다. 그런 때는 반드시 선물을 주어야 한

다. 어떤 일을 처리하는 대신에게도 그 일이 끝나면 반드시 선물을 챙겨주라. 받고 안 받고는 그가 직접 결정하면 된다."

실망 : "짐의 실망은 이루 말할 수가 없다. 왕사준이 짐을 이렇게 대할 줄이야."

감탄 : "그대의 상주문은 실로 칭찬할 부분이 많구나. 천하에도 눈물을 흘리며 감탄할 일이 이렇게 많다."

눈물 : "짐은 항상 악이태를 떠올린다. 그대의 상주문을 읽으니 눈물을 참을 수가 없구나. 이것이 바로 군신의 인연인가?"(그리움의 눈물)

"모든 군신들이 먼 길을 가기 전에 인사를 하러 올 때마다 짐은 이별이 아쉬워 견딜 수가 없다. 하지만 그 때문에 눈물을 흘린 사람은 그대(악이태)밖에 없다."(헤어짐을 아쉬워하는 눈물)

"짐이 그대를 임용한 이유는, 언제나 백성을 먼저 생각하고 모든 일을 사실대로 알릴 것을 기대해서였다. 하지만 그대는 짐의 말을 못 들은 양 잘못을 숨기기에만 급급하니, 짐은 하늘을 쳐다보며 눈물을 흘릴 수밖에 없구나."(실망의 눈물)

풍자 : "다른 사람을 이해하는 자는 총명한 사람이다. 황제가 남을 이해하는 것은 더욱 어렵다. 짐은 그저 평범한 황제에 불과한데 어찌 그대들과 같은 사람들을 쓸 수 있겠는가? 내 얼마간 돈을 더 줄 터이니 다른 길을 찾아보도록 하라."

위협 : "만약 그렇지 않다면 이불과 감여래의 머리는 그 목을 볼 수 없을 것이다!"

"(신임포정사는) 광동에서 그대(연갱요)의 형을 잡아왔다. 이제 그에게 그대를 잡아오라고 할 것이다!"

질책 : "여러 번 짐에게 상주문을 보낸 것을 보니, 그대는 제 정신이 아
닌 게 분명하다. 설마 정말 미쳐버린 것은 아니겠지! 도대체 무
슨 낯으로 이런 상주문을 올리는가! 정말 수치가 무엇인지도 모
르는 자구나."

솔직함 : "그대는 총애하지만, 그대의 아들은 아버지의 명성에 해가 될
뿐이다. 그대의 아들은 재능이 없으며 범속하기까지 하다. 그
러니 잘 가르치도록 하라. 하나 그가 장래에 훌륭한 인물이 될
거라고 기대하는 것은 아니다. 그대는 짐이 바라는 것을 몰랐
지만, 아무도 자기 자식이 모자란다고는 생각지 않는다는 것을
잘 안다."

옹정제가 만인의 최고인 황제라는 지위를 내세워 늘 근엄한 얼굴을
하고 있었던 것은 아니다. 상주문을 읽고 신바람이 나서 날뛰기도 하고
어떤 때는 화를 참지 못하고 입에 담지도 못할 독설을 퍼붓기도 했다.
그런 그의 감정은 자연히 주비에도 드러날 수밖에 없었다.

그는 신하들에게 결코 자신의 감정을 감추지 않았다. 옹정 원년(1723
년) 음력 섣달 말일, 고기탁이 황제에게 새해 인사를 겸한 상주문을 올
렸다. 옹정제는 매우 흡족해하며 이런 주비를 남겼다.

"짐은 건강하다. 그대는 어떤가? 올해에도 천지신명이 보우하사 그대
가 다스리는 지역에 비바람이 적고 백성들이 편안하며 모든 것이 평안
하기를 바라노라."

옹정 2년 가을, 광서 지역에 풍년이 들어 곡식의 가격이 내려가자 제
독 한양보가 이 일을 보고했다. 이를 읽어본 옹정제는 다음과 같은 주비
를 남겼다.

"하늘의 보살핌으로 풍년이 들었으니 짐은 덩실덩실 춤이라도 추며 하늘에 감사해야겠구나!"

하지만 옹정제는 한번 독설을 퍼붓기 시작하면 거침이 없었다. 강희 말년, 산동순무를 지냈던 이수덕은 유민들을 구휼할 자금 5만 냥을 횡령했으며, 친한 사람 41명을 도와 매관매직을 했다. 옹정 2년(1724년)에 이 일이 밝혀지자 이수덕은 그간 자기가 도와줬던 사람들과 횡령한 액수를 모두 자백했다. 그의 자백서를 본 옹정제는 불같이 화를 내며 그 중간에 '호설(胡說 : 터무니없는 소리, 헛소리)'이라는 두 글자를 휘갈겨 썼다.

옹정 5년(1727년), 복건 육로제독 정사걸이 교여轎輿와 집사들을 고향사람 진만책에게 빌려주었다. 이 일은 부의처部議處로 넘겨졌다. 하지만 정사걸은 이에 불복하고 황제에게 상주문을 올려 자신을 변호했다. 그러나 그의 행동은 오히려 옹정제의 화를 더 돋우는 꼴이 되고 말았다. 옹정제는 상주문의 처음에서 끝까지 보는 사람으로 하여금 식은땀이 흐르는 글을 남겼다. '수치를 모르는 자', '아첨꾼', '사기꾼', '양심이 없다', '부끄러움이 뭔지 모르는 자' 등의 비난을 서슴지 않았다.

쉽게 화를 내고 경솔한 행동을 일삼는 것은 지도자가 반드시 경계해야 할 부분이다. 삼국시대의 유비는 한 번의 화를 참지 못해 많은 군사를 잃었고, 제1차 세계대전에서 빌헬름 2세는 경솔한 행동으로 나라를 멸망으로 몰아넣고 말았다.

형주(荊州 : 지금의 호북 강릉)는 삼국시대의 촉한이었는데, 유비는 관우에게 이곳을 지키도록 했다. 얼마 후 오나라 군대가 형주를 공격해왔고, 관우는 부주의로 목숨을 잃고 말았다. 이로써 촉한은 심각한 타격을 입게 되었다. 유비는 관우의 복수에 눈이 멀어 신하들의 만류를 뿌리치고 동오를 정벌하기로 했다.

222년 봄, 유비는 군대를 이끌고 동오를 공격했다. 하지만 누가 알았으랴. 군대가 출병하기 전, 평소 사졸들을 함부로 대했던 장비가 부하 장달과 범강에게 살해당하고 만 것이다. 두 사람은 장비의 목을 베어 손권에게 투항해버렸다. 이 일로 더욱 분노하게 된 유비는 즉시 강을 따라 남하하며 손권과의 결전을 준비했다.

촉의 군대가 국경으로 들이쳐오자, 겁에 질린 손권은 황급히 육손을 보내 유비를 막도록 했다. 촉나라 군대의 엄청난 규모를 본 육손은 장수들에게 함부로 공격하지 말고 우선 수비에 힘쓸 것을 당부했다. 조용히 기회를 기다려 적이 스스로 자멸하도록 하기 위해서였다. 촉나라 병사들은 매일같이 싸움을 도발했지만 오나라는 절대 응하지 않았다.

그렇게 여름이 되자, 촉나라 군사들은 몸도 마음도 지쳐가기 시작했다. 그러자 조급해진 유비는 어쩔 수 없이 나무가 울창하고 강이 흐르는 숲속으로 진지를 옮기도록 명령했다. 일단 여름을 난 다음에 다시 공격을 하자는 심산에서였다. 하지만 그의 행동은 병가의 금기를 깬 것이었다. 육손은 이 기회를 놓치지 않고 화공火攻을 시작했고, 촉나라의 진지는 형체도 없이 사라져버렸다. 유비는 관우와 장비의 원한을 갚지 못하고 오히려 싸움에서 크게 패한 채 촉으로 돌아가야 했다. 그리고 이듬해에 세상을 떠났다. 이때부터 촉한이라는 해는 서서히 서쪽으로 기울었다.

보라! 경솔한 행동과 분노가 얼마나 무서운 것인가를. 그로 인해 야기되는 결과가 얼마나 쓰리고 아픈가를 말이다.

닭을 죽여 허튼소리를 하는 원숭이들을 놀라게 하다

역대 봉건왕조에는 '문자옥(文字獄: 자기가 쓴 글 때문에 화를 당하는 일)'이 여러 번 있었다. 특히 청나라는 문자옥이 빈번하게 발생했는데, 그에 대한 엄격한 처벌 역시 다른 시대에서는 보기 드문 것이었다. 청나라 초기의 통치자들은 군사정복에만 급급해 사상문제를 해결할 여력이 없었다. 그러던 것이 전국적인 통일정책이 끝나자, 국내의 민족갈등과 계급갈등은 더욱 심각해졌다. 이런 상황에서 사상영역의 통치를 강화하기 위해 청나라 통치자들은 폭력을 이용해 한족의 저항의식을 말살하려 했다. 그들은 언론을 억압하고 사상을 통제했는데, 이로써 자연히 문자옥이 늘게 된 것이다. 잠정적인 통계에 따르면 강희제에서 건륭제에 이르기까지 120년 동안 크고 작은 문자옥 사건은 90여 건이 넘었다고 한다. 그중 대부분은 옹정제와 건륭제 때 발생했다.

강희 말년, 여러 황자들의 황위 다툼의 영향으로 옹정제는 초기에 각종 반대세력들을 철저하게 탄압했다. 자연히 규범은 더욱 엄격해졌고, 툭하면 무고한 사람들에게 죄를 씌웠다. 심지어 글자만 보고 대강의 뜻을 짐작하거나 내용을 확대 해석해 반청인사들을 핍박하거나 반대세력들을 배척하는 수단으로 삼았다.

옹정 4년(1726년), 강서 주고관主考官 사사정이 '유민소지維民所止'라는 제목을 시험으로 출제했다. 이 말은 원래 《시경詩經》에 나오는 것이었다. 그런데 누군가가 '유지維止'라는 두 글자가 '옹정'의 '머리'를 자른 것이므로 '매우 불경하다'고 고발했다(雍正 의 두 글자에서 머리 부분을 없애면 '維止' 가 된다). 청나라 조정은 즉시 사사정을 잡아들여 옥에 가뒀다. 그가 옥중에서 죽자 옹정제는 또다시 '육시'를 명령했고, 그 가족과 제자들을 모조리 죽였다.

옹정제 시절의 가장 큰 문자옥은 옹정 6년(1728년)에 발생한 여유량 사건이다. 명말 절강에서 태어난 여유량은 명말청초의 유명한 이학자理學家였다. 명나라가 멸망한 후 여유량은 산으로 들어가 스님이 되어 책을 쓰는 데 열중했다. 강한 반청사상을 담고 있는 그의 책은 '한족과 오랑캐를 구별해야 한다華夷之別'며 소리 높여 주장하고 있었다.

옹정 5년(1727년), 여유량의 유고를 읽고 그의 《화이지별론》에 깊은 영향을 받은 호남 영흥 사람 증정은, 제자 장희를 시켜 천섬총독 악종기에게 모반을 권하는 서신을 보냈다. 그는 악비의 후예인 악종기가 금나라를 계승한 청나라와 원한 관계에 있다는 것을 역설하며, 옹정제의 아홉 가지 죄를 들며 모반을 일으킬 것을 권했다. 하지만 악종기는 이 일을 조정에 알렸다.

이듬해 증정과 장희는 체포되어 옥에 갇혔다. 그리고 심문 도중에 그들이 여유량의 《화이지별론》의 영향을 받았다는 사실을 알게 되었다. 그러자 옹정제는 여유량이 쓴 책과 일기를 모두 찾아낼 것을 명령하고 직접 《화이지별론》을 반박하는 글을 쓰기도 했다. 그는 자신이 쓴 글과 유지들, 증정의 진술을 함께 모아 《대의각미록》을 펴냈다.

옹정 10년(1732년) 12월, 옹정제는 여유량의 관을 꺼내어 시신의 목을 자르고 그 가족들을 참수하거나 강제로 징병했고, 부녀자들은 모두 노예로 삼았다. 여유량의 제자들과 그의 책을 소장하고 있던 사람들 역시 죽음을 당해야 했다. 옹정제는 또 대학사 주식에게 여유량의 《사서강의어록四書講義語錄》의 내용을 발췌하여 그를 반박하는 책을 쓰도록 했다. 하지만 정작 모반을 꾀했던 증정과 장희는 무죄 사면되었다.

옹정제는 증정을 협박해 자백서를 쓰도록 했는데, 거기에는 자신의 행동에 대한 후회와 황제의 '성덕'을 찬양하는 내용이 담겨 있었다. 하지만 옹정제가 죽고 건륭제가 즉위한 후 증정과 장희는 끝내 사형에 처해졌고,《대의각미록》은 금서로 분류되어 모두 몰수되었다.

이 밖에도 옹정제 재위 시절에는 크고 작은 문자옥 사건이 여러 번 있었다. 옹정 7년 6월, 진무장군이자 순승군인 왕석보는 사제세가 《대학》에 주를 단 것을 두고 정주학을 비방하는 것이라며 옹정제에게 상소를 올렸다. 또한 왕석보는 육생남이 쓴《통감론通鑑論》17편에 '불평과 불경한 말이 많다'며 그를 탄핵하기도 했다. 그러자 옹정제는 직접《통감론》을 읽고 그 내용을 조목조목 반박했다. 그리고 최종적으로 이 두 사람에게 큰 벌을 내렸는데, 먼저 육생남이 사형에 처해졌다.

육생남은 광서의 거인(擧人 : 명·청 시대 향시에 합격한 사람)으로, 강남 오현의 지현을 역임했다. 훗날 도읍으로 가 옹정제를 만났는데, 옹정제는 그를 두고 "덩치는 작으나 재능이 있는 인물이니, 수도에서 공무를 배우도록 하라."라고 말하기도 했다. 얼마 후 육생남은 공부주사가 되었다. 오랫동안 지방의 지현으로 있으며 보인 탁월한 업무성적과 조정을 위해 쌓은 공적 때문에 공부주사까지 오르게 된 것이었다.

초임 시절, 성격이 직선적이고 고집이 셌던 육생남은 자신도 모르게 '오만불손'한 말을 내뱉는 경우가 많았다. 옹정제는 이런 그를 점차 눈엣가시처럼 여기게 되었다. 옹정 3년, 이불과 사제세 사건이 일어나자, 옹정제는 사제세와 동향이었던 육생남을 두고 "분명히 평소에 이불 ─ 이불은 광서순무를 역임했다 ─ 사제세와 작당을 하고 그들을 도와주었을 것이다."라고 말하며 작위를 박탈했다. 무고한 육생남은 사제세와 함께 아이태(阿爾泰 : 알타이)로 귀양을 가야만 했다.

아이태에 도착한 후 그들은 대장군이자 평군왕인 왕복팽의 도움으로 글쓰기에 전념할 수 있었다. 이때 사제세는 《대학》의 주해를, 육생남은 《통감론》을 쓰게 된 것이다. 그리고 바로 이 때문에 육생남은 죽고 말았다.

옹정제가 육생남을 죽인 이유는 명확했다. 자신의 황권통치 아래서는 그 어떤 '이단사설異端邪說'도 용납할 수 없었기 때문에 그를 죽임으로써 터무니없는 소리를 늘어놓은 자들의 간을 철렁하게 만들려고 했던 것이다.

지나친 칭찬은 독이다

어떤 조직을 이끄는 지도자든 열에 아홉은 자신을 떠받드는 사람을 좋아하게 마련이다. 그것은 그들의 허영심과 깊은 관련이 있다. 아첨의 달인들은 윗사람이 좋아하는 것을 금세 알아채고 그들이 원하는 것을 적절하게 던져줌으로써 자신들이 원하는 것을 손에 넣는다. 일상생활에서도 이러한 일들은 흔히 볼 수 있다. 아첨의 대부분은 동기가 불순하기 때문에 말이 말로서의 역할을 충분히 할 수가 없다. 그렇기 때문에 지각이 있는 사람이라면 남이 태우는 비행기에 정신을 못 차리기보다는 먼저 경계의 눈초리를 보내는 것이다. 누군가가 무언가를 얻어내려는 속셈으로 지나친 칭찬을 해온다면, 그것을 듣는 사람은 더욱 조심해야 한다. 하지만 막 황제의 자리에 오른 옹정제는 언제나 아랫사람들에게 칭찬을 아끼지 않았다. 그것은 중국의 역대 황제들과는 확실히 다른 모습이었다.

옹정제의 칭찬대상은 주로 그가 총애하는 신하들이었다. 그중에서도 그의 입에 가장 많이 오르내린 사람은 바로 연갱요였다. 그것은 연갱요에 대한 황제의 신뢰와 개인적인 친분이 깊었기 때문만이 아니라, 막 정권을 손에 넣은 상태에서 처남(연갱요)의 도움이 절실히 필요했기 때문이었으리라. 그가 비답을 내린 상소문에는 온통 연갱요에 대한 칭찬이 넘쳐났다.

옹정 2년, 황제는 연갱요가 올린 상소문에 다음과 같은 글을 썼다.

"뜻이 맞는 임금과 신하는 여럿이었지만, 모두 그대와 짐 같지는 못했다. 그대가 짐을 만난 것은 행운이며, 짐이 그대를 만난 것 역시 말로 표현할 수 없을 만큼 기쁜 일이다. 때문에 우리 두 사람은 천하 사람들의 흠모의 대상이자 모범이 될 수 있어야 할 것이다. 짐은 그대 덕분에 마음이 트이고 기분 역시 더없이 상쾌하다. 그대를 만나게 해준 하늘과 땅에 감사할 따름이다!"

누구라도 너무나 직설적이라 조금은 낯 뜨겁기도 한 이런 칭찬을 쉽게 잊을 수는 없을 것이다.

옹정제는 상소문에 비답을 하는 방법을 통해 신하들과의 거리를 좁히고 친밀감을 높이려 했다. 상소문에서 그는 일상적인 애기뿐 아니라 때로는 농담까지 곁들이기도 했는데, 그것은 모두 신하들을 자기편으로 만들어 자발적으로 공무에 매진할 수 있도록 하기 위함이었다. 뿐만 아니라 옹정제는 연갱요가 추천하는 인물들을 의심 없이 모두 등용함으로써 그에 대한 깊은 신뢰를 보여주었다.

황제는 또 다른 상소문에 다음과 같은 비답을 남기기도 했다.

"나는 연 장군이 추천하는 인물이라면 두 말 않고 등용할 준비가 되어 있다. 올해 마흔둘의 섬서 사람인 양인은 연갱요가 보증하는 인물이다. 짐이 보아하니 그는 과연 영리하며 대장부의 모습을 그대로 갖추었도다!"

연갱요에 대한 그의 총애가 잘 드러나는 대목이다.

사실 누군가를 칭찬하는 데는 무언가 숨겨진 의도가 있기 마련이다. 때문에 여성들은 상대방이 갑자기 자신의 외모를 칭찬하면 일단 경계심부터 갖는다. 하지만 누군가에게서 한 달 새에 여러 번 칭찬을 듣게 되면, 그는 분명 자신이 꽤 괜찮은 사람이라는 착각에, 금세 자만심에 빠져버리고 만다. 일단 자신에 대한 반성이나 자각이 없어지면 사람은 쉽게 나태해지고 교만해지며 나쁜 일을 저지르게 된다. 훗날 연갱요가 저지른 일 역시 옹정제의 과도한 칭찬과 무관하지 않다. 옹정제의 지나친 칭찬은 행운을 가져다주기보다 오히려 그의 목숨을 위협했다.

총명한 지도자들은 칭찬, 즉 부하들에게 적극적인 동기를 부여할 수 있는 무기를 적절하게 이용할 수 있어야 한다. 꾸중을 해야 할 때 건성건성 나무라는 것은 결코 좋은 방법이라고 할 수 없다. 나무랄 일이 있으면 호되게 질책하는 것이야말로 서로 간의 친밀감을 더욱 높일 수 있는 방법이다.

친밀감은 일방적인 총애나 거짓된 사귐이 아닌 마음속에서 우러나오는 관심으로 높일 수 있다. 이러한 관심으로 인해 상대방은 마치 따뜻한 햇볕을 쬐는 것처럼 그 속에서 서서히 성장해나갈 수 있다. 잘한 일이 있으면 진심으로 칭찬해주고, 실수를 했다면 관심 어린 질책을 해주는 사람이야말로 진정한 지도자인 것이다. 그저 성격 좋은 동네 아저씨처럼, 아랫사람이 어떤 행동을 하든 칭찬만을 늘어놓는다면 상대방은 나를 두고 '무언가 켕기는 게 있어서' 라고 생각하기 쉽다.

옹정제의 이야기는, 지나친 칭찬은 오히려 독이 된다는 사실을 우리에게 알려주고 있다. 마치 좋은 약도 정량을 초과해 복용하면 병을 치료하기는커녕 오히려 몸을 망치는 것처럼 말이다.

갈등을 해결하라

청나라 중기, 만한滿漢은 점차 융합되어갔다. 당시 청나라 정부는 엄격하기만 했던 한족에 대한 정책을 갈등해소 위주의 방침으로 바꾸기 시작했다. 옹정제 재위 시절, 장정옥과 악이태는 모두 각자의 강력한 붕당을 가지고 있었다. 두 세력은 언제나 팽팽하게 맞서고 있었는데, 두 집안의 사람들과 빈객들이 그 갈등을 더욱 부추겼다. 이런 상황 속에서 옹정제는 이렇게 말했다.

"만주족은 악이태에게 의지하고, 한족은 장정옥에게 기대고 있구나."

그는 장정옥과 악이태의 붕당을 조정하면 만한 관료들 사이의 갈등을 어느 정도 해결할 것이라 생각했다.

장정옥과 악이태는 옹정 시절, 각각 문과 무, 만滿과 한漢을 대표하던 중신들이었다. 비록 두 사람의 상하관계를 정확히 따지기는 힘들었지만 굳이 따진다면 장정옥이 악이태의 아래라고 하는 것이 정확하다. 하지만 출세를 하고 옹정제의 총애를 받은 것은 장정옥이 악이태보다 훨씬 먼저였다.

장정옥은 안휘 동성 사람으로, 자는 형신衡臣이었다. 강희 연간, 진사에 급제해 내각학사로 임명된 그는 형부, 이부시랑을 지내기도 했다. 옹정 시기에 또다시 보화전 대학사와 군기대신으로 승진한 그는 이부와 호부를 함께 관할했으며, 한림원 장원학사掌院學士를 겸하기도 했다.

악이태와 달리 장정옥은 대대로 선비 집안에서 태어났다. 그의 아버지 장영은 뛰어난 문학적 재능으로 강희제의 총애를 받았다. 가장 먼저 남서방에 발탁되어 강희제 곁을 지켰던 그는 대학사의 자리에까지 올랐으며, 세상을 떠난 후에는 '문단文端'이라는 시호를 받았다. 그의 시호는 정학을 숭상하고 품행이 단정하다는 뜻을 담고 있다.

장정옥은 장영의 둘째 아들이었다. 그의 큰형 장정찬은 첨사부詹事府의 소첨사였으며, 아우 장정로는 예부시랑, 장정록은 공부시랑을 지냈다. 또한 장정옥의 세 아들 역시 높은 관직에 올랐다. 큰아들 장약애와 둘째 아들 장약징은 모두 남서방에 발탁되어 내각학사로 임명되었고, 막내아들은 내각학사를 시작으로 군기장경, 시랑, 상서 등의 관직에 오르기도 했다. 장정옥의 제자 왕유돈은 스승을 위해 만든 《묘지명》에서 대단한 그의 집안에 관해 언급하기도 했다.

"그의 집안에는 관복을 입고 있는 사람이 셀 수도 없을 정도였는데, 그것은 분명 대단한 영광이었다."

동성의 거족巨族이었던 장 씨 일가 사람들은 대부분 과거시험을 통해 관직에 올랐다. 장 씨 가문의 부귀는 모두 그 공명에 의해 이루어진 것이다. 하지만 2대에 걸쳐 높은 관직에 오른 가문의 힘으로 그의 친인척들 대부분은 크고 작은 벼슬을 하게 되었다. 때문에 건륭 6년(1740년), 좌도어사 유통훈은 상소문을 통해 이런 상황을 비판하기도 했다.

"정계에서는 '동성 장 씨와 요姚 씨 일가 중 진신(搢紳 : 세습관리)인 자가 절반이 넘는다' 는 말이 나돌고 있습니다. 장 씨 일가에서 관직에 오른 자는 장정로 외에 19명이며, 그들 가문과 결혼을 한 요 씨 중 관리가 된 자는 요기신을 비롯해 10명이나 됩니다."

장정옥의 세력이 얼마나 컸는지를 알 수 있는 말이다.

장정옥은 국경 지역에서 벼슬을 하지 않고 관직에 오른 후부터 줄곧 황제 곁을 지켜왔다. 아버지와 마찬가지로 황제에게서 대단한 신임과 총애를 받았던 그는, 문학적 재능을 갖췄음은 물론 서예에도 뛰어났다. 그 때문에 강희 말년, 남서방에 발탁되어 황제의 조칙을 쓰는 일을 맡게 되었던 것이다. 옹정제 즉위 후 장정옥은 대학사의 신분으로 이부와 호부의 일을 주관했지만 실제로는 옹정제의 비서나 마찬가지였다. 청나라 사람 진강기는 장정옥을 두고 "매일 밤낮으로 조정에 머물며 황제를 알현했다. 황제에게 중요한 일이 있으면 항상 그것을 계획하고 의견을 냈다."라고 말하기도 했다.

장정옥은 황제의 조칙을 쓰는 것 외에도 《성조인황제강희실록聖祖仁皇帝康熙實錄》의 편찬책임을 맡고 있었다. 그리고 그는 이 분야에서 특별한 재능을 보이기도 했다. 때문에 옹정제는 늘 장정옥을 칭찬하며 "언제나 노력한다. 짐이 하고자 하는 말을 정확하고 자세하게 전달한다."라고 했다. 심지어 장정옥에게 선입견을 갖고 있었던 건륭제 역시 훗날 그를 칭찬하는 글을 쓰기도 했다.

述旨信無二 萬言頃刻成 술지신무이 만언경각성

유지를 쓰는 것은 언제나 믿을 만하며, 만 개의 글자를 눈 깜짝할 새에 써 내려간다

繕皇祖實錄 紀注能盡誠 선황조실록 기주능진성

황조실록을 편찬하는 데 있어 성의를 다하는구나

이처럼 장정옥은 재사才思가 민첩해 거침없이 단번에 문장을 만들어내기도 했다. 하지만 무엇보다 그의 사람됨을 잘 나타내는 단어는 황제가

말했던 신信과 성誠일 것이다.

관대하고 너그러운 성격의 장정옥은 매사에 신중했다. 항상 국가기밀과 관련된 일을 했던 그는 단 한 번도 기밀을 외부에 누출시킨 적이 없었다. 밤이면 촛불 2개를 켜놓고 낮에 미처 하지 못했던 일들을 처리했다. 일단 잠자리에 들었다가도 할 일이 생각나면 즉시 자리에서 일어나 옷을 걸치고 붓을 들었다.

아는 것이 많았던 장정옥은 덕분에 적은 일을 하고도 큰 효과를 거둘 수 있었다. 그는 각 부원의 대신, 사원, 서리들의 이름과 고향은 물론 그들이 언제 과거에 급제하고 관직에 임용되었는지 막힘없이 술술 이야기할 수 있었다. 이로 인해 더욱더 옹정제의 눈에 들게 되었음은 물론이다.

하지만 그의 기민함은 '황제의 의중을 정확히 꿰뚫어 보는 데'만 있지 않았다. 그는 관리들을 다스리는 데도 탁월한 능력을 보여 아랫사람들의 부정을 모두 알고 있었다. 사서에는 이에 관한 재미있는 일화가 남아 있기도 하다.

> 어느 날, 장정옥이 정무를 처리하고 있을 때였다. 조사曹司가 문서 한 장을 들고 와 말했다.
> "이 문서는 '원씨현元氏縣'을 '선민현先民縣'으로 잘못 썼기 때문에 절대 받아들일 수 없습니다."
> 그러자 공(장정옥)이 웃으며 말했다.
> "'先民'을 '元氏'로 쓴 것이라면 그들의 잘못이 맞겠지만, '元氏'를 '先民'으로 바꾸는 것은 단지 몇 획만 써넣으면 되지 않느냐! 분명 그대들 중 누군가가 필요에 의해 그렇게 한 것임에 틀림없다."

그 시절의 관리들은 글자 하나하나에 트집을 잡으며 쓸데없이 권력을
행사하는 경우가 허다했다. 하지만 그런 그들도 장정옥의 재능과 총명
함 앞에선 꼼짝할 수 없었다. 그도 그럴 것이 '元氏'라는 글자에 단 몇
획만 써넣으면 '先民'이 되는 데다, 상주문에 자신의 고을 이름을 잘못
쓰는 일은 있을 수 없었다. 그래서 서리가 농간을 부린 것이라 확신한
장정옥은 그를 파면시켜 버렸다.

장정옥은 언제나 겸손함을 잃지 않고 양심을 지키려 노력했다. 그가
과거시험을 담당하는 관리로 있을 때였다. 누군가가 친분관계를 이용해
시험에 통과할 요량으로 완곡하게 부탁을 해왔다. 그러자 장정옥은 "창
문 밖 달빛이 낮처럼 밝으니, 어두운 밤이라고 생각하지 마라."라는 시
를 지어 이를 거절했다. 옹정제는 그런 그를 칭찬하며 말했다.

"겉은 온화하고 속으로는 신념을 위한 고집이 있는 그는 국가대사를
책임질 만한 인물이다."

옹정 4년(1726년), 장정옥은 문연각文淵閣에 발탁되어 대학사가 되었다.
그 후에는 문화전과 보화전 대학사가 되었으며 이부와 한림원 같은 중
요한 부서를 관리하게 되었다. 옹정 7년, 장정옥은 서북전쟁에서의 필
요로 설립된 군기처의 초대 군기대신 3명 중 하나가 되었다. 군과 관련
된 유지 발표와 '정기定寄' 작성을 포함한 군기처의 모든 제도는 장정옥
의 손을 거쳐 탄생했다. 옹정제는 조금의 망설임도 없이 장정옥을 자신
의 팔과 다리에 비유하며 그에 대한 무한한 신뢰를 드러냈다.

옹정 5년(1727년) 5월, 장정옥이 가벼운 병에 걸리자 옹정제는 어의에
게 병을 살피도록 하는 한편 내시들을 보내 극진히 간호하도록 했다. 그
때 옹정제는 시위에게 이렇게 말했다.

"짐은 요즘 매일 팔이 쑤시고 아픈데 그 이유가 뭔지 알겠느냐?"

시위가 어리둥절한 표정으로 이유를 묻자 옹정제가 웃으며 말했다.

"대학사 장정옥이 병을 얻었는데 짐의 팔의 어찌 아프지 않을 수 있겠느냐!"

이렇게 황제에게서 특별한 신뢰와 사랑을 받았던 장정옥은 자연스레 높은 지위에 오르게 되었다. 매일 엄청난 양의 일을 처리해야 했던 장정옥은 가끔씩 조방朝房이나 관청에서 업무보고를 받기도 했다. 그럴 때면 두 손 가득 서류를 든 관리들이 길게 줄을 서서 그를 기다리곤 했다. 장정옥은 말을 탈 때나 가마 위에서도 각종 문서들을 읽으며 잠시도 쉬지 않았다.

권력이 강해지면 세력 역시 막강해지기 마련이다. 그는 성심껏 황제를 보필하면서 자신의 세력 또한 형성해나갔다. 건륭 6년, 이미 64살이 된 장정옥은 삼조원로(三朝元老 : 3개의 왕조를 걸쳐 대신을 지낸 인물)가 되었다. 그러자 재능을 인정받아 관직에 오르기 위해 그에게 의탁해오는 사람이 셀 수 없을 정도로 많아졌다.

중국에는 예전부터 '이이제이(以夷制夷 : 오랑캐로 오랑캐를 제압함)'라는 책략이 있다. 이를 본받은 옹정제는 '이한제한以漢制漢'의 전략을 구사했다. 그것은 분명 청나라 통치자들의 커다란 정책상의 발전임에 틀림없다.

천하의 흥망성쇠는 군주에게 달려 있다

《제감(帝鑑)》에 이런 글이 있다.

"군주에게는 두 가지 책임이 있다. 사람의 재능을 알아보는 것(知人)과 백성을 편안하게 하는 것(安民)이다."

옹정제는 바로 이 두 가지 분야에서 뛰어난 황제였다. 사람의 재능을 잘 알아보았기에 그의 주위에는 훌륭한 장수와 인재들이 많았고, 백성들을 편안하게 해주었기에 그가 재위했던 시절에는 별다른 사회동요가 없었다.

옹정제는 먼저 '안민'을 위해 백성들의 부담을 줄이는 데 노력을 기울였다. 옹정제는 근대적인 세수제도를 만들 능력은 없었지만, 늘 백성들의 괴로움과 고통을 줄이기 위해 최선을 다했다.

당시 강소는 밀린 전부(田賦 : 토지에 부과하던 조세)가 산동보다 많았다. 순무 윤계선과 시랑 팽유신이 조사한 바에 따르면, 강희 51년부터 옹정 4년까지 전부 1,000만 냥 이상의 세금이 밀렸다고 한다. 그때 누군가가 밀린 세금을 매년 나누어 갚도록 하자는 제안을 했다. 그러자 옹정제는 다음과 같은 결정을 내렸다.

"밀린 세금을 매년 나누어 갚고, 그다음 해에는 본래 징수된 세금에서 일정액을 감면해준다."

실제로 밀린 세금을 감면해주는 것과 같은 조치였다. 게다가 그 방법은 순치제나 강희제 시절보다 훨씬 공정했다. 순치제와 강희제는 아무런 조건 없이 체납된 세금을 면해주었는데 그 결과, 체납자들이 그것을 악용하려 했다. 하지만 옹정제 때는, 불량 체납자들은 밀린 세금을 어느 정도 내고 성실한 납부자들은 약간의 정세正稅를 감면해주는 방식을 택했다.

옹정제는 화모火耗가 백성들에게 있어서는 부담이지만 또 다른 한편으로 관리들에게는 절대 없어서는 안 될 '수입의 원천'이라는 사실을 잘 알고 있었다. 때문에 반드시 그에 대한 개혁이 필요했다. 당시 관리들은 박봉에 시달리고 있었다. 지부의 한 달 봉록은 겨우 은자 2냥에 불과했다. 산동 지역을 기준으로 당시 쌀 한 섬이 은자 2냥 정도였다. 그런데 어떻게 이런 봉록으로 처자식을 먹여 살리고 하인을 부리며 상사에게 잘 보일 수 있단 말인가?

그때 낙민이라는 사람이 나타났다. 만주 정남기 사람인 그는 옹정제에게 등용되어 산서순무의 자리에 올랐다. 그는 옹정제에게 '화모귀공'을 제안했다. 즉, 각 주와 현에서 매년 거두어들이는 '모은耗銀'을 해당 성의 포정사사布政使司의 '사고司庫'로 모은 후, 그중 20만 냥은 재정 적자를 메우는 데 쓰고, 그 나머지를 관리들의 '양렴은'으로 지급하는 것이다.

옹정제는 먼저 '왕대신'들에게 이를 토론하도록 한 다음, 낙민의 건의를 비준하도록 했다. 이때부터 산동뿐만 아니라 다른 성에서도 이 제도를 시행하게 되었다.

옹정제는 재정 분야에서도 새로운 정책을 내놓았다. 그는 강서순무 매주의 건의를 받아들여 정은丁銀을 지세에 포함시키도록 했다. 그것은 강희 51년에 강희제가 '인정을 기준으로 징수하는 정은은 향후 인정이 증가해도 증세하지 않겠다'고 선포한 내용을 계승한 것이었다. 이렇게 되면 토지를 소유한 사람은 정은을 납부하고, 토지가 없는 자는 정은을 면제받게 됨으로써 덕정을 펼치는 것이나 다름없었다.

인재를 알아보는 데 있어서 옹정제는 아버지를 따라갈 수 없다고 겸양을 떨었다. 하지만 그는 강희제보다 관리들의 사정을 더 잘 파악하고 있었다. 천하의 폐단이 어디에서 기인하는지, 정계의 악습 중 무엇이 가장 큰 문제인지 잘 알고 있었기에 모든 정무를 순조롭게 처리할 수 있었다. 그리고 어떠한 문제도 그의 눈을 피해갈 수 없었다. 특히 옹정제는 사람의 재능을 알아보고 인재를 적절하게 등용하는 것이나 아랫사람을 통제하는 데 있어 탁월한 재능을 보였다.

옹정제는 항상 이렇게 말했다.

"천하에서 가장 중요한 일은 바로 사람을 쓰는 것이다. 이 외에 다른 것은 하찮은 일에 불과하다."

'인치人治'를 무엇보다 중요하게 생각했던 중국 봉건사회에서 옹정제의 생각은 매우 옳은 것이었다. 정확하고 올바르게 인재를 등용할 수 있다면 천하는 쉽게 다스릴 수 있다. 옹정제는 황제로서 자신만의 인재등용 원칙과 방식을 구축해나갔다.

강희제의 용인술은 '너그럽고 온화함'으로 대표된다. 때문에 그의 관료집단은 상대적으로 안정적이었다. 하지만 강희제 재위 시절, 조정에는 무능한 관리들이 많았고 부정부패 또한 나타나게 되었다. 이런 강희제 말년의 상황을 바꾸어보고자 했던 옹정제는, 패기 있고 개척정신이 강한 관리집단을 만듦으로써 자신의 정치목표를 실현하려 했다. 그의 용인술 원칙은 바로 '오직 재능을 바탕으로 한 인재기용'에 있었다.

중국 역대 군주들의 용인술은 항상 덕德과 재才 중 어느 것을 더욱 중요하게 생각하느냐에 따라 바뀌었다. 덕과 재를 겸비한 사람도 물론 있지만, 그 수가 매우 적어 나랏일에 쓰이기에는 충분치 않았다.

높은 덕을 갖춘 사람은 일반적으로 충분한 재능을 가지지 못한 경우가 많다. 이들은 충성심이 뛰어나고 신중하지만 개척성을 가진 군주형 인물은 아니다. 이런 사람들은 믿을 수 있지만 커다란 일을 맡길 수는 없다. 반대로 재능 있는 인물은 교만하기 쉽고 도덕의 제약을 받지 않으려 하기 때문에 제어하기가 쉽지 않다. 큰일이든 작은 일이든 언제나 흠을 드러내며 많은 사람들에게 미움을 사기도 한다. 하지만 큰일을 이루는 사람들은 대부분 이들이다.

옹정제의 용인술은 시대적 요구를 원칙으로 했다. 그가 재위했던 시절, 과거의 낡은 관습을 깨고 새로운 정치개혁을 이루기 위해서는 반드시 재능 있는 인물이 필요했다. 즉 이런저런 결함이 있어도 재능만 있다면 반드시 그를 기용해야 했던 것이다. 옹정제는 국가가 관직을 만들고 직위를 결정하는 것은 일을 하기 위함이지 사람을 쓰기 위해서가 아니라고 생각했다. 특히 관직을 이용해 할 일 없는 사람이나 평범한 인물의 배를 불릴 수는 없었다.

누구든 맡은 일을 훌륭하게 처리할 수 있는 사람을 임용했던 그는 인재의 출신이나 덕성, 명망을 따지지 않았다. 이런 전제조건 속에서 결점을 가진 인재들에 대한 교육을 강화하고, 무능한 사람들은 자신의 자리를 이들에게 넘겨주도록 했다. 옹정제는 전문경의 밀주에 이런 글을 남기기도 했다.

"무릇 재능이 있는 자라면 반드시 그를 아끼고 가르쳐야 한다. 짐의 뜻이 이상하게 생각되겠지만 모든 신하들은 그 범위를 벗어날 수 없으니 두려워할 필요는 없다. 교육을 했지만 듣지 않으면 법에 따라 처리하면 된다. 그들이 스스로 화를 자초한 것이니 그대들과는 아무런 관계가 없다. 그러니 경들은 재능 있는 자를 추천하는 데만 힘쓰도록 하라. 무능한 데다 안일을 꾀하고 명성을 좇기만 하는 자들은 다루기는 쉬우나 큰일을 망칠까 두렵구나."

그의 용인술에 대한 원칙이 그대로 드러나는 말이다.

아무리 현재賢才라 할지라도 옹정제는 항상 그들을 엄격하게 대했다. 역대 제왕들은 대신들에게 청淸, 신愼, 근勤을 강조했다. 하지만 옹정제는 그것만으로는 부족하다고 생각했다. 관리, 그것도 높은 지위에 있는 관리는 반드시 더 넓은 시야와 원대한 뜻, 넓은 가슴을 가져야 한다고 생각했던 것이다. 그러지 않으면 아무리 인품이 좋아도 그저 그런 꼭두각시 역할을 면하기 힘들다. 진정한 재능을 갖춘 인물이라면 기꺼이 관습을 깨고 파격적인 대우를 아끼지 않았다. 그는 전문경, 악이태 등 자신이 아끼는 심복들에게 유지를 내려 자격에 구애받지 말고 마음껏 인재들을 천거하라고 했다.

옹정제 시절, 무능함으로 인해 관직을 박탈당한 관리는 수도 없이 많았다. 옹정제 역시 바로 이 때문에 '각박하고 매정한 황제' 라고 평가되었다.

하지만 옹정제는 재능 있는 신하들에게는 절대 매정하거나 각박하지 않았다. 그는 이들에게 자주 후한 상을 내리거나 파격적인 승진을 감행했다. 또한 신하가 병이 나면 직접 어의를 보내 간호하도록 했다. 양종인, 송위, 방근 역시 황제의 총애를 받았다. 강소순무 진시하는 운남에 있는 노모를 자신의 부임지로 모셔오려 했다. 그러자 옹정제는 운남독무에게 직접 그의 노모를 강소로 데려오도록 했다.

옹정제는 정치적 견해가 다른 신하라 할지라도 충심을 잃지 않고 성실하게 직무를 수행하기만 하면 언제나 그를 믿어주었다. 주식이 바로 좋은 예다. 일찍이 옹정제가 제안한 화모귀공, 서북정벌을 반대했던 그는 뛰어난 재능과 조정에 대한 충성심으로 인해 옹정제에게서 무한한 신임을 받았다. 감찰어사 이원직은 옹정제에 관한 상주문을 올렸는데,

그 언사가 매우 방자했다. 하지만 별다른 악의가 없다고 생각한 옹정제는 여지를 하사하고 그를 안심시켰다. 이러한 이야기는 한두 가지가 아니다.

옹정제의 용인술에는 그만의 특징이 있다. 재와 덕 중 재능에 더 많은 비중을 두었던 그는 명예를 좇고 일신의 안일만을 생각하며 낡은 관습을 고집하는 이들은 절대 등용하지 않았다. 그의 이러한 용인술은 옹정 시절의 치세治世에도 많은 영향을 미쳤다. 바로 이 때문에 옹정제는 지인知人이나 안민安民 문제에서 항상 공정한 태도를 유지할 수 있었던 것이다.

붕당의 무리를 없애다

어떠한 집단이든 서로 단결하지 못하는 문제는 있게 마련이다. "당 내에 파벌이 없다면 그게 더 이상하다."라는 말도 있지 않은가? 어떠한 집단이든 이익관계나 서로 다른 관점 때문에 대립하는 파벌이 생길 수밖에 없다. 이런 파벌들은 각종 경쟁을 통해 대표인물을 뽑게 된다. 이런 상황에서 대립은 더욱 첨예해진다. 고대의 통치자들은 파벌의 형성, 즉 붕당을 몹시도 싫어했다. 그로 인해 조정의 권력이 분산될 뿐 아니라 군왕의 위엄에도 해가 되고, 조화로운 사회 분위기도 파괴되기 때문이다. 따라서 옹정제는 이런 붕당현상을 없애기 위해 엄격한 조치를 취했다.

옹정제가 황위에 오른 지 4년이 되던 해, 붕당에 반대하는 두 번에 걸친 대규모의 투쟁이 끝났다. 바로 윤이 집단과 연갱요 집단을 철저하게 무너뜨린 것이다. 하지만 얼마 지나지 않아 또다시 직예총독 이불이 하남순무 전문경을 탄핵한 사건이 발생했다. 이로써 세 번째 붕당 소탕사건이 불거졌다. 바로 과갑科甲관리가 결성한 붕당을 반대하는 투쟁이었다.

'과갑붕당'이란 진사 출신 관리들이 만든 붕당을 말한다. 이러한 붕당은 봉건사회에서도 그 역사가 꽤 오래되었으며, 영향력 역시 무시할 수 없었다. 청나라 건립 후 역대 제왕들은 계속해서 과거제도를 계승하고 시행했다. 이렇게 해서 자연스럽게 과갑붕당 역시 생겨나게 된 것이다.

일찍이 순치제는 이부에 명령을 내려 "스승을 중심으로 제자들이 규합하는 행위를 엄격히 금한다."는 방을 써 붙이기도 했다. 바로 붕당으로 불거지는 여러 가지 문제를 근절하기 위함이었다. 강희 통치 말년, 붕당세력은 계속 커졌는데, 그중 가장 중심에 있었던 것이 바로 과갑붕당이었다. 이에 대해 강희제는 이런 말을 했다.

"짐이 재위에 오른 지 40여 년 동안 여러 신하들의 상주문을 살펴본 결과, 그대들이 모두 사사롭게 당파를 형성했다는 사실을 알 수 있었다."

강희 55년 9월, 대학사, 9경, 첨사, 과도 등의 관리들에게 이런 말을 하기도 했다.

"9경 및 제무들 중에서 재물을 탐하고 행동이 바르지 못한 자들이 있음이 알려졌다. 과도의 관원들은 즉시 이들을 탄핵해야 하지만 자신을 추천해주었다거나 혹은 스승이라는 이유로 이들 무리를 비호하고 그 잘못을 감추고 있다."

당시 스승과 제자관계로 맺어진 붕당의 무리가 많았다는 것을 알 수 있는 대목이다. 올바른 정치풍토를 파괴하고 황권을 약화시키는 붕당은 전제군주에게 절대 용납될 수 없는 것이었다.

번저에서 오래 머물렀던 옹정제는 45살이 되어서야 황제의 자리에 올랐다. 때문에 그는 강희 말년, 과갑붕당을 포함한 붕당세력의 횡포에 대해서 누구보다 잘 알고 있었다. 특히 옹정제 즉위 이전, 그와 황위 다툼을 벌였던 윤이와 윤제는 진사 출신 관리들과 유명한 학자들을 자기편으로 끌어들이기 위해 무던히도 애썼다. 이를 통해 자신들의 명성을 높이려 했다. 이 방법은 꽤 효과가 있었다. 강희제가 태자를 폐위했을 때 조정의 관원 대부분이 윤이에게로 마음이 기울었던 것이다.

그들 중 한족 관료 대부분은 진사 출신이었다. 인仁과 애愛를 강조했던 윤이가 결국 그들의 마음을 사게 된 것이다. 이런 상황은 옹정제가 진사 출신 인사들에게 반감을 가지도록 하기에 충분했다. 이는 훗날 진사 출신 관리들에 대한 그의 정책에서도 잘 나타난다.

옹정 원년 정월, 막 황좌에 오른 옹정제는 대학사들에게 다음과 같은 훈시를 내렸다.

"국가가 인재를 양성하기 위해서는 반드시 먼저 한림학사를 중시해야 한다. 이들은 품행이 바르고 신중해야만 비로소 훌륭한 관료가 될 수 있다. 하지만 일부 요행을 바라는 자들이 사사롭게 붕당을 결성하고 있다. 이들은 과거시험 때가 되면 온갖 인맥을 동원해 자신을 천거해주기를 공공연하게 요구하는가 하면, 이에 동조하지 않으려는 사람은 온갖 비방을 퍼뜨려 관직에서 물러나게 하고 있다."

그래서 옹정제는 대학사 장붕핵과 상서 전종전, 서원몽, 좌도어사 주식, 시랑 장백행, 이불 등에게 장원학사와 회동하게 하고 한림원과 첨사부의 관리 중 본분을 다하지 않고 관리가 마땅히 갖추어야 할 품성에 먹칠을 하는 자를 찾아내어 파직시킬 것을 명령했다. 그는 이 모두를 행함에 있어 조금의 인정도 봐주어서는 안 될 것이라고 덧붙였다.

옹정 3년 6월, 장로의 순염어사巡鹽御使 망곡립은 같은 문하에 있었던 관리들이 단합하는 것을 금해야 한다는 내용의 상주문을 올렸다. 망곡립은 과거제도로 인해 형성된 스승과 제자 간의 옳지 못한 사생관계 및 정계의 풍토, 즉 별다른 사생관계가 없는 관료들이 권력이 막강한 자를 스승으로 삼아 그에게 비호와 천거기대를 바라는 것을 강하게 비판했다. 그는 일부 관리들이 백성들을 가혹하게 수탈하는 것 역시 스승에게 잘 보이기 위해서라고 지적했다.

이렇게 과갑붕당을 반대하는 것은 부정부패를 척결하고 붕당의 무리를 없애려는 옹정제의 생각을 그대로 드러낸 것이나 다름없었다. 때문에 옹정제는 매우 기뻐하며 이렇게 비답을 내렸다.

"스승과 제자가 서로 결탁하는 것이 얼마나 큰 폐단인지 짐은 잘 알고 있다. 그대의 상주문은 짐의 뜻과 같구나."

그는 즉시 9경 회의를 소집하고 망곡립의 제안을 받아들여 조정의 내외 관리들이 학연을 중심으로 붕당을 만드는 행위를 엄격하게 금지토록 했다.

도당을 이루어서 사리사욕을 꾀하는 일은 아주 오래전부터 있어 왔고 또 지금도 계속되고 있다. 이 때문에 한 유명한 기업가는 직장 내에서의 파벌발생을 막을 수 있는 전략에 대해 얘기하기도 했다. 거기에는 부하직원들과 교류를 많이 가지라는 내용이 포함되어 있다.

부하직원들은 아는 게 많아지면 점점 의심하는 마음이 들게 되고 그러면 소문을 퍼뜨리게 마련이다. 이런 소문이 도는 초기에 반드시 그에 대한 해명을 해야 한다. 만약 그것이 힘들다면 편지를 이용해서 부하직원의 의심을 없애도록 하자. 아니면 그들을 결정과정에 참여시키고 그다지 중대한 사안이 아니라면 직접 결정을 내리게 하는 것도 좋다. 이렇게 하면 깨어 있는 상사의 모습을 보여줄 수 있을 뿐만 아니라, 만약 유언비어가 나돌 경우 부하직원들은 즉시 상사에게 알리게 된다.

정기적으로 부하직원들과 대화의 시간을 가지면 그들이 처한 상황과 반응을 즉시 알 수 있다. 또 이는 그들에게 회사의 상황을 설명해줄 수 있는 좋은 기회가 된다. 만약 부하직원이 대답하기 곤란한 질문을 해온다면 더 직급이 높은 상사에게 물어보면 된다. 문제가 발생했을 때는 경력이 많고 신임할 수 있는 부하를 통해 지금 돌고 있는 소문을 보고받는 것이 좋다.

파벌문제를 해결할 때 지도자는 각종 세력이 하루아침에 탄생한 것이 아니므로 단기간에 모두 없앨 수 없다는 점을 인정해야 한다. 이렇게 복잡한 환경에서 살아 남아온 이들의 '세력'은 그만의 생존가치가 있게 마련이다. 모든 '세력'은 조직 안에서 특수한 역할을 하고 있다. 그리고 모든 '세력'은 다른 '세력' 혹은 지도자에게 미세한 영향력을 미치며 견제역할을 하고 있다.

모든 '세력' 내에는 핵심역할을 하는 대표인물들이 있다. 이러한 대표인물들은 당당하게 모습을 드러내기도 하고 겸손하게 군중의 뒤에 숨어 있기도 한다. 각종 '세력'들은 서로 배척하거나 융합하기도 하고 대립하거나 단결하기도 한다. 또 협력하거나 각각의 길을 가기도 한다. 어떠한 '세력'이 강해졌다는 것은 또 다른 '세력'의 약화를 의미한다. 이렇게 강해진 세력이 어느 정도까지 성장하면 원래 균형을 이루었던 관계는 깨져버리고 그에 따라 새로운 평형관계가 생성된다.

어떠한 세력도 영원히 옳을 수는 없다. 마치 사람이 평생 일관되게 옳을 수 없는 것처럼 말이다. 지도자와 각종 '세력'들 사이에는 법으로 정해진 지도자와 피지도자의 관계가 존재한다. 특히 지도자가 중대한 실수를 범했을 경우, 상급 조직은 이 세력 중 하나의 대표인물을 선출해 새로운 지도자로 삼는다.

지도자는 이들 중 어떠한 파벌에도 치우쳐서는 안 된다. 그것을 지켜나가면 전체적으로 유리한 위치를 점할 수 있을 뿐 아니라, 각종 '세력'들에 대해 지도와 협력, 감독, 제약의 기능을 할 수 있다. 이 모두를 위해서는 반드시 일시동인(一視同仁 : 누구나 차별 없이 대하다)의 원칙을 지킴으로써 각종 세력이 신뢰할 수 있는 지도자가 되어야 한다.

일찍이 인재관리에 탁월한 능력을 보였던 한 사람은 이런 말을 했다.

"아랫사람들은 반드시 분류해서 관리해야 한다. 명예를 중요하게 생각하는 사람은 관리자로 쓰기에 적합하다. 그들은 자신의 명예를 지키기 위해서 국가의 관리질서와 법제를 지키고 존중하기 때문이다. 하지만 평범한 사람이나 객관적 규율에 맞추어 일을 하지 않는 사람은 쉽게 명예를 얻을 수 있는 일을 시켜서는 안 된다. 똑똑한 사람과 우둔한 사람을 다루는 방법은 달라야 한다. 우둔한 사람은 상벌의 방법으로 이끌어야 하며, 똑똑한 사람은 서로의 협조를 통해 그 재능을 최대한 이끌어낼 수 있다. 따라서 훌륭한 관리자는 먼저 상대방의 본질을 파악하고 그를 관리하는 방법을 결정해야 한다."

《오자 과적吳子 料敵》에서 강대국의 군주는 반드시 민중을 분류해야 한다고 얘기했다. 대담하고 용기 있는 사람으로 하나의 대오를 구성하고, 최전선에서 자신의 용기와 충심을 보여주고 싶어 하는 사람으로 또 하나의 대오를 구성하며, 민첩하고 걷기 좋아하는 사람으로 대오를 구성한다. 또한 지도자를 잃었을 때 주도적으로 전쟁에 참여해 공을 세울 수 있는 사람으로 하나의 대오를 구성하고, 전쟁이 일어났을 때 나쁜 영향을 미치는 사람들을 가려낼 수 있는 사람들로 마지막 대오를 구성한다. 이러한 5개의 대오는 군대에서 가장 핵심적인 역할을 하게 된다. 이들만 있으면 공격이든 수비든 언제나 성공할 수 있다.

《한비자 정법^{韓非子 定法}》에는 이런 말이 나온다.

"만약 지금 '망나니에게 의원과 목수의 일을 대신하도록 하라' 는 법령이 발표되면 집은 엉망으로 지어지고 병자들은 병을 고칠 수 없게 될 것이다. 목수는 손 기술이 있어야 하고, 의원은 약의 효능에 대해 잘 알고 있어야 한다. 그런데 망나니는 어떤가? 힘이 있고 담이 큰 자라면 누구든 그 일을 할 수 있지 않은가. 그저 힘세고 담이 큰 자에게 지혜가 필요한 관리자가 되라는 것은, 망나니에게 집을 짓고 병을 치료하라는 것처럼 터무니없다."

위대한 관리자는 최고의 관리자가 될 수 있다. 서로 다른 능력을 가지고 있는 사람들이 조화롭게 협력할 수 있는 능력을 가졌기 때문이다. 위대한 지도자는 저마다 다른 능력을 가진 사람들을 꼭 필요한 곳에서 적절하게 사용한다. 그는 일종의 협력관계를 만들어 사람을 쓰며 직위에 따라 사람을 선택하지 않는다. 따라서 관리는 더욱 쉬워지고 지지자도 늘게 된다. 그렇게 되면 대중의 지지를 받는 것은 시간문제다. 옹정제 역시 이 모두를 실천하기 위해 많은 노력을 했다.

천하통치를 마치 요리하듯 하다

관맹상제(寬猛相濟:너그러움과 엄격함은 서로 조화를 이루어야 한다)는 또 다른 말로 왕패잡용^{王覇雜用}, 유체법용^{柔體法用}이라고도 한다. 그것은 선진^{先秦} 시대부터 있어 왔던 정치사상이다. 다음은 《좌전 소공이십년^{左傳 昭公二十年}》에 나오는 이야기다.

중니(仲尼 : 공자의 자) 왈, "정치가 관대하면 백성들은 제멋대로가 된다. 이를 바로 잡기 위해서는 다시 엄격한 정치를 행해야 한다. 엄격한 정치에는 반드시 형벌로 죄인을 다스리는 것을 피할 수 없다. 사람들을 죽인 후에는 다시 관대한 정치를 행해 백성들을 위로해야 한다. 이렇게 관대함과 엄격함을 번갈아 사용하면 천하는 태평해질 수 있다."

이러한 전략은 중국 고대 정치에서 아주 오랫동안 주도적인 역할을 해왔다. 당태종이나 명태조, 청나라의 강희제와 같은 유명한 황제나 제갈량, 장거정 등과 같은 뛰어난 재상들도 모두 이러한 전략을 적절하게 운용했다.

사회생활은 복잡다단하다. 단순히 '인정(仁政)'만을 추구하며 부드러움만을 강조하거나 엄격함만을 고집하게 되면 복잡한 문제를 해결할 수 없다. 국가통치에 있어 '관맹상제'가 얼마나 효과적인 방법인지는 역사적인 사실을 통해서도 증명되었다. 지나치게 엄격하면 백성들은 적극성을 잃게 되고, 지나치게 너그러우면 법령이 효과적으로 관철되지 못해 결국 사회혼란을 야기하게 된다.

옹정제는 '너그러움'을 버리고 '엄격함'을 택했던 황제다. 즉 그는 정책적으로 매우 엄격한 황제였는데, 그것은 그때의 시대적 배경과 국가의 상황 때문이었다.

강희제는 인정을 행한 군주였다. 그런데 '아버지 시대의 정치방식을 그대로 계승할 것인가'라는 문제에 대해 옹정제는 자신만의 견해를 가지고 있었다. 그는 인정이든 엄정이든 반드시 그 시대의 상황을 근거로 결정해야 한다고 생각했다.

그는 자신이 즉위하던 때의 청나라 상황에 대해 이렇게 말했다.

"민심은 이미 오래전부터 흔들리고 있으며 수많은 폐단들이 생겨나고 있다. 때문에 이들을 벌하지 않으면 훗날 더 잡기 힘들어질 것이다."

엄격한 정치를 시행해야 한다고 생각한 그는 너그러운 정치가 당시의 사회 상황에 맞지 않다고 판단했다. 그래서 여러 번에 걸쳐 이와 같은 자신의 생각을 설명했던 것이다.

옹정제는 운귀총독 악이태가 진원鎭沅 토사土司의 반란을 보고한 주절에 이런 말을 남겼다.

"철저히 엄정을 시행하도록 하라. '너그러움寬'은 하늘의 은혜다. 너그러운 정치는 태평성대에나 가능하다. 그것은 군주와 신하의 복이고 천지신명의 은혜다. 하지만 지금은 그것을 시행할 때가 아니다."

그는 또 운남순무 양명시의 주절에 다음과 같은 비답을 남기기도 했다.

"정치가 관대하면 백성들은 제멋대로가 된다. 이를 바로잡기 위해서는 다시 엄격한 정치를 행해야 한다. 엄격한 정치에는 반드시 형벌로 죄인을 다스리는 것을 피할 수 없다. 사람들을 죽인 후에는 다시 관대한 정치를 행해 백성들을 위로해야 한다. 이렇게 관대함과 엄격함을 번갈아 사용하면 천하는 태평해질 수 있다. 이것은 고대 성인의 말이기도 하다."

옹정제는 이를 통해 인정을 주장하는 양명시를 설득하려 했다.

옹정제는 또 너그러움과 엄격함을 조화롭게 사용하라고 말하기도 했다. 그는 호광총독 양종인에게 이렇게 말했다.

"엄격함과 너그러움을 조화롭게 이용하도록 하라."

너그러움을 주장하는 사람들은 '엄격함'에 대해서는 절대 입 밖에 내지도 않는다. 너그러움으로는 쉽게 대중의 마음을 살 수 있기 때문이다. 하지만 엄격함을 주장하는 사람은 타인과 여론의 질책을 받기 십상이다.

옹정제가 관맹상제를 이야기한 것은 바로 '너그러움'에 '엄격함'을 감추기 위함이었다. 실제로 그는 '엄격함'에 더 많은 비중을 두었다. 바로 이 엄격함 때문에 옹정제는 13년 동안 조정의 기강을 바로잡고 단단한 기반을 가진 옹정 시대를 만들어낼 수 있었다.

옹정제는 신하들에게 이런 말을 한 적이 있다.

"과거, 정사를 돌봤던 사람들은 말이 아닌 행동으로 사람의 마음을 움직였다. 그들은 화려한 글이 아닌 실질적인 행동으로 하늘의 뜻에 부합하려 했다. 이렇듯 말이 아닌 행동으로 정치를 행할 때만 백성들이 바른 길로 갈 수 있다. 두 번째로 그들은 관리의 의견을 수렴하고 그들의 행동을 관찰했다. 그리고 그들의 업적을 공정하게 심사했다. 그들은 역사 속 현인들을 거울삼아 항상 자신을 반성했으며, 다른 사람과 힘을 모아 어떻게 하면 백성들을 편안하게 해줄 수 있는지를 고민했다. 이렇게 백성들에게 인정을 베풀고 이득을 가져다주어야만 천하가 안정을 얻을 수 있다."

옹정제의 정치원칙을 현대적인 말로 풀어본다면 바로 "엄격함은 사랑이요, 너그러움은 해가 된다."로 바꿀 수 있다. 물론 현대사회에서도 이말은 꽤 일리가 있다.

사람을 쓸 때는 한 가지 면만을 보지 마라

천하를 도모하려는 사람은 반드시 큰 포부를 품고 있어야 한다. 만약 백성 전체를 생각하는 마음 없이 사사로운 정이나 이익에만 관심을 가진다면 그 사람은 절대 남들에게 위신을 세우거나 신망을 얻을 수 없다. 개인적인 욕심을 가진 사람은 사사로운 무리를 결성하거나 개인적인 친분으로 사람을 쓰기도 하며, 잘못된 사람을 임용하기도 한다. 요행히 어떤 공을 쌓더라도 결국은 비참하게 실패할 수밖에 없다.

정치혁신이라는 목표를 달성하기 위해서는 관료들로 하여금 분발하여 자신의 정책을 집행할 수 있도록 하는 것이 필요했다. 또 철저하게 그 능력에 따라 관리들의 임용 여부를 결정해야만 했다. 바로 이를 위해서 옹정제는 청나라의 전통적인 제도에 얽매이지 않기로 했던 것이다.

옹정제의 용인술 원칙은 합리적이었다. 옹정제는 결점이 있는 인재에게는 '아끼고惜之, 교육하는敎之' 방법을 썼다. 이렇게 재능 있는 자들을 적극적으로 아끼고 보호하는 그의 태도는 정치가의 넓은 가슴을 그대로 보여주는 것이었으며, 진정한 용인술이기도 했다.

옹정제가 즉위한 지 얼마 되지 않았을 때, 일부에서는 그의 용인술이 법도에 어긋난다며 비난하기도 했다. 사람들은 옹정제가 많은 정적과 권신, 탐관오리들을 제거한 것을 쉽게 받아들일 수 없었다. 또 그들은 옹정제의 충신들이 모두 그가 번저에 있을 때부터 관계를 맺어온 사람들이라고 오해했다.

옹정 원년 2월, 옹정제는 노기 가득한 목소리로 말했다.

"바깥세상의 음흉한 무리들이 헛된 소문을 만들어내고 있다. 누군가를 귀양 보내면 짐이 옛 원한을 갚기 위해 그리 한 것이라 떠들고, 또 누군가를 등용하면 짐이 사사로운 관계를 이용해 그를 임용한 것이라 수군댄다."

하지만 사실 그가 중용한 대부분의 사람들은 번저에 있을 당시 알았던 인물이 아니었다. 그가 자신과 다른 정책을 주장하는 사람을 받아들일 수 있었던 것, 예를 들면 자신의 개혁을 반대했던 사람이자 그의 숭불을 탐탁지 않게 생각했던 인물들을 포용한 데는 붕당을 결성하지 않았다는 전제조건이 있었다. 옳고 그름을 정확히 알았던 그는 모든 일을 하는 데 있어 청나라와 자신의 통치기반을 먼저 생각했다. 그래서 자신과 다른 목소리를 내는 사람도 너그럽게 받아들일 수 있었던 것이다. 그는 살인광이 아니라 바로 정치가였다.

옹정제는 다른 황제들과 마찬가지로 '남면지술(南面之術 : 군주가 국가를 다스리고 관리하는 책략과 방법)' 을 열심히 행했다. 그가 군주의 세도를 실현하는 데는 "짐을 따르는 자는 흥하고 거스르는 자는 망하리라."와 같은 문제점이 있었다. 모든 인재들에게 그들의 능력을 발휘하게 할 수는 없었던 것이다. 그가 신하들에게 불공평한 처벌을 했던 것이 바로 그예다.

황하가 맑아졌을 때 모든 신하들이 축하공문을 보내왔다. 그때 운남 독무 양명시와 악이태가 보낸 축하서신이 모두 규격에 맞지 않았다. 그러자 옹정제는 양명시를 이부에 넘겨 처벌을 결정하도록 했다. 하지만 악이태는 아무런 처벌도 받지 않았다. 같은 실수를 했는데도 전혀 다른 처우를 받았으니 자연스레 불만이 터져 나올 수밖에 없었다. 그때 옹정제는 이런 말을 했다.

"사람을 볼 때는 그 본모습을 봐야 한다. 한 번의 잘못으로 수많은 장점을 덮어버려서는 안 되며, 한 번의 공으로 수많은 결점들을 없는 것으로 만들어서도 안 된다. 잘못을 했을 때 그것이 의도된 것인지 아니면 단순한 실수인지 짐은 모두 알고 있다."

옹정제는 관리들을 두 부류로 나누고 대우를 달리했다. 그는 재덕을 겸비한 인재를 중용했는데, 그들은 초고속 승진을 거듭했다. 옹정제는 이런 신하들이 실수를 할 경우, 가벼운 훈시만을 할 뿐 별다른 처벌은 내리지 않았다. 하지만 명성을 좇는 평범한 인재들에게는 질책과 좌천, 면직과 같은 무거운 처벌을 내렸다.

옹정제의 용인술의 원칙과 실천은 다음의 두 가지로 나눌 수 있다.

첫째, 인재의 출신성분은 중요하지 않다.

즉, 어느 시기든 항상 인재의 선발을 중시하고 각 분야의 인재들을 끌어들여 내 사람으로 만드는 데 조력을 기울여야 한다. 이때 그 인재가 어떤 정치집단에서 왔는지는 중요하지 않다.

당태종 주위의 문무대신들 중 대부분은 수나라의 신하들이었다. 그들 중에는 이밀, 두건덕, 왕세충 등과 같은 무리에서 온 인물들도 있었다. 당태종은 이들을 서달, 진숙보, 정교금과 똑같이 대했다.

강희제가 인재를 선발할 때, 누군가가 연안 일대에는 재능이 있는 자가 없다고 말했다. 또 남방 일대의 사람들 역시 행동이 경박하여 중용할 인물이 하나도 없다고 주장하는 사람도 있었다. 하지만 옹정제는 인재를 선발할 때 지역을 따져서는 안 된다고 못 박았다.

"산골짜기의 작은 마을에도 인재가 있는 법인데 남쪽 지역 사람들이 모두 무능하다고 감히 누가 말할 수 있겠는가? 예로부터 장수를 쓰는 데는 절대 남북을 따지지 않았다."

둘째, 사적인 이유로 인재를 임용하는 것을 금한다.

사적인 것을 인재임용의 원칙으로 삼는 것은 모두 개인적인 욕심을 위해 공리公利를 염두에 두지 않는 처사다. 그 종류는 다음과 같다.

먼저 '파벌'을 원칙으로 삼는 것이다. 자신의 파벌세력을 천거함으로써 세력범위를 넓혀가기 위함이다. 두 번째는 '친척관계'를 원칙으로 삼는 것이다. 아무리 무능한 인물이라도 친인척이라면 사돈의 팔촌까지 관리로 임용한다. 세 번째는 '자격'을 기준으로 삼는 것이다. 실질적인 능력이 아니라 자격의 서열에 따라 인재를 등용하면 사람을 망치고 일을 그르칠 수밖에 없다. 네 번째, '완벽함'을 기준으로 삼는 것이다. 인재선발의 기준을 너무 높게 잡고 작은 단점 때문에 장점을 보지 못하면 훌륭한 인재는 묻히고 만다. 다섯 번째, '복종'을 기준으로 삼는 것이다. 오로지 명을 듣고 규칙을 지킬 줄 아는 사람을 임용하는 것이다. 여섯 번째, '학벌'을 기준으로 삼는 것이다. 그렇게 되면 혼자서 공부한 훌륭한 인재를 발탁할 수 없다. 일곱 번째, '정치적 지위'를 원칙으로 삼는 것이다. 관리들 중 높은 직급의 사람들만 임용하는 것을 가리킨다.

만약 위와 같은 상황이 바뀌지 않으면 옹정제가 말한 일곱 가지의 무서운 결과가 나타날 수도 있었다. "'불인不仁'으로 삼군이 서로 화합하지 못할 것이요, '불용不勇'으로 삼군의 기세가 날카롭지 못하게 되며, '부지不知'로 삼군이 의심하게 되고, '불명不明'으로 삼군이 중심을 잃게 된다. 또 세심하지 못함으로써 시기를 놓치게 되며, 경계하지 못함으로써 방비를 놓칠 것이며, 강함을 잃음으로써 삼군은 그 뜻을 잃게 될 것이다."가 바로 그것이다.

자고로 공리를 목적으로 인재를 등용하면 사람을 쉽게 쓰고 쉽게 버릴 수밖에 없다. 이렇게 되면 인재를 낭비하게 될 뿐만 아니라, 사람들의 마음이 동요될 수도 있다. 장기적으로 봤을 때 인재를 선발하고 교육하는 것, 양성하고 이용하는 것을 효과적으로 결합시키면 분명 불패의 고지에 우뚝 설 수 있을 것이다.

계책을 잘 쓰면 혼자서 여러 사람을 다스릴 수 있다

역대 황제들은 통치의 효율을 높이기 위해 온갖 방법을 동원했다. 이 방법들은 각각 다르지만 공통점을 가지고 있기도 하다. 그것은 바로 모든 사람을 일일이 제어할 필요가 없다는 점이다. 즉, 가장 핵심적인 인물 몇몇을 통해 수백 명, 심지어 수천 명도 통제할 수 있다.

원나라의 칭기즈칸成吉思汗은 몇몇 핵심인물, 즉 자신에게 충성을 바치는 몇몇 장수들을 통해 그 넓은 제국을 다스렸다. 로마제국 역시 같은 방법으로 통치되었다. 황제가 직접 뽑은 핵심인물을 이용해 제국에 자신의 권력을 행사한 것이다. 옹정제는 바로 군기처를 설치해 전국을 효과적으로 통치할 수 있었다.

옹정제는 언제나 성실하게 정무를 돌봤다. 그것은 즉위 시 정사에 대해 갈피를 잡지 못해서 나온 행동이 아니었다. 중요한 것은 옹정제가 상소문제도를 완벽하게 개선하기 위해 직접 군기처를 설치했다는 점이다. 그는 보신輔臣들의 지위를 '막료'로 낮추어버림으로써 자신이 국가원수지만 행정수뇌의 중요한 직책을 모두 겸했다. 이를 통해 그는 모든 권력을 두 손에 움켜쥘 수 있었고, 처리해야 할 일도 더욱 늘어나게 되었다.

전해지는 바에 따르면 옹정제는 아침부터 저녁까지 정무를 처리했으며 쉬는 시간도 거의 없었다고 한다. 낮에는 대부분 신하들과 함께 정사를 논의했고 저녁에는 곳곳에서 온 상주문에 주필을 남기느라 바빴다. 음식을 먹을 때나 잠시 쉴 때도 지나친 편안함을 추구하지 않았다. 1년 사계절, 여름과 겨울을 가리지 않고 그는 언제나 열심히 정무를 처리했다.

옹정 6년(1728년) 여름, 그는 《하일근정전관신월작^{夏日勤政殿觀新月作}》이라는
제목의 칠언율시를 짓기도 했다. 옹정제는 어릴 적에 더위를 먹은 적이
있어 여름을 두려워했다. 그해 여름에 마침 폭염이 시작되자 잠시 쉬고
싶었지만, 황제의 책임을 생각하니 잠시의 시간도 낭비할 수 없어 다시
금 자신을 다잡고 열심히 정무를 처리했다는 것이 시의 내용이다.

옹정제는 장정옥 등을 군기처에 두고 매일 그들과 함께 일했다. 장정
옥은 보화전 대학사이기도 했다. 그래서 군기처의 '중대한 사안'에 대
해서는 장정옥이 군기대신의 자격으로 직접 옹정제의 지시를 받들어 신
속하게 처리했다. 또 '일반적인 사안'에 대해서도 마찬가지로 장정옥이
옹정제에게 상주문을 설명하면 황제는 그것을 듣고 결정을 내렸다.

이러한 일종의 전제군주제도의 정치체제에서 '회의'의 방식이 완전히
존재하지 않았던 것은 아니다. 청나라 누르하치 시절에는 소위 말하는
'이정청송대신^{理政廳訟大臣}' 5명과 '찰이고제(札而固齊 : 부대신)' 10명이 만들
어졌다. 황태극(皇太極 : 2대 황제, 태종)은 이정청송대신을 16인으로 늘
리고 부대신 역시 16인으로 늘렸다.

청나라는 명나라의 제도를 본받아 국가에 중대사가 있을 경우 '9경과
도^{九卿科道}'에 맡겨 이를 의논하고 처리하도록 했다. '9경'이란 태상경^{太常卿},
광록경^{光祿卿}을 포함한 6부의 상서를 말하고, '과도'는 도찰원 각 과—이
^吏, 호^戶, 예^禮, 병^兵, 형^刑, 공^工—의 '급사중^{給事中}'과 각 도—경기도^{京畿道}, 강서
도^{江西道} 등—의 감찰어사를 가리킨다. 대관이 탄핵을 당하거나 대외적으
로 군사행동을 취해야 할 경우, 이런 일들은 대부분 '왕대신^{王大臣}' 토론으
로 넘어갔다. 여기에서 말하는 '왕^王'이란 '친왕'과 '군왕'을 뜻하며,
'대신'은 궁궐 내외에서 중요한 직책을 맡은 몇 명의 관리를 가리켰다.

'왕대신' 이 토론의 결과를 문서로 작성해 황제에게 올리면 황제가 이를 보고 최종 결정을 내렸다.

이를 보면 소수의 중요 인물을 통해 다수를 다스리는 기본원칙은 상당히 효과가 있음을 알 수 있다. 이러한 관리방식은 현대사회에서도 배울 만한 가치가 있는 것들이다. 포드, GM, 웨스팅하우스, GE, 소니, 미쓰비시와 같은 대기업에는 셀 수 없이 많은 직원들이 있다. 이렇게 방대한 규모의 최고 경영자들이 자신을 도와줄 핵심인재 없이 경제왕국을 이끌어나간다는 것은 불가능하다.

만약 주변에 사업을 하는 사람이 있다면 한번 물어보라.

"사업체를 꾸리는 데 가장 힘든 점이 무엇입니까?"

아마 "낮에 각종 일들을 처리할 시간이 거의 없습니다."라는 답이 많을 것이다. 하지만 이 문제는 쉽게 해결될 수 있다. 자신을 도와 이 일들을 처리할 사람을 찾아서 곁에 두기 위해 노력하면 되니 말이다. 하지만 귀중한 시간을, 나를 도와 목표를 이루어줄 수 없는 사람에게 낭비해서는 안 된다.

핵심인재가 누구인지를 알아볼 수 있다면 많은 시간과 노력을 절약할 수 있다. 핵심인재는 나에게 있어 매우 중요하다. 특히 내가 곧 행동을 취해야 할 경우, 그들은 언제든 나의 필요에 따라 움직일 수 있기 때문이다.

권위를 세우고 싶다면 한 사람, 한 사람을 통제하는 것보다 바로 아랫사람의 권력을 감독하는 편이 훨씬 낫다. 몇몇 핵심인재를 통해 수십 명, 수백 명, 아니 수천 명도 제어할 수 있기 때문이다.

제 5 장

시대를 앞선 용인술

―사람의 마음을 얻으면 천하를 얻을 수 있다

영웅의 힘을 빌려 천하를 통치하라
소를 삶는 솥에 닭을 삶지 말며
모든 격식을 혁파하라
인재에게 있어 가장 중요한 것은 재능이 아니더냐
모든 일을 내 손으로 할 수는 없는 법이니
세상에 완벽한 것은 없다
절대 인재를 의심하지 말고
충忠·공功·능能을 모두 겸비한 신하를 선택하라
모두 힘을 합하라
고양이보다는 차라리 맹수를 등용하라

먹을 것이 부족할 때 늑대들은 함께 모여 무리를 이룬다. 늑대를 두고 '무리동물'이라고 하는 것도 바로 이런 이유에서다.

늑대는 적과 나의 힘을 파악하는 데 뛰어난 동물이다. 단결력이 강한 늑대들은 필요한 순간에 스스로 '왕'을 뽑는다. 냉철하고 똑똑한 늑대왕은 어떻게 무리의 힘을 나누어야 하는지, 어떻게 공격력이 강한 수컷 늑대를 이용해야 하는지, 또 어떻게 새끼를 보호해야 하는지에 대해서 잘 알고 있다.

황제로 즉위하기 전, 옹정제는 자신의 작은 권력집단 속에서 늑대왕이었다. 그는 인재를 알아보고 적절히 쓸 줄 알았으며 무리를 단결시키는 능력도 탁월했다. 우두머리로서 위엄이 있었던 그의 주변에는 인재가 넘쳐났다.

황제가 된 후 그는 더욱더 인재에 목말라했다. 그리고 그의 대신들은 훗날 건륭제의 수족이 되기도 했다. 옹정제는 인재를 알아보고 그들을 적절하게 쓰는 능력에서 타의 추종을 불허할 정도로 뛰어났다.

천하통치는 인재가 없으면 불가능하다

소순의 《권서(權書)》에는 국가의 관리에 관한 이야기가 나온다.

"정권기구를 설치하고 관리를 파견해 각 부서의 직무를 담당하게 하는 이유는 국가의 법도와 강령을 천명하고 민중을 가르치며 미풍양속을 널리 알려 사회안정을 이루기 위해서다. 때문에 현명한 군주는 마치 손재주가 뛰어난 이에게 그릇을 만들도록 하는 것처럼 능력에 맞추어 사람을 쓴다. 곧은 나무로는 끌채를 만들고 굽은 나무로는 바퀴를 만들며 긴 나무는 기둥으로 만들고 짧은 나무는 지붕받침으로 쓰면 된다. 곧거나 굽었거나, 길거나 짧아도 모두 거기에 맞는 쓰임새가 있다. 현명한 군주는 사람을 쓸 때도 이러한 이치를 잊지 않는다. 똑똑한 사람은 뛰어난 지략을 이용하고, 아둔한 사람은 남다른 힘을 이용하며, 용감한 사람은 범상치 않은 전투력을, 소심한 사람은 치밀함과 신중함을 이용하면 된다. 때문에 뛰어난 목수는 버릴 나무가 없다고 말하고, 뛰어난 군주는 버릴 인재가 없다고 말하는 것이다."

이 이야기는 우리에게 많은 가르침을 주고 있다.

강희 말년, 이미 대업을 이루었다고 생각한 강희제는 그 옛날에 가졌던 진취적인 기상과 개혁정신을 모두 잃고 말았다. 게다가 나이가 들어 몸이 약해진 데다 태자문제로 너무 많은 신경을 쓴 나머지 자연히 정무에 소홀하게 되었다.

강희 50년, 그는 신하들에게 이런 명령을 내렸다.

"이제 천하는 태평하다. 옛 선인들은 일이 많은 것이 적은 것보다 못하다 했으니, 이제 정무에 있어 '너그러움'을 보여주도록 하라."

강희제는 될 수 있는 한 지금의 상태를 유지하며 공이 있기를 바라기보다 잘못이 없기를 바라도록 했다. 하지만 그것은 강희제의 바람일 뿐이었다. 실제로 강희제 집권 말기의 사회문제는 날이 갈수록 심각해졌기 때문이다. 그중 가장 문제가 되었던 것은 붕당끼리의 다툼과 관리들의 부정부패였다. 다만 '더 이상 아무 일이 없기를' 바라는 강희제가 한쪽 눈을 지그시 감고 그것을 모른 척했을 뿐이었다.

옹정제는 즉위 후 이러한 폐단들을 모두 없애기로 결심했다. 하지만 문제가 너무 많고 오래되어 어디에서부터 손을 써야 할지 막막하기만 했다. 그래서 옹정제는 가장 핵심적인 부분부터 손을 대기로 했다. 바로 가장 근본적이기도 한 '인재등용'이었다.

"천하를 다스리는 데 가장 근본은 바로 '용인^{用人}'이며, 그 외의 일은 하찮은 것에 지나지 않는다."

그는 사람을 쓰는 것이야말로 천하를 다스리는 데 있어 가장 기본이라고 생각했다.

예로부터 황제들은 천하통치에서 가장 중요한 것은 '이재^{理財}'라고 생각했다. 곡식창고가 가득 차 있으면 백성들이 행복해지며 나라 역시 안정된다고 믿었던 것이다.

하지만 옹정제의 생각은 달랐다. 그는 대신들에게 이렇게 말했다.

"역대 제왕들은 재정을 풍족하게 하고 사람을 쓰는 일을 가장 중요하게 생각했다. 하지만 짐은 사람을 쓰는 것이 재정보다 중요하다고 생각한다. 만약 인재를 합당하게 쓴다면 이재는 물론 다른 일들을 걱정할 필요가 있겠느냐?"

그는 또 강소순무 윤계선이 올린 상주문에 다음과 같은 주필을 남겼다.

"짐이 할 일은 그대들과 같은 몇몇 총독과 순무들을 선발하고 임용하는 것뿐이다."

옹정제는 중·하급 관리들을 임용하고, 그들을 교육·심사하는 인견제도(引見制度 : 곧 선발될 관리를 직접 심사하는 제도)를 통해 관리들의 소양을 높이고 깨끗한 행정풍토를 만드는 것이야말로 사회질서를 안정시킬 수 있는 근본이라고 생각했다. 이를 통해서 관리들이 자유롭게 의견을 말할 수 있도록 해주고 사회동향을 파악할 수 있으며, 국가의 방침을 관철시킬 수도 있었다. 때문에 옹정제에게 있어서 인견제도는 인재등용의 제도이자 정치 활동이기도 했다.

옹정제는 일찍이 '짐은 인재에 목마르다朕求才若渴'라는 제목으로 다음과 같은 유지를 내린 적이 있었다.

"짐은 인재에 목말라 있다. 오늘부터 20살 이상이고, 이미 이부에 합격한 음생들은 다시 '인견'을 거쳐 관직을 줄 것이다. 과거, 진사시험에 낙제한 이들은 고향으로 돌아가 다음 기회를 기다려야 했다. 하지만 짐은 그들의 재능이 어떠한지 알아보지 않을 수가 없구나. 그러니 특별히 그들 중 일부를 뽑아 각 성의 유학교관儒學敎官으로 임명하노라. 하지만 이부에서는 반드시 그들을 먼저 불러와 짐이 직접 시험할 수 있도록 하라.

그리고 이부는 각 주·현에 공문을 보내 '행실이 바르고 재능이 뛰어난' 서생들을 천거하여 인견토록 하라."

인견제도는 청나라의 관리 임용제도 중 하나로, 황제가 4품 이하 7품 이상의 중·하급 관리 및 일부 3품 경당京堂과 8품 이하, 아직 관직에 임용되지 않은 사람들을 먼저 접견하고 그들의 임용, 승진, 직급 조정, 처벌을 결정하는 것이다. 문관들은 일반적으로 이부에서, 무관들은 병부에서 인견에 관련된 사무를 담당했다.

황제는 이들을 접견하는 과정에서 더욱더 심도 있게 그 재능을 관찰한 후 이들을 격려하거나 지도했다. 또한 이를 근거로 하여 임용을 최종적으로 결정했다. 만약 인견제도가 제대로 시행된다면 언젠가 옹정제가 말했던 "천하의 인재는 많고도 많다. 그러니 짐이 쓸 수 있는 사람이 어디 연갱요나 옹사이뿐이겠느냐!"라는 말이 무리 없이 이루어질 수 있었다.

한족 출신의 세가들이 오래전부터 푸대접을 받고 있다는 사실을 잘 알았던 옹정제는 그들을 파격적으로 임용했다.

"팔기 한군漢軍 공로자들의 자손은 배움의 기회를 잃어 관직에 오를 만한 인재가 없으니 마음이 아프구나. 그러니 상, 경, 석, 이, 동, 조, 채, 왕 씨 가문 중에서 15살 이상 21살 이하의 자제들 중 몇몇을 뽑아 인견토록 하라."

이러한 조치들은 천하의 인재들을 불러 모으는 데 매우 중요한 역할을 했다.

옹정제는 자신만의 정치 혁신사상을 바탕으로 새로운 인재임용의 방침을 확정했다. 그의 인재임용 방식은 강희제와는 달랐다. 사람에게 비교적 너그러웠던 강희제 덕분에 그의 관료집단은 안정적으로 오랫동안 관직에 있을 수 있었다. 하지만 옹정 시기의 인사이동은 매우 빈번하게 이루어졌다. 관리들은 금세 임용되었다가 파직되기도 했으며, 보잘것없는 관리가 하루아침에 높은 지위에 오르기도 했다.

겉으로 보기에는 무척 혼란스러웠지만, 사실 그 안에도 법칙은 있었다. 옹정 3년, 옹정제는 여러 신하들에게 자신의 용인이 왜 그토록 빠르게 이루어지고 변화도 심한지를 설명해주었다.

"무슨 일이든 항상 변함이 없는 것은 아니며, 해결책도 한 가지만 있는 것은 아니다. 때로는 이미 처리한 일을 번복할 수도 있다. 때문에 가장 적합한 방법은 바로 그 일에 더 적당한 관리를 임용하여 일을 맡기는 것이다."

임무를 훌륭하게 처리하기 위해서는 그 일에 가장 적합한 인물을 찾는다. 그것이 바로 옹정제만의 용인원칙이었다. 옹정 5년, 옹정제는 관리들에게 이를 더 명확하게 천명했다.

옹정제는 강희 말년의 각종 폐단들을 완전히 뿌리 뽑고 국가에 새로운 기상을 불어넣고자 했다. 그래서 그는 판에 박힌 방식을 거부하고 파격적인 관리임용을 통해 혁신을 이루고자 한 것이다. 옹정제는 이와 같은 생각을 바탕으로 구체적인 용인의 방식을 설계해나갔다.

사실 훌륭한 인재를 임용하는 것에는 인재의 중요성을 충분히 인식해야 한다는 전제조건이 깔려 있다. 재능과 덕성을 모두 겸비한 인재는 군왕을 대신해 국가를 훌륭히 다스릴 수 있다. 이들은 숭고하고 청렴한 인품으로 백성들의 모범이 될 수도 있다. 물론 이들 역시 국법을 주창하지만 그것은 냉정한 법률이 아니다. 그들은 언제나 백성들을 가장 첫머리에 놓기 때문이다.

인재에 대한 선입관을 버리라

"임용한 관리에게 완벽을 요구하지 마라. 장점은 취하고 단점은 버리면 된다."

이것은 옹정제가 늘 대신들과 머리를 맞대며 이야기하던 용인의 원칙이자 방법이었다.

《제감》에서 용인에 관한 원칙을 얘기한 부분에 이런 말이 나온다.

"관리에게 완벽을 요구하지 마라. 열 가지 잘못을 했다 하여 그가 한 좋은 일을 잊지 마라. 어떤 사람이 열 번의 잘못을 저질렀다고 하여 그가 세웠던 공로를 무시하지 마라. 국가의 권력을 몇 개의 체제로 나누고 각각의 기구를 설치한 후, 각기 다른 장점을 가진 인재들에게 각각 그 자리를 맡기도록 하라. 하지만 소를 삶은 큰 솥에 닭을 삶아서는 안 된다. 사발에다 장강을 담을 수 없듯, 곡식 100석을 실을 수 있는 수레에 고작 쌀 한 되를 얹어서도 안 된다. 큰 물건은 작은 용기에 담을 수 없고, 커다란 마차에 작고 가벼운 물건을 싣는 것도 적합하지 않기 때문이다. 사람의 지혜와 능력은 모두 차이가 있다. 어떤 사람은 혼자서도 여러 가지 일을 감당할 능력을 갖추었지만, 또 어떤 사람은 하나의 일을 감당하기에도 벅차다."

옹정제는 바로 이 말을 바탕으로 용인술을 펼쳤다.

한번은 악이태가 옹정제에게 상소를 올려 이렇게 말했다.

"정사에는 난이도가 있고 사람 역시 제각기 장점과 단점이 있습니다. 적합하지 못한 사람을 쓰면 능력이 있는 자라도 효과를 볼 수 없으며 현자라도 일을 그르칠 수 있습니다. 반대로 소인이라도 적소에 쓰면 그 일을 훌륭히 해낼 수 있습니다."

그는 일의 성격에 맞추어 적합한 사람을 임용해야 한다고 강조했다.

옹정제는 그의 말에 칭찬을 아끼지 않으며 전문경이 용인에 관해 했던 이야기를 덧붙였다.

"믿을 수 있지만 능력이 없는 사람은 큰일을 맡길 수 없으며, 믿을 수 없고 능력도 없는 사람은 임용해서는 안 된다."

옹정제는 용인에 대한 자신의 원칙을 이야기하며 신하들도 이에 따를 것을 요구했다.

"이 말은 신임할 수 있는 사람과 그 능력 간의 관계에 어떻게 대처해야 하는지 이야기해주고 있다. 즉 신임할 수 있되 관직을 맡길 수 없는 사람에게는 희망을 가져서는 안 되며, 신임할 수 없는 데다 큰일을 맡길 수 없는 사람은 결코 등용해서는 안 된다."

옹정제는 관리의 신뢰감을 중요하게 생각했을 뿐 아니라, 그 신뢰감에 재능이 더해져야 한다고 생각했다. 옹정제는 신하들에게 이렇게 말했다.

"무릇 재능이 있는 자라면 반드시 그를 아끼고 가르쳐야 한다. 짐의 뜻이 다소 이상할 수도 있으나, 그다음 문제는 짐이 알아서 해결할 것이니 그대들이 겁낼 필요가 무언가. 그러니 그대들은 재능이 있는 자들을 마음껏 추천하도록 하라. 열심히 가르쳐도 듣지 않는다면 법에 따라 처벌하면 그뿐이다. 능력이 없고 허명이나 좇는 자들은 다루기는 쉬우나 큰일을 망칠 수 있다. 하지만 재능이 있지만 제멋대로인 사람은 열심히 아끼고 가르쳐 내 사람으로 만들면 된다. 재능이 없는 사람을 임용할 바에는 짐에게 충성하는 사람을 쓰는 것이 낫다."

옹정제는 용인에 있어 가장 중요한 것이 바로 재능이라고 생각했다.

무능하지만 말 잘 듣는 사람과 달리 재능이 있는 사람은 오만하기 때문에 다스리기 힘들다고 생각했다. 하지만 마음으로 그들을 다스리면 크게 두려워할 필요가 없다. 바로 여기서 주의해야 하는 것이 '아끼고 가르치는' 마음이다. 인재를 얻는 것은 쉽지 않다. 그러므로 결점이 있더라도 아끼고 가르쳐주어 결점을 고치도록 해서 그 능력을 충분히 발휘시켜야 한다.

11월 15일, 악이태는 또다시 상주문을 올려 의견을 이야기했다.

"믿을 수 있고 없고는 그에게 달려 있지만 쓸 수 있고 없고는 소신에게 달려 있습니다. 충직하지만 재능을 갖추지 못한 자는 믿을 수 있지만 쓸 수는 없습니다. 총명하지만 법도에 어긋나는 자는 쓸 수 있지만 믿을 수는 없습니다. 조정에서 관직을 늘리는 것은 그들을 뽑아 일을 하기 위함이지 관직에 오를 기회를 주기 위함이 아닙니다. 쓸모가 있는 사람이라면 아무리 소인배라 할지라도 아끼고 가르쳐야 하며, 쓸모가 없고 무능한 사람이라면 한직으로 보내거나 파직시켜야 마땅합니다."

그의 상주문을 읽은 옹정제는 매우 흡족했다.

옹정제는 사람을 쓸 때는 항상 그 재능이 맡은 일에 적합해야 한다고 생각했다. 재능이 있지만 인격이 모자란 사람, 어질지만 무능력한 사람 중 옹정제는 전자를 택했던 것이다. 그것은 그의 용인의 가장 핵심적인 부분이었다.

옹정제가 신하들에게 늘 강조했던 용인의 원칙은 절대 빈말이 아니었다. 그것은 이위를 중용한 일에서 잘 나타난다. 이위는 옹정제 시절에 '독무의 모범'으로 불리던 인물이다. 그는 진사 출신이 아니었다. 하지만 옹정제는 강직하고 청렴한 그를 발탁했다. 거리낌 없이 맡은 바 책임을 다해내는 그는 좀처럼 얻기 힘든 인재였다.

옹정제가 즉위하기 전, 이위는 호부의 한직을 맡고 있었지만 상사의 단점을 거리낌 없이 말하곤 했다. 당시 호부를 관리하던 친왕은 임의로 규정된 액수보다 더 많은 세금을 징수해 자신의 주머니를 불렸다. 이위는 여러 번 진언을 했지만 번번이 무시당하기 일쑤였다. 그래서 그는 호부의 정청 앞에 '모某 왕의 잉여剩餘'라고 쓴 커다란 궤짝을 가져다두었다. 친왕은 여간 난처하지 않을 수 없었다.

이위의 거침없는 모습을 본 옹정제는 즉위 후 그를 운남포정사로 임명하고 염무鹽務를 담당하도록 했다. 당시에 관리하기가 무척이나 힘들었던 염무를 맡겼던 것은 바로 그를 시험해보기 위해서였다.

관직에 부임한 이위는 포정사의 직권을 이용해 염정을 엄격하게 다스리고 새는 곳을 막았으며 탐관오리들을 처벌했다. 이위의 일 처리에 만족한 옹정제는 그를 두고 '나라의 호위병'이라고 부르며 칭찬을 아끼지 않았다. 이 일로 이위는 서른여덟의 젊은 나이에 절강순무가 되었다.

이위는 거친 사람이었다. 체격이 건장하고 무공이 뛰어났지만 글자에 밝지 못해 상주문을 올릴 때도 사람을 시켜야만 했다. 게다가 강직함이 지나친 나머지 종종 법도에 어긋나는 일을 벌이기도 했으며, 상사에게 무례한 말투를 쓰거나 화가 나면 욕을 하는 것도 서슴지 않았다. 때문에 대부분의 관리들은 거칠고 오만방자한 그를 싫어했으며 그에 대한 상소를 올리기도 했다.

하지만 항상 이위를 감싸주었던 옹정제는 이들의 상소문에 "이위는 큰일을 그르치지 않고 언제나 성실하게 맡은 일을 해낸다. 그는 용감하고 청렴한 인물이다."라고 쓰기도 했다. 그리고 그는 이위에게도 "함부로 성질을 부리지 마라.", "경거망동하지 마라." 등과 같은 충고를 아끼지 않았다.

끝내 이위의 성격은 크게 바뀌지 않았다. 하지만 옹정제는 언제나 그를 신임하며 중임을 맡겼다. 훗날 그는 형부상서, 병부상서, 태자소부太子少傅의 자리에 올랐다. 이렇게 허물이 있는 관리를 끝까지 돌봐주며 믿어준 황제는 역사적으로도 보기 힘들다.

모든 격식을 혁파하라

옹정제는 한 상주문에 이런 주필을 남긴 적이 있다.

"나라를 세우고 백성을 다스리기 위해서는 반드시 이를 보좌할 대신들이 있어야 한다. 임금과 신하가 같은 마음으로 힘을 합치면 국가는 태평성대를 이룰 수 있다. 미풍양속을 널리 알리기 위해서는 반드시 현명하고 어진 선비를 기다려야 한다. 그렇게 해야 순박하고 아름다운 풍속을 만들 수 있다."

이것이야말로 진정한 용인의 모습이다.

한 나라에는 인재를 임용하기 위한 수많은 제도가 있다. 하지만 이러한 제도를 깨고 과감하게 인재를 등용할 필요도 있다. 재능이 없는 자는 버리고 철저하게 유능한 인물만을 등용했던 옹정제의 용인원칙은 기존에 있었던 청나라의 제도와 심각하게 부딪치기도 했다. 하지만 옹정제는 거리낌 없이 격식을 혁파하고 자신의 원칙을 관철시켜 나갔다.

"짐은 인재를 등용할 때 오로지 그 재능만을 본다. 단 한 번도 관습이나 제도에 얽매여본 적이 없다."

옹정제가 말한 관습이나 제도에는 경력, 출신성분, 만주족과 한족의 구분 등이 포함되어 있었다. 하지만 옹정제는 이 규정들을 바꾸지 않고 시행해나가는 과정에서 상황에 맞게 변통하여 대처했다.

옹정 원년, 옹정제는 호광총독 양종인에게 경력에 따르지 말고 직급을 초월해 재능 있는 인물들을 선발할 것을 명령했다.

옹정 2년, 그는 현임 포정사 전문경에게 그 일을 담당할 수 있는 사람을 천거할 것을 명령했다.

"번사(藩司 : 포정사를 가리킴)의 직무를 감당할 만한 재능이 있는 사람 두셋을 비밀리에 천거하도록 하라. 짐은 사람을 쓰는 데 있어 한 번도 그 경력과 자격에 구애받지 않았다. 계급의 높고 낮음은 결코 중요한 문제가 아니다."

옹정제는 경력 같은 조건이 아닌 재능 있는 자를 관직에 등용할 것을 강조했다. 능력만 있다면 아무리 낮은 지위라도 하루아침에 고관의 대열에 들 수 있었다. 옹정 7년, 그는 다시 한 번 이 문제에 대해 이야기했다. 그는 수도 내의 학사, 시랑, 지방의 포정사, 안찰사 이상의 관리들에게 각각 비공식적으로 인재를 추천하도록 했다.

"총독, 순무의 직책을 능히 감당할 수 있는 사람, 포정사, 안찰사의 직무를 맡을 능력이 있는 인물이 있다면, 그들의 실제 상황에 근거해 짐에게 알리도록 하라. 이들을 선발할 때 만주족인지 한족인지를 따지지 말며 경력을 제한하지도 마라. 그들의 직책이 낮은 것은 이유가 되지 않는다. 오로지 그대들이 그들을 진정으로 이해하고, 이러한 직책을 맡을 수 있다는 것을 믿기만 한다면 짐에게 천거토록 하라."

지부현의 하층관리에게 총독이나 순무의 직책을 담당하도록 하는 것은 정말 파격적인 인사였다. 옹정 12년, 강서 공남도에 결원이 생기자 옹정제는 강서총독 조홍은에게 그의 수하들 중 '직위의 높고 낮음을 떠나서 적합한' 인물을 추천하도록 했다.

옹정제는 재위 기간 중 능력 있는 인재들을 신속히 중요한 자리에 앉히기 위해 노력했다. 출신성분은 인재의 장래는 물론 재능을 발휘하는 데 영향을 줄 수밖에 없다. 옹정제 역시 관리들의 출신성분을 중요하게 생각했지만 거기에 얽매이지는 않았다.

"나라에서 사람을 쓸 때는 출신성분이 아닌 오로지 재능만을 따져야 한다. 짐은 즉위한 이후부터 과거 출신의 관리들을 매우 중요하게 생각해왔다. 하지만 과거를 거치지 않았다고 해서 꼭 능력이 없는 것은 아니다. 그러니 과거 출신 관리들이 추천을 통해 관직에 오른 이들을 홀대하거나 무시해서는 안 될 것이다. 역사적으로 명신이라 불린 인물들 중에 과거를 거치지 않은 사람도 많지 않은가? 또 과거를 거쳐 관직에 오른 이들 중에도 군신의 약속을 저버리고 예법을 무시한 사람들 역시 적지 않았다."

철저하게 능력에 따른 인재등용을 외쳤던 옹정제였기에 늙고 병든 관리들을 곱게 봐줄 수가 없었다. 옹정 원년, 옹정제는 호광총독 양종인에게 인재를 천거함과 동시에 '재물을 탐하는 늙고 무능한 관리'들을 모조리 탄핵할 것을 명령했다. 옹정 11년, 그는 병부 당관들을 엄하게 질책했다. 낭중鄓中 아이합도나 마신과 같은 노쇠한 관리들을 정리하지 않고 그대로 두었기 때문이었다.

"그런 자들을 자리에 그대로 두는 것은 무익할 뿐만 아니라 오히려 뒷사람들에게 방해가 된다."

옹정제는 이들에게 관직에서 은퇴할 것을 명령하는 한편, 장경, 필첩식筆帖式 내에 남아 있는 늙은 관리들의 명단을 올려 이들 모두가 자리에서 물러나도록 했다.

늙고 병들고 무능한 관리들에 대한 옹정제의 태도는 관리들의 인사고 과인 대계大計, 경찰京察, 군정軍政 등에서도 드러났다. 대계는 지방의 고위 관리가 부하들을 3년에 한 번씩 평가하는 제도다. 경찰은 중앙관리를 대상으로 하는 것인데, 4품 이상의 관리는 스스로 평가해 황제에게 보고하는 것이고, 5품 이하는 이부에서 평가했다. 군정은 무관들에 대한 평가제도였다.

옹정 8년, 직예 등 7개의 지방관리들에 대한 평가가 벌어졌다. 그 결과 우수 지방관 28명이 선출되었고, 탐관오리 1명, 품행불량 12명, 연로관리 55명, 근무태만 36명, 질병자 26명, 무능력자 34명이 적발되었다.

옹정 9년에는 수도 내의 조정대신들에 대한 평가가 이루어졌다. 그 결과 품행불량 1명, 연로관리 1명, 근무태만 4명, 지병이 있는 자 6명, 무능력자 6명이 처벌을 받았다.

옹정 10년, 무관들에 대한 평가가 벌어졌는데 여기에서는 3명의 우수관리가 뽑혔다. 그리고 탐관오리 2명, 연로자 3명, 질병이 있는 자 2명, 무능력자 1명이 적발되었다.

옹정 11년, 절강 등 10개 성의 지방관리에 대한 평가가 벌어졌다. 우수관리 22명이 선발되었고, 품행불량 17명, 연로자 56명, 근무태만 36명, 병에 걸린 자 24명, 능력 부족자 31명이 처벌받았다. 옹정 11년에는 또한 직예의 관리들도 근무평가를 받았는데, 1명의 우수관리가 뽑혔고, 품행불량 4명, 연로자 22명, 근무태만 2명, 병에 걸린 자 2명, 능력 부족자 8명이 적발되었다.

평가는 모두 관례에 따라 진행되었다. 처벌을 받은 사람 중 가장 많은 수를 차지한 것은 연로한 관리들이었다. 이것은 옹정제가 나이 들고 병이 있는 관리들이 관직에 남아 있는 것을 절대 용납하지 않았다는 사실을 보여주는 것이다.

옹정제의 용인원칙은 크게 세 가지로 볼 수 있다.

첫째, 철저한 능력 위주의 용인술이다. 능력만 있다면 계급을 초월해 파격적인 인사를 단행했던 그는, 출신성분과 같은 오래된 관습을 따르지 않았다.

둘째, 청렴결백하고 부지런하며 신중하지만 무능력한 관리들은 허수아비로 썼다. 즉 이들을 믿기는 했지만 절대 중용하지 않아, 자칫하면 일을 그르칠 수 있는 위험을 피하고자 했다.

셋째, 재능은 있지만 오만한 인재를 아끼고 가르쳤다는 점이다. 옹정제는 결점 때문에 재능 있는 인재를 버리지 않았다. 그렇다고 그들을 무한정 내버려둔 것은 아니었다. 교육을 통해 그들이 약점을 극복하고 자신의 재능을 충분히 발휘할 수 있도록 했다.

이 세 가지 원칙의 중심은 바로 대담한 인재등용일 것이다. 옹정제는 인재들을 이용하는 동시에 그들에 대한 교육과 통제를 강화했다. 아무리 훌륭한 인품을 갖추었다 해도 재능이 없는 사람은 중용할 수 없다. 반대로 탁월한 재능이 있지만 도덕성이 결여된 사람 역시 임용할 수는 없다. 그렇기 때문에 인재의 교육과 임용은 서로 뗄 수 없는 관계인 것이다.

모든 일을 직접 하면 시작하기도 전에 그르칠 수 있다

옹정제는 항상 "황제가 되는 것은 실로 어렵구나做皇帝難!"라고 외쳤다. 모든 일에 모범을 보이고, 사람을 쓸 줄 알고 관리할 줄 아는 황제가 되는 것은 정말 어려운 일이다. 가끔은 정사에 직접 관여하며 많은 노력을 기울여도 기대했던 효과를 보지 못하는 때도 있다. 사실 군주가 모든 일을 직접 처리해야 하는 것은 아니다. 아니 오히려 대권은 자신이 독점하되 소소한 권한은 아랫사람에게 분산시켜 주는 것이 좋다. 하지만 옹정제는 모든 일을 직접 관여하는, 걱정 많은 황제였다.

늘 패기에 넘쳤던 옹정제는 일하기를 무척 좋아하는 황제였다. 그는 타고난 정치가요, 행정가였다. 강희제에 비해 황좌에 있었던 기간은 짧았지만 오히려 선황보다 더 많은 일을 했다.

옹정제가 밀린 세금을 정확하게 조사하고 관세와 염세를 늘린 것은 자신의 배를 채우기 위함이 아니라 국고를 풍족하게 하기 위해서였다.

이렇게 재정소득을 정리한 그는 이를 조세감면이나 재해구휼 혹은 수리시설 확충 등에 사용했다. 만약 그가 황제가 아니라 재상이나 '대학사'였다면 분명 후세 사람들은 그의 공적을 두고두고 칭송했을 것이다. 그는 어쩌면 장거정에 버금가는 인물로 추앙받았을 수도 있다.

여기서 우리가 잊어서는 안 되는 사실이 있다면 바로 그가 18세기의 인물이었다는 점이다. 당시 영국을 제외한 세계 어느 곳에서도 책임내각제를 시행하고 있는 나라는 없었다. 심지어 영국에서도 책임내각제는 막 싹을 틔운 것에 불과했다.

또 하나 강조하고 싶은 사실은, 명태조 말년부터 옹정제에 이르기까지 300여 년 동안 중국에 재상이 없었다는 점이다. 대권은 원칙상으로는 황제의 수중에 있었다. 몇 명의 대학사(명나라)와 병필태감秉筆太監 역시 이름 그대로 황제의 서기에 불과했다.

이렇게 모든 권력을 혼자 쥐고, 모든 일을 손수 처리해야만 직성이 풀렸기에 옹정제의 업무량은 청나라의 어떤 황제보다도 많았다. 이 점은 삼국시대의 제갈량과 많이 닮아 있다. 옹정제와 제갈량, 모든 대권을 한 손에 쥐고 매사를 직접 처리하며 몸을 혹사한 두 사람은 천수를 누릴 수 없었다.

삼국시대의 걸출한 인물 제갈량. 특히 군사 분야에서 뛰어난 재능을 보였던 그는 언제나 멀리 내다보고 깊이 생각하며 모든 상황을 꿰뚫어 보는 능력이 있었다. 하지만 나라와 군대를 다스리고 사람을 쓰는 데 있어서 제갈량은 조조나 손권의 기백을 따라갈 수 없었다.

행정 부문에서 제갈량의 가장 큰 특징은 바로 '모든 일을 손수 한다'는 것이다. 심지어 문서를 교정하는 사소한 일까지도 말이다. 글을 교정하는 것은 '교정원'이나 '비서'에게 맡겨야 하는 일이다. 하지만 제갈량은 그런 일까지 직접 처리했다. 물론 이는 자신의 일에 대한 높은 책임감에서 비롯된 것이지만 꼭 그렇게까지 할 필요가 있었을까?

문무백관들을 다스리는 승상은 매일 온갖 정사를 처리하며 국가의 대사를 관장해야 한다. 하지만 제갈량은 큰일이든 작은 일이든 모두 관리하려 했다. 그는 언제나 열정적이었지만 그렇다고 업무효율까지 높았던 것은 아니다.

마지막 북벌전쟁, 제갈량은 오장원五丈原에서 사마의와 대치하게 되었다. 이때 위나라 군대는 수비를 먼저 펼쳤다. 시간이 길어지자 촉나라 병사들은 자연히 경계심이 풀어졌고 병가의 금기들을 아무렇지도 않게 어겼다. 군 기율을 바로잡기 위해서는 윗사람이 명령을 내리고 아랫사람들에게 권한을 부여해 직접 이를 시행하도록 하면 된다. 하지만 제갈량은 아침부터 밤늦도록 일을 하면서도 병사들을 매질하는 것까지 직접 처리했다. 자연히 음식을 먹는 것이나 잠을 자는 것까지 거르기 일쑤였다.

한편 이 소식을 들은 사마의는 "제갈량은 머지않아 죽을 것이다."라고 확신했다. 제갈량과 마찬가지로 대군의 통사였던 사마의는 군대 내에 처리해야 할 일이 얼마나 많은지 잘 알고 있었다. 그런데 제갈량은 작은 일 하나도 직접 처리한다고 하니, 어디 몸이 배겨날 수 있겠느냔 말이다.

얼마 후, 사마의의 확신은 현실이 되었다. 제갈량이 54살의 나이로 세상을 떠나고 말았던 것이다. 바로 인생의 황금기에.

시인 두보는 이렇게 탄식했다.

"군사를 내어 싸워 이기기도 전에 몸이 먼저 죽으니, 천하의 영웅을 생각하며 눈물로 옷깃을 적시네."

우리 주변에서도 이러한 지도자를 쉽게 볼 수 있다. 늘 열심히 일하며 아침 일찍 출근했다 저녁 늦게 퇴근하는 그들. 작은 일이든 큰일이든 모두 직접 처리해야 직성이 풀리니 몸이 얼마나 힘들겠는가?

하지만 그들이 하는 일은 대부분 뒤죽박죽 엉키고 만다. 이런 사람들은 마치 팽이와 같다. 아침부터 저녁까지 돌고 또 돌지만 왜 그렇게 바쁘냐고 물어보면 아무런 말도 못하기 일쑤다. 무슨 일이든 다 간섭하려 하면 어떤 일이든 제대로 관리하기 힘든 법이다. 그렇다면 현명한 지도자들은 어떻게 공무를 처리할까? 이제 그 예를 한번 살펴보도록 하자.

한선제漢宣帝 시절, 병길이라는 재상이 있었다.

어느 해 봄, 가마를 타고 번화한 거리를 지나던 병길은 한 무리의 사람들이 싸우는 것을 보게 되었는데, 다치고 죽은 사람이 많았다. 하지만 그는 아무 말도 하지 않고 가던 길을 재촉했다.

잠시 후, 마차를 끄는 소가 혓바닥을 길게 빼고 숨을 헐떡거리는 것을 본 그는 즉시 사람을 보내 어떻게 된 일인지 알아보라고 했다. 그러자 옆에서 이를 지켜보던 시종들은 의아하지 않을 수 없었다. 사람들이 죽어 나자빠지는 것을 보고도 아무런 말을 하지 않더니 왜 하찮은 소를 걱정하는 걸까? 한낱 짐승이 사람보다 더 중요하단 말인가?

그때 누군가가 용기를 내서 그 이유를 묻자 병길이 대답했다.

"폭력사건을 조사하고 처벌하는 것은 장안령이나 경조윤이 할 일이다. 재상인 나는 그들의 업적을 평가하고, 적절한 상과 벌을 내리도록 황제에게 알리면 된다. 재상은 소소한 일에 모두 참견하려 해서는 안 된다. 길가에서 싸움을 벌이는 것 역시 내가 관여할 바가 아니다. 하지만 소가 헐떡대는 연유를 묻도록 한 것은 다 이유가 있어서였다. 지금은 봄인데 소가 혀를 길게 빼고 숨을 헐떡거리는 것이 혹시 음양이 조화롭지 않아서가 아닌가 걱정해서다. 재상의 책임 중 하나가 바로 음양을 조화롭게 하는 것이 아니더냐."

시종들은 그제야 병길의 깊은 뜻을 알고 감탄을 금치 못했다.

이처럼 만약 지도자가 하찮은 일까지 직접 관여하려 한다면, 최후에 성공을 거둔다 하더라도 그 과정에서 모든 정력을 낭비할 수밖에 없다. 이렇게 얻은 것보다 잃은 게 많으면 결국 완전히 자신의 목적에 도달하지 못한 것과 마찬가지다. 여유롭고 침착하게 나라를 다스려야 이상적인 지도자가 될 수 있다. 같은 이치로 여유를 가지고 아랫사람들이 자신의 능력을 발휘할 수 있도록 도와주는 것 역시 진정한 지도자의 역할이다.

지도자가 반드시 해야 할 일은 다음과 같다. 첫째, 전체적인 상황을 파악하고 판단하는 것, 둘째, 집단의 능력을 알맞게 조정하는 것, 셋째, 아랫사람들이 적극적으로 자신의 재능을 발휘할 수 있도록 하는 것이다.

지도자는 모든 일을 직접 처리할 필요가 없다. 아랫사람에게 맡길 것은 과감하게 맡기고, 장막 안에서 천 리 밖의 일을 계획하면 되는 것이 지도자다. 위의 이야기들을 통해 우리는 무엇이든 다 하려는 지도자는 아무것도 할 수 없다는 사실을 알 수 있다. 자신이 너무 바쁘다고 느낄 때는 혹시 아랫사람들이 해야 할 일을 하고 있지는 않은지 먼저 생각해 보자.

막 높은 자리에 올랐든 이미 오랜 시간이 지났든 지도자는 분명 많은 일들을 처리해야 한다. 하지만 절대 모든 것을 직접 처리하려고 해서는 안 된다. 여유 있는 지도자는 가장 중요한 것을 손에 쥐고 나머지는 아랫사람들에게 맡긴다.

인재를 의심하지 마라

세상에 완벽한 것은 없다. 어떤 사물이든 대립통일을 이루고 있으며, 사람도 마찬가지다.

사람은 장점과 단점을 함께 가지고 있다. 재능이 뛰어난 사람 역시 심각한 결점을 가지고 있을 수 있다. 어떠한 위험도 감수할 만큼 용감하고 아무도 가지 않은 길을 갈 수 있는 진취적인 사람은 일 처리가 치밀하지 못한 결점을 가지고 있을 수 있다.

또한 패기 있고 재능이 넘치며 남들의 시선은 아랑곳하지 않는 독립적인 사람은 지나친 자신감과 오만함을 보일 수 있다. 불굴의 의지와 강한 신념을 가진 사람도 가끔은 독단적인 결점을 드러내기도 한다. 사실 좋은 사람이 반드시 유능한 사람을 가리키는 것은 아니며, 유능한 사람이 완벽한 사람을 지칭하는 것도 아니다.

옹정제는 인재를 등용할 때 완벽함만을 원하면 결국 평범한 사람을 뽑게 될 것이라고 생각했다. 미국의 경영학자 피터 드러커 역시 옹정제와 같은 생각이었다.

"만약 내가 쓰는 사람이 아무런 결점이 없기를 바란다면 결국 평범한 조직이 남을 뿐이다. '모든 것을 다 갖춘 것'은 결국 '하나도 갖추지 못한 것'과 같기 때문이다. 어쩌면 재능이 뛰어난 사람일수록 더 큰 결점을 가졌을 수도 있다. 봉우리가 높으면 골짜기가 깊은 법이다."

사실 당시 상황으로 봤을 때 옹정제의 용인술이 완전히 비판의 가능성에서 벗어난 것은 아니었다. 하지만 분명 그의 용인술은 강희제나 건륭제보다 뛰어났다.

옹정제는 가장 신임하는 이친왕 윤상을 총리사무부대신 중 하나로 발탁했다. 훗날 그는 대학사와 군기대신의 자리에 오르게 된다. 윤상은 충성심이 뛰어나고 재능이 있으며 재물을 탐하지 않는 관리였다.

윤상 다음은 바로 악이태와 장정옥이다. 만주 양람기鑲藍旗 사람이었던 악이태는 성이 서림각라西林覺羅 씨로 황가와 동족이었다. 왕흠 지방 7개 지장地庄의 여진족을 이끌고 누르하치에게 귀순했던 그의 고조부 둔태는 우록액진牛錄額眞 좌령의 자리에 올랐다. 또한 그의 조부 도문은 황태극 시절, 명나라군과의 전쟁 도중 대릉하大凌河에서 전사했다. 강희 38년에 과거에 급제한 악이태는 강희 42년에 좌령을 세습했으며, 강희 55년에는 내무부 원외랑으로 선발되었다.

당시 옹정제는 황자의 신분으로 악이태에게 청탁을 했다가 거절당한 일이 있었다. 하지만 이 일로 인해 옹정제는 악이태를 더욱 마음에 두게 된다. 그래서 즉위한 후 즉시 그를 발탁해 운남 주고^{主考}의 자리를 주었고 또다시 강소포정사로 임명했던 것이다.

포정사로 있을 당시에 악이태는 관례에 따라 '마땅히' 얻게 되는 공사은(公使銀 : 공금으로 청구할 수 있는 판공비)으로 곡식 3만 3,400석을 사서는 소주와 송강, 상주의 3부에 나누어 보관했다. 장래에 닥칠 기근을 미리 준비해두기 위해서였다. 그는 태호^{太湖}의 입구인 오송강^{吳淞江}과 백모포^{白茅浦}를 준설할 것을 조정에 요청하기도 했다. 옹정제는 매우 기뻐하며 3년간의 임기를 마친 그를 광서순무로 임명했다.

악이태가 막 광서에 도착했을 때 옹정제는 그를 운남순무로 임명하고 '치총독사(治總督事 : 대리총감)'의 일을 맡도록 했다. 대리총감의 자리에 오른 지 1년이 채 안 되었을 때, 악이태는 귀양^{貴陽}을 침략한 곡륭^{谷隆}의 묘족을 진압했다. 명나라 시절 곡륭천이라 불렀던 곡륭은 크고 작은 2개의 토사^{土司}로 나뉘었는데, 오늘날의 귀양 동남쪽에 위치한 용리현^{龍里縣}이 바로 그곳이다. 옹정제는 악이태의 업적에 흡족해하며 그를 운귀총독으로 임명했다.

'개토귀류' 정책을 철저히 시행할 것을 주장했던 악이태는 명나라 때 만든 안무사사^{安撫使司}, 선무사사^{宣撫使司}를 모두 취소하고 지부, 지현을 파견해 내륙의 군현제도와 융합되어야 한다고 말했다. 그의 생각은 옹정제의 그것과 완전히 일치했다. 묘족과 이족들을 황제가 직접 관할해야 한다고 생각했던 두 사람은 봉건토사들의 할거를 용납할 수 없었다. 당시 토사들은 속민에게 수탈과 착취를 일삼았다.

"1년에 네 번은 비교적 적은 액수로, 3년에 한 번은 큰 액수의 세금을 마음대로 걷었다. 예를 들어 동천과 오몽의 지세는 300냥 정도였는데, 그들이 거두어들이는 실제 액수는 백 배가 넘었다."

토사 아래에는 토목土目이 있었는데, 그들의 횡포는 토사보다 더욱 심했다.

악이태의 의견에 따라 옹정제는 동천과 오몽을 사천에서 운남으로 편입시키고, 그에게 무력으로 '개토귀류'를 시행할 것을 명령했다. 그리고 귀주의 여평이나 고주, 진원, 안순, 운남의 진웅, 첨익 역시 토사의 반발을 물리치고 개토귀류할 것을 명령했다.

옹정 7년, 옹정제는 악이태에게 또 하나의 성을 더 맡아 관리하도록 한 후 그를 '운귀광서' 총독이라 불렀다. 때문에 광서의 토사 몇몇 역시 귀류歸流되었다. 이 기회를 이용해 광서와 안남의 국경을 확정지으려 했던 옹정제는 안남왕에게 강 밖의 토지 140리를 주었다.

옹정 10년, 다시 수도로 불려온 악이태는 '보화전 대학사 겸 병부상서'의 자리에 올랐고, 군기사무를 담당하게 되었다. 그는 장정옥과 함께 매일 군기처에서 옹정제를 도와 정사를 처리했다.

군기처의 원래 이름은 '군기방軍機房'이었다. 군수방軍需房의 계승 격이었던 것이다. 옹정 7년 6월에 설치된 군수방은 말 그대로 군수에 관련된 일을 담당했다. 옹정제는 기밀 유지를 위해 수시로 윤상, 장정옥, 채정석 3인에게 지시를 내렸으며, 군수방을 융종문 안의 한방 안에 설치했다.

당시 윤상은 옹정 3년 2월에 '총리대신'에서 해임된 이후 경기의 수리水利를 담당하고 있었다. 얼마 후 그는 옹정제의 명령으로 서북 지역 준가르 부족에 대한 군사행동을 지원하고 담당하게 되었다. 군수방은 윤상을 위해 설치되었다고 해도 틀린 말이 아니었다. 장정옥과 채정석은 당시 유능한 대학사였고, 채정석은 현임 호부상서였다. 때문에 두 사람 역시 군수방에 발탁되었다.

군수방은 옹정 8년에 군기방으로 그 명칭을 바꾸었다. 옹정 8년 5월에 세상을 떠난 윤상은 자신의 공석을 마이새가 메우도록 유언했다. 하지만 마이새는 옹정 9년 7월에 '무원장군'으로 임명되어 8월에 부임지로 떠나야만 했다. 이제 군기처에는 장정옥과 채정석 두 사람만 남게 됐다. 옹정 10년 2월이 되어서야 비로소 악이태와 합원생이 군기대신으로 임명되었다. 임명된 지 한 달도 채 지나지 않아 귀주 묘족의 반란이 일어나자, 합원생은 귀주로 돌아가 다시 제독의 자리에 올랐다.

원래 윤상을 위해 만들었던 군수방은 군기처가 된 후 실질적인 내각으로 승격했다. 이로써 내각의 실권을 모두 가져오게 되었는데, 장정옥의 제안으로 된 것이다. 장정옥은 군수방이 군기방으로, 다시 군기처로 바뀔 당시에 종이 한 장으로 내각에서 가지고 있었던 '표의表擬' 권을 옹정제에게 바쳤다. 옹정제에게서 받은 깊은 은혜를 갚고 싶었는지도 모를 일이다.

장정옥은 각 분야에서 황제에게 보내는 상주문을 두 가지로 나눌 것을 제안했다. 일반적인 정무에 관한 것은 '소疏'라 하고 군사기밀에 관한 것은 '절折'이라고 분류하는 것이다.

"'소'는 통정사에서 받아 내각에 전달된 후 '의지擬旨'를 받도록 합니다. '절'은 통정사가 아닌 '주사처奏事處'에서 받으며, 내각의 의지를 거치지 않아도 됩니다. 대신 황제가 군기처에서 군기대신들의 의지를 보고 즉시 주필을 남겨야 합니다. 이 모두가 끝나고 나면 군기처에서는 이를 베껴 써서 잘 봉한 후 발송합니다. 물론 이때도 내각이나 각 부서를 거치지 않아 철저하게 비밀이 보장되며 그 속도 또한 빠릅니다."

옹정제는 장정옥의 의견을 받아들였다. 이때부터 군기처는 국가에서 가장 중요한 아문衙門이 된 것이다. 유능한 황제와 재능 있는 군기대신이 있었기에 전국에서 발생하는 '중요한' 일들이 그토록 신속하고 차질 없이 진행될 수 있었다.

장정옥은 학자집안 출신으로, 그의 아버지 장영 역시 대학사를 지내기도 했다. 그 역시 형부, 이부, 예부, 호부에서 상서와 시랑을 지냈으며 3전의 대학사를 역임했기에 거의 모든 일을 익숙하게 알고 있었다.

수리사업을 했던 이친왕 윤상과 묘족을 토벌한 악이태, 그리고 악이태가 선발되기 전, 군기처에 있었던 마이새가 있었기에 옹정제는 두려울 것이 없었다. 이렇듯 용인은 승패를 가름하는 결정적인 요인이다.

아주 오래 전, 진秦무왕은 장군 감무에게 한나라의 의양宜陽을 공격할 것을 명령했다. 감무는 식양息壤에서 무왕에게 이렇게 말했다.

"의양은 큰 성입니다. 게다가 가는 길이 험하고 거리마저 멀어 공격하기가 쉽지 않을 것입니다. 하지만 더 걱정되는 것은 소신이 없는 사이에 누군가가 저를 헐뜯지는 않을까 하는 것입니다."

그리고 그는 무왕에게 옛날이야기를 하나 들려주었다.

이야기를 들은 무왕은 "절대 다른 사람들의 소문에 귀 기울이지 않을 것이니 걱정하지 말게."라며 철석같이 약속했다. 감무는 가벼운 마음으로 길을 떠날 수 있었다.

공격이 시작된 후 5개월이 지났지만 성은 여전히 함락되지 않았다. 그러자 감무가 우려했던 일들이 현실로 다가오고 말았다. 저리자와 같은 이들이 감무를 중상모략하기 시작했던 것이다. 무왕 역시 그 말을 믿고 감무를 불러들였다. 그러자 감무가 말했다.

"대왕께서는 식양에서의 약속을 잊으셨습니까?"

그제야 자신의 잘못을 깨달은 무왕은 즉시 병력을 모두 동원해 감무를 지원했고 결국 의양을 차지할 수 있었다.

이처럼 즉시 자신의 잘못을 고쳤던 무왕의 행동은 충분히 칭송받을 만하다. 만약 무왕이 태도를 바꾸지 않았다면 의양성은 절대 그들의 차지가 될 수 없었을 것이다.

지도자에게서 신임을 받는 사람은 그를 위해 불속에라도 뛰어들 수 있다. 때문에 지도자는 주변 여론에 흔들리지 않고 아랫사람을 믿어주어야 한다. 그렇지 않다면 과연 누가 그에게 충성을 맹세할 수 있겠는가? 의심은 상대방의 자존심을 가장 많이 다치게 한다. 충만한 열의로 가득 찬 사람도 의심을 받으면 바람 빠진 공처럼 의지를 잃을 수밖에 없다. 또한 충성심이 넘쳤던 사람도 의심을 받으면 반항심에 사로잡히게 된다.

위세 당당한 영웅적인 인물, 전쟁에서 언제나 승리를 거둔 맹장, 귀신같은 책략을 내놓는 모사들도 용인에 있어 '의심'이라는 잘못을 범하고 만다. 그렇게 되면 천하는 포기해야 하는 것이다.

'사람을 쓸 때는 절대 의심해서는 안 된다'는 것은 옛날이나 지금이나 변하지 않는 진리다. 사람을 쓸 때는 의심하지 말고, 미심쩍은 사람은 쓰지 않는 것, 이것이야말로 지도자가 지켜야 할 용인의 원칙이다.

충^忠 · 공^公 · 능^能을 겸비한 신하를 선택하라

인재를 알아보고 적절하게 쓰는 것은 깨끗한 정치의 전제조건이다. 옹정제는 바로 이 점에서 뛰어난 황제였기에 태평성대의 토대를 이룰 수 있었다.

옹정제는 형식에 구애받지 않고 인재들의 장점을 취할 줄 알았다. 그랬기 때문에 윤상, 악이태는 각자 자신만의 재능을 바탕으로 서로 다른 업적을 이룰 수 있었다. 옹정제는 논공행상을 행할 때도 총애의 정도에 따라 그 차이를 보였다.

하지만 그의 용인에도 불변의 법칙이 있었다. 이들 총신^{寵臣}들은 일찍부터 옹정제에게서 그 재능을 인정받고 총애를 받고서야 중임될 수 있었다. 이들은 충^忠 · 공^公 · 능^能을 모두 갖춘 인물이었다.

충성심은 군왕이 신하에게 바라는 가장 큰 덕목이다. 즉위 초, 황권은 아직 공고하지 못했다. 때문에 옹정제는 사람을 쓰는 데 있어 가장 중요한 기준을 '충'으로 삼았던 것이다.

옹정 2년 4월, 청해의 반란이 평정되자 옹정제는 문무백관에게서 하례를 받았다. 그때 형부원외랑 이건훈과 나단이 대례가 끝나지도 않았는데 자리에 앉고 말았다. 그러자 대신들은 그들이 실례^{失禮}를 했음을 탄핵했다. 옹정제가 말했다.

"국가의 대례를 행할 때 신하들은 반드시 규정된 법도를 지켜야 한다. 두 사람은 불경한 죄를 지어 참수를 함이 마땅하다. 하지만 황위에 오른 지 얼마 되지 않아 쉽게 사람을 죽일 수는 없으니 그들을 가두도록 하라."

그 후부터 대신들은 대례의 예절에 각별히 신경을 썼다. 얼마 후 옹정제는 두 사람을 풀어주었다.

옹정 4년, 섬서탁사 허용선은 황제에게 올리는 상주문에 영격(影格 : 붓글씨를 쓸 때 밑에 받쳐놓고 쓰도록 만든 본)을 그대로 끼워놓았다. 뒤늦게 이 사실을 알게 된 그는 또다시 글을 올려 죄를 청했다. 옹정제는 그를 질책하며 말했다.

"그대의 행동은 짐에 대한 존경이 부족해서 나온 것이다."

옹정제는 공자의 군신의 예절, 맹자가 주장했던 신하의 도리들을 이용해 아랫사람들이 항상 황제를 존경할 것을 강조했다. 그는 신하라면 마땅히 국가 최고의 위치에 있는 황제에게 어떠한 상황에서든 절대적인 충성심을 보여야 한다고 생각했다.

"어떤 신하들은 황제에게서 무한한 은총을 받으면 목숨을 바쳐서라도 보답하려 한다. 하지만 신하된 자라면 황제의 은혜가 깊든 그렇지 않든 항상 군주에게 충성을 바치고 존경해야 한다."

총신들에 대한 옹정제의 기대와 요구는 더 높았다. 윤상 등은 말과 행동에서 모두 옹정제에 대한 절대적인 충성심을 보여주었고, 옹정제는 그제야 그들을 중용하기 시작했다. 그는 항상 이들 총신들에게 '충'을 일깨우려 노력했다.

한번은 전문경이 상주문을 통해 풍작이라는 소식을 전해왔다. 그러자 옹정제는 전문경에게 충심을 가지고 하늘과 땅 그리고 황제를 더욱 공경하라고 했다.

'공'은 윤상을 비롯한 총신들의 두 번째 공통점이었다. 비록 천하는 황제 한 사람의 것이지만 군왕은 관리들에게 자신들의 이익이 아닌 군왕을 위해 정사를 함께 돌봐주기를 바란다. 즉 '공'은 자신의 사사로운 이익을 생각하지 않고, 노고를 마다하지 않으며 원망도 두려워하지 않고 나랏일을 하는 것을 말한다.

아무리 청렴한 관리라 할지라도 무슨 일이든 자신을 먼저 생각하고 공사의 실패와 성공을 고려하지 않는 것은 마음속에 '공'이 없기 때문이다. 옹정제는 이러한 관리들을 무척 싫어했다. 그는 개인적인 명예를 위해 국가의 이익에 손해를 끼치는 이들을 혐오했다.

옹정제는 강남총독 사필납이나 전무 양명시, 공무 배율도, 소무 장해, 환무 위정진과 같이 개인적인 감정으로 원칙을 지키지 않는 관리들을 비난했다. 그리고 전문경, 양문건, 이위, 윤상 같은 이들에게는 "언제나 근면하게 정무를 처리하며 다른 사람의 비난을 두려워하지 않는다."라며 칭찬을 아끼지 않았다. 또한 그들은 저마다 탁월한 재능을 갖추었기에 옹정제에게서 두터운 신임과 총애를 받을 수 있었다. 이처럼 옹정제는 '공'을 무척 중요하게 생각했다.

'충·공·능'은 옹정제가 사랑하는 총신들의 공통점이었다. 옹정제는 바로 이 특징과 공통점을 폐단을 개혁하고 새로운 정책을 시행해나가는 데 썼다. 그는 이들 총신들을 자신의 정책을 받드는 모범이자 이를 시행해나갈 조수로 삼았다. 때문에 윤상 등은 옹정제에게서 사랑과 보호를 받을 수 있었다. 옹정제의 개혁방침은 그 자신, 그리고 이들 총신들과 단단하게 연결되어 있었다.

모두 힘을 합하라

국가든 단체든 내부단결은 무엇보다 중요하다. 송대의 주희는 '밖을 물리치기 위해서는 반드시 안이 평화로워야 한다.'라고 말하기도 했다. 중국은 다민족국가다. 때문에 민족의 단결은 국태민안國泰民安과 직접적으로 관련이 있다. 민족의 갈등은 사회혼란의 원인이 되기도 한다. 바로 이런 이유로 군주들은 민족화합과 갈등해결을 국가통치의 기본으로 삼았다.

옹정제 재위 시절은 만주족과 한족이 공존했던 초기단계였다. 만청의 통치를 위해선 팔기후예들의 지지가 무엇보다 필요했다. 하지만 한 나라의 군주로서 인구의 대부분을 차지하는 한족의 정서를 무시할 수도 없는 노릇이었다. 이렇게 만주족과 한족의 갈등이 나날이 심각해지자 옹정제는 각종 방법을 동원해 이를 해결해나갔다.

우선 옹정제는 무력을 이용해 한족들 중 반청세력을 진압했다. 또한 명나라의 후예들을 우대함으로써 한족의 마음을 사려 했다. 당시 직예에는 만주인이 많이 살고 있었는데, 이들은 수적 우세와 특권을 이용해 한족을 마구 핍박했다. 자연히 이 지역에서는 만주족과 한족의 충돌이 일어났다. 이를 해결하기 위해서는 만주족 중 문제를 일으키는 이들을 없애야만 했다.

옹정 원년(1723년), 직예순무 이위균은 방산현 장두庄頭 이신과 완평현 장두 삭보주가 서로 결탁하여 악행을 일삼는다는 밀절을 올렸다. 방산현의 채석을 독점하고 있던 이신은 백성들의 가축을 함부로 빼앗아 돌덩이를 나르는 데 쓰는가 하면, 백성들에게 집을 담보로 고리의 돈을 빌려준 다음, 갚지 못하면 집은 물론 아내와 자식들까지 노비로 팔아버렸다. 또 방산현과 완평현의 아녀자들 대부분을 강제로 첩으로 삼았다.

밀절을 보고 화가 치밀어오른 옹정제는 즉시 이위균에게 이들을 엄벌에 처할 것을 명령했다. 한편 이들 현의 장두가 확실히 조정의 일부 세력과 결탁되어 있을 것이라 생각했던 옹정제는, 세력의 방해로 이위균이 위축될 것을 염려해 이렇게 말했다.

"그대는 절대 두려워하거나 주저하지 말고 엄격하게 공무를 집행하라. 만약 해결하기 힘든 일이나 방해세력을 만난다면 이 모두가 짐의 뜻임을 밝히도록 하라."

동시에 그는 공개적으로 이위균에게 명령을 내렸다.

"예전부터 만주인들의 횡포로 백성들이 많은 고통을 당해왔다. 지방 관리들이 이 사실을 다 알면서도 어쩔 수 없이 눈감아주었다는 것을 짐은 알고 있다. 그러니 그대는 즉시 이들을 처단하도록 하라. 만주족과 한족의 반발을 염두에 두지 말고 다른 비호세력들의 방해를 두려워하지 마라. 만약 그런 자들이 있다면 즉시 짐에게 알리도록 하라."

한족인 이위균이 만주족들을 처벌하게 되면 반드시 크고 작은 반발에 부딪칠 수밖에 없었다. 어쩌면 만주족을 핍박한다는 오해를 받을 수도 있었다. 하지만 옹정제는 이위균을 공개적으로 지지해줌으로써 귀족들이 그를 무고하지 못하도록 했다.

7월, 이위균이 또다시 밀절을 올렸다. 보저의 장두 초국동과 초국벽이 농지를 빼앗아 마음대로 점포를 지었으며, 함부로 사람을 때려 이미 6명이나 목숨을 잃었다는 것이었다.

그의 밀절을 읽은 옹정제가 말했다.

"폭력을 뿌리 뽑아 민생을 안정시키는 것이 바로 그대가 할 일이다.

그와 같은 일들은 사사로운 정에 얽매이지 말고 반드시 엄히 다스려야 한다. 이 일로 짐이 그대를 나무라는 일은 없을 테니 안심하도록 하라."

10월, 옹정제는 내무부에 유지를 내려 장두들의 관리를 강화하도록 했다. 또한 잘못을 저지르고도 반성하지 않는 자들은 즉시 파면 조치하도록 했다. 12월, 옹정제는 또다시 장두들의 사치를 금지하며 이를 어길시에는 엄벌에 처할 것이라는 내용의 유지를 내렸다. 이러한 노력으로 일부 장두들은 스스로 지세와 이율을 낮추기도 했다.

장두들이 반성의 기미를 보이자 이위균은 황제에게 이들을 면죄해줄 것을 청해왔다. 그러자 옹정제는 말했다.

"악인의 본성은 쉽게 고쳐지는 것이 아니다. 그러니 항상 그들의 경계를 늦추지 마라. 정말로 이전과 같은 잘못을 다시는 저지르지 않는다면 그것을 참작해 처리하도록 할 것이다. 하지만 지나친 관용을 베풀어서는 안 된다."

옹정제의 독려에 힘입어 이위균은 악덕장두들의 처벌을 계속해나갔다.

옹정 2년(1724년) 정월, 정해현의 양람기 출신 악덕장두 이대권 역시 처벌을 받았다. 옹정제는 장두 이외에도 횡포를 일삼는 만주족을 엄격하게 처벌했다. 강희 말년, 허이의는 만주족이라는 신분을 이용해 한족 유국옥을 죽여버렸다. 옹정제가 즉위한 후, 관리들은 그를 사면해야 한다고 말했지만 옹정제는 그 죄가 악하다며 끝내 이를 허락해주지 않았다.

옹정 4년(1726년) 8월, 직예총독 이불이 상소를 올렸다.

"양황기인 왕삼격은 내무부 창관^{倉官}이라고 합니다. 만성현에 조상이 물려준 땅이 조금 있었는데 일찍이 그 땅을 손함부와 염탁에게 팔았습니다. 하지만 옹정 3년(1725년), 반성으로 돌아온 그는 손함부와 소작농들을 심하게 매질한 뒤 그 땅을 빼앗아버렸습니다. 이듬해 3월, 손함부가 보정으로 와서 이 일을 고발했습니다. 하지만 왕삼격은 오히려 불심이 깊어 마을사람들에게 '도인'이라 불리는 염탁을 무고했습니다. 염탁이 사악한 무리들을 모아 교주를 자처하며 손함부를 장군으로 임명해 모든 일을 관리하도록 했다는 터무니없는 얘기였습니다. 그러자 직예안찰사는 이들을 잡아들여 심문했고, 염탁과 손함부는 억울하게 옥에 갇히고 말았습니다. 왕삼격이 창관이기 때문에 지방관리들도 그를 함부로 심문할 수 없다고 합니다. 그러니 그의 관직을 박탈하시어 조속한 수사가 이루어질 수 있도록 해주십시오."

그의 상소를 읽은 옹정제는 다음과 같은 명령을 내렸다.

"왕삼격의 죄는 실로 극악무도하다. 이런 자들은 엄격하게 다스림으로써 무고가 얼마나 큰 죄인지를 경각시켜 주어야 할 것이다. 창관은 정식 관리가 아니다. 그런데도 자신을 관리라 칭하니 우습기 그지없다."

남의 재산을 빼앗고 오히려 억울한 누명을 씌우는 왕삼격의 모습에서 당시 한족에 대한 만주족의 전횡이 얼마나 심각했는지 잘 알 수 있다. 높은 관직의 총독조차도 스스로 창관이라 자처하는 그를 함부로 대할 수 없었다. 만주족의 특권은 생각보다 컸다. 하지만 이들에게 엄격한 태도를 보여주었던 옹정제로 인해 전횡을 일삼는 만주족은 어느 정도 뿌리 뽑힐 수 있었다.

옹정 5년(1727년), 순의현 만주인 방동괴는 주막에서 자신에게 자리를 양보하지 않는다는 이유로 장사를 때리고 욕설을 퍼부었다. 그러자 순간적으로 화를 참지 못한 그는 방동괴를 죽여버리고 말았다. 이 사건을 맡은 직예총독 의조웅은 장사에게 교감후絞監候형을 내렸다.

하지만 옹정제의 의견은 달랐다.

"예전부터 한족들을 괴롭히고 업신여기는 만주족들은 수도 없이 많았다. 방동괴의 일 역시 그렇지 않은가!"

옹정제는 장사에게 사형 대신 곤장 40대라는 비교적 가벼운 벌을 내렸다. 그리고 그는 이 사건을 널리 알려 전횡을 일삼는 만주족들이 경계로 삼을 수 있도록 했다. 물론 장사의 사건을 가볍게 처리한 것은 법률에 위배되는 것이다. 하지만 만주족의 악행을 바로잡는 데는 더할 나위 없이 효과적인 조치였다.

사회안정을 위해서 옹정제는 만주족과 한족의 갈등을 해결하는 동시에 소수민족 거주 지역에서 나타나는 각종 문제를 처리하기 위해 노력했다. 개토귀류 정책을 시행하고 관직을 설치하는 것이 바로 그 노력의 일환이었다. 이 정책은 기존의 토사土司와 토사土舍 지역과 중앙정치, 경제와 문화를 하나로 묶는 것이었다.

옹정 12년, 운남성 호리순무 종보는 "영순永順에 '부府'를 설치한 이후 인문이 날로 번성하고 있다."며 부현에 학교를 설치하고 문무에 재능이 뛰어난 인재들을 각각 20명씩 뽑아 보정保靖 등 현에서 교육에 힘쓸 것을 제안했다. 물론 옹정제는 그의 제안을 허락했다.

이듬해 사천 학정學政 수인붕 역시 토착민과 한족이 가까워지기 위해서는 토착민의 교육을 장려해야 함을 주장했다. 소수민족과 한족이 함께 시험을 볼 것을 제안하기도 했다. 이전에 토사들은 자신의 속민이 교육을 받거나 시험을 치르지 못하도록 했다. 그들이 관직에 올라 자신의 통치권을 벗어날 것을 두려워했기 때문이다. 때문에 교육을 장려하는 것은 토사의 적폐를 일소하는 데 큰 도움이 되기도 했다.

옹정제가 시행한 개토귀류 정책에는 여러 가지 내용이 포함되어 있었다. 토사의 세습을 폐지하고 부청주현府廳州縣을 설치하며 유관流官을 파견하는 것, 성지를 만들고 학교를 세우며 과거를 시행하고 부역제도를 개혁하는 것이 바로 그 내용이다. 이들 정책은 전, 검, 계, 천, 상, 악의 6개 성에서 시행되었는데, 그중에서도 전, 검이 가장 중심이 되었다.

이 정책은 옹정 4년(1726년)을 시작으로 하여 옹정 집권 말기까지 계속 이어졌다. 정책이 주로 운남과 귀주 등지를 중심으로 이루어졌기 때문에 옹정 8년(1730년), 악이태는 운남과 귀주에 다리를 만들기도 했다. 옹정제는 경술년에 만들어진 이 다리에 '경술교庚戌橋'라는 이름을 붙여주어 악이태의 공적을 기리기도 했다. 그해는 개토귀류 정책이 기본적으로 성공을 거둔 해이기도 했다. '귀류歸流'의 방법은 우선 '무력'을 통해 이루어졌다가 점차 '유화정책' 쪽으로 방향을 틀었다. 즉 처음에는 병력을 이용해 소수민족의 기세를 꺾은 다음에 평화적인 태도를 취했다는 것이다.

이 정책은 기본적으로 악이태의 방침을 바탕으로 시행되었다. 여기에서 가장 큰 두각을 나타냈던 인물은 악이태였으며, 그다음으로 합원생과 장광사가 있다. 악이태는 개토귀류 정책의 제안자이자 시행자였다. 그는 직접 여러 곳을 다니며 개혁을 주도했고 각종 전략 방안을 직접 제정하기도 했다.

하지만 정책의 전 과정을 볼 때 가장 주도적인 역할을 했던 사람은 옹정제였다. 옹정제는 조금의 동요도 없이 정책을 결정하고 끝까지 이를 시행해나갔다. 검무黔撫 하세기가 무력 사용을 반대하자 군중의 의견이 나뉠 것을 염려한 옹정제는 그를 형부시랑으로 이직시켜 버렸다. 다음으로 옹정제는 악이태와 같은 자들을 임용했다.

개토귀류 정책의 중요성을 알았던 옹정제는 악이태를 보내 이를 담당하도록 했다. 그리고 악이태는 정책이 어느 정도 성공을 거둔 옹정 9년(1931년), 조정으로 돌아올 수 있었다. 옹정제는 이렇게 수도로 돌아온 악이태를 군기대신, 대학사로 임명하고 백작伯爵을 하사했다.

옹정제는 또한 합원생을 만난 자리에서 자신의 옷을 벗어주며 그를 군기대신으로 임명하기도 했다. 장광사는 2년 동안 지부에서 순무로 중용되었다. 이렇게 대신들을 격려함으로써 각자 재능을 발휘할 수 있도록 하는 것 역시 이 정책을 성공적으로 이끄는 데 큰 도움이 되었다.

이처럼 옹정제는 민족 간의 갈등을 해결하는 데 많은 노력을 기울였고, 이 때문에 어느 정도 정국을 안정시킬 수 있었으며, 백성들이 마음 놓고 생업에 종사할 수 있게 되었다.

맹수를 등용할지언정 고양이는 필요 없다

사람을 아는 것은 어렵다. 누군가를 알기 위해선 먼저 그를 관찰해야 한다. 물론 정확하게 관찰하는 것이 무엇보다 중요하다.

옛 선인들은 사람을 아는 것은 어려우니 상대방을 관찰할 때는 반드시 신중할 것을 강조했다. 신중하고 또 신중할 것, 그것은 상대방을 정확하게 관찰하기 위해 꼭 필요한 과정이다. 우리는 정확한 관찰로 한 사람에 대한 올바른 평가를 내릴 수 있다. 또 이를 통해 그 사람을 쓸 경우 닥칠 수 있는 위험을 미리 예측할 수도 있으며, 상대방이 자신의 능력을 충분히 발휘할 수 있도록 계획할 수도 있다. 때문에 예로부터 현명한 지도자들은 신중하게 사람을 관찰하고 그 속에서 귀중한 경험을 얻기도 했다.

다시 청나라 강희제 시절의 말기로 돌아가보자. 당시 저마다 황위를 계승하려 다툼을 벌인 황자들 중, 사람을 관찰하고 이용하는 데 가장 두 각을 보였던 황사자 윤진을 만날 수 있을 것이다. 윤진이 그 치열한 각축전에서 승리할 수 있었던 원인도 아마 그 때문이었을 것이다.

그는 영민함, 실무를 중시하는 엄격한 정치관념으로 일부 사람들의 지지를 이끌어냈다. 강희제 역시 그런 그가 마음에 들지 않을 수 없었다. 그것이 바로 그가 선택된 첫 번째 이유다.

두 번째 이유는 그가 양면작전을 교묘하게 쓸 줄 아는 인물이었다는 것이다. 이를 통해서 자신이 권력에 아무런 욕심이 없다는 것을 보여 정적과 부황이 경계심을 거둘 수 있도록 했다. 때문에 그는 손쉽게 성공을 거머쥘 수 있었다.

가장 중요한 마지막 이유는, 바로 윤진을 둘러싼 집단이 결정적인 시기에 그 역할을 톡톡히 했다는 것이다. 보군통령 웅사이는 팔기보군의 5개 진영을 관할하고 있었는데, 그 병력만도 2만이 넘었다. 수도의 9문 열쇠를 모두 가지고 있었던 그는 옹정제를 도와 도성 내의 치안과 정세 안정을 이루는 데 큰 공헌을 했다.

당시 윤제가 주둔하고 있던 지역은 천섬총독 연갱요의 관할지였다. 또한 연갱요가 관할하고 있던 서안(西安)은 중앙에서 서북으로 갈 때 반드시 거쳐야 할 곳이었기에 쉽게 윤제와 중앙의 연락망을 통제할 수 있었다. 때문에 연갱요는 윤제를 위협하여 서북의 정세를 안정시키는 데 커다란 역할을 했다.

윤진의 하인이었던 대택은 주군이 제위에 올랐을 때 사천포정사로 있었다. 그는 즉시 순무 채정에게 새로운 황제에게 상소문을 올려 만주족을 우대하고, 서쪽 지역의 철군을 건의하는 등 군심과 민심을 안정시키도록 했다.

이렇듯 옹정제의 세력은 각 분야에서 주군의 새로운 정치를 관철시키기 위해 노력했다. 자신을 지지하는 조정 내외의 핵심적인 인물과 수호자들 덕분에 옹정제는 순조롭게 황좌에 앉을 수 있었다.

옹정제가 총애해 마지않았던 전문경만 보더라도 이를 쉽게 알 수 있다. 전문경이 옹정제에게서 총애를 받을 수 있었던 이유는 오랜 관직 생활로 쌓은 수많은 경험과 충성심 때문이었다. 법률, 재정, 치안 등에 모두 정통한 데다, 오로지 주군밖에 모르는 충성심 때문에 그는 처음부터 끝까지 옹정제에게서 두터운 사랑을 받을 수 있었다.

옹정 4년 12월, 옹정제는 유지를 통해 전문경을 칭찬하기도 했다.

"순무로 부임한 지 3년 동안 치수공사를 성공적으로 끝내 매년 풍작이 들었다. 엄격한 법 집행으로 향신들은 법을 두려워하게 되었고, 지방은 평온해졌다. 언제나 솔선수범하며 사적인 청탁을 거절했으니 실로 순무 중의 제일이라 할 만하다."

옹정제의 유지는 3년간 전문경이 이루었던 공적을 칭찬한 것이었지만, 6년 뒤 병으로 세상을 떠나기 전까지 끝까지 초심을 잃지 않았다. 그렇다면 전문경이 옹정제에게 그토록 깊은 총애를 받을 수 있었던 원인을 좀더 살펴보도록 하자.

(1) 연갱요와 웅사이에게 반대했다.

옹정 초기의 인사는 대부분 연갱요와 웅사이의 영향을 받았다. 연갱요와 웅사이가 득세하자 그 주변 사람들도 덕을 보게 된 것이다. 때문에 이들이 실각하자 많은 사람들이 화를 당하게 되었다. 반대로 이전에 연갱요와 웅사이의 뜻을 거슬러 억울한 일을 당했던 사람들은 누명을 벗게 되었다. 전문경 역시 그중 하나였다. 이는 옹정 2년 12월에 내린 유지에서도 잘 나타난다.

"대장군 연갱요는 일찍이 전문경이 능력이 없고 평범하다는 상소문을 올린 적이 있다. 외숙부 웅사이 역시 이러한 내용의 상소를 올렸다. 하나 짐은 그들의 이야기를 믿지 않았다."

전해지는 바에 따르면 연갱요가 황제의 신임을 잃었을 당시, 전문경은 어명을 받고 연갱요가 감추어두었던 재물의 행방을 조사했다고 한다. 전문경은 이를 세세하게 밝혀 보고했고, 이를 통해 황제에게서 더욱더 큰 신임을 얻게 되었다. 즉 연갱요와 웅사이가 실각한 후 옹정제는 그들과 사이가 좋지 않았던 전문경에게 기댈 수밖에 없었던 것이다.

(2) 고립무원의 처지였다.

조정에서 전문경은 언제나 외로운 처지였다. 많은 사람들이 그를 싫어했기 때문이다. 하지만 옹정제는 여러 사람의 칭찬을 받는 사람은 명예를 좇는 데 능한 사람이기 때문에 믿을 수가 없다고 생각했다. 그의 이런 생각은 옹정 7년, 복건안찰사 손국새에게 한 이야기에서도 잘 드러난다.

"짐은 단 한 번도 그대를 나쁘다고 한 사람을 본 적이 없다. 그래서 짐은 의심을 품지 않을 수 없다. 짐은 그대가 다른 사람에게 보이는 모습을 중요하게 여기기 때문에 그런 결과가 나오지 않았나 하고 생각한다."

반대로 전문경이 여러 사람의 공격을 받는 것은 분명 그가 당파에 얽매이지 않고 소신을 지켰기 때문이라고 생각했다.

"짐 역시 당시에는 고립무원의 처지가 아니었던가!"

그래서 옹정제는 외로운 신하를 적극적으로 보호하려 했던 것이다.

광동순무 양문건이 동료에게 모함을 당하자 옹정제는 온 힘을 다해 그에게 불리한 여론을 물리쳤다. 그의 상황이 전문경과 비슷했기 때문이었다.

"양문건은 겨우 4명의 동료들에게서 배척을 당했지만, 전문경을 배척하고 그에게 반대하는 사람이 어디 4명뿐이더냐. 하지만 그는 결코 신념을 잃지 않았다."

전문경은 조정이 안정된 이후부터 줄곧 이불이나 사제세와 같은 대신들에게 공격을 받아왔다. 연갱요와 융사이에게 굽히지 않았던 전문경은 장정옥이나 주식에게도 미움을 받았다. 이렇듯 적이 많아질수록 황제의 신임은 더욱 커지게 되었다.

(3) 엄격한 정책집행을 했다.

전문경은 옹정제의 뜻대로 가혹하리 만큼 엄격하게 정책을 집행해나갔으며, 이로 인해 황제의 신임을 얻을 수 있었다. 옹정제는 재위 시절에 누구보다 엄하게 조정을 다스렸으며, 전문경 역시 이러한 옹정제의 정치 원칙을 성실하게 이행해나갔다. 하지만 가끔은 이런 옹정제도 전문경이 지나치다고 생각해 그를 진정시키기도 했다.

"짐은 그대의 능력을 의심하지 않는다. 하지만 나라를 위하려는 조급한 마음에 일을 그르치지 않을까 걱정이구나."

어쨌든 이토록 엄하게 조정을 장악하고 다스릴 수 있는 사람이 옹정제의 마음에 드는 것은 당연했다.

그렇다면 옹정제는 과연 어떤 방법으로 자신을 지지하는 사람들을 임용했을까? 그 방법에 대해 굳이 논하지 않아도 인재들을 정확히 파악하고 자신의 편으로 만들었던 그의 모습에서 옹정제야말로 사람을 관찰하고 알아보는 데 진정한 고수였다는 사실을 알 수 있다.

사실 고대 제왕이 사람을 관찰하는 데는 비교적 완벽한 체계가 있었다. 잠시 그 내용을 살펴보도록 하자.

먼저, 관찰 감별법에 대해 이야기해보자.

어떻게 사람을 관찰해야 할까? 중국의 유명한 사상가 맹자는 인재를 관찰하는 여러 가지 방법에 대해 이야기했다.

첫째는 효제孝悌 관찰법이다. 즉 효를 행하는 모습을 보고 그 사람됨을 파악할 수 있다는 것이다. 집에서는 효도하고 밖에 나가서는 어른을 공경하며 선왕의 예법을 충실히 지키고 온 힘을 다해 수배를 양성하는 사람은 인의지사仁義之士다.

둘째는 호선好善 관찰법이다. 좋아하는 것이 무엇인지를 파악한다는 얘기다. 약이 되는 소리를 듣기 좋아하는 사람은 천하에서 유리한 위치를 차지할 수 있다. 하지만 그렇지 못한 사람에게는 아첨이나 비방을 좋아하는 소인배들이 벌 떼처럼 달려들게 되어 있다.

셋째는 애물愛物 관찰법이다. 만물을 사랑하는 마음으로 본다는 얘기다. 군자는 마땅히 세상만물을 사랑해야 한다. 이러한 품성을 가지고 있다면 세상 모든 사람을 가엾게 여기고 사랑할 수 있으며, 나라를 올바로 다스릴 수 있다.

넷째는 관목觀目 관찰법이다. 바로 눈을 보는 관찰법이다. 사람을 관찰할 때 가장 좋은 방법은 그 눈을 보는 것이다. 눈은 사악한 마음을 감출 수 없기 때문이다. 마음이 맑고 깨끗하면 눈 역시 악한 기운 없이 반짝인다. 하지만 마음이 비뚤어졌다면 눈동자 역시 생기를 잃고 어둡기 마련이다. 이러한 맹자의 관찰법은 봉건시대의 유교적인 색채가 풍기긴 하지만 오늘날에도 여전히 중요한 의미를 갖고 있다.

일반적으로 사람을 관찰하는 일은 가벼운 것부터 시작해 점점 그 단계가 깊어지는 과정을 겪게 된다. 그 과정은 크게 세 부분으로 나눌 수 있는데, 첫 번째는 일차적인 접촉을 통한 관찰이다. 우리는 여기에서 관찰 대상의 외형적 특징, 흥미, 지적수준, 사회적 지위, 직업에 관해 알 수 있다. 두 번째는 예측단계다. 즉 관찰 대상의 사상이나 감정, 사고방식, 성격, 일의 처리방식 등을 더욱 깊게 이해할 수 있다. 이 단계에서는 상대방을 더욱 정확하게 알 수 있으며 그 행동까지도 예측할 수 있다. 세 번째는 해석단계다. 상대방의 인생경험, 성격의 원인, 행동의 동기, 심리상태 등을 이해하고 알아가는 것이다. 이 단계에서는 상대방의 행동을 예측할 수 있을 뿐 아니라, 그 행위의 동기와 성격, 심리적 기초를 설명할 수도 있다. 때문에 사람을 관찰하기 위해서는 반드시 그 관찰의 깊이를 조절해야 한다. 특히 낯선 사람에 대해서는 절대 성급한 판단을 내려서는 안 된다. 맹자가 말한 것처럼 다양한 관찰을 통해서 상대방을 정확하게 이해할 수 있기 때문이다.

다음으로, 계획을 통한 관찰법이 있다. 즉 관찰 대상에 대한 일차적인 이해를 바탕으로, 계획적으로 그 대상에게 임무를 주어 그 재능과 품성을 알아보는 것이다.

한비자 역시 이 방법의 중요성에 대해 얘기했다.

"아무리 뛰어난 장인이라 할지라도 검을 만드는 주석이나 제련할 때의 색깔만 보고는 그 검의 좋고 나쁨을 평가할 수 없다. 물에서 백조와 기러기를 베고 땅 위에서 말의 다리를 잘라도 보통 사람은 그 검이 날카로운지 무딘지를 알 수 없다. 천하의 백락(伯樂 : 전국시대의 말 감정가)이라 해도, 주둥이를 벌려 이빨을 살펴보고 그 외형을 꼼꼼히 관찰해도 그말의 좋고 나쁨을 단정 지을 수는 없다. 말에게 마차를 끌어 목적지까지 달리도록 해도 보통 사람은 그 말의 좋고 나쁨을 의심할 수 없는 법이다."

계획을 통한 관찰법은 《여씨춘추권삼 논인^{呂氏春秋卷三 論人}》에도 그 기록이
남아 있다. 바로 '팔관육험^{八觀六驗}'의 '육험'이 그것이다.

"기쁘게 하여 그 평정심을 알아보고, 즐겁게 하여 그 버릇을 알아보고,
노엽게 하여 그 절제력을 알아보며, 두렵게 하여 그 의젓함을 알아보고,
슬프게 하여 그 사람됨을 알아보며, 괴롭게 하여 그 의지를 알아본다."
바로 육험의 내용이다.

춘추전국시대 조나라의 국왕 조간자 역시 왕위 계승자를 선택하기 위해
이 방법을 썼다. 훈시를 쓴 조간자는 이 내용을 2개의 죽간에 나누어 쓰
고 아들에게 하나씩 집도록 했다. 그리고 그 내용을 외우도록 했다.

3년이 지난 후, 조간자는 큰 아들 백로를 불러 훈시의 내용을 읊도록 했
다. 하지만 백로는 단 한 글자도 말하지 못했다. 조간자는 죽간을 가져
오라고 했지만 이미 오래전에 잃어버린 터라 찾아올 수가 없었다. 속으
로는 화가 났지만 조간자는 아무런 말도 하지 않았다.

잠시 후 그는 둘째 아들 무휼을 불러 훈시를 외우라고 했다. 그러자 무
휼은 처음부터 끝까지 한 글자도 빼놓지 않고 유창하게 그 내용을 읊었
다. 죽간이 어디 있냐는 물음에 그는 즉시 소맷부리에서 그것을 꺼내 공
손하게 아버지께 바쳤다. 조간자는 너무도 기뻤지만 역시 아무런 말도
하지 않았다.

이 시험을 통해 조간자는 두 아들이 일을 하는 태도에 대해 알 수 있었
다. 둘째 아들이야말로 아버지의 말씀을 열심히 지키며 항상 근면하게
나라를 다스릴 인물이었던 것이다. 조간자는 무휼을 계승자로 결정했
다.

이 계획 관찰법은 그 대상이나 업무내용에 따라 계획의 내용 역시 달라질 수 있다. 공자는 이렇게 말했다.

"작은 일로 군자를 시험하려 해서는 안 된다. 군자가 받아들일 수 있는 중대한 임무로 그를 시험해보아야 하는 것이다. 반대로 소인에게 큰 일을 맡겨 그를 시험해서도 안 된다."

공자는 그 대상을 '군자'와 '소인'이라는 단순한 범위에 두었지만, 관찰 대상에 따라 실험방법을 달리 해야 한다는 말은 그의 높은 식견을 보여주기에 충분했다.

물론 실전에서 관찰을 할 때 반드시 '계획'의 방법을 써야 하는 것은 아니다. 그럴 때는 관찰 대상의 일상생활, 그가 처해 있는 서로 다른 환경에서 과연 어떤 모습을 보이는지 살펴보고 그 태도와 성격, 능력을 판단해야 한다. 청나라의 임칙서 역시 이에 대해 이야기한 적이 있었다.

"배가 고플 때는 정신력을 알 수 있고, 기쁘거나 노여워할 때는 그 도량을 알 수 있으며, 높은 자리에 올랐을 때는 그 마음가짐을 알 수 있고, 위급 시에는 그 침착함을 알 수 있다."

당나라의 위징 역시 《논어신지술論御臣之術》에서 "행동을 보면 그 사람의 지위와 귀천을 알 수 있고, 생활을 보면 부유함과 가난함을 알 수 있으며, 좋아하는 것을 보면 사상을 알 수 있고, 말투를 보면 습관을 알 수 있다."라고 했다.

옹정제는 임칙서와 위징이 제안했던 인재관찰의 방법을 성실하게 수행했기에 뛰어난 용인술을 구사할 수 있었다.

제 6 장

억울한 황제

−비난을 참고 명예를 추구하라

비난을 참고
고결한 명예를 추구하라
좋은 약은 입에 쓴 법
참는 자가 이기는 법이니
누구를 위해 오명을 얻은 것이더냐
과감하게 행동하되 약속은 천금같이 여기며
때로는 뜻을 굽히고
더 큰 것을 위해 참아야 하느니라

늑대는 과감하게 자신을 희생할 줄 아는 동물이다. 가끔은 더 많은 사냥감을 위해 다 잡은 동물을 미련 없이 버리기도 한다. 또 닥쳐올 위험을 피하기 위해 사냥감을 둘러싼 포위를 갑자기 풀어버리기도 한다.

옹정제의 모습에서도 이러한 희생정신을 발견할 수 있다. 그는 주위의 비난을 참으면서 명예를 회복하기 위해 무던히도 애썼다. 황제 자리를 위해서 형제의 정을 과감히 버렸으며, 여론을 바꾸기 위해 자신에게 악의에 찬 비방을 서슴지 않았던 정적을 풀어주기도 했다. 늘 마음속으로 그리던 훌륭한 군주가 되기 위해 황제라면 쉽게 누릴 수 있었던 사치스러운 생활도 멀리했다.

언제나 서재에 앉아 산더미처럼 쌓인 상주문을 고치고 주비를 달았던 그는 모든 생명과 열정을 주비의 한 글자, 한 글자에 담았다. 이런 점에서 볼 때 옹정제는 분명 대단한 희생 정신을 가진 황제임에 틀림없다.

비난을 참고 고결한 명예를 추구하라

청나라의 황제들 중 옹정제는 가장 악명 높은 황제였다. 옹정제가 그토록 비난을 받았던 이유는 바로 형제들에게 보여주었던 비정함 때문이었다. 옹정제는 강희제 시절에 연금당했던 큰형 윤제와 둘째 형 윤잉을 풀어주지 않았다. 때문에 이 두 사람은 높은 탑 안에서 죽음을 맞이해야 했다. 셋째 형 윤지와 열째 동생 윤아, 열넷째 동생 윤제 역시 평생 연금을 당했다. 하지만 그중에서도 가장 비참한 꼴을 당한 것은 여덟째 동생 윤이와 아홉째 동생 윤당일 것이다. 관직을 박탈당하고 연금된 그들은 이름마저 아치나와 싸이스헤이로 바꾸어야 했다. 엄청난 고통과 핍박을 당한 그들은 결국 아무도 모르게 죽음을 맞고 말았다.

게다가 이 골육 간의 전쟁은 많은 희생자를 낳았다. 다섯째 동생 윤기의 아들 홍승과 일곱째 동생 윤우의 아들 홍서 역시 이 일로 세작을 모두 박탈당했다. 종실 중에서 죽거나 갇히고 관직을 박탈당하거나 유배를 간 사람은 부지기수였다. 옹정제는 친아들이라고 봐주는 법이 없었다. 그의 셋째아들 홍시 역시 종실에서 축출되고 말았다. 이 잔혹한 정치투쟁에서 옹정제는 자신의 이익을 지켜냈으며 고귀한 명성을 추구해나갔다.

옹정제는 《대의각미록》에서 자신이 형제들과 붕당에 잔혹하게 굴었던 이유를 밝혔다. 가장 큰 이유는 그들이 먼저 군신의 도리를 저버렸기 때문이었다. 옹정제는 그들이 자신을 모략하고 헐뜯음으로써 조정의 위엄을 무너뜨렸다고 이야기했다.

다음은 옹정제를 둘러싼 비방들이다.

역적 경정충의 손자 경육격은 자신이 삼성三姓 지방에 귀양을 갔을 때 유언비어를 퍼뜨렸다고 자백했다. 그는 사람들을 모아놓고 떠벌렸다.

"모두 와서 들으시오. 새로운 황제의 소식이오. 우리는 모두 억울한 누명을 쓰고 이곳에 왔소. 이제 여러분께 사실을 얘기할 테니 이 이야기를 널리 전해주기 바라오. 그들은 우리에게 날조된 죄명을 씌웠지만 그대들의 입을 막지는 못할 것이오."

그뿐만이 아니었다.

"선조 황제가 원래 천하를 십사아가에게 물려주려 했는데, 황제가 '十'을 '于'로 바꾸어버렸다."라든가, "병환이 깊은 선조 황제가 창춘궁暢春宮에 있을 때 황제가 인삼탕을 갖다 바쳤는데 웬일인지 선조 황제가 갑자기 붕어하셨다. 그리고 황제는 윤제를 수도로 불러와 연금시켜 버렸다. 태후가 윤제를 보려 하자 황제는 크게 노했고 태후는 철 기둥에 머리를 부딪쳐 자살하고 말았다. 하지만 황제는 화비와 다른 비빈들을 궁전으로 불러와 향락을 즐겼다."라고도 했다.

달색은 아치나의 태감 마기운이 자신에게 했던 말을 일러주었다.

"황상이 싸이스헤이에게 생불生佛을 만날 것을 명령하자 태후는 '꼭 그렇게까지 해야 할 필요가 있습니까!'라고 소리쳤다. 하지만 황상이 무시하고 나가버리자 태후는 분에 못 이겨 기둥에 부딪쳐 죽고 말았다. 싸이스헤이의 모친은 자살했다."

옹정제는 이런 소문을 퍼뜨리는 자들을 과감히 없애야 한다고 생각했다.

중국 속담에 기러기가 날아가면 소리를 남기고, 사람이 죽으면 이름을 남긴다고 했다. 아마 세상에 태어나서 자기 이름 석 자를 남기고 싶지 않은 사람은 없을 것이다. 예전부터 가슴에 큰 뜻을 품은 사람들은 이름과 명예, 이익을 추구하는 것을 인생의 목표로 삼았다. 보통 사람이라면 그중 하나만 얻어도 여한이 없을 것이다.

하지만 변증법의 관점에서 보면, 얻는 것이 있으면 잃는 것이 있게 마련이고 나아가면 후퇴할 때도 있다. 즉 무언가를 얻으려면 반드시 대가가 필요하다는 얘기다. 문제는 그 대가의 가치다. 민족과 국가의 이익을 위해서, 가정의 화목을 위해서, 인격수양을 위해서 치르는 대가는 가치가 있다. 하지만 그렇지 않은 일에 치르는 대가가 클수록 그 결과는 더욱 비참할 수밖에 없다. '지나친 명예나 이익을 좇지 말라'는 말 역시 바로 이런 의미에서 출발한 인생의 명제인 것이다.

명예와 이익에 눈이 멀지 않기 위해서 가장 중요한 것은 비난을 참고 아름다운 명예를 추구하는 것이다.

사실 객관적으로 볼 때 명예를 추구하는 것은 나쁜 일이 아니다. 명예를 위해 진취적인 행동을 할 수 있기 때문이다. 명예를 중시하는 사람은 그것을 더럽히지 않기 위해 노력한다. 하지만 무슨 일이든 지나쳐서는 안 된다. 절박하게 명예를 좇다 보면 쉽게 나쁜 생각을 하고 옳지 못한 길로 빠질 수 있기 때문이다. 그렇게 되면 명예는커녕 커다란 오명을 쓸 수도 있다.

군자는 선한 이름을 얻기 위해 선한 길을 가고, 선한 일을 행한다. 하지만 소인은 허명을 위해 군자의 길을 버리고 나쁜 짓을 일삼는다.

동서고금을 막론하고 명예를 위해 수단과 방법을 가리지 않아 지위와 명예를 모두 잃은 사람의 예는 얼마든지 있다. 이미 어느 정도의 이름을 얻었으면서도 더 큰 명예를 얻기 위해 나쁜 일을 일삼는 사람은 원래의 명예마저도 잃게 마련이다.

중세 이탈리아의 수학자 타르탈리아는 수학 토너먼트 대회에서 '불패의 승리자'라는 명성을 얻었다. 그는 각고의 노력 끝에 독학으로 3차 방정식의 새로운 공식을 발견했다.

그러던 어느 날, 카르다노라는 수학자가 그를 찾아왔다. 카르다노는 자신이 수학에 관해 수천 가지가 넘는 공식을 발견했지만 오직 3차 방정식만은 풀 수가 없었다고 말했다. 그러자 마음 약한 타르탈리아는 자신이 발견한 것을 알려주었다.

하지만 며칠 후, 카르다노는 자신의 이름으로 3차 방정식 공식에 관한 논문을 발표했다. 그의 이런 부당한 방법은 얼마간은 사람들을 속일 수 있었다. 하지만 곧 사실이 천하에 알려지고 말았다. 때문에 현재 카르다노는 수학 역사상 '사기꾼'의 대명사로 불리고 있다.

카르다노는 자기 분야에서 대단한 업적을 이룬 인물이었으나 명예에 대한 욕심이 지나쳤다. 지나친 욕심은 총명한 사람을 바보로 만들고 고결한 사람으로 하여금 보통 사람도 하지 않는 추한 일을 하도록 만든다. 그렇게 되면 아름다운 명예도 추악한 이름으로 바뀌게 된다.

명예를 추구하되 지나치지는 말자. 중요한 것은 지나치게 명예에 목을 매달아서는 안 된다는 점이다.

좋은 약은 입에 쓰다

좋은 약은 입에 쓰고 득이 되는 말은 귀에 거슬리는 법이다.

명대의 유명한 군사가 위계광은 말한 사람이 누구냐에 따라 그 가치를 판단하지 말라고 했다. 그 말이 이치에 맞는다면 지도자는 마땅히 그것을 받아들여야 한다는 것이다. 말하는 사람의 인품이 어떠하든 외모가 어떠하든 그것은 아무런 상관이 없다.

신하들의 간언을 받아들이고 자신의 잘못을 고쳤던 옹정제는 군왕다운 넓은 도량을 보여주었다.

"짐은 단 한 번도 하늘을 원망하거나 남을 탓해본 적이 없으며, 언제나 스스로를 반성했다."

양광총독 손육순은 연갱요와 친분이 있다는 이유로 황제에게 죄를 청했다. 그러나 옹정제는 그를 위로하며 말했다.

"짐은 사람을 알아보는 눈을 갖추지 못해 음흉한 자들을 총애했다. 그모두가 스스로 자처한 화인데 무슨 낯으로 그와 친분이 있다고 하여 그대를 벌할 수 있겠는가?"

이 한마디 말 때문에 연갱요와 관계되었던 많은 사람들은 비로소 마음을 놓을 수 있었다.

봉건시대 관리들의 임면은 그 파급효과가 상당히 커져 조정에 혼란을 일으킬 수도 있었다. 때문에 한때 정권을 장악했던 연갱요를 처벌하고 나자 조정은 그야말로 민심이 흉흉할 수밖에 없었다. 이런 상황에서 옹정제는 조금의 주저함도 없이 그들을 안심시키는 방법을 택했던 것이다. 그것은 매우 적절한 조치였다.

공자는 "잘못이 있거든 고치는 것을 두려워하지 마라."고 했다. 그는 또 "잘못을 알면서도 고치지 않는 것은 더 큰 잘못이다."라고 말하기도 했다. 황제도 역시 사람이기에 모든 일에서 완벽할 수는 없다. 때로는 자신이 없어 신하들의 바른 의견을 받아들이지 못할 때도 있다.

옹정 4년 9월, 감숙순무 석문작은 감숙에 주전을 세워 동전을 제조함으로써 사전私錢의 유통을 막을 것을 제안했다. 석문작이 한나라의 등통(鄧通 : 서한 문제의 총애를 받던 신하. 한무제와의 특수한 관계를 이용해 동탄광을 개발, 엄청난 부자가 되었다)이 되려 한다고 생각한 옹정제는 그의 제안을 받아들이지 않았다. 같은 해 11월, 석문작은 다시 한 번 같은 내용의 상주문을 올렸다. 그제야 상황을 알게 된 옹정제는 즉시 태도를 바꾸어 석문작의 의견을 수렴하기로 했다.

옹정제가 처음에 주저했던 것은 상황을 잘 몰랐기 때문이었다. 하지만 그는 잘못을 즉시 고침으로써 일국의 군주다운 모습을 보여주었다. 손육순에게 했던 "무슨 낯으로 그대들을 벌할 수 있겠는가?"라는 말 역시 이성적이고 너그러운 옹정제의 모습을 나타내기에 충분했다.

옹정제 재위 시절, 조정에는 유보라는 만주족 시랑이 있었는데 옹정제는 그를 절강으로 파견했다. 치밀한 성격의 유보는 부임지로 떠나기 전에 옹정제에게 상소를 올려 '다른 분부는 더 없으신지'를 물어왔다. 그런 유보의 모습에 흡족한 옹정제는 그의 상소에 이런 주필을 남겼다.

"듣자하니 그대가 아직 자손이 없다고 하던데 절강에서 돌아올 때는 큰딸, 작은딸을 데리고 오게."

그것은 절강에서 첩을 데리고 오라는 옹정제의 농담이었다. 이렇게 인간미 넘치는 주필은 쉽게 볼 수 있는 것이 아니다.

유보가 절강에 도착하자, 옹정제의 익살스런 주필에 대해 미리 들은 직조 융승은 노노라는 여인을 유보에게 바쳤다. 이렇게 해서 유보가 황상의 명을 받들어 첩을 들였다는 이야기가 민간에 떠돌게 된 것이다. 이 이야기를 통해 옹정제가 평소 신하들에게 얼마나 많은 관심을 보였는지 알 수 있다.

옹정제는 자신과 다른 의견을 가진 신하들도 중용했다. 옹정제는 즉위 당시 주식을 태자부로 삼았다. 이듬해에 주식에게 이부상서를 겸하게 한 옹정제는 시를 하사하며 그의 충직함을 칭송했다.

옹정 3년, 주식은 또다시 대학사의 자리에 오른다. 당시 옹정제는 여러 신하들의 건의를 받아들여 모선귀공을 검토하고 있던 중이었다.

하지만 주식은 계속해서 상소문을 올려 이를 반대하고 나섰다. 옹정제 역시 거듭 그의 의견에 반박했지만 주식은 입장을 바꾸지 않았다. 황제와 의견이 달랐던 주식은 어쩔 수 없는 마음에 병을 핑계로 관직에서 물러나려 했다. 하지만 옹정제는 그런 주식을 달래며 말했다.

"그대의 병이 위중한 것이라면 내 어찌 그대를 잡을 수 있겠는가? 하지만 그렇지 않다면 또 어찌 그대를 보낼 수 있겠는가?"

황제의 말에 감격하여 눈물까지 흘린 주식은 그제야 고집을 누그러뜨렸다. 그러나 그 성격이 쉽게 바뀔 리는 없었다. 황제에게도 직언을 서슴지 않는 주식이었지만 옹정제는 개의치 않았다.

시랑 심근사 역시 모선귀공을 반대했다. 하지만 옹정제는 화를 내기는커녕 오히려 그가 나랏일을 걱정한다며 칭찬을 아끼지 않았다. 심근사가 자신의 숭불을 반대했지만 옹정제는 이 역시 마음에 두지 않았다. 오히려 심근사가 죽은 후 그를 예부상서, 태자태부로 임명하고 이부의 관리를 보내 장례를 치르도록 했다.

옹정제가 즉위하고 얼마 지나지 않아, 한림원 검토 손가감은 세 가지 일에 관한 상소문을 올렸다. '친골육(親骨肉 : 형제끼리 가깝게 지내고), 정연납(停捐納 : 매관매직을 금하며), 파서병(罷西兵 : 서북 전쟁을 멈춰야 한다)' 이라는 내용이었다. 제위를 둘러싼 싸움의 여파가 채 가라앉기도 전에 형제끼리 가깝게 지내야 한다는 내용의 상소가 가당키나 하단 말인가. 잔뜩 노한 옹정제는 한림원 대학사 주식에게 말했다.

"어떻게 이런 자가 한림원에 있단 말인가!"

그러자 주식이 빙그레 웃으며 말했다.

"그의 언사가 무례하기는 하나 신은 그 배포에 감탄할 따름입니다."

그러자 잠시 생각에 잠겼던 옹정제가 웃음을 터뜨리며 말했다.

"확실히 그가 담이 크긴 하구나. 짐 역시 그의 배포에 감탄했다!"

옹정제는 즉시 손가감을 국자감 사업으로 삼고 9경에 다음과 같은 유지를 내렸다.

"짐이 즉위한 이후로 손가감은 매사에 직언을 서슴지 않았다. 하지만 짐은 오히려 기뻐했다. 그러니 그대들도 그를 모범으로 삼으라."

그 후 손가감은 또다시 학정과 이부시랑으로 승진했다. 그는 건륭 초기 도찰원 좌도어사가 되어서도 황제에게 거침없이 간언을 했다. 훗날 직예총독이 된 그는 지방 권세가들을 통제하고 수리시설을 확충하는 데 온 힘을 쏟았다. 그리고 또다시 이부상서와 협판대학사가 되었고 《시경보주詩經補註》를 쓰기도 했다.

옹정제는 여러 신하들이 모인 자리에서 직언에 관한 자신의 생각을 이렇게 말했다.

"짐은 과실을 감추는 사람이 아니다. 사람은 성인이 아니기 때문에 누구나 잘못을 할 수 있다. 그러니 그대들이 짐의 결점을 지적해주면 기쁜 마음으로 그것을 받아들일 수 있다. 군주의 잘못은 마치 하늘의 달처럼 온 세상에 그대로 드러나게 마련이다. 그런 군주가 잘못을 고치면 모두 그를 존경하게 된다. 그러니 잘못을 고치는 것은 하늘 아래에 가장 좋은 일이 아니겠는가!"

한 나라의 군주로서 "잘못을 고치는 것은 가장 좋은 일이다!"라고 말할 수 있는 옹정제는 정말 대단한 황제임에 틀림없다.

참는 자가 이기는 법이다

"남이 참지 못하는 것을 참으면 남이 하지 못하는 일을 이뤄낼 수 있다."

이는 걸출한 지도자들이 반드시 갖추어야 할 덕목이며 지자**로서 자신의 절제 능력을 검증해보기 위함이기도 하다. 이치대로라면 일국의 황제가 모욕을 당할 일은 없다. 하지만 옹정제는 악종기가 모반을 권유받은 사건을 통해 황제로서 감당하기 힘든 굴욕을 당하게 되었다.

《대의각미록》 역시 이런 배경에서 탄생했다. 옹정제는 대의각미록을 통해 자신을 변호했으며, 당시 민간에 떠도는 갖가지 소문들을 직접 반박했다.

옹정 연간, 호남 영흥에는 증정이라 불리는 과거에 낙방한 서생이 있었다. 어느 날 우연히 유학자 여유량이 평을 단 《팔고문》을 읽게 된 그는 '이하지방(夷夏之防 : 중국과 오랑캐 간의 방어)'에 대해 논한 부분에서 통탄을 금할 수가 없었다.

강희 시대의 사람 여유량은 '청'을 '북조北朝'라고 부르며 '명'만이 진정한 왕조라고 일컬었다. 그는 춘추에서 가장 심오한 뜻은 '존왕양이(尊王攘夷 : 왕을 높이고 오랑캐를 무찌르다)'밖에 없으며, 공자가 관중을 칭찬한 것도 바로 이 때문이라고 역설했다. 그는 또 청나라의 황제도 '오랑캐'이므로 마땅히 무찔러야 한다고 주장했다.

그의 글을 읽고 크게 감동한 증정은 여유량의 고향인 절강 석문(石門, 숭덕崇德)으로 달려가 그의 아들 여의중을 만났다. 당시 여유량은 이미 이 세상 사람이 아니었다. 증정은 곧 여의중, 여유량의 제자 엄홍규, 그리고 그의 제자 심재관과 친구가 되었다. 세 사람은 여유량이 쓴《일기日記》와《사서강의四書講義》를 증정에게 주었다.

호남으로 돌아온 증정은 여유량의 사상과 학설을 자신의 제자인 장희에게 알려주었다. 그러자 장희는 자진해서 천섬총독 악종기를 찾아가 모반을 권유하겠노라고 나섰다. 그러자 증정은 장희에게 편지 한 통을 써준 뒤 그를 서북으로 보내주었다.

옹정 4년 7월, 생명의 위험을 무릅쓰고 먼 길을 달려간 장희는 결국 악종기를 만날 수 있었다. 하지만 그들은 대상을 한참 잘못 골랐다.

증정의 편지를 읽은 악종기는 놀라지 않을 수 없었다. 그는 모반에 참여하겠노라고 장희를 안심시킨 후 몰래 옹정제에게 이 사실을 알렸다. 옹정제는 즉시 이 사건과 관련된 인물들을 잡아들이도록 했고, 곧 증정, 여의중, 엄홍규, 심재관이 수도로 압송되어 왔다. 물론 장희도 마찬가지였다.

증정이 악종기에게 보냈던 편지와 여유량이 남긴 책을 읽은 옹정제는 이것이 단순한 모반이 아닌 사상의 문제라고 생각하게 되었다. 그래서 그는 직접 《대의각미록》을 써서 전국에 반포했다. 그리고 증정과 장희를 사면한 다음 그들에게 《대의각미록》을 직접 선전하도록 했다. 그 후 여의중과 심재관은 참수를 당했으며 엄홍규는 감옥에서 죽었다. 세 사람의 가족들은 모두 강제로 징집되었다. 악종기는 계속 중용되었지만 옹정 10년, 융가르 부족과의 싸움에서 최선을 다하지 않았다는 이유로 파직을 당하고 연금되었다.

《대의각미록》의 내용은 상당히 솔직하다. 자신을 '오랑캐'라고 생각했던 옹정제는 청나라 역시 '외국'이라고 불렀다. 훗날 이 표현이 적합하지 않다고 생각한 건륭제는 《대의각미록》을 금서로 분류했다. 때문에 중국이 아닌 일본인이 이 책을 보관하게 되었고, 이나바군잔稻葉君山에 의해 《청조전사清朝全史》에도 인용되었다.

《대의각미록》에는 증정의 자백이 포함되어 있다. 옹정 4년 9월, 옹정제는 증정이 '회개한 후' 청나라를 찬양하며 썼던 《귀인록歸仁錄》을 전국에 발표하도록 했다.

증정은 악종기에게 보낸 편지에서 옹정제의 아홉 가지 죄악을 밝혔다.

(1) 황위를 찬탈한 것
(2) 어머니를 핍박한 것 —이바나군잔은 옹정제가 강희제의 동후를 핍박하여 순장했다고 했지만, 사실 동후(효의황후)는 강희 28년 7월에 이미 사망했다. 옹정제의 어머니인 덕비 오아 씨는 옹정 원년 5월에 죽었는데, 증정이 가리키는 인물은 바로 덕비다.
(3) 형을 죽인 것 (태자 윤잉, 황삼자 윤지)

(4) 동생을 죽인 것(윤이, 윤당)

(5) 재물을 탐한 것

(6) 살인을 일삼은 것

(7) 술을 좋아하는 것

(8) 색을 가까이 하는 것

(9) 충신을 죽인 것

이렇게 조목조목 자신을 비난한 증정이었지만, 옹정제는 개의치 않으며 말했다.

"증정은 짐만 비난했지만 여유량은 부황의 성덕을 헐뜯었으며 황제들의 업적은 하나도 언급하지 않은 채 나쁜 일만을 기록함으로써 자신의 원한을 풀고자 했다. 그러니 여유량의 죄가 더 크다 할 수 있다."

옹정제는 '신권이론神權論'을 만들어냈다. 황제는 하늘에서 내리는 것으로, 하늘은 출신이 아닌 '덕성'으로 그 사람이 황제가 될 수 있는지 없는지를 가늠한다는 것이다.

"순 임금도 동이東夷였으며 문왕 역시 서이西夷가 아니더냐? 짐은 하늘의 명을 받고 모든 민족을 통치하는 주인이 되었는데 어찌 오랑캐라는 특수한 신분으로만 대하려 하느냐!"

옹정제는 또 글을 쓰는 사람들에게 이렇게 말했다.

"역사를 기록하거나 글을 쓰는 사람들은 모두 사실에 근거하여 기록을 남겨야 한다. 외국에서 대통을 이은 황제가 나쁜 일을 했든 공을 세웠든, 그 역시 공정하게 남겨야 하는 것이다. 만일 자신이 한 일이 정확하게 기록된다는 것을 알게 되면 통치자들은 더 열심히 하려 할 것이다. 하지만 일부러 나쁜 일만을 기록해 그들의 업적을 언급하지 않으면 오히려 그들은 자신의 수양에 힘쓰지 않고 나라를 훌륭하게 다스릴 수도 없게 된다."

옹정제는 청나라 군대가 중국 내륙으로 들어와 북경과 화북을 거치는 모든 길을 점령했을 때, 명나라로부터가 아니라 이자성李自成으로부터 천하를 얻었다는 다이곤의 이론을 그대로 표방했다.

"명나라는 가정(嘉靖 : 세종世宗) 이후부터 군신이 모두 덕을 잃었으며 사방에서 도둑이 들끓었고, 국경은 불안하기 짝이 없었다. 하지만 청나라에 들어서자 기강이 바로잡혔고 사악한 무리들을 모두 소탕했으며 문물이 날로 번성했다."

황제의 몸으로 참기 힘든 비방을 당하고도 그 주동자를 당장 죽이지 않고 오히려 책을 써서 자신을 변호했던 옹정제. 그의 행동은 보통 사람으로선 이해하기가 쉽지 않았다. 하지만 그것은 옹정제가 남보다 뛰어난 부분이기도 했다. 소문에 바로 맞설 수 있는 용기를 가졌던 그는 자신이 이런 오명을 벗을 수 있을 거라고 믿었던 것이다.

심한 굴욕을 당하고도 끝까지 참았던 한신 역시 뛰어난 절제력의 모범으로 불리고 있는데, 옹정제의 절제력 역시 그에 비길 만했다.

한나라 초기의 명장 한신. 젊은 시절, 그의 집은 형편이 좋지 못했다. 본래 아첨이란 걸 못하는 성격에다 관직에 오른 뒤에도 잔꾀를 부려 사리사욕을 취하는 것과는 거리가 멀었기 때문이다.

매일 책을 읽고 병서를 연구하던 그는 결국 하루에 한 끼도 먹을 수 없게 되었다. 그러자 어쩔 수 없이 보검을 등에 메고 저잣거리로 구걸을 나섰다. 그때 심술궂게 생긴 사내가 한신의 초라한 행색을 보고 큰 소리로 외쳤다.

"등에 보검을 메고 있는 것을 보니 보통 사람은 아닌 듯하나, 그래도 내 눈에는 겁쟁이에 지나지 않아 보이는구나. 죽음이 두렵지 않다면 그 검으로 나를 한번 찔러보지 그러나? 하지만 그럴 수 없다면 내 바짓가랑이 사이를 지나가야 할 거야!"

말을 마친 그는 한신 앞에 다리를 쩍 벌리고 섰다. 주위를 둘러싼 사람들은 한신의 행동을 조마조마하게 지켜보았다.

잠시 사내를 살펴보다 생각에 잠긴 한신은 갑자기 허리를 굽혀 사내의 다리 밑을 기어갔다. 그러자 사람들은 "와아!" 하고 크게 웃으며 한신을 겁쟁이라 놀려댔다. 하지만 한신은 굴욕을 참으며 문을 걸어 잠그고 글공부에 매진했다.

몇 년 후, 각 지역에서 진*에 대항하는 반란이 일어나자 한신은 조금의 망설임도 없이 검을 들고 전쟁에 참여했다. 그리고 그는 천하에 두루 이름을 떨쳤다. 굴욕을 견뎌낸 한신은 위대한 공을 세우고 마침내 영웅으로 그 이름을 남기게 된 것이다.

만약 그가 화를 참지 못하고 사내를 죽여 법의 심판을 받았다면 분명 천하의 영웅으로 우뚝 설 수 없었을 것이다. 이 점을 잘 알았기에 한신은 자신의 미래를 포기하는 것보다 차라리 수치를 참는 쪽을 택했던 것이다. 한신은 분명 대단한 절제력을 가진 인물이었다.

현대에서도 마찬가지다. 지도자의 절제능력과 인내심은 자신의 소양과 직접적인 관련이 있다. 또 절제력을 키우기 위해서는 먼저 소양을 높여야 한다. 하지만 진정한 인내를 실천하는 것은 결코 쉬운 일이 아니다. 바로 그런 점에서 한신과 옹정제는 이 분야의 모범인물로 평가될 수 있다.

누구를 위한 오명인가

옹정제에 대해 얘기할 때면 우리는 항상 아버지를 속여 황위를 찬탈하고 형제를 죽인 냉혹한 군주의 모습을 떠올리게 된다. 바로 그런 이유 때문일까? 그가 시행했던 악정惡政과 관련된 소문은 그 자신의 잘못이라기보다 그를 반대하는 사람들이 조성한 여론의 영향이 더 컸다.

옹정제를 비방했던 여론의 출처는 크게 두 가지로 나눌 수 있다.

첫 번째 출처는 바로 그의 정적들이다. 그에게 실컷 두들겨 맞은 탐관오리 및 정치에 불만을 품었던 사람들 말이다. '유언을 고쳐 황위를 찬탈했다', '아버지를 속이고 어머니를 핍박했다', '형제들을 죽였다'는 죄명은 가장 먼저 옹정제의 정적에게서 흘러나온 것이었다. 즉 제위투쟁에서 실패한 황팔자 윤이, 황구자 윤당 및 그들의 태감과 붕당이 바로 그들이었다.

옹정제가 유언을 고쳐 황위를 찬탈했다는 이야기에는 여러 가지 설이 있다.

첫째, 강희제는 "짐은 십사황자에게 태통을 물려주노라朕十四皇子 繼承大統."라는 유조를 남겼다. 하지만 윤진이 '十'이라는 글자를 '于'로 바꾸어 황위를 얻었다는 이야기다.

둘째, 연갱요와 정을 통하고 있었던 윤진의 생모가 입궁한 지 8개월 만에 윤진을 낳았다는 것이다. 그래서 강희제가 붕어하자 연갱요는 그의 유언장을 훔쳐내 글자를 바꾸어 윤진을 황위에 앉혔다는 설이다.

셋째, 젊은 시절부터 성격이 무례하고 술과 칼싸움을 즐겼던 윤진은 강희제의 미움을 받고 도망쳤다. 그리고 강희제의 병이 위중해지자 검객들을 대동하고 도읍으로 와 강제로 유서를 빼앗았다는 것이다. 그 후 그는 유서의 글자를 바꾸고 심복들을 궁궐 밖에 풀어 다른 사람이 들어오지 못하도록 했다. 문무대신들을 궁으로 불렀지만 사람의 그림자도 보이지 않자 노한 강희제는 옥구슬을 윤진에게 던졌다고 한다. 그러자 윤진은 그 구슬을 자신의 황위 계승의 증표로 삼았다.

넷째, 강희제가 붕어할 당시 그 곁을 지키고 있던 고명대신은 웅사이 뿐이었다. 그리고 그가 황제의 유언에서 글자를 바꾸어 윤진을 즉위시켰다는 설이다.

다섯째, 강희제가 웅사이의 손바닥에 '십사황자'라고 쓰자 웅사이가 혓바닥으로—손가락으로 썼다는 설도 있다—한 획을 더 써서 윤진에게 대통을 물려주었다는 것이다.

《연행록선집燕行錄選集》에는 다음과 같은 기록이 남아 있다.

"옹정제의 이름은 윤진으로, 강희제의 네 번째 아들이다. 그에게는 동생 윤제가 있었다. 병세가 위독해진 강희제는 십사황자에게 황위를 물려준다는 유조를 남겼다. 당시 윤제는 변방에 나가 있었기 때문에 황제의 명을 받은 신하는 쉽게 음모를 꾸밀 수 있었다. 그래서 '十'자에 한 획을 더해 '于'자로 만들어 윤진에게 황위를 물려준 것이다."

이 밖에 다음과 같은 기록도 있다.

"옹정제는 강희제의 넷째 아들로, 이름은 윤진이다. 강희제에게는 아들이 많았는데 덕비 소생은 단 둘이었다. 장자가 넷째 윤진이요, 둘째는 열넷째 윤제로, 그는 대장군의 직위로 서쪽 변방에 나가 있었다……."

물론 이러한 설들은 정확한 근거가 없다. 하지만 옹정제의 명성에 부정적인 영향을 미친 것은 분명했다.

옹정제는 즉위 후, 부정부패를 척결하고 관직사회의 기강을 바로잡는 데 노력을 기울였다. 그러자 이 과정에서 처벌을 당하거나 불이익을 당한 사람들과 옹정제의 정치방식에 반대했던 많은 사람들은 그를 두고 '재물을 탐한다' 거나 '살인을 좋아한다' 혹은 '잔인하고 폭력적' 이라는 유언비어를 퍼뜨렸다. 훗날 사람들이 옹정제와 그의 정치를 비방했던 것도 대부분 당시 이런 사람들이 만든 여론이나 견해와 깊은 관계가 있을 것이다.

두 번째 출처는 바로 청말 민초야사나 통속소설을 썼던 사람들이다. 《만청십삼조궁위밀사滿淸十三朝宮闈密史》나 《범천여총록梵天廬叢錄》, 《여사낭연의呂四娘演義》, 《혈적자血滴子》에는 옹정제의 출생, 즉위, 사망에 관련된 이야기를 비롯해 성격, 태도, 사람됨 같은 것이 모두 기술되어 있다. 이들 작품은 여러 사람들을 통해 전해지면서 이야기가 더해졌기 때문에 실록으로서 믿을 만한 것이 못 된다. 하지만 옹정제에 관한 나쁜 소문을 주제로 한 밀사와 소설들이 매우 광범위하게 퍼졌기 때문에 그 영향력 또한 무시할 수 없었다. 심지어 오늘날에도 이런 소문들이 진짜라고 믿는 사람들이 있으니 말이다.

옹정제가 한 일 중 가장 많은 비난을 받았으며 그의 평판에 가장 나쁜 영향을 미친 것은 바로 종친 형제들에 대한 잔인하고 무정한 모습이었다. 황위 쟁탈전에서 옹정제가 얼마나 많은 고통을 겪었든 간에 형제를 죽인 죄명에서 벗어날 수는 없다. 강희제 시절에 연금당했다가 옹정제 때도 풀려나지 못하고 그대로 높은 성안에서 죽어야 했던 형제들도 있었고 평생을 갇혀 지낸 형제들도 있었다.

가장 비참했던 사람은 여덟째 황자였다. 모든 관직을 박탈당했고 가족 모두 화를 당해야 했기 때문이다. 다섯째 황자 윤기의 아들 홍승과 일곱째 황자 윤우의 아들 홍서 역시 이 일로 세작을 모두 박탈당했다. 그의 가족 중 목숨을 잃거나 귀양을 가고 파직당한 사람은 그 수를 셀 수 없을 정도였다. 옹정제는 심지어 친아들 홍시 역시 종실에서 축출해 버렸다.

황실에서 가족의 정을 기대하기란 힘들다. 골육상잔의 비극은 어느 왕조에나 있어 왔다. 하지만 옹정제처럼 잔인했던 경우 역시 보기 드물다. 그것은 분명 그의 정치적 명성에 큰 타격을 주는 것이었다.

사실 봉건사회의 권력쟁탈 과정에서 공공의 적을 만나게 되면 어떠한 정치집단이나 군사집단도 모두 안으로 뭉치게 되어 있다. 하지만 일단 승리를 얻고 나면 반드시 내부적인 충돌이 생기게 마련이다.

예전부터 나라를 세웠던 위대한 군주나 태평성대의 주인들은 모두 비슷한 점을 가지고 있다. 치국의 도를 체험하고 터득했던 그들은 사람을 다스리는 기술에 대해 탁월한 견해를 가지고 있었다.

옹정제는 당시의 상황에 이끌려 어쩔 수 없이 그러한 전략을 취해야만 했다. 때문에 그로 인해 얻은 악명 역시 피할 수 없는 것이다. 물론 옹정제로서는 한스런 일이 아닐 수 없겠지만 말이다.

옹정제가 세상을 떠난 후 그의 아들 건륭제는 이러한 상황을 바꿔보기로 결심했다. 비록 그의 아버지는 매사에 느긋한 그를 못마땅해했지만, 즉위 후 건륭제는 관대하고 너그러운 정치를 펼쳤다.

청나라의 군주가 된 건륭제는 아버지의 잘못을 바로잡아 궁정 내의 암투를 완전히 잠재우려 했다. 직접 그러한 비극을 겪었던 건륭제는 이익과 폐단, 장점과 단점을 모두 알고 있었다.

옹정 13년(1735년) 10월 8일, 즉위한 지 한 달이 지난 건륭제는 이 역사적 사건을 겨냥한 조칙을 발표했다.

"윤이, 윤당은 화를 자초해 그 죄를 받아 죽음을 당했다. 하지만 그의 자손들은 여전히 천황의 핏줄이 아닌가. 지금은 그들 역시 종실에서 추방당해 서민이 되어버렸다. 당초 이 일은 여러 대신들이 억지로 벌인 것으로, 절대 선황의 본의가 아니었다."

'효제'로 천하를 다스려야 한다는 생각을 갖고 있었던 건륭제는 부친의 정적을 위해 공개적으로 판결을 번복하지는 않았다. 하지만 부친의 엄정으로 비롯되었던 정치적 폐단을 없애려 했는데, 그것은 결코 쉬운 일이 아니었다. 다행히 최고 권력인 황권은 사람을 살리거나 죽일 수도 있고 영예롭게 하거나 모욕을 줄 수도 있으며, 복을 주거나 화를 줄 수도 있었다. 그는 "당초 이 일은 여러 대신들이 억지로 벌인 것으로 절대 선황의 본의가 아니었다."라는 말로 아버지 옹정제를 비난에서 구했으며 판결을 뒤집는 정당한 이유로 삼았다.

이틀 후, 건륭제는 종실부에 명령을 내렸다. 벌을 받아 면직을 당한 종실 각라^{覺羅}들을 조사하도록 하고, 그들에게 각각 홍대^{紅帶}, 자대^{紫帶}를 내린 후 옥첩(玉牒 : 임금이나 왕족의 계보)에 이름을 다시 써넣도록 한 것이다. 이렇게 해서 많은 황실의 자손들이 직위를 회복하게 되었다.

한 달 후, 옹정제의 철천지원수였던 아치나와 싸이스헤이의 자손들 역시 다시금 옥첩에 이름을 올릴 수 있었다. 이어서 연금되었던 종실의 왕공들이 다시 하늘을 볼 수 있게 되었다. 신덕, 신복, 운교순, 악제, 풍고, 유신, 덕존, 용단, 눌이소, 광녕, 양덕, 화분 등이 모두 풀려나 집으로 갈 수 있었으며, 가장 무거운 죄를 지었던 자도 연금에서 풀려나고 작위를 하사받았다.

건륭제는 이미 죽은 셋째 형 홍시도 잊지 않았다. 그는 홍시의 황자 신분을 회복시켜 주었으며, 다시 그의 이름을 옥첩에 써넣었다. 단 며칠 동안 건륭제는 아버지를 위해 말 많고 탈 많았던 역사적 사건을 말끔하게 마무리 지었다. 물론 사건을 전부 바로잡지는 못했지만 건륭제는 모든 죄인들에 대한 처벌을 취소함으로써 민심을 자신의 것으로 만들 수 있었다. 그것은 분명 옹정제의 판결을 뒤엎는 것이었다.

하지만 건륭제는 계속해서 자신이 한 일이야말로 아버지의 뜻을 따른 것이라 강조했다. 새로운 황제의 유능하고 노련한 모습은 바로 이 사건에서 잘 나타났다.

이렇게 옹정제에서 건륭제로 황권이 옮겨지는 과정에서 자연스럽게 '옹정제는 나쁜 사람'이 되어버리고 말았다. 정적을 없애고 엄격한 정책을 시행해 국가를 번영의 궤도에 올려놓았지만, 그 자신은 악인이라는 오명을 써야 했다.

하지만 그의 아들 건륭제는 옹정제가 이루어놓은 안정된 정권을 물려받은 후 아버지 시대의 적들을 너그럽게 풀어주었다. 그들은 이제 더 이상 위험인물들이 아니기 때문이었다. 건륭제는 이로 인해 명성을 얻었고 천하 사람들의 칭송을 받게 되었다. 아무리 그가 아버지의 뜻에 따라 행동한 것이라고 거듭 이야기해도 말이다.

과감하게 행동하고 약속은 천금같이 지켜라

사회가 끊임없이 발전하기 위해선 반드시 개혁이 필요하다. 하지만 개혁은 규칙이 있는 것이 아니다. 개혁은 실천을 통해 진행되어야 하며 신중한 탐색과 대담한 혁신이 필요하다. 개혁가는 그에 상응하는 책임을 너끈히 감당할 수 있어야 하며 위험도 감수해야만 한다. 규칙에 얽매이지 않으며 낡은 관습은 타파하고, 끝없이 탐색하며 혁신을 이루어야 한다. 자신에게 주어진 책임을 감당할 수 없고 위험을 감수할 수 있는 대담함이 없다면 어떻게 새로운 것을 창조할 수 있겠는가? 때문에 용감하게 책임을 감당하고 위험을 감수하는 것, 좌절과 실패를 두려워하지 않는 것, 비난과 조롱을 참아낼 수 있는 것은 지도자가 반드시 갖추어야 할 귀중한 덕목이 되었다.

옹정제는 용감한 개혁가였으며 자신에게 주어진 책임을 다한 군주라 할 수 있다.

옹정제 윤진은 어린 시절부터 궁중에서 수준 높은 교육을 받았다. 대학사 장영, 상서 고팔대, 학사 서원몽에게 교육을 받은 그는 청대 고거학考據學의 창시자 중 하나인 염약거를 패륵부로 청해 가르침을 받았으며, 승납과도 친분을 다졌다. 때문에 그는 유학과 불학을 심도 있게 배울 수 있었다.

서예솜씨도 뛰어났던 그는 아버지의 글씨를 모방해 강희제에게 칭찬을 받기도 했다. 강희제는 매년 윤진을 시켜 부채에 글씨를 쓰게 한 후 그것을 신하들에게 하사했는데, 그렇게 만든 부채만도 100개가 넘었다. 강희제는 윤진의 재능을 인정하지 않을 수 없었다.

윤진은 황실의 생일이나 장례, 제사에 관련된 일을 담당했다. 강희 30년 9월, 황태후의 60살 탄신일 날, 윤진은 선물을 바치는 일을 담당했는데, 세심한 준비 덕분에 황태후가 매우 흡족해했다. 강희 35년, 윤진은 준화로 가서 효장문 황후릉의 제전의식을 담당했다. 황태후가 위독할 때 윤진과 윤지는 강희제의 유지를 대신 전달했다.

세상을 떠난 황태후는 동릉에 안장되었는데, 강희제는 직접 갈 수 없게 되자 윤진을 대신 보내 제문을 읽도록 했다. 제위에 등극한 지 60년이 된 강희제는 직접 준화의 동릉을 찾아 제사를 지냈다. 윤진은 십이아가 윤도, 성친왕 세자 홍성을 이끌고 성경삼릉으로 가서 제를 올렸다. 같은 해 강희제의 탄신일, 황제의 명으로 태묘와 후전에 제를 올리고 국가다수에 참여했다.

강희제는 무려 열두 번이나 직접 갈단Galdan을 정벌했는데, 이때 윤진은 정홍기 대진영을 담당했다. 강희 39년, 강희제를 따라 영정하 공사를 감독하러 갔던 그는 자재에 문제가 있음을 발견하기도 했다.

강희 52년, 순치제의 숙혜비 제사를 지내던 강희제는 제기가 조잡한 것을 발견하고 윤진에게 이를 조사하도록 했다. 윤진은 책임이 있는 관리들을 찾아내 사실대로 보고서를 올렸는데 이 일로 광록경, 공부상서, 시랑, 내무부 총감 등이 파직을 당하거나 좌천되었으며, 봉록을 삭감당하기도 했다. 강희 56년, 윤진은 윤지와 함께 명릉 도굴사건을 조사했다.

강희 말년, 조지황이 공부관리의 은을 강탈했다. 그는 또 궁빈의 상중에 짐꾼을 매질했는데, 이 때문에 관을 만들 나무가 땅에 떨어지기도 했다. 윤진은 황제의 명을 받고 이 일을 조사했는데, 그 과정 중에 궁중에서 환관들의 횡포가 공공연하게 이루어지고 있다는 사실을 알게 되었다. 중벌이 아니고서는 잘못된 풍속을 바로잡을 수 없다고 생각한 그는 조지황에게 사형을 언도했다.

강희 60년, 회시에 참가한 이들이 시험결과가 공정하지 못한 것을 항의했다. 이때 윤진은 아버지의 명으로 대학사들과 함께 이 일을 조사하기도 했다. 같은 해 겨울, 윤진은 원구에서 제천례를 주관했다.

강희 61년, 통주의 창미[★]*를 방출하는 과정에서 여러 가지 폐단이 생기자 강희제는 윤진에게 이를 철저히 조사하도록 명령했다. 윤진은 곧 세자 홍성, 공연신, 상서 손청제, 웅사이, 사필납 등을 이끌고 통주로 갔다. 그리고 엄격한 출납제도 구축과 창고 증설 등을 건의했다.

11월 초 열아흐레부터 동지까지, 황제의 명령을 받은 윤진은 남원재로 가서 제천의식을 준비했다. 강희제는 제사, 특히 제천의식을 국가의 중대사로 생각하며 매우 중시했다. 그래서 건강에 별다른 이상이 없을 때는 모두 직접 진행했다.

특히 제천과 같은 큰 행사는 절대 남에게 맡기는 법이 없었다. 천단에서 제례를 올리는 것은 황제가 성심을 다해 직접 거행해야 한다는 게 그의 주장이었던 것이다. 때문에 강희 50년 겨울, 강희제는 병에 걸렸음에도 불구하고 직접 대례를 거행했다.

하지만 강희 56년, 병이 위중해지자 윤진에게 제례를 진행하도록 했다. 윤진이 연속해서 2년 동안이나 제천의식을 주관했던 것은 그에게 있어 커다란 영광이었다. 그것은 자신에 대한 부황의 인정과도 같았기 때문이다.

윤진은 무슨 일이든 성실하게 책임을 다해 완수했다. 크든 작든 강희제가 명한 일은 끝까지 완벽하게 처리하기 위해 노력했던 것이다. 그의 일 처리에서 우리는 엄격한 집행정신을 엿볼 수 있다. 평소 엄격하고 분명한 상벌제도를 주장했던 그는, 법을 어기거나 관직을 더럽히는 자를 인정사정없이 처벌했다. 국법을 바로 세우고 올바른 공직풍토를 만들어 행정의 효율성을 높이기 위함이었다. 그의 행동은 모두 의도된 것이었다. 그는 엄격한 원칙주의자였기 때문이다.

강희 48년 봄, 윤진은 강희제를 따라 백양정에 사냥을 가게 되었다. 그때 강희제가 윤이와 도당을 결성한 악륜대를 질책하자 당시 결당세력이 없었던 윤진이 이렇게 말했다.

"부황께서는 막 건강을 회복하셨습니다. 이런 일은 마음 쓸 가치조차 없습니다. 이렇게 나라를 어지럽히는 악한 신하들은 저에게 넘겨주시면 바로 처리해버리겠습니다."

이런 일은 옹정제의 한다면 하는 성격을 보여주는 것이다.

공명정대公明正大, 솔선수범率先垂範, 공평무사公平無私, 상벌분명賞罰分明 ―이 모두는 지도자에게 요구되는 것임과 동시에 아랫사람들에게 보여야 하는 자세이기도 하다. 옹정제는 바로 이런 점에서 우리에게 귀감이 되고 있다.

사사로운 정에 얽매이지 않고 늘 공평하며 상벌을 분명히 하기 위해서는 굳은 의지와 신중함이 필요하다. 업적이나 과실이 클수록 상벌은 더욱 신중하게 생각해야 한다.

상벌이 분명하면 지도자로서의 위엄을 세울 수 있지만, 그렇지 못하면 위신에 금이 갈 수도 있다. 일반적으로 상을 내릴 때는 엄한 태도를, 벌을 줄 때는 너그러운 모습을 보이는 것이 중요하다. 여기에서 주의해야 할 것은 바로 '동기만 좋다면 아무리 큰 잘못을 해도 용서할 수 있다'는 것이다. 이런 사람은 교육을 통해 다음번엔 더 주의하겠다는 다짐만 받으면 된다고 생각한다.

하지만 이런 방법은 그 사람은 물론 일에도 아무런 도움이 안 된다. 동기와 결과는 반드시 세트를 이루어야 한다. 아무리 동기가 좋더라도 효과나 결과가 좋지 않으면 당사자는 반드시 그에 상응하는 책임을 져야 하는 것이다.

한영제 말년, 화흠과 왕랑이 도적 떼들을 피하기 위해 배를 탔다. 그때 한 남자가 배에 오르려 하자 화흠이 난색을 표했다. 그러자 곁에 있던 왕랑이 말했다.

"마음을 좀 넓게 갖게나. 배에 타게 한들 그게 뭐 대수겠나?"

얼마 후, 도적 떼들이 추격해오자 왕랑은 아까 배에 탔던 사내를 버리려고 했다. 그러자 이번에는 화흠이 입을 열었다.

"아까 내가 망설였던 이유는 바로 이 때문이었다네. 하지만 이왕 그를 태우지 않았나. 그는 자신을 우리에게 맡긴 셈인데 어찌 어렵다고 버릴 수 있단 말인가?"

이 일을 통해 화흠과 왕랑의 사람됨을 판단할 수 있다. 매사에 신중하고 자신이 한 일에 책임을 질 줄 아는 화흠은 군자 중의 군자다. 하지만 왕랑은 소인배에 지나지 않았던 것이다.

"내가 약속한 것이니 끝까지 책임을 지겠다!"

이렇게 용감하게 책임을 완수하는 태도는 지도자가 반드시 갖추어야 할 미덕이다. 하지만 이를 끝까지 지켜나가는 것은 여간 어려운 일이 아니다.

사람들은 살아가면서 늘 책임감 없이 약속과 맹세를 남발한다. 하지만 이를 지키는 일이 거의 없어 결국 남에게 나쁜 인상을 심어주게 되는 것이다. 모든 사람이 다 그래야 하지만 한 분야의 지도자는 입으로 내뱉은 말은 반드시 행동으로 지켜내야 한다. 만약 그 일이 득보다 실이 많다고 생각되면, 혹은 정말로 하기 싫다면 어떤 이유를 대어서라도 거절할 수 있다. 절대 "문제없어!"라고 성급하게 말하지 말자. "한번 해볼게."라고 했다가 제대로 해내지 못하면 상대방에게 '실패자'로 낙인찍힐 수도 있기 때문이다.

신의를 지키는 지도자는 남에게 호감을 줄 수 있다. 나는 내가 한 약속을 지킬 수 있는 사람인가? 혹시 약속을 남발하고 있지는 않은가? 나는 남에게 중용될 수 있는 사람인가? 혹시 다른 사람이 부탁한 일을 잊지는 않았는가? 다른 사람이 무언가를 물어왔을 때 나는 얼마나 많은 잘못된 정보를 전달했는가? 혹시 충실하지 못한 자료를 제공하지는 않았는가?

때문에 지도자들은 다른 사람이 부탁을 해올 때 절대 쉽게 승낙을 해서는 안 된다. 또한 일단 약속을 하면 반드시 지켜야 한다. 그렇게 하면 상대방은 나를 신뢰하며 의지한다.

때로는 뜻을 굽히고 더 큰 것을 위해 잠시 참으라

위곡구전(委曲求全 : 자신을 굽혀 일을 성사시켜라)은 강한 적을 이기기 위해 쓰는 똑똑한 전략이다. 이 전략은 약자에게 인내의 미덕을 바라는 동시에 시기를 관찰하는 능력을 키울 것을 요구한다. 그리고 천재일우의 기회가 왔을 때 약자는 순간적으로 자신이 가진 모든 힘을 분출해 신속하게 약자에서 강자로 도약해야 한다.

옹정제 역시 황제가 되기 전에 위곡구전의 전략을 구사함으로써 자신을 보호하고 기회를 기다릴 수 있었다. 이 전략은 토끼와 거북이 이야기에서도 잘 나타난다.

토끼는 무척 빠르지만 거북이는 토끼가 놀렸던 것처럼 '세상에서 가장 느린' 동물이다. 이런 토끼와 거북이가 달리기를 하면 승패는 안 봐도 뻔하다. 하지만 쏜살같이 중간 지점까지 달려가 승리를 확신한 토끼는 방심하여 잠이 들고 말았다. 결국 느릿느릿 기어 잠든 토끼를 앞지른 거북이는 마침내 시합에서 이길 수 있었다.

어린 시절에 이 이야기를 안 들어본 사람은 없을 것이다. 그런데 이런 가정을 해본 적이 있는가? 만약 토끼가 중간에 잠들지 않았다면 거북이는 아무리 노력해도 시합에서 이길 수 없을 것이다. 즉 거북이가 승리할 수 있었던 것은 중간에 잠든 토끼한테 있다는 것이다.

그럼 토끼는 왜 잠이 들었을까? 바로 적을 너무 얕잡아봤기 때문이다. 거북이가 느려터지고 멍청한 동물이라고 생각해서는 안 된다. 아니 반대로 거북이는 적이 경계심을 잃게 만든 후 최후의 승리를 거머쥔 영리한 동물이다.

이렇게 말하는 데는 다 그럴 만한 근거가 있다. 만약 거북이가 공정한 경쟁의식을 가지고 있었다면 분명 잠자는 토끼를 깨웠을 것이다. 하지만 거북이는 오히려 그것을 좋은 기회로 삼고 토끼를 추월해버렸다. 아마 거북이는 잠자는 토끼 앞을 지날 때 살금살금 발소리를 줄였을 것이다. 이런 점에서 볼 때 거북이는 우리가 흔히 말하는 느리고 둔한 동물이 아님을 알 수 있다. 어쩌면 교활함과 간사함의 화신이라고 말하는 것이 더 옳을지도 모른다. 치열한 경쟁에서 최후의 승자가 되고 싶다면 거북이를 본받으면 된다.

이처럼 본모습을 드러내지 않고 조용히 때를 기다리는 것(도광양회 : 韜光養晦)은 숨겨진 재능과 지혜다. 원래 활집을 가리키는 '도韜'는 '안으로 들어감'을 의미한다. '회晦'는 '어두움', 즉 '감추는 것'을 뜻한다. 소위 말하는 '도회지계韜晦之計'는 곤경에서 벗어나기 위해 자신의 진짜 의도를 감추고 적당한 때를 기다려 떨쳐 일어남을 뜻한다. 그것은 역경에 처한 정치가의 지혜와 탁월한 식견을 보여주는 계책이다. 그리고 옹친왕으로 봉해진 윤진에게 있어 '도광양회'는 한순간을 참는 것이 아니라 오랜 시간을 참아야 하는 일이었다. 자신이 황위에 오르는 그 순간까지 말이다.

어린 시절부터 황후 동가 씨에게 보살핌을 받은 것은 옹정제에게 커다란 행운이자 영광이었다. 그때부터 옹정제의 마음속에는 위대한 황제가 되겠다는 꿈이 자리 잡게 되었기 때문이다.

청나라 초기에 대단한 위세를 떨치던 가문에서 태어난 황후 동가 씨. 그녀의 고모는 강희제의 생모이자 청나라 개국공신 동도뢰의 딸이었다. 그리고 관직이 일등공까지 올랐던 그녀의 아버지 동국유는 강희제의 외삼촌이기도 했다. 이런 이유로 동가 씨와 동국유를 아끼고 신임했던 강희제는 귀비 동가 씨를 황귀비의 자리에 앉혔다. 강희 28년, 세상을 떠나기 하루 전, 동가 씨는 황후로 책봉되었다.

대단히 영광스럽게도 윤진은 어릴 때부터 동가 씨와 강희제에게 직접 교육을 받았다. 황자들의 교육을 무엇보다 중요하게 생각했던 강희제는 아들들에게 훌륭한 스승을 배정해주기도 했다. 그는 또 엄격한 교육제도를 만들었으며 불시에 황자들, 특히 태자에게 질문을 던져 학습 상황을 점검하기도 했다.

정식교육을 받기 전에 황자들은 주로 예절교육을 받았다. 윤진 역시 전문가에게 궁중의 각종 예절수업을 받았다. 6살이 된 윤진은 정식으로 교육을 받게 되었다. 매일 아침 동이 트기 전, 대신들이 아직 꿈나라를 헤매고 있을 때 태감은 어린 윤진을 흔들어 깨웠다. 그러고는 곧 백사등을 켜고 그를 서방書房으로 데려갔다.

윤진의 시간표는 다른 황자들과 마찬가지로 아침부터 저녁까지 꽉 차 있었다. 아침 시간에는 사서오경四書五經과 이십사사二十四史를 배운 뒤 서예와 작문, 시서 채우기 등을 배웠고 오후에는 만어滿語, 몽골어를 배웠다. 어학 수업이 끝나면 밖으로 나가 기마와 활쏘기, 화기 사용법 등을 익혔다. 여름에는 수영도 배웠는데, 서산으로 해가 질 때 비로소 수업도 끝났다. 매년 원단, 단오, 중추 그리고 황제나 자신의 생일을 제외하고는 늘 수업을 했다.

강희제가 윤진을 위해 뽑은 스승들은 모두 당대 최고의 학자나 대신들이었다. 그중 사서오경을 가르치는 대학사 장영은 이학理學의 대가라 불렸으며, 만어를 담당하는 서원몽은 만주족 제일의 학자로 꼽혔던 인물이다.

강희제는 자주 황자들의 교육에 대해 물어보곤 했다. 그리고 바쁘지 않을 때는 직접 수업을 하기도 했다. 또 일정한 시간이 지나면 시 낭송이나 기마, 활쏘기를 직접 시험해보기도 했다. 황자들이 문무를 모두 갖추기를 바랐기 때문이다. 황자들 중 문학에서 가장 두각을 보인 사람은 윤지였고, 무공이 가장 뛰어난 사람은 열넷째 윤제였다. 하지만 윤지는 나약하고 겁이 많았으며 윤제는 무모하고 거칠었다. 비교적 문무를 모두 겸비한 사람은 다름 아닌 윤진이었다.

사실 윤진의 마음속에도 황태자가 되고 싶은 마음이 분명 있었을 것이다. 하지만 큰형 윤제와 여덟째 윤이의 기세등등한 모습을 본 그는 어쩔 수 없이 참고 기다리는 전략을 택했다.

윤진이 19살이 되던 해, 강희제는 다시 한 번 병사들을 이끌고 준가르부의 수장 갈단을 정벌했다. 이 전쟁에는 성년이 된 황자들이 거의 참가했다. 당시 윤진은 팔기 중 정홍기를 이끌었다. 하지만 막 출병을 하려던 찰나, 소막다昭莫多에서 청군이 대승을 거두었다는 소식이 전해졌고 그는 어쩔 수 없이 도읍으로 돌아와야 했다. 비록 직접 전투지휘를 하지는 않았지만 젊은 윤진에게 있어 더할 나위 없이 좋은 경험이 되었다. 또 이번 기회를 통해 연갱요를 알게 된 것 역시 그에게는 커다란 수확이었다.

장성한 황자들은 궁궐에 머물 수 없다. 황제는 규율에 따라 황자들에게 작위를 하사하고, 각각 개부(開府 : 관아를 설치하고 속관을 두도록 하는 일)를 하도록 했다. 개부는 황자들이 이미 성인이 되어 이전보다 더 자유로워졌음을 의미할 뿐 아니라, 결혼을 하고 정무에 참여할 수 있다는 뜻을 내포하고 있었다.

생각이 깊은 윤진은 부황이 황자들에게 과연 무엇을 원하고 있는지를 유심히 살펴보았다. 윤진은 이미 늙은 아버지가 점점 과감하고 강한 성격을 잃어가는 대신 이전보다 훨씬 너그럽고, 어쩌면 무기력하게 정사를 돌본다는 사실을 간파했다. 이럴 때 효성으로 아버지를 감동시킨다면 뒷일을 도모해봐도 좋을 성싶었다. 이러한 목표를 품은 윤진은 강희제가 자신을 친왕으로 책봉하자 오히려 이를 거두어줄 것을 부탁했다.

"저는 지금도 충분히 높은 지위에 있습니다. 그럼에도 불구하고 친왕으로 봉해졌지만, 윤당과 윤제는 아직 패자에 머물러 있습니다. 모두 같은 형제인데 누구는 두터운 은혜를 입고 누구는 그러지 못한다는 것이 다른 사람의 입에 오르내릴까 두렵습니다. 그러니 제게 내리신 작위와 상들을 형제들에게 나눠주시어 그들의 지위를 높여주십시오. 그러면 제 마음이 훨씬 편할 것 같습니다."

옹정제의 전략은 적중했다. 이 일로 그는 강희제의 호감을 살 수 있었던 것이다. 늙은 황제의 논리대로라면 마음 착한 황자는 절대 손해를 봐서는 안 된다. 더 쉽게 말하자면 옹정제는 친왕의 자리를 그대로 유지할 수 있었다.

'도회韜晦'는 일종의 전략으로, 위험으로부터 나를 지키기 위해, 혹은 상대방이 경계심을 풀도록 하여 힘을 비축하기 위해 필요하다. 이 전략을 실행할 때 가장 중요한 것은 바로 상대방이 나를 의심하지 않도록 모습을 그럴싸하게 꾸미는 것이다.

삼국시대의 유비, 소패小沛에서 여포에게 진 그는 머물 곳을 잃고 조조에게 의지할 수밖에 없었다. 훗날 조조는 유비를 허창으로 데려왔다. 그를 감시하기 위해서였다. 유비는 조조의 수하에 있는 것이 달갑지 않았지만 혹시 자신의 포부를 알아챈 조조가 죽이지 않을까 하는 걱정에 사로잡히게 되었다. 그래서 그는 후원에 텃밭을 일구고 직접 물을 주며 채소를 가꿨다.

그러던 어느 날, 조조는 유비를 술자리에 초대했다. 술이 거나하게 취할 무렵, 곧 비라도 퍼부을 기세로 하늘이 어두워졌다. 조조는 용괘(龍掛: 번개)를 보며 말했다.

"용은 제 몸을 크게 할 수도, 작게 할 수도 있소. 승천할 수도 몸을 감출 수도 있지. 사람도 마찬가지로 큰 뜻을 이루면 하늘로 오를 수 있소. 바로 영웅처럼 말이오."

말을 마친 조조는 유비에게 천하의 영웅에 대해 물었다. 유비가 원술, 원소, 유표 등을 거론하자 조조는 고개를 가로저으며 말했다.

"무릇 영웅이라 함은 가슴에 큰 뜻을 품고, 뱃속에 좋은 계책을 감추며, 우주의 기운을 감싸 안고 천지의 뜻을 삼키거나 뱉을 수 있는 사람이오."

유비가 난처한 표정을 지으며 그런 영웅이 대체 누구냐고 묻자 조조는 손가락으로 유비와 자신을 가리키며 말했다.

"내가 보기에 천하의 영웅은 그대와 나, 둘밖에 없는 듯하오."

그 말을 듣고 깜짝 놀란 유비는 그만 들고 있던 젓가락을 떨어뜨리고 말았다. 그때 마침 천둥번개가 치고 비가 오기 시작했다. 그러자 유비가 서둘러 입을 열었다.

"성인들도 '빠른 천둥과 맹렬한 바람이 일면 안색이 변했다.'고 했습니다."

조조가 알 수 없다는 표정을 짓자 유비가 변명하듯 말했다.

"저는 어렸을 때부터 천둥을 무서워해서 천둥소리가 들리면 숨어버리곤 했습니다."

조조는 그제야 유비를 한심하다는 듯 쳐다보며 그에 대한 의심을 거두었다. 조조는 그때부터 다시는 유비를 의심하지 않았다. 그 일이 있은 후 유비는 관우와 장비에게 말했다.

"내가 후원에 채마밭을 가꾼 것은, 조조가 나를 쓸모없는 사람이라고 여기게 하기 위함이었다. 젓가락을 떨어뜨린 것은 조조가 내 속마음을 정확하게 꿰뚫어 보고 있었기 때문이다. 그래서 나는 천둥이 무섭다는 말로 그에게 나약한 사람처럼 보이고자 했던 것이다."

월왕 구천이 와신상담(臥薪嘗膽 : 오왕 부차의 와신과 구천의 상담이 합쳐서 된 말)하지 않았다면 절대 오를 멸망시키고 월을 세울 수 없었을 것이다. 또 한신이 모욕을 참지 않았다면 훗날 초왕으로 봉해지는 일은 절대로 없었을 것이다. 유비 역시 어려울 때 조조에게 의탁함으로써 훗날 천하를 삼분할 수 있었다. "대장부는 신축자재伸縮自在해야 한다."라는 말도 바로 이런 의미 때문이다.

가슴속에 큰 뜻을 품은 사람은 언제나 원대한 목표를 주시하며 순간적인 영광이나 모욕에 좌우되어서는 안 된다. 상대방이 나의 생사를 쥐고 있는 상황에서는 절대 순간적인 감정을 내세우거나 억지로 대항해서는 안 된다. 그럴 때는 이성적으로 감정을 절제하고 기지로 상대방을 이겨야 한다. 옹정제와 구천, 유비가 바로 그 생생한 증거가 아닐까?

【 제 7 장 】

허명을 좇지 않는 실천

―사소한 것부터 시작하라

구습을 타파하고 새로운 제도를 명문화하며
작은 것부터 시작하라
백 마디 말보다는 한 번의 행동이 나을지니
후환을 미리 막기 위한 강경조치를 취하라
마음을 굳게 먹고 앞으로 나가
개토귀류로 지방을 안정시키라
한 가지 실수로 인재의 장점을 부정하지 말고
성실하게 정무에 임하라
이로운 것을 일으키고 해로운 것은 없애며
교육으로 인재를 양성하리라

피에 굶주린 육식동물 늑대는 매우 실리적이다. 늑대는 어떠한 조건 속에서도 먹잇감을 찾아낼 수 있으며 보잘것없는 단서를 가지고도 사냥감이 도망간 방향을 알아낼 수 있다. 때로는 하나의 목표를 위해 단결하기도 하는 그들은 늑대왕을 중심으로 계획적이고 단계적으로 사냥감을 포위한다. 명확한 분업체계를 가지고 있는 그들이 실수하는 경우는 거의 없다.

옹정제는 바로 이런 늑대왕의 기질을 가지고 있었다. 허상을 싫어하고 실리를 추구하는 그는 예민한 후각과 제왕으로서의 기개를 갖추었다. 또한 가슴에 원대한 뜻을 품고 있었으며 하찮은 것을 보고도 그 본질을 알아차릴 수 있었고, 기꺼이 작은 일부터 시작하려는 마음을 갖고 있었다. 그는 지칠 줄 모르는 기계처럼 쉬지 않고 국가를 이끌어나갔다.

구습을 타파하고 새로운 제도를 명문화하라

자신의 권력을 공고히 하기 위해선 개인의 힘에만 의존해서는 안 된다. 실행 가능한 전략으로 모든 정세를 이끌어가면 어느 정도의 성공은 보장된 셈이다. 어떤 시대나 사회든 반드시 명확한 기치와 공동의 분투정신이 필요하다. 옹정제는 개혁을 통해 자신만의 위엄을 세우고 권력을 강화하는 것이야말로 꽤 괜찮은 방법이라고 생각했다.

강희제 말년, 탐관오리들의 부패행위가 끊이지 않았다. 이로 인해 식량과 돈은 항상 부족했고 국고도 텅 비어 심각한 사회문제가 야기되었다. 당시 황자였던 옹정제는 부민강국富民强國을 이루기 위해선 먼저 공직사회의 기강을 바로잡아야 한다는 사실을 절감했다. 하지만 관료사회에 손을 대는 것은 쉽지 않았다. 자칫하면 되돌릴 수 없는 사태가 발생할 수도 있기 때문이다. 그러나 옹정제는 관료사회의 올바른 풍토를 조성하는 것이야말로 가장 중요한 일이라 생각했기에 끝까지 자신의 견해를 굽히지 않았다.

당시 관리들로 인한 지세地稅의 비리문제는 매우 심각했다. 옹정제 즉위 전, 내각에서는 황제가 등극할 때 발표하는 은조恩詔를 작성하고 지세를 횡령한 관리들을 모두 사면한다고 공포했다. 하지만 옹정제는 관리들의 부정부패 행위를 결코 곱게 보아 넘길 수 없었다.

3월 13일, 옹정제는 호부에 전국의 지세를 완벽하게 조사할 것을 명했다. 옹정제는 지세가 모자라게 된 원인을 철저히 규명하고 3년 내에 부족분을 모두 채우되 백성들을 수탈하는 일이 없도록 요구했다. 지세 부족의 원인이 상급자의 상납요구라든가 사리사욕을 위한 횡령이라면, 이를 배상한 뒤 법에 따라 처벌토록 했다. 얼마 후 중앙에 회고부會考府를 설치하고 이친왕 윤상, 융사이에게 조사를 담당하도록 했다.

회고부는 중앙의 감사기관으로, 각 부와 각 성을 모두 감독했다. 회고부가 조사한 지세 부족분은 모두 250만 냥이었는데, 옹정제는 호부에 명령을 내려 역대 당관, 사관, 부리들에게 150만 냥을 배상하도록 했으며, 나머지 100만 냥은 매년 호부에서 메우도록 했다. 조사 과정에서 적발된 고위관료들 역시 처벌에서 자유로울 수는 없었다. 당시 수많은 군왕과 패자는 추징금을 납부하기 위해 가산을 처분해야만 했다.

지방에서도 조사는 엄격하게 이루어졌다. 수많은 지방관리들이 해임되거나 가산을 몰수당했다. 부패관리에게는 더욱 엄격한 조치를 취했는데 가산을 몰수하는 것 외에 친척들이 대신 배상하도록 했다. 이렇게 각 성에서 해임을 당한 관리는 3분의 1이 넘었으며 심지어는 절반이 넘는 곳도 있었다.

사람들은 옹정제를 두고 '몰수의 제왕'이라고 불렀지만 그는 강경했다. 오히려 부패관리들을 철저히 뿌리 뽑기 위해서라도 가혹하게 처벌할 필요가 있다고 거듭 강조했다. 덕분에 전국적인 조사작업은 꽤 큰 효과를 거두었다. 3년이 지나자 강희제 이후부터 부족하던 지세가 기본적으로 메워졌으며 국고 역시 채워졌다.

공직자의 부패는 관료들의 소양과 관련이 있었지만 그밖에도 객관적인 원인이 있었다. 당시 청나라 관리들의 봉록이 너무 적다는 것이 바로 그 원인이다. 청나라의 1품관은 매년 겨우 180냥의 은자를, 7품관은 45냥을 봉록으로 받았다. 그들은 이 돈으로 가족들을 먹여 살리고 명절을 지내야 했으며 상사에게 뇌물도 주어야 했다.

다른 방법으로 돈을 벌어들이지 못하면 꼼짝없이 굶어 죽으라는 거나 마찬가지였다. 때문에 지방관들은 백성들에게 온갖 명목의 잡세를 징수함으로써 부족한 봉록을 메웠다. 그중 가장 많이 썼던 것은 세금을 징수할 때 '화모火耗'를 더 거둬들이는 방법이었다. 또 상급관리들은 하급관리들이 각종 명목으로 갖다 바친 뇌물로 생활했다. 그러니 공직사회가 부패하지 않는 게 오히려 이상할 정도였다.

지방관리들은 '화모'를 명목으로 착취를 일삼았다. '화모'란 주전할 때 금속의 손실 부분을 가리키는 말로, 은을 녹여 만들 때 생기는 손실분을 보충한다는 명목으로 지방관이 임의로 거둬들이는 부가세를 뜻했다. '화모'의 규모는 지방마다 달랐는데 날이 갈수록 그 액수가 많아졌다. 어떤 지방에서는 세금 1냥에 4.5냥의 '화모'를 징수하기도 했다.

옹정제는 멋대로 '화모'를 징수하는 것은 백성의 고혈을 짜내는 일이며, 이것이 장기화되면 큰 혼란이 야기될 것이라고 생각했다. 하지만 '화모' 징수를 금지한다면 관리들은 더 이상 부족한 봉록을 메울 수 없어 살길이 막막해질 게 뻔했다. 옹정제는 이 문제의 해결책을 심각하게 연구했다.

옹정 3년(1725년) 5월, 호광총독 양종인은 '화모'를 국가에서 통일적으로 징수할 것을 제안했다. 그렇게 거둬들인 화모 중 일부분을 국고로 환원하고 나머지는 지방관리들에게 골고루 나누어주자는 것이었다. 옹정제는 그의 제안에 반색을 표했다.

이에 대한 의견을 모으기 위해 옹정제는 의정왕대신에게 명령을 내려 중앙 각 부문과 의논하도록 했다. 하지만 대신들은 저마다 자신들의 입장을 내세우며 의견을 굽히지 않았다. 불같이 화가 난 옹정제는 그들의 짧은 식견을 통렬하게 비판했다.

옹정 4년 7월, 옹정제는 과감하게 '화모귀공'을 시행했다. 그는 각 지방의 사정에 따라 화모의 비율을 정하되 절대 원래의 징수액을 넘지 못하도록 규정했다. 이렇게 거둬진 화모는 모두 각 성으로 모아 일부는 관리들에게 '양렴은'으로 지급하고, 나머지는 지방의 공공비용으로 쓰도록 했다.

이 정책은 곧 전국적으로 시행되었다. 각 지방은 서둘러 '화모'의 비율을 원 징수액보다 낮추었다. 많게는 80%까지 징수했던 화모가 18%까지 내려가기도 했다. '화모'는 성으로 환수된 후 다시 지방관리들의 양렴은으로 지급되었는데, 그 액수가 봉록보다 훨씬 많았다. 예를 들면, 1품관이 1년 동안 받는 양렴은은 봉록의 10배가 넘는 2만 냥 정도였고, 7품관은 봉록의 40배가 넘는 2,000냥 정도를 받았다.

지세의 비리를 해결하고 화모귀공과 양렴은을 동시에 시행하자 그동안 멋대로 백성들에게 세금을 징수하고 관리들끼리 뇌물을 주고받던 나쁜 풍속이 사라지고, 공직사회에는 깨끗한 풍토가 조성되기 시작했다. 국고 역시 가득 차게 되었으며 지방의 공공 비용도 충분해졌으니 일거양득이라 할 만했다.

옹정 3년(1725년), 국가의 수입을 늘리고 부역을 피하며 모든 부담을 백성에게 전가하는 지주나 관료들의 악행을 막기 위해 옹정제는 '탄정입무' 제도를 시행하기로 결정했다. 정역丁役을 지세에 포함시키는 것으로, 토지가 많으면 세금과 부역의 의무가 더 커지고 그렇지 않으면 의무가 가벼워지는 것이 이 제도의 핵심이었다.

명나라의 장거정이 제안했지만 그 후 계속되지 못했던 '일조편법一條鞭法'을 옹정제가 완성하기로 결심한 것이다. 옹정제는 이러한 부역제도의 개혁을 위해선 무엇보다 강한 의지가 필요하다는 사실을 잘 알고 있었다. 이 제도의 시행으로 농민들의 부담은 한결 가벼워졌고 정부 입장에서도 꽤 유익했다.

사실 토지는 고정적이지만 사람은 유동성이 매우 크다. 때문에 지세와 정세를 통합함으로써 정부의 수입을 안정적으로 유지할 수 있게 된 것이다. 이처럼 옹정제의 조세개혁은 매우 중요한 의미를 가지는 역사적 사건이었다.

사실 옹정제뿐 아니라 세계의 수많은 정치가들 역시 개혁을 기치로 자신의 권력을 공고히 하려 했다.

2001년 6월 9일, 이란은 대통령 연임을 선포했다. 그는 바로 세예드 모하마드 하타미였다. 이 선거에서 하타미는 무려 77%의 득표율을 차지하며 나머지 9명의 후보들을 멀찌감치 따돌렸다. 하타미가 대통령 연임에 성공한 것은 2000년 2월, 이란 개혁파가 의회에서 절대 다수의 의석을 차지한 이후의 결정적 승리였다.

이란에서 실시된 것은 보통의 대통령 선거가 아니었다. 그것은 현임 대통령 하타미가 4년 동안 시행해온 개혁에 대한 국민들의 인정이었다. 4년 전 하타미의 승리가 전 세계를 놀라게 했다면 이번 연임은 예견된 것이었다.

4년의 재임 기간 동안 하타미는 날카로운 개혁을 시행하며 보수파의 온갖 방해를 뚫고 나갔다. 그 과정에서 개혁파 잡지나 신문은 모두 봉인되었고 하타미가 믿고 의지했던 개혁파의 핵심인물들은 구속되기도 했다. 하지만 종교계 보수세력들의 방해 속에서도 하타미는 단 한 번도 허리를 굽히지 않고 자신의 의지를 관철시켜 나갔다.

대통령 선거에서 하타미는 어떠한 입장표명도 하지 않았다. 종교세력을 무시할 수 없었기에 성급히 카드를 꺼내지 않았던 것이다. 그리고 절대 다수의 국민들이 자신을 지지하고 있다는 것을 알았을 때, 당당히 자신의 입장을 드러냈다.

"만약 내가 다시 한 번 당선된다면 나의 첫 번째 임무는 바로 '국민의 뜻'에 따라 경제개혁을 시행하여 이란 국민들에게 더 많은 취업의 기회를 제공하는 것입니다."

국민들에 대한 그의 무한한 책임정신 때문에 이란 국민은 다시 한 번 그를 선택했다. 하타미가 시행한 개혁정책은 이란 국민들의 개혁의식을 일깨워주었다. 특히 '국민 참정의식', '신문의 자유', '언론의 자유'를 위한 주장은 점차 국민들의 의식 깊은 곳까지 파고들어 거스를 수 없는 시대의 흐름이 되기도 했다.

과거 이란은 철저한 남존여비 사회로, 여성이 직업을 가지는 경우는 매우 드물었다. 하지만 대통령이 된 하타미는 더 많은 여성을 공직에 기용하기도 했다. 직업을 가지고 경제권을 얻게 되자 여성들의 사회적 지위는 자연히 높아졌다. 이제 여성들은 더 이상 남편에게 복종하는 가정주부가 아니라 사상과 지위를 가진 사회의 일원이 된 것이다.

이는 다른 국가에서는 별것 아닌 일일지 몰라도 아랍 국가에서는 대단히 놀랄 만한 사건이었다. 이란의 한 여성 의원은 "하타미가 이란 사회의 분위기를 바꾸어놓았으며 남녀평등을 주장했다."고 말하기도 했다. 바로 이런 이유 때문에 하타미는 절대 다수의 여성들의 지지를 이끌어낼 수 있었다. 선거가 있기 전 이란의 여성들은 대규모 유세단을 조직해 자발적으로 하타미를 지지했다.

하타미의 또 다른 업적은 바로 나라의 문을 열고 적극적으로 다른 국가들과의 외교관계를 발전시켰다는 점이다. 그는 평화공존의 원칙을 바탕으로 이웃국가들과 우호관계를 맺는 데 많은 노력을 기울였다. 그는 또 적대관계에 있던 사우디아라비아, 북부의 러시아와도 우호관계를 맺었으며 EU와의 관계도 강화했다.

이전 이란의 모든 당파들은 자국의 경제 위기를 1980~1988년까지 벌어진 이란—이라크 전쟁과 미국의 끊임없는 제재 탓으로 돌렸다. 하지만 그들은 폐쇄적이고 보수적이었던 자신을 반성하기 시작했다. 이 모든 것은 국제사회에서의 국가 이미지 개선과 지위 제고에 큰 도움이 되었다. 이는 또 이란이 한 발 더 도약하는 데 더할 나위 없이 좋은 받침대가 되기도 했다.

만청 대만의 첫 번째 순무였던 유명전 역시 열심히 '혁신적인 정책'을 시행하며 대만의 부강을 위해 힘썼다. 그가 펼친 정책은 전국의 모범으로 불리기도 했다. 유명전은 '낡은 것을 부수지 않고는 새로운 것을 세울 수 없다不破不立'는 것을 잘 알고 있었다. 그래서 그는 시종일관 제도를 바꾸고 구습을 타파하는 데 힘을 쏟았다.

유명전은 대담한 개혁을 시행했다. 금융체제를 개혁하고 새로운 화폐를 만들었으며, 우정郵政을 개혁함으로써 중국에 신식 우정체제의 문을 열었다. 또한 건물과 도로를 확충하기도 했다. 광서 12년(1886년), 유명전은 싱가포르에 초상국招商局을 설치하고 동남아 각지의 화교들과 연락을 취하며 그들의 자금을 끌어들여 건설 사업에 투자했다.

3개월 동안 그는 남양南洋 일대에서 17만 주의 주식을 모집할 수 있었으며 현금 30만 냥을 얻어낼 수 있었다. 유명전은 이 돈으로 배를 사들여 해외 운수사업을 시작했다. 그는 해외 화교들의 귀국투자 조직과 건설 영업 참여의 시발자였다. 태북台北에서 복주福州까지 이어지는 해저 통신케이블 설치 계획 당시, 그는 현대화된 입찰방식을 채택했다. 그 결과, 이화怡和, 태래泰來, 서생瑞生 중 가장 낮은 가격과 비교적 우수한 조건을 제시했던 이화 양행이 이 공사를 담당하게 되었다.

외국 자본가와의 거래에서 항상 영리한 태도를 취했던 유명전은 무능한 만청의 관리들 중 보기 드물게 똑똑하고 진취적이었다. 아니, 그는 항상 외국인들에게 의존하고 외국 자본가들에게 이용당했던 양무파 관리들과 비교할 수조차 없는 인물이었다. 유명전은 여러 분야에서 옛것을 부수고 새로운 것을 시도했다. 이로 인해 대만은 아주 빠른 속도로 발전할 수 있었으며, 그 역시도 대만 자본주의 개발의 선구자로 불리게 되었다. 상업 개발에 힘썼던 그는 대담하게 대만의 투자시장을 개방해 기술과 인재를 도입했다. 또한 민족 공업과 자본주의 농업을 부흥시키고 생산력을 촉진함으로써 대만의 근대화를 이끌었다. 유명전의 개혁은 역대의 수많은 개혁과 마찬가지로 백성들에게 실질적인 혜택을 주었다.

옛것을 버리고 새로운 개혁을 시도하는 것은 권력에 새로운 활기를 주며 백성들에게도 큰 이득이 된다. 그리고 그것은 모험정신을 가진 지도자만이 실천할 수 있는 것이기도 하다.

작은 것부터 시작하라

옛 사람들은 큰일을 하는 사람은 작은 일부터 신경을 써야 한다고 강조했다. 만약 누군가가 작은 일부터 고려하지 않고 큰일이 장차 대국에 미칠 영향을 예측한다면, 그 능력을 한 번쯤 의심해봐야 하지 않을까? 누군가가 작은 일을 고려하지 않은 채 중요한 전체적인 과정을 실행해나간다면 그 사람의 책임감 역시 의심해봐야 하지 않을까? 때문에 큰일을 하기 위해서는 작은 일을 먼저 고려해야 하며, 대업을 이루기 위해선 작은 과정부터 손을 대야 한다.

옹정 원년 7월, 옹정제는 우연히 문서에 글자 하나가 빠진 것을 발견했다. 그는 즉시 대신들을 불러 모아놓고 엄한 표정으로 입을 열었다.

"작은 일이라고 소홀히 넘어가도 된다고 생각하지 마라. 필사하는 과정에서 글자가 누락된 것은 중서(中書 : 궁중의 문서와 관련된 일을 맡아보던 관리)의 잘못이나, 그대들이 조금만 신경을 썼더라면 이런 일은 생기지 않았을 것이다. 대학사는 학사를 탓하고, 학사는 시독侍讀에게로, 또 시독은 중서에게로 책임을 전가하면 짐 역시도 모든 책임을 대학사에게 물을 수 있다. 만약 이런 사소한 잘못이 계속된다면 천하 사람들은 분명 짐과 대학사가 평소 상주문도 제대로 보지 않는다고 의심하지 않겠는가!"

어느 날 제례에 참여한 옹정제는 무심코 단문端門 앞에 새로 만든 탈의실에서 기름 냄새가 진동하는 것을 발견했다. 옹정제는 불같이 화를 내며 공부를 주관하는 염친왕 윤사와 공부시랑, 시중들을 태묘 앞에 무릎 꿇게 한 뒤 밤새도록 그들을 나무랐다.

옹정제는 참조^{參朝} 시 관리들의 예절을 무척 중요하게 생각했다. 한번은 형부의 관리 이건훈과 나단이, 다른 대신들이 황제에게 예를 행하고 있는데 마음대로 자리에 앉아버린 일이 있었다. 옹정제는 즉시 두 사람을 잡아들여 형부로 넘겨버렸다.

"그동안 짐이 살펴본 결과, 조정에서의 예절이 너무나도 해이해졌음을 알 수 있었다. 부황께서 넓은 마음으로 알고도 모른 척 넘어가주시자, 감찰관 역시 이를 못 본 체하며 열심히 관리하지 않았던 것이다. 짐이 즉위한 후에도 이런 상황은 여러 번 있었다. 이는 나쁜 싹과 같으니 하루 빨리 뿌리 뽑아야 한다. 만약 이후에도 같은 일이 발생한다면 짐은 저 둘을 살려두지 않을 것이다. 그때가 되어 짐이 그들을 죽인다면 바로 그대들이 죽게 한 것임을 잊지 마라."

옹정제는 부지런하고 성실하게 정무에 임하는 것이야말로 정치가가 갖추어야 할 가장 기본적인 조건이라 생각했다. 게다가 그것은 작은 것부터 시작되어야 했다. 이러한 그의 생각은 분명 옳은 것이었다. 몇 년후, 청대의 명신 증국번은 《극근소물^{克勤小物}》에서 "큰일을 하기 위해선 반드시 작은 일부터 해야 한다."라는 말에 대한 자신의 생각을 털어놓았다.

"예로부터 대업을 이룬 사람들은 모두 작은 일부터 부지런히 행했다. 백 척의 높은 건물도 평지에서 시작하고 천장의 비단도 한 올 한 올 실을 엮어 만든 것이며, 커다란 돌 종도 작은 돌을 하나하나 쌓아 만들어진 것이다. 문왕은 아침부터 저녁까지 밥 먹을 시간도 없이 정무를 돌봤으며 주공은 한번 생각에 빠지면 밤을 새우며 일했다. 중산보는 저녁이라도 할 일이 있으면 자리를 떠나지 않았다. 그들의 근면함은 큰일과 작은 일을 가리지 않았다. 제갈량은 재상이었지만 다른 사람을 처벌하는 작은 일도 손수 시행했다. 두혜 역시 성실하게 정사를 돌봤다……."

바로 대업을 이룬 사람은 모두 작은 일부터 시작했으며, 무수한 작은 일들이 모여 위대한 일이 된다는 것을 의미했다. 때문에 큰일을 이룬 역대 제왕들은 그 일이 작다고 해서 무시하거나 소홀히 하지 않았다. 이런 점에서 볼 때 옹정제는 작은 것부터 시작해 큰일을 이루는 전형적인 영웅의 모습을 보여주었다.

옛말에 '길이 멀면 말의 가치를 알고, 시간이 지나면 사람의 마음을 안다'고 했다. 제왕이 대신들과 맺은 관계는 매우 복잡하면서도 단순하다. 그리고 이 관계에서 주도적인 역할을 하는 쪽은 군주다. 군주가 작은 것부터 시작해 아랫사람에게 관심과 사랑을 준다면 신하들은 반드시 그 보답을 하기 위해 온 힘을 다하게 된다. 이를 통해 조정의 분위기 역시 바뀔 수 있다.

옹정제는 강남 하도총독 혜증균이 시력이 좋지 않다는 사실을 알게 되었다. 옹정 11년(1733년) 봄, 혜증균이 집안사람을 시켜 상주문을 보내오자 옹정제는 다음과 같은 비답을 남겼다.

"짐이 쓰던 안경 한 벌을 경에게 하사하나, 시력에 맞을지 모르겠구나. 만약 맞지 않는다면 억지로 쓰지 말고 다시 보내도록 하라. 짐이 다른 것을 보내줄 것이다."

4월 초사흘, 집안사람에게서 북경에서 가져온 안경과 비답을 전해 받은 그는 옹정제의 관심에 몸 둘 바를 몰랐다. 감격에 겨운 혜증균이 감사의 인사를 담은 상주문을 올리자 옹정제는 다시 한 번 "짐이 친히 사용하던 안경이다."라는 말을 강조했다.

옹정제는 일을 할 때 눈을 보호하기 위한 목적으로 안경을 사용했다. 옹정 5년, 수령태감^{首領太監} 살목합이 조판처에 전달한 이친왕 윤상의 유지에서도 이는 잘 나타난다.

"회를 뿌리는 일을 하는 사람들은 눈을 가리고 보호하지 않으면 시력이 상하게 된다. 그러니 그대들은 기포유리 눈가리개를 하사품으로 삼으라. 조판처는 기포유리 눈가리개 4개와 평면유리 눈가리개 8개를 만들어 낭중 해망에게 바치도록 하라."

옹정제는 공정처工程處에 안경을 하사할 것을 명령했다. 아마 안경을 시력보호 목적으로 쓰도록 한 것은 옹정제가 처음이었을 것이다.

이처럼 한 나라의 군주가 한낱 일꾼의 입장을 생각하는 것을 결코 쉬운 일이 아니다.

백 마디 말보다는 한 번의 행동이 낫다

"자고로 성현들이 정치를 행할 때는 실천을 중시하며 허명을 가장 혐오했다."
"치국은 허명이 아닌 실무에 바탕을 두어야 한다."
옹정제는 나라를 다스리며 이와 같은 사상을 충실히 이행했다.

강희제와 건륭제 사이에 있었던 옹정제는 우리가 흔히 알고 있는 강건성세의 계승자이자 발전자이기도 했다. 강희 말년, 조정에는 '황제의 비위를 맞추는 것이 능력이요, 명예를 좇는 것이 현명한 일'이라는 말이 공공연히 나돌기 시작했다. 관직사회에 속임수, 아첨, 허풍, 거짓이 난무하게 된 것이다.

이는 곧 부정부패로 이어졌다. 그것도 아주 심각한 부정부패였다. 이 때문에 청나라의 '성세^{盛世}'는 점차 쇠퇴국면을 맞게 되었다. 옹정제는 즉위 후 실무를 무엇보다 강조했는데, 그것은 강희 말년에 만연했던 허위풍조를 겨냥한 것이었다.

옹정제는 청나라를 다시 부흥시키기 위해서는 반드시 공직사회에 만연해 있던 허위풍조를 타파하고 성실하고 실무적인 새로운 바람을 불어넣어야 한다고 생각했다. 그렇게 해야만 관직사회와 조정의 기강을 바로잡을 수 있었다. 이렇게 폐단의 근원을 정확하게 파악한 옹정제는 '실무를 중시하고 허위를 반대하자'는 기치를 높이 내걸었다.

옹정제는 실리를 따지는 봉건군주였다. 이러한 실리사상은 그의 정치생활은 물론 일상생활 전반에 걸쳐 나타났다. 상세하고 사실적으로 기록된 청나라의 문서들은 우리에게 믿을 수 있는 자료를 제공해주고 있다. 또 옹정제의 재위 기간 동안에 탄생한 3만여 개의 주필과 상주문, 유지를 통해 우리는 그가 끊임없이 신하들에게 '실천'을 강조했다는 사실을 알 수 있다.

옹정제는 신하들에게 '상주문이 아닌 행동을 보일 것'을 권했으며 "열 마디 말보다 한 번의 행동이 낫다."라고 말했다. 거짓과 속임수, 아첨과 부패의 악습을 통렬히 비판했던 그는 실무와 실리를 적극적으로 강조했다. 옹정제는 말로만 실무를 외치지는 않았다. 무능력한 관리를 축출하고 형식에 구애받지 않고 인재를 등용했으며, 틀에 박힌 제도를 반대하고 각 지역의 실정에 맞게 구체적인 제도를 만들었던 것이다.

특히 옹정제는 관리들에게 실무를 강조하는 데만 그치지 않고, 자신에 대해서도 비교적 실질적인 인식을 하고 있었다. 그는 신하들에게 '성지^{聖旨}'의 내용에 얽매이지 말고 상황과 형편에 맞게 대처하도록 했으며, 황제인 자신 역시도 모르는 것이 있고 실수할 때도 있다는 것을 인정했다. 또한 신하들에게 직언을 장려했다. 이 모든 것들은 옹정제가 매우 실리적인 황제였다는 것을 입증하고 있다.

당시 청대 관료사회에는 누습陋習이 만연해 있었다. 부임 초기, 각 성의 문무관리들은 앞 다투어 지방의 상황과 관료사회의 문제를 낱낱이 고발했다. 그리고 몇 개월이 지나면 '번개와 같은 정책 시행 덕분에 지방에 퍼져 있던 나쁜 풍속들이 모두 사라졌다'고 보고하며 자신의 공적을 뽐내려 했다. 이런 상주문을 허다하게 본 옹정제는 "절반은 거짓말이다!"라고 소리치며 공공연하게 이들을 비판했다.

옹정 4년(1726년) 7월, 대만을 순시하던 감찰어사 삭림은 대만 관병들의 엄격한 조련과 끊임없는 노력으로 인해 지방이 더할 나위 없이 태평하다는 내용의 상주문을 올렸다. 그러자 옹정제는 기뻐하기는커녕 오히려 그를 나무라며 말했다.

"매사에 중요한 것이 바로 실무다. 속이지 않고 감추지 않는 것이 바로 좋은 관리다. 아첨하고 영합하려는 것은 절대 배워서는 안 된다."

하남 산동 일대의 황하 물길을 관리하던 총독 주조는 옹정제에게서 다음과 같은 내용의 유훈諭旨을 받았다.

"지방에서 일어난 작은 일들을 왜 그리도 과장한단 말이냐? 그대가 보낸 상주문은 항상 거짓되고 부풀려져 있어 짐은 취할 수가 없구나. 진실되지 못하면 어떤 일이든 믿기 힘들다."

옹정제는 관리들에게 허위로 상주문을 올릴 경우 신임을 잃게 될 것이라고 경고했다.

자연재해와 수확을 알리는 상주문에서는 '문장을 아름답게 꾸미는' 문제가 자주 나타났다. 물론 옹정제는 이러한 상주문 하나하나를 날카롭게 지적하고 비판했다.

옹정 4년(1726년) 여름, 큰 가뭄이 닥친 감숙성에 갑자기 가랑비가 내렸다. 그러자 순무 석문작은 "풍작을 기대해도 좋을 듯합니다. 이것은 모두 백성들을 지극히 사랑하시는 황상의 은혜 덕분입니다."라는 내용의 상주문을 올렸다. 그의 글을 읽은 옹정제는 화를 참지 못하고 다음의 주필을 썼다.

"가뭄을 겪었는데 어찌 풍작을 기대할 수 있느냐? 이러한 헛된 과장을 짐은 도저히 보아 넘길 수가 없다."

옹정 9년(1731년) 겨울, 산동순무는 그 지역에 눈이 내리자 다음과 같은 상주문을 올렸다.

"백성들이 모두 기뻐하며 황상의 은혜를 칭송하지 않는 자가 없을 정도입니다."

하지만 옹정제는 그를 나무라며 말했다.

"눈이 온 일은 가볍게 보고하면 되는 것인데, 왜 그리 부풀리고 떠벌리지 못해 안달인가? 그처럼 과장되고 공허한 문장이야말로 부실不實의 폐단이다!"

옹정 5년(1727년), 안휘순무 서본이 올린 상주문 중에 "신의 식견이 우매함을 깊이 깨닫고 있습니다."라는 내용이 있었다. 그러자 옹정제는 '우매'라는 단어에 붉은 줄을 긋고 이런 글을 남겨놓았다.

"짐은 그 두 글자를 싫어한다. 그것은 충심에서 우러나는 글자가 아니기 때문이다."

또한 유응정이 포정사로 임명된 후 자신이 우매하여 식견이 얕다는 내용의 글을 올리자 옹정제는 어김없이 다음과 같은 비답을 남기며 그를 나무랐다.

"마음과 말이 서로 같지 않으니 공허한 문장이로구나."

옹정제는 지나친 겸손의 말은 진심이 담겨 있지 않은 틀에 박힌 허언이라고 생각했던 것이다.

옹정 7년(1729년) 겨울, 섬서 지역에 눈이 내렸지만 순무 무격은 이를 제때에 보고하지 않았다. 황제가 이를 추궁하자 무격은 "신이 우매하여 벌어진 일입니다."라고 상주문을 올렸다. 그러자 옹정제는 '우매'라는 글자에 표시를 해두고는 그를 나무라며 말했다.

"짐은 이와 같은 공허하고 속된 글자를 좋아하지 않는다. 그대와 같이 우매한 자를 변방의 대신으로 삼은 짐 역시도 우매하다는 말이더냐? 짐은 그대들이 조금 더 진실하기를 바란다. 이러한 틀에 박힌 말은 다시는 쓰지 않도록 하라."

옹정제는 공부상서 과대가 올린 상주문에도 다음과 같은 비답을 남겼다.

"성심으로 일을 처리하지 않고 어찌 '재능과 식견이 천박하고 비루하다'는 평계를 댈 수 있느냐!"

옹정제는 열심히 직무를 수행하지 않고 '우매'하다는 틀에 박힌 말로 잘못을 무마하려는 관리들을 절대 그냥 봐주지 않았다.

이처럼 실리정신을 바탕으로 사회의 병폐를 바로잡고 잘못된 풍속을 고쳤던 옹정제는 강희 말년에 공직사회에 만연했던 폐단, 즉 거짓되고 진실하지 못한 관직의 풍속을 어느 정도는 없앨 수 있었다. 이는 옹정제 재위 기간뿐 아니라 건륭 초기의 발전에도 좋은 밑거름이 되었다.

옹정제의 실리정신은 강건성세를 유지하고 발전시키는 데 중요한 역할을 했다고 평가할 수 있다. 다시 말해 옹정제의 이런 노력이 없었다면 강건성세를 계승시키고 발전시키는 것은 불가능했을 것이다.

옹정제는 용인과 행정에서도 '실무를 통한 고효율'의 원칙을 고수했다. 일이든 사람이든 항상 허^虛를 피하고 실^實을 추구했으며, 거짓을 없애고 진실을 지키기 위해 노력했다. 그의 노력 덕분에 관직사회와 민간의 풍속도 새롭게 바뀌기 시작했다. 아울러 옹정제는 당시의 실제 상황을 바탕으로 탄정입무, 화모귀공, 개토귀류와 같은 정책을 제정하고 시행했다. 13년의 재위 기간 동안 옹정제가 그토록 수많은 공적을 세울 수 있었던 것 역시 그의 실리정신 때문이었으리라.

물론 봉건시대의 황제였던 옹정제의 실리정신은 일정한 범위를 벗어나지 못했다.

첫째, 옹정제가 주장한 실리와 실무는 군권의 확립을 기반으로 하고 있었다. 사실에 입각하여 시비득실을 따질 것을 강조했던 그는 틀에 박히고 거짓이 난무하는 풍조를 막거나 벌하기 위한 완벽한 정책조치를 세워두지 않았다. 즉 옹정제는 법이나 제도가 아닌 황좌나 인치에 기대 실무를 추구하고 허위와 거짓을 반대했다.

옹정제는 언제나 "세상을 다스리는 사람은 있지만 세상을 다스리는 법은 없다^{有治人, 無治法}."를 강조했다. 즉 그는 사람을 이용하는 것을 중요하게 생각하고, 법의 위력을 경시했다. 이는 실리를 추구하고 허위를 반대하는 문제에서도 잘 드러난다.

둘째, 옹정제의 행동 중에서도 실리나 실무에서 벗어난 것이 꽤 있었다. 길상이나 미신을 유난히 따졌다거나 불로장생에 집착해 단약을 만들도록 한 것, 결국 그 단약의 독으로 목숨을 잃은 것이 바로 이를 잘 설명해주고 있다.

후환을 미리 막기 위한 강경 조치를 취하다

예전부터 나라를 세웠던 군주들은 법을 이용해 천하를 얻었으며 망국의 군주들은 법도를 잃어 결국 나라를 잃는 비운을 겪고 말았다. 왜 그토록 어렵게 얻어낸 천하를 끝까지 지켜내지 못하는 것일까?

천하가 안정되어 수대에 걸쳐 왕조가 계승되면 백성들은 사치와 향락에 빠지게 된다. 그러다 보면 자연스럽게 선조의 개국정신을 잊고 더 이상 국법을 준수하지 않는다. 법을 어기는 것, 그것은 작게는 사람의 생명을 앗아갈 수도 있고 크게는 한 나라를 망하게 할 수도 있다. 이런 점에서 볼 때 나라를 엄하게 다스리는 것은 강한 국가를 만들기 위한 중요한 전략이기도 하다.

옹정제는 무엇보다 법률을 중시하는 황제였다. 그의 재위 기간 동안 법률을 위반해 엄한 처벌을 받거나 사형을 당한 대소 관료들은 그 수를 셀 수 없을 정도였다. 뿐만 아니라 그는 법률 제정과 집행 그리고 선전에까지 많은 관심을 기울였다. 나라를 엄하게 다스리지 않으면 망국의 위험이 닥칠 것이라 생각했기 때문이다.

옹정제는 끊임없이 법률문제를 연구했다. 그는 인명과 관계된 사건 중 고의적인 살인보다는 우발적인 싸움으로 인한 살인사건이 많다는 사실을 발견했다. 대부분은 하찮은 물건이나 말싸움이 발단이었다. 이렇게 살인을 저지른 사람들은 잘못을 뼈저리게 후회했지만 아무런 소용이 없었다. 옹정제는 백성들이 법을 이해하지 못하는 것이 그 이유라고 생각했다. 그래서 그는 사람을 시켜 법률의 내용을 요약하고 자세한 설명을 곁들이도록 했다. 그리고 이를 판목에 새겨 전국 곳곳에 붙여둠으로써 백성들이 법률을 보다 쉽게 이해하도록 만들었다.

당시에는 감옥 내의 폐단도 많았다. 형부아문은 팔기, 각 부원, 보군통령 밑 오성어사로부터 범인을 인도받았다. 그때 주범이든 공범이든, 사안의 크고 작음을 떠나 모두 함께 구금되었다가 재판을 받았다. 이 과정에서 옥리들은 범인들로부터 뇌물을 받기도 했는데, 막상 재판날짜가 되면 중범보다 경범이 더 많았고 무고한 사람이 고통을 당하기도 했다.

옹정 11년(1733년), 대학사 장정옥은 사안에 따라 범인들을 따로 가둘 것을 제안했다. 옹정제는 즉시 9경 회의를 명했고, 경범자까지 마구잡이로 가두던 기존의 관례를 금지했다.

장정옥은 또 형부에서 재판을 할 때 인용하는 법률이 상당수 타당하지 않다는 것을 발견했다. 그 때문에 중범자들이 가벼운 벌을 받고 경범자들이 무거운 형을 언도받는 일이 허다했던 것이다. 장정옥은 도찰원과 대리사大理寺의 감찰 역할을 촉구했다. 그의 의견을 받아들인 옹정제는 9경들에게 시정방법을 의논하도록 명했다.

옹정제 이전에 매년 이루어진 추심秋審에서 수도의 경우 '죄상이 확실하다'고 판단된 범인이라도 3심의 기회를 얻을 수 있었다. 이를 통해 '여구(予勾 : 사형을 즉시 집행)'나 '미구(未勾 : 사형을 잠시 미룸)'가 결정되었다. 그러나 지방일 경우에는 곧바로 형을 결정하는 동시에 집행했다. 하지만 '인명을 중시해야 한다'는 뜻을 밝힌 옹정제는 옹정 2년(1724년) 4월, 지방의 범인들에게도 3심의 기회를 줄 것을 명령했다. 이듬해 가을, 옹정제는 직접 구결(勾決 : 형이 내려진 사건을 복심하여 사형으로 확정짓는 일)에 참여했다.

강희 18년(1719년)에도 수감자들을 구결했지만 근 5년 동안 이는 거의 이루어지지 않고 있었다. 하지만 옹정제가 신중하게 사건을 검토한 덕분에 부당하게 처리된 사건들이 상당수 바로잡힐 수 있었다.

참수형을 언도받았던 정인진의 사건도 그랬다. 정인진은 왕북진의 딸을 첩으로 맞이하려 했다. 하지만 왕북진이 혼사를 자꾸 미루자 그의 딸을 납치해버리고 말았다. 혼례를 치르기 전에 왕북진은 왕란계를 앞세워 딸을 찾으려 했고, 이 과정에서 정인진은 실수로 왕란계를 죽이고 말았다.

옹정제는 사건의 원인 제공자는 왕북진이고, 정인진은 사람을 죽였지만 의도적인 살해가 아니라 과실치사임이 확실하다고 말하며 사형집행을 연기하도록 했다. 옹정제는 재판에 있어서 언제나 신중을 기했다.

"매년 추심秋審이나 조심朝審을 벌일 때 짐은 진술서를 세심하게 살펴본다. 또 대학사와 형부 당관들과 반복적으로 의논을 하고 누차 고심을 거친 뒤 명령을 내린다."

지방의 사건을 판결할 때도 삼부심을 거쳤는데 그것은 결정권을 중앙으로 귀속시킴으로써 최종적으로는 황제의 사법권을 강화하려는 데 그 목적이 있었다. 사법권은 옹정제 치국의 근본이었던 것이다.

옹정제는 사법의 혼란은 나라의 멸망을 초래할 수 있다고 강조하며 수많은 '망국'의 원인을 열거했다.

첫째, 선발한 장령들이 직무에 적합하지 못한 데다 아둔한 군주를 만나 신료들이 제멋대로 굴면 내부적인 화근이 생길 수밖에 없다.

둘째, 군주가 독단을 일삼아 재화災禍를 빚고, 조정의 기강이 파괴되어 정치가 혼란해지면, 사방에서 오랑캐가 침략을 일삼아 전쟁이 끊이지 않게 된다.

셋째, 수도에 모반을 꾀하는 자가 출현하면 혼란이 야기된다.

넷째, 군주가 주색에 빠져 나라의 대사를 돌보지 않는 경우다.

다섯째, 군주가 나약하고 신하가 드세면 권세를 가진 신하는 마음대로 명령을 남발한다.

이 모두는 군주가 국가의 통치권을 잃게 되는 원인이다. 이러한 현상은 하루아침에 일어나는 것이 아니라 시간을 두고 점차 누적된다.

한나라를 세웠던 군주들은 대부분 직접 갑옷을 입고 무기를 들었던 인물들이다. 양군이 대치하고 있을 때는 끼니도 거른 채 말을 타고 바삐 움직였고, 어질고 재능 있는 인재를 구하기 위해 천 리 길도 마다 않고 달려갔다. 또 매사에 신중하며 목표를 이루기 위해 쉬지 않고 분투했다.

서한의 유방, 동한 광무제 유수가 모두 그런 인물들이었다. 안전하고 편안할 때 어려웠던 때를 잊지 않을 수 있고, 태평성대에 동란을 미리 방지할 수 있다면 군왕의 성덕은 날이 갈수록 높아지고 새로워지게 된다. 또한 사방으로 인재를 구하고 각자의 재능에 맞게 이용해 훌륭한 정치를 펼칠 수 있다면, 군주가 천하를 잃을 일은 절대로 없다. 수많은 역사적 사건들이 바로 이를 입증해주고 있다.

마음을 굳게 다지고 앞으로 나가라

옹정제는 언제나 굳은 의지로 자신의 주장을 관철시킨 황제였으며 통치권을 공고히 하는 데 뛰어난 재능을 보였다. 정적을 축출하고 국내를 안정시킨 그는 정치 및 경제개혁을 전개하기 시작했다. 그리고 그는 개혁에서 훌륭한 성과를 이루어냈다. 옹정제가 서남 지역에서 시행한 개토귀류 정책은 지역사회의 충돌을 해결하고 지방관리들의 잘못된 정치행태를 바로잡는 데 큰 도움이 되었다.

중국의 서남 지역은 예전부터 많은 소수민족들이 살고 있었다. 묘, 이, 요, 장, 백족들은 귀주, 운남, 광서, 사천, 호남 등지에 분포해 있었다. 워낙 외지고 교통이 불편해 원·명 시대에는 이 지역에 특수한 지방 행정제도인 토사제도를 시행했다. 즉, 중앙정부에서 현지 소수민족의 수령을 그 지역의 관리로 임명하는 것인데, 이들을 토사 혹은 토관이라 불렀다.

토사는 황제에 의해 임명되지만 실제로는 할거세력의 성격이 강했으며 직위는 세습되었다. 시행 초기, 토사제도는 외곽 지역에서 중앙정부의 통치를 강화하는 역할을 했다. 하지만 이 제도가 발전할수록 토사세력은 더욱 커졌고, 결국 중앙에서도 이들을 함부로 다룰 수 없는 지경에까지 이르렀다. 이들 소수민족들의 수령은 점차 중앙의 명령을 무시했고, 공개적으로 혹은 비밀리에 이들과 맞서기도 했으며 반란을 일으키기도 했다. 먼 곳에 떨어져 있었던 토사들은 무사無事 시엔 골칫거리였고, 유사有事 시엔 외국과 결탁해 청나라를 위협했다. 이렇게 분열된 할거세력들은 소수민족 거주 지역의 정치, 사회, 경제, 문화의 발전을 저해했으며 민족국가 통일의 커다란 장애가 되었다.

게다가 이들 토사土司, 토사土舍, 수령들은 속민들에게 마구잡이로 세금을 징수했다. 비교적 적은 액수는 1년에 네 번, 큰 액수는 3년에 한 번씩 거둬들였다. 그들은 중앙에 헌납하는 것보다 더 많은 재물을 수탈하려 했다.

옹정 초년, 운남 진침사鎮沅土 지부의 도한은 매년 36냥의 은자와 쌀 100석을 중앙에 바쳤다. 하지만 그가 토민들에게서 거둬들이는 액수는 은자 2,348냥, 쌀 1,212석이었다.

토사는 속민들을 함부로 죽였는데, 피살자의 가족에게서 20냥에서 60

냥까지 '해결비'를 챙기기도 해, 그 흉악함이 극에 달할 정도였다. 속민들은 토사세력의 노예나 다름없었고, 재산은 물론 자녀까지도 그들의 것이 아니었다. 심지어는 목숨까지도 토사의 손에 달려 있었다.

또 토사들은 토지와 사람, 가축을 차지하기 위해 자주 싸움을 벌였다. 광서 융주 고릉 지방의 토사 왕상 등은 귀주 보안주 지방의 토사 아구 등과 왜염, 오사, 패려를 차지하기 위해 수년 동안 전쟁을 벌이고 있었다. 옹정 2년, 옹정제는 관부에 이를 처리하도록 명령했지만 지방관리들은 서로 책임을 미루기만 했고, 옹정 4년이 되도록 이 일은 마무리되지 못했다.

이밖에도 토사와 지방정부 간에도 여러 가지 갈등이 존재했다. 당시 한족 중 죄를 짓고 토사세력에 몸을 의탁하는 이가 부지기수였다. 그러면 토사세력은 돈을 받고서야 범죄자들을 넘겨주었는데, 이는 지방정부의 사법권에 대한 심각한 도전이었다. 하지만 지방정부 역시 토사들을 갈취하는 일이 적지 않았다. 이를 견디다 못한 토사들이 고발을 하면 주·현의 관리들 역시 이를 이용해 뇌물을 요구하기도 했다. 만약 뇌물을 바치지 않을 경우에는 일부러 트집을 잡아 괴롭히기도 했으며, 이런 일이 발각되면 토사들을 무고하기도 했다.

이러한 문제점들의 원인 중 하나는 바로 중앙의 철저한 관리부족 때문이었다. 이런 문제점들은 사회의 안정과 경제발전을 저해하는 장애물임에 분명했다. 당시 시대상으로 볼 때 토사제도의 폐지는 불가피한 것이었다.

개토귀류란 서남 지역의 토사 세습제를 폐지하고 중앙정부에서 유관 등을 보내 현지 주민을 통치하는 제도를 뜻한다. 명나라 이후 중앙정부는 성숙한 조건을 갖춘 일부 지역을 대상으로 토사제도를 폐지하고 주 · 현 등 지방정권을 수립했으며, 유관을 파견해 다스리도록 했다.

굳은 의지와 진취적 기상을 가졌던 옹정제는 토사들의 악행을 누구보다 잘 알고 있었다. 옹정 2년 5월, 그는 사천, 섬서, 호남, 광동, 광서, 운남, 귀주 등 성의 독무제진들에게 다음과 같은 지시를 내렸다.

"짐은 이 지역 토사들이 법을 마음대로 어기고 속민에게 지정된 액수의 수십 배가 넘는 세금을 함부로 징수한다는 사실을 잘 알고 있다. 그들은 속민들의 말과 소, 심지어 처와 자식까지도 함부로 죽인다. 변방 지역의 속민 또한 짐의 백성이거늘, 가혹한 처사를 당하는 그들의 처지에 짐 또한 마음이 아프다."

사실 옹정제는 즉위 초기부터 토사제도를 폐지하고 개토귀류를 실시하려 했다. 단지 그에 상응하는 조건이 마련되지 않아 잠시 미룰 수밖에 없었던 것이다. 이제 옹정제는 서남 지역의 토사제도를 폐지하고 전, 검, 계, 천, 상, 악의 6개 성의 소수민족 거주 지역에서 개토귀류를 시행했다. 이로써 수백 년간 이어져 내려오던 토사제도는 사라지고 서남 지역의 소수민족들은 드디어 착취와 억압에서 벗어날 수 있게 됐다. 그것은 중국 역사에서 비교적 큰 규모의 사회변혁이기도 했다.

개토귀류의 실질적인 효과는 바로 토사들의 이익을 토민들에게 나누어주었다는 점이다. 하지만 옹정제의 개토귀류는 성공을 위한 하나의 과정에 불과했다. 그 결과를 더욱 공고히 하기 위해서는 더 많은 노력과 시간이 필요했다.

토사세력을 없애고 새로 부임한 유관들은 개토귀류 지역의 안정에 중요한 역할을 했다. 유관의 청렴함이나 엄정함은 해당 지역의 안위와 직접적인 상관관계가 있었다. 옹정제 재위 시절의 청나라는 이 문제를 무엇보다 중요하게 생각했는데, 이는 악이태가 올린 상주문에서도 잘 나타난다.

"백성들을 감화시키기 위해선 법이 아닌 인성으로 그들을 다스려야 합니다. 사람을 얻는 것은 힘들고, 그들에게 어떤 임무를 완성하게 하는 것은 더욱 어렵습니다."

그래서 옹정제와 악이태는 유관들의 선발과 임용을 강화하는 한편, 그들에 대한 감독과 감시를 늦추지 않았다. 유관들 중 지방의 안정에 악영향을 끼친 이들은 즉시 교체되거나 처벌을 받았다. 옹정제와 악이태의 이러한 노력 덕분에 최초의 유관들 대부분은 청렴했으며, 지방의 안정과 발전에 긍정적인 역할을 할 수 있었다.

개토귀류 시행 후 청나라는 지세를 깨끗이 정리하고 부역제도를 개혁했으며 세수를 통일할 수 있었다. 이로 인해 토인들의 부담이 대폭 줄었음은 물론이다. 청나라 정부는 이를 바탕으로 대규모의 토지 측량을 시행했고 농민들에게 황무지를 개간하도록 했다. 또 종우種牛와 집 혹은 돈을 나누어줌으로써 생산을 적극적으로 장려했다.

동천이 운남으로 편입된 후 악이태는 은 3,000냥을 들여 물소 백 마리를 사고, 민가 600여 채를 지어 황무지를 개간하는 농민들에게 나누어주었다. 이로써 이 지역의 농업 생산량은 대폭 증가할 수 있었다.

생산력을 늘리기 위해 청나라는 개토귀류 후 수리시설 확충에도 힘썼다. 옹정제는 또 수륙교통 개발에도 힘썼는데, 이로 인해 각 민족 간의 교류가 활발해졌으며, 소수민족 거주 지역의 경제 또한 발전할 수 있었다. 한족의 선진적인 생산기술이 보급됨에 따라 현지의 생산수준은 더욱 높아졌다. 특히 학교를 세워 한족의 사상을 전파시킴으로써 소수민족의 문화적 소양을 높이고자 했다.

옹정제 집정 시기의 이러한 조치들은 중화민족의 통일과 발전에 긍정적인 역할을 했음에 틀림없다.

작은 실수로 인재의 장점을 부정하지 마라

누군가가 실수를 했다고 해서 그 사람의 가치를 전부 부정하는 것. 그것은 사람을 쓰는 자가 가장 금기시해야 할 사항이다. 잘못을 범했다고 해서 다시 중용되지 못하는 것은 그 사람의 가치를 모두 부정하는 것이나 다름없다. 이는 종종 아주 부정적인 결과로 이어지기도 한다. 자신이 범한 실수가 스스로의 가치를 옭아매게 되면 당사자는 두 가지 방법을 택할 수밖에 없다. 자신을 부정한 사람에게 반기를 들거나 자신의 잘못을 부정하는 것이다. 그러지 않으면 다시는 자신의 가치와 명예를 회복할 수 없기 때문이다.

말이 빨리 달리는 이유는 기수의 손에 들린 채찍 때문이다. 같은 이치로 옹정제는 아랫사람이 명령에 복종하는 것은 상사의 권위에 두려움을 갖고 있기 때문이라고 생각했다. '위엄만이 아랫사람을 신중하게 하고, 가혹함만이 아랫사람을 겁먹게 만든다' 는 인재관리의 변하지 않는 법칙처럼 말이다.

청대 문무대신들은 집안의 하인이나 부하직원을 시켜 자신이 쓴 상주문을 수도의 황제에게 전달하도록 했다. 그렇다면 상주문은 1년에 몇 번 쓰는 것이 적당할까? 이 문제는 옹정제가 섬서 영하도寧夏道의 악창에게 쓴 주필에 잘 나타나 있다.

"보고해야 할 일이 있다면 한 달에 몇 번이라도 상주문을 써도 무방하다. 만약 별다른 일이 없다면 수년 동안 상주문을 올리지 않아도 짐은 그대를 나무라지 않을 것이다."

옹정 2년(1724년) 2월, 운남 곡심의 무첨총독 양곤은 상주문을 통해 지난번 수도에서 황제를 알현했을 때 받은 유지에서 1년에 두 번 상주문을 올리도록 했음을 언급하며, 이제 그 첫 번째를 보내노라고 알려왔다. 그러자 옹정제는 그의 상주문에 다음과 같은 주필을 남겼다.

"그대에게 1년에 두 번이라고 수를 제한한 것이 아니다. 그렇다면 보고할 일이 많은데도 두 번이라는 제한 때문에 짐에게 알리지 않을 텐가? 또 아무 일도 없는데 그 제한 때문에 억지로 상주문을 올린단 말이더냐!"

같은 해 윤 4월, 식량수송을 담당하던 총독 장대유는 역참을 이용해 조운업무를 보고할 것을 제안했다. 그러자 옹정제는 이렇게 대답했다.

"급한 일이라면 역마驛馬를 이용해 상주문을 보내도 된다. 하지만 어떤 배가 어디에 도착했다는 것과 같은 일반적인 일이라면 보고하지 않아도 좋다."

어떤 관리들은 황제에게 잘 보이기 위해 아무런 일이 없는데도 굳이 이야기를 만들어 상주문을 올리곤 했다. 하지만 그들의 속셈을 뻔히 알고 있었던 옹정제는 이러한 관리들을 통렬하게 비판했다.

옹정 3년 2월, 광서순무 연희요가 세 가지 상주문을 보내왔는데, 그 내용은 대부분 이미 보고가 된 것들이었다. 이를 가만히 보아 넘길 리 없던 옹정제는 주필을 통해 그를 나무라며 말했다.

"이미 보고한 일을 또다시 알리는 이유가 뭔가? 혹시 광동 성내에 보고할 만한 일이 없어 그러는 것이냐? 그토록 먼 길을 달려 아무런 쓸모 없는 글을 보내는 그대의 의도가 무엇인고!"

상주문을 쓰고 거기에 비답을 남기는 일은 신하에게나 황제에게나 많은 시간을 요하는 일이다. 또 이것을 전달하는 사람 역시 길에서 많은 시간을 낭비하게 된다. 따라서 꼭 전달할 필요가 없는 상주문을 올리는 것은 백해무익한 일이다. 옹정제는 그토록 총애하던 전문경에게도 불필요한 상주문을 너무 많이 올린다는 이유로 질책을 서슴지 않았다.

"사람을 보내 상주문을 올릴 때는 특별히 신중을 기해야 한다. 아무것도 아닌 일에 공연한 노력을 들이지 마라. 게다가 짐은 그것 말고도 처리해야 할 일이 너무 많다."

갈삼은 옹정제가 번저에서 친왕으로 있을 때부터 그 곁을 지켰던 신하였다. 그런 그도 귀주포정사로 있을 때 상주문을 과하게 올려 옹정제에게 꾸지람을 들은 적이 있었다.

"귀주에서 수도까지 거리가 얼마인가! 그러니 불필요한 내용이라면 굳이 상주문을 써서 노동력을 낭비할 필요가 없다."

옹정제는 중앙과 지방 아문의 중요 거점에는 반드시 화재에 대한 대비책을 세워두어야 한다고 생각했다. 그래서 그는 각 아문에 야간순찰을 특별히 지시하기도 했다.

옹정 7년(1729년), 이부 문선사 자료실에 불이 났는데 숙직자가 없어 자료가 모두 불타버리고 말았다. 이 사건 후 옹정제는 직무를 제대로 수행하지 않은 관리들을 모두 엄하게 처벌했다. 그리고 그는 각 부문의 자료실에 필첩식 등의 관리를 파견해 야간순찰을 돌도록 했다.

옹정 10년(1723년) 11월 23일 밤, 형부 하남 섬서사에 불이 났다. 이불로 강서 등 6사를 비롯해 55개의 서재와 문서들이 불타버리고 말았다. 이 불은 당시 수도 각 부문의 미흡한 소방대책을 여실히 보여주는 것이었다. 불은 3경쯤부터 일기 시작했는데, 특별히 설치된 팔기 소방

대원들 중 가장 먼저 화재 장소에 도착한 사람은 양백기 부통사 감국벽 1명으로, 그나마 도착시간은 4경이 넘어서였다.

양홍기 부통사 상승벽은 5경이 넘어서야 느릿느릿 현장에 나타났고, 나머지 대원들은 보이지 않았다. 그밖에도 형부 아래에 설치된 14사에는 규정에 의해 반드시 야간당직 인원이 있어야 했다. 하지만 화재가 난 그날 14사에는 겨우 3명만이 자리를 지키고 있었다. 사고가 일어난 후 옹정제의 추궁 속에 이부, 형부는 각각 엄격한 조사를 받았고, 근무태만이 들통 난 관리들 역시 면직이나 좌천당하고 말았다.

잘못을 했지만 여전히 자신의 가치를 인정받고 있다고 느끼면 사람은 솔직하게 그 잘못을 시인하고 냉정하게 이를 받아들일 수 있다. 반대로 자신의 잘못으로 그 가치 자체가 부정되면 남의 비판을 받아들일 수 없고 잘못 역시 인정하고 싶지 않게 된다. 누구도 자기 자신을 부정하고 싶지는 않기 때문이다. 그래서 이런 처벌방법은 잘못을 해결하는 데 아무런 도움이 되지 않는다. 비록 실수를 범해 그 인물이 주어진 자리에 적합하지 않다는 점이 드러났다고 해도, 지도자는 그 점을 지적해줌과 동시에 그의 또 다른 가치를 인정해주어야만 한다.

모든 사람은 자신의 장점을 드러낼 수 있는 분야가 있기 마련이다. 만약 어떤 사람이 적합하지 못한 위치에서 실수를 범했다면, 그것은 그의 잘못이라기보다는 그를 쓴 사람의 잘못일 경우가 더 크다. 따라서 이런 사람들이 잘못을 했다면 가책을 느껴야 하는 사람은 바로 그를 그 자리에 앉힌 사람이다. 따라서 잘못을 범한 사람이 다른 분야에 임용되지 못하게 하거나 승진을 가로막는 것은 적합하지 않은 처사다.

사람을 잘 쓰는 지도자는 잘못에 대한 비평과 사람을 임용하는 것을 별개로 생각할 수 있어야 한다. 잘못을 질책할 때는 반드시 일에 대해서만 이야기해야 한다. 상대방이 그것을 교훈 삼아 다시는 같은 잘못을 저지르지 않도록 말이다. 하지만 그것이 그 사람을 임용하거나 중용하는 데 영향을 미쳐서는 안 된다. 그것은 상대방의 실수로 그 사람의 모든 능력을 부정해서는 안 된다는 말이기도 하다.

만약 사장이 자신의 회사에서 20년 동안 일해온 직원에게 "자네는 아무것도 한 게 없어."라는 말 한마디로 그의 가치를 모조리 부정해버린다면 어떨까? 그의 한마디 말 때문에 상대방은 극단적인 행동을 취할 수도 있다. 물론 옹정제와 같이 엄격한 지도자가 나쁘다는 것은 아니다. 하지만 절대 그처럼 작은 잘못을 크게 부풀리는 상사가 되어서는 안 된다.

살신성인의 자세로 정무에 임하다

옹정제는 성실히 정무에 임하고 넓은 가슴을 가지며, 청렴한 정치를 펼치는 것이야말로 수신치국修身治國의 근본이라 생각했다. 문왕처럼 성실히 정무에 임하고 순, 우와 같이 넓은 가슴을 가지며, 한문제(중국 전한의 제5대 황제)를 본받아 청렴한 정치를 펼치면 이루지 못할 일이 없다. 그중에서도 가장 중요한 것은 바로 성실하게 청렴한 정치를 시행하는 것이다.

윤진은 강희제의 수많은 아들들과 마찬가지로 온갖 부귀영화를 누리며 자랐다. 아들들에게 엄격했던 강희제는 특히 교육에 많은 신경을 썼다. 황자들은 만 6살이 되면 남서방에서 공부를 시작했다. 만주어, 한어, 몽고어 및 유가경서들을 공부했으며 그밖에 군사나 체육과목도 있었다.

황자들의 스승은 한림원의 대학자들로 구성되었다. 수업시간 역시 꽤 엄격했는데, 황자들은 매일 아침 동이 트기 전에 자리에서 일어나 남서방으로 가야만 했다. 매일의 수업과목은 오전에는 역사, 작문, 만주어, 오후에는 기마와 활쏘기 등으로 이루어져 있었다. 그리고 해가 져야만 수업이 끝났다.

황자들의 교육에 관심이 많았던 강희제는 종종 아들들을 불러 공부한 내용을 물어보곤 했다. 그중에서도 그가 가장 강조했던 것은 바로 사서오경과 같은 유가의 경서였다. 황자들이 이를 바탕으로 도덕적 수양을 쌓고 덕성과 재능을 겸비한 진정한 인재로 거듭나기를 바라는 마음에서였다.

황자들이 나이가 들자 강희제는 이들에게 군정사무를 경험하도록 함으로써 신체를 단련하고 문제해결 능력을 키울 수 있도록 했다.

윤진은 8살부터 강희제를 따라 변방 지역을 다니며 그곳의 상황을 익힐 수 있었다. 강희 32년(1693년), 15살의 윤진은 형제들과 함께 곡부曲阜에서 열리는 공자의 제사에 참여했다. 그리고 이듬해와 강희 39년(1700년), 부황을 따라 무정하(無定河 : 명혼하名渾河라고도 한다)에 시찰을 나간 그는 그곳의 치수를 직접 담당하기도 했다.

강희 35년(1695년), 윤진은 형제들과 함께 갈단 정벌에 참가했다. 그때 그는 정홍기의 대영大營을 관리하는 일을 맡기도 했다. 상징적인 의미의 일인 데다 직접 출병을 해보지는 못했지만 윤진은 그 속에서 많은 것을 배울 수 있었다. 강희 42년(1703년), 윤진은 강희제와 함께 제남, 태산, 기주에서 시작해 회안, 양주, 진강을 거쳐 항주에 이르는 남순(南巡

: 남쪽 지방을 순행하는 것)에 참가했다. 이들 행렬은 남경, 패현, 동평, 동창을 지나 북경으로 돌아왔다. 4개월 동안의 남순에서 윤진은 각 지역의 풍속과 백성들의 생활상 그리고 운하의 제방공사에 대해 자세히 알 수 있었다.

옹정제가 소년이었을 때 강희제는 항상 급한 성격을 나무라며 '매사에 서두르지 말고 참으라戒急用忍'고 훈계했다. 옹정제는 이 네 글자를 편액으로 만들어 방에 걸어두고 항상 자신을 다잡았다. 훗날 국가의 중대사를 처리할 때도 항상 의지와 인내심을 키우고 조급한 성격을 극복하기 위해 많은 노력을 기울였다. 황권을 두고 형제들과 다툼을 벌일 때도 그는 본심을 드러내지 않고 《열심집》을 쓰며 불학을 공부했다. 바로 그 때문에 훗날 옹정제는 자신을 두고 "오랜 세월과 많은 경험을 거치면서 이제 스스로 참을 수 있는 경지에 달했다."라고 했다.

윤이와 윤잉 집단을 처리한 옹정제의 모습에서 우리는 그가 조급한 성격을 고쳤을 뿐 아니라, '참는' 데 있어 자신만의 계획과 책략을 보여주었다는 것을 알 수 있다.

옹정제가 정적을 처리할 때 썼던 전략은 다음과 같다. 옹정제는 그들이 재위다툼에서 보이는 태도와 세력, 재능 및 자신을 위협하는 정도에 따라 각각 다른 방법으로 그들을 대했다. 먼저 그는 윤이를 염친왕과 총리사무왕대신으로 봉한 다음, 그의 측근이었던 마제 역시 총리사무부대신으로 임명했다. 윤제는 경릉에 연금시키고 윤당은 청해로 귀양을 보냈으며 윤아는 군왕의 지위를 박탈하고 영원히 가두어버렸다.

옹정제는 심사숙고와 치밀한 계획을 거쳐 이들을 처리했다. 먼저 윤이에게 손을 쓴 옹정제는, 자신편으로 끌어들여 반란을 일으키지 못하도록 통제했다. 하지만 윤제는 조야에 많은 지지자들을 확보하고 있었고 성격 또한 거칠고 강해, 가두지 않고서는 도저히 다룰 수가 없었다. 윤당과 윤아를 처벌한 것은 정적들에게 공포심을 심어주어 스스로 와해되도록 하기 위함이었다. 이처럼 옹정제의 정치수완은 적들조차도 혀를 내두를 만큼 훌륭했다.

옹정제는 방탕한 생활과는 거리가 먼 황제였다. 그에게는 모두 8명의 후비가 있었는데, 이는 청대 황제들 중에서도 가장 적은 수였다. 황자였을 때 그는 황자비와 후궁 1명만을 두었다. 그러던 것이 황제로 즉위한 후 '자손 번식'을 위해 후궁을 받아들였던 것이다. 또한 황제가 된 옹정제는 궁내에서 키우던 진귀한 조류와 짐승들을 모두 풀어주었다. 사냥을 즐기지 않았던 그는 부황처럼 순행을 나가지도 않았다.

하지만 정원을 좋아했던 그는 원명원에 집무실을 만들고 이곳에서 많은 시간을 보냈다. 짬이 날 때는 항상 정원을 산책했던 그는 다른 생활용품에는 별로 관심을 두지 않았고 먹고 마시는 것도 언제나 절제했다. 당시 서양에서는 온도계, 망원경, 안경과 같은 신기한 물건들이 전파되었다. 신문물을 빨리 받아들였던 그는 장인匠人들에게 이들 물건을 모방해 만들도록 한 다음 신하들에게 하사하기도 했다.

재사가 민첩했던 옹정제는 매일 엄청난 양의 문서와 상소문을 읽고 직접 주필을 달아주었는데, 그 양이 적게는 열 자 내외에서 많게는 수십자, 심지어 수천 자에 달하기도 했다. 옹정제는 언제나 일필휘지로 주필을 써 내려갔는데 글씨를 고치는 경우가 거의 없었다. 수천 자의 글자를 쓰면서 단 하나의 오자도 나오지 않는 경우도 있었다고 한다. 현존하는 주필의 원문을 통해 우리는 그의 거침없는 붓놀림과 빈틈없는 구조의 글씨를 만나볼 수 있다.

옹정 원년 춘정월 신사辛巳일, 옹정제는 각 성의 총독, 순무, 제독, 총병 및 지주, 지현, 참장, 유격 이상의 문무관원들에게 이로운 것은 흥하게 하고, 고질적인 병폐를 개혁하라는 내용을 담은 11개의 유지를 발표했다. 5월 경진庚辰일, 변방 지역의 병정들이 죽인 말의 배상을 면해주기도 했다.

계유癸酉일, 태화전에서 정무를 보던 옹정제는 주·현 관리들의 수입으로 부족한 지세를 충당할 것을 건의하던 이위균에게 이렇게 말했다.

"주·현 관리들의 생활이 넉넉해야만 성심을 다해 정무를 돌볼 수 있다. 그런데 어떻게 그들의 봉록으로 지세를 메우라고 강요할 수 있겠느냐!"

(6월) 임신壬申일, 옹정제는 직예순무 이위균에게 다음과 같은 칙령을 내렸다.

"수도 부근의 만주족과 한족들이 함께 살고 있는 지역에서는 만주족이 온갖 횡포를 일삼으며 한족들을 괴롭히는 일이 허다하다. 그대는 반드시 이들을 엄하게 처벌해야 한다. 그 과정에서 절대 출신을 따지지 말 것이며, 권력자의 눈치를 볼 필요도 없다. 무고한 백성들을 괴롭히는 자가 있다면 모두 밀절로 짐에게 알리도록 하라."

병자丙子일, 옹정제는 팔기들에게도 칙령을 내려 팔기의 도통이나 왕공들 중 공공연히 금품을 요구하거나 가혹한 수탈을 일삼는 자들을 모두 고발하도록 했다.

3년 을사乙巳 춘정월 계축癸丑일, 옹정제는 고안현의 관유지 200경을 정전井田으로 내어주고 팔기들 중 직업이 없는 자들에게 농사를 짓도록 했다.

6년 무신戊申 춘정월 기미己未일, 민절총독 고기탁이 상소를 올려 복건의 폭력사건을 보고하자, 옹정제는 다음과 같은 명령을 내렸다.

"그러한 일들은 수하들을 독려해 성심을 다해 처리할 수 있도록 해야 실효를 볼 수 있다."

11년 계축 춘정월 무자일, 옹정제는 호부좌시랑 해망, 직예총독 이위를 절강으로 보내 방파제 공사를 감독하도록 했다.

2월 임자일, 제전을 올리기 위해 준화로 가던 옹정제는 백성들이 길가에 항아리를 세워두고 물을 뿌리는 광경을 목격하고는 신하들에게 다음과 같은 유지를 내렸다.

"짐이 지나가는 길에 먼지가 좀 있다고 한들 그게 무슨 대수겠느냐? 지방관리들은 마땅히 백성들을 가르치고 보살피는 것을 더 중히 생각해야 한다. 이런 짐의 마음을 백성들에게 그대로 전달할 수 있다면 그보다 더 좋은 일이 어디 있겠느냐?"

(13년) 3월 정사先農壇일, 옹정제는 선농단先農壇에서 직접 밭을 갈았다. 무사일, 그는 다음과 같은 유지를 발표했다.

"지방에서 보갑제를 실시하기 위해서는 반드시 민중들의 뜻에 따라 천천히 그들을 설득하고 이끌어야 한다. 만약 억지로 행하려 하면 선량한 백성들은 고통을 당할 수밖에 없다. 정무를 행할 때는 반드시 사람의 마음을 얻는 것을 가장 중요하게 생각해야 한다. 아무리 좋은 뜻이나 방법이라 할지라도 그저 보기나 듣기에만 좋다면 백성들에게는 아무런 이득도 되지 않는다."

8월 기사先農壇일, 옹정제는 또 다른 내용의 유지를 발표했다.

"이전에 묘족 거주지를 관리했던 것은 그곳 백성들의 생활을 안정시키는 데 그 목적이 있었다. 하지만 제대로 관리하지 못해 오히려 백성을 착취하며 그들에게 고통을 주고 말았다. 백성을 편안하게 하려는 마음이 오히려 그들을 해치는 정사政事가 되어버렸다. 처음의 마음가짐을 생각해보면 부끄럽지 않은가? 이런 이유에서 올해 귀주의 지세 전부를 감해주고 그동안 착취당했던 주·현에는 3년 동안 세금을 면해줌으로써 짐의 마음을 보여주고자 한다."

정해丁亥일, 옹정제는 병에 걸렸다. 무자일, 병이 위중해진 옹정제는 황위를 황사자 보친왕 홍력에게 물려줄 것을 선포했다. 그리고 기축己丑일, 세상을 떠났다.

즉위 후 언제나 열심히 정사를 돌보며 모든 일을 직접 처리했던 옹정제의 건강상태는 줄곧 좋았다. 선황이 너그러운 정치를 펼쳤다면, 옹정제는 엄격함과 명확함으로 그것을 계승했다. 한나라의 문제와 경제처럼 말이다. 언제나 치국의 도를 생각했던 옹정제는 특히 하급관리들의 처지를 가장 염려했다.

한번은 그의 총애를 받는 대신이 주·현 관리들의 수입이 너무 많으니 이를 조금씩 삭감해야 한다고 주장했다. 하지만 옹정제는 그를 나무라며 말했다.

"주·현의 관리를 해보지도 않은 그대가 그들의 처지를 잘 안다고 말할 수 있는가?"

언제나 열심히 일하고 청렴한 정치를 행했던 옹정제는 가슴속에 큰 뜻을 품고 있는 황제였다. 우리의 성현들은 아무리 간웅이라 할지라도 세상에 제 한 몸 세우기 위해서는 반드시 '성실誠實'해야 할 것을 주장하지 않았던가. 이처럼 근면함은 정치가로서 반드시 갖추어야 할 중요한 덕목이다.

해로운 것을 과감히 처단하라

황제에 즉위한 후, 옹정제 앞에 놓인 것은 복잡하고 혼란스런 거대한 제국이었다. 강희 말년 조정의 관리 소홀 및 청나라 개국 이후 쌓여온 각종 폐단, 그리고 나날이 심각하고 복잡해져가는 사회갈등. 이 모두는 옹정제에게 새로운 용기와 결정을 요구하고 있었다.

그리고 또 하나의 커다란 문제가 그 앞에 나타났다. 바로 대청 왕조의 재정이 이미 심각하게 고갈되었다는 점이었다. 당시 일부 지역에서는 국고가 텅 비기도 했다. 이 모두는 옹정제가 곧 실시할 개혁정책에 큰 영향을 미치게 된다.

이러한 사회문제들을 속히 해결하기 위해서 옹정제는 자신이 말했던 것처럼 시종일관 냉정하고 엄격한 태도로 새로운 경제정책을 시행해나가야만 했다. 그는 관리들의 부정부패를 뿌리 뽑고 국고를 철저하게 조사했으며, 관리들의 뇌물수수 관행을 엄격히 금했다. 또한 사전주조를 금지시켰으며, 화모귀공, 양렴은, 탄정입무와 같은 정책을 시행했다. 이로 인해 청나라는 어느 정도 적폐를 해소하고 새로운 정치풍토를 조성할 수 있었다. 그가 시행한 탄정입무, 화모귀공과 같은 정책은 청나라 부역제도의 개혁이자 혁신사상의 산물이며 실천이기도 했다.

하지만 이들 정책의 시행으로 옹정제는 많은 비난을 당하기도 했다. 옹정 연간, 누군가는 옹정제를 두고 '돈벌레'라고 비난하는가 하면, '조정에서 돈을 밝히는 관리들의 관행을 엄격히 규제하지 않는다'고 규탄하기도 했다. 하지만 옹정제의 생각은 달랐다. 그는 이런 말을 하는 사람들은 모두 '황제의 길이 얼마나 어려운지'를 잘 모르는 이들이라 생각했다. 게다가 그들은 국가의 장기적인 이익을 고려할 줄도 몰랐다.

옹정제는 또 지나치게 명예를 좇거나 낡은 것을 답습하는 것 역시 반대했다. 새로운 정책을 지키기 위해 옹정제는 무슨 일을 하든 상황과 때맞게 처리하고 이로운 것은 일으키며 해로운 것은 없앨 것을 주장했다.

오늘날의 관점에서 보면 옹정제가 취했던 정책은 당시의 계급갈등을 완화시키는 역할을 했다. 탄정입무나 화모귀공을 시행한 것이나 밀린 세금을 철저하게 조사하는 것은 모두 신금(紳衿 : 신사계급이나 지주를 가리킴) 지주의 경제이익과 정치적 지위에 저촉되는 행위였다. 하지만 공정한 부역을 시행하고 농민들의 부담을 줄임으로써 농민과 국가 간의 갈등을 완화시킬 수 있었다.

이러한 정책의 시행은 청나라 정부와 지주계급 중 일부분의 관계에 매우 불리하게 작용했다. 하지만 옹정제가 겨냥한 것은 횡포를 일삼는 지주들이었다. 그는 이들의 부당한 특권을 모두 빼앗고 경제적 부담을 지웠다. 이를 통해 지주계급이 경제적으로 자신의 정권을 지지할 수 있도록 한 것이다. 다시 말해 청나라 조정은 강한 정권으로서 지주계급의 전체적이고 장기적인 이익을 대표하고 있었다.

지주에게서 거둬들이는 국부國賦는 실제로 지세를 재분배한 것으로, 그 속을 들여다보면 역시 농민에 대한 착취였다. 청나라 조정은 지주계급의 정권이었다. 국가는 지배계급과 피지배계급을 중재하는 기구가 아니라 바로 통치계급의 이익 대표자다. 하지만 계급 간의 갈등에서 국가는 조정의 역할을 할 수 있다. 옹정제의 정책이 바로 그랬다.

옹정제의 경제정책은 관리들의 공무수행 풍토를 어느 정도 개선시켰다. 옹정제는 부유한 지방유지들을 통제하고 그들이 관부와 결탁해 정권을 가지지 못하도록 하는 것이야말로 공무풍토를 개선하는 데 가장 효과적이라고 생각했다. 이 밖에도 지세를 조사하고 화모귀공이나 양렴은 같은 제도를 시행하는 것은 부정관리들을 처리하는 데 도움이 될 것이라 여겼다. 때문에 옹정 연간 관리들의 부정부패 행위가 강희제 말년에 비해 현저히 줄게 된 것이다.

건륭 6년(1741년), 청고종은 이렇게 말했다.

"지금도 관리들은 궁핍한 생활을 하고 있으며 만주족은 더욱더 심각하다. 선황제 시절 국고를 바닥냈던 관리들은 집과 가재도구를 팔아 그 손실분을 메워야 했는데, 심지어는 살 집도 없을 정도였다. 자신이 돈이 없으면 그 친척이나 형제가 대신 돈을 갚아야 했다."

이처럼 옹정제 시절에 호되게 두드려 맞았던 부패관리들은 건륭제 시절에도 한숨을 돌릴 수는 없었다.

옹정제의 경제정책으로 당시 청나라 정부의 재정은 상당히 회복될 수 있었다. 옹정제의 각종 재정정책은 농민의 부담을 가중시키지 않는다는 조건을 바탕으로 이루어졌다.

강희제가 세상을 떠나던 해(1722년), 국고에는 겨우 은 800만 냥이 남아 있었다. 하지만 이듬해, 즉 옹정제가 황제로 즉위한 첫해에 재정상태는 회복의 기미를 보였고, 국고는 1,700만 냥으로 늘어났다. 그러던 것이 옹정 5년(1727년), 국고는 5,000만 냥을 훌쩍 넘어서게 되어 이를 바탕으로 서북전쟁을 일으킬 수 있었다. 전쟁으로 인해 옹정 말년, 국고는 3,000만 냥 정도로 줄었는데, 일부에서는 건륭 초년에 국고가 2,400만 정도였다고 말하기도 한다.

청나라 초기, 생산력과 상품경제가 발달하자 수공업 및 상업과 농업의 관계, 내부 식량작물과 경제작물 생산의 관계를 정확하게 처리해야 할 필요성이 늘어났다. 이 두 가지 문제에서 옹정제는 역대 왕조들의

'중농억말(重農抑末 : 중농억상)' 정책을 고수했다. 즉, 경제발전의 요구를 무시하고 수공업과 상업의 발전을 막았다는 얘긴데, 이는 자본주의의 싹이 움트고 사회가 발전하는 데 지극히 불리한 정책이었다.

옹정제의 결정은 그가 사회의 새로운 문제들을 이해하고 해결할 수 없었다는 사실과 그 역시 지주계급의 오래된 관념에 사로잡혀 있었다는 것을 설명해주고 있다. 다른 문제에서 그가 보여주었던 혁신적인 모습과 비교해볼 때, 그의 사상 속에도 역시 불필요한 구시대적 유물이 자리하고 있었다는 것을 알 수 있다.

옹정제는 채광採鑛문제에서도 기본적으로 보수적인 입장을 취했다. 비록 여러 분야에서 신하들의 의견을 수렴했지만, 여전히 채광이 이익보다는 '문제'가 많은 것이라 생각했다. 새로운 생산 부문의 발전이 중농억말 정책과 갈등을 일으키고 봉건질서를 파괴할 것을 두려워한 그는 완고하게 채광정책을 반대했다.

하지만 옹정제는 구리를 채굴하는 것만은 허용했다. 옹정 6년(1728년), 광서순무는 계림부에 있는 노강 등의 광산이 동광이라는 것을 알려왔다. 그러자 옹정제는 그곳에서 상인을 모으고 개발을 시작할 수 있도록 허락했다. 운남 역시 옹정제의 비준을 얻어 구리를 생산함으로써 비약적인 발전을 이룰 수 있었다. 옹정 초년, 운남에서 생산되는 구리는 매년 80~90만 근에서 100만 근 정도였다. 그러던 것이 옹정 4년(1726년)이 되자 215만 근으로 늘었고, 옹정 5년(1727년)에는 2배가 조금 못되는 400만 근까지 증가했다.

운남의 구리 생산 사업은 빠른 발전을 이루었지만 다른 광산업은 개발을 금지당했다. 그리고 이는 모순을 낳을 수밖에 없었다. 그렇다면 옹정제는 왜 구리의 채굴만은 허용했던 것일까?

그것은 구리를 이용한 화폐주조가 시급했기 때문이다. 운남의 구리 채굴을 허용했던 그의 마음은 분명 복잡했을 것이다. 화폐의 원료를 얻을 수 있다는 기쁨과 그로 인해 사회질서가 혼란스러워지지는 않을까 하는 걱정으로 말이다.

그의 사상과 정책 역시 충분히 모순적이었다. 옹정제의 경제정책은 농업의 발전을 저해하는 근본적인 문제, 즉 봉건지주 제도를 절대 건드리지 않았다. 그것은 그 시대의 어떤 사람도 해결할 수 없는 문제였다. 옹정제가 농업 생산율을 높이기 위해 취했던 정책은 일부 지역과 일부 농민에게만 국한되어 있었다. 때문에 그것은 농업발전을 위한 효과적인 정책이라고 볼 수 없다.

옹정제는 돈을 받고 황무지 개간이나 수리 사업권을 상인들에게 팔았다. 옹정 5년에 직예에 영전營田을 만든 것이나, 6년의 운귀의 황무지 개간사업, 8년의 광서 개간사업, 11년의 방파제 축조사업 등이 바로 그것이다. 청나라의 주요 수입은 대부분 지조地租에서 나왔다. 하지만 옹정제는 돈을 들여 농업을 장려하는 것을 못내 아까워했다. 옹정제는 연납(捐納 : 부호들에게 돈을 바치게 하여 그에 따라 관직을 내리는 제도)을 이용해 국고를 늘렸다.

옹정 8년 11월 15일에서 9년 12월에 이르는 1년 동안 광서에서는 공개적으로 연납제를 시행했는데, 그 금액이 은 25만 9,000냥에 달했다. 옹정제는 이러한 정책은 모두 돈 때문이 아니라, 이들에게 관직을 줌으로써 과거 출신자들이 결성한 붕당을 뿌리 뽑기 위해 행하는 것이라고 역설했다. 하지만 그 주요 목적이 아무래도 수입을 늘리는 데 있음을 부인할 수는 없다. 연납제도는 옹정제 경제정책의 부정적인 모습을 보여주고 있다.

새로운 인재를 양성하라

예로부터 인재를 얻으면 천하를 거머쥘 수 있었다. 그렇기 때문에 모든 제왕들은 우수한 인재를 자기편으로 만들고 싶어 했다. 하지만 사람은 날 때부터 우수한 것이 아니라 교육을 통해 재능을 갖게 되는 경우가 많다. 때문에 세상 사람들이 '천리마(千里馬 : 천 리를 달리는 말)'를 갖고 싶어 안달일 때 식견이 있는 사람은 '백리구(百里駒 : 백 리를 달리는 망아지)'에게 눈을 돌리는 것이다.

세상에 태어날 때부터 천 리를 달리는 말은 없다. 이들은 전부 백 리를 달리는 망아지가 자란 것이다. 백리구는 천리마의 어린 시절이자, 천 리를 달리기 위한 경험과 노력을 거치는 과도기적 모습이다.

사람 역시 마찬가지다. 제왕들에게 대단한 재능을 인정받은 대신들도 처음에는 이름 없는 병졸로 시작했다. 그들은 실천과 노력을 통해 보통 사람보다 훨씬 깊은 지식과 풍부한 경험을 쌓았으며, 마침내 남보다 뛰어난 인물로 거듭나게 된 것이다.

옹정제 재위 시절, '모범순무'로 평가되었던 악이태나 전문경, 이위 등은 모두 옹정제에게 있어 '천리마'들이었다. 하지만 그들 역시 '백리구', 즉 지방관리로 시작해 점차 높은 지위에 오를 수 있었다.

이위의 자는 우개(又玠)로, 그는 강희 25년(1686년)에 강소 동산(銅山 : 지금의 서주(徐州) 시)에서 태어났다. 강희 56년(1717년), 연납제를 통해 병부원외랑의 자리에 오른 그는 2년 후 호부낭중으로 승진했다. 당시 호부를 관리했던 친왕이 마음대로 세금을 징수하는 데 불만을 품은 그는 돈 궤짝에 '모 왕의 잉여'라고 써서 관청 앞에 두었다. 이 일로 잔뜩 난처해진 친왕은 다시는 함부로 세금을 징수하지 못했다. 그런 이위를 눈여겨 보게 된 옹정제는 즉위하자마자 운남염역도鹽驛道를 제수했다.

옹정 2년, 또다시 포정사로 승진한 그는 이듬해 절강순무로 발탁되었다. 옹정 4년, 양절兩浙 지역의 염정을 겸하게 된 그는 옹정 5년에 절강총독에 올라 순무의 일을 총괄했으며, 1년 후 강소의 절도 및 도난사건 처리를 담당했다. 옹정 7년, 병부상서와 태자태부의 직함을 더하게 된 그는 옹정 10년, 중앙으로 불려가 형부상서와 직예총독의 자리에 올랐다.

이위가 절강을 떠난 뒤에도 그곳의 일에 계속 간섭하자, 그의 후임인 정원장이 밀절을 올려 그를 탄핵했다. 하지만 옹정제는 오히려 정원장을 나무라며 말했다.

"이위의 성격이 거칠고 방자한 것은 모든 사람이 아는 사실인데 왜 마음에 두는가? 짐은 그의 청렴함과 용맹한 추진력을 높이 산 것이다. 일부 성격적인 단점을 제외하면 그는 괜찮은 인물이다."

이는 이위에 대한 옹정제의 생각을 그대로 보여주는 말이다. 여기서 옹정제는 이위에 대해 두 가지를 이야기했다. 첫째는 그가 추진력이 뛰어나 큰일을 맡기에 유리하다는 칭찬이고, 둘째는 성격이 거칠고 방자해 작은 것에 부주의하다는 점을 비판한 것이다. 이렇듯 인재의 장점을 볼 줄 알았던 옹정제는 교육을 통해 단점 역시 고칠 수 있기를 바랐다.

운남포정사로 부임한 지 얼마 지나지 않아 황제에게서 치수사업에 대한 의견을 제출하라는 명령을 받은 이위는 '황하의 수리를 잘 아는 사람'에게 이 일을 담당하도록 할 것을 제안했다. 그것은 사실 제소록을 이 일의 담당자로 임명한 데 이의를 제기한 것이다. 그는 또 자신의 상급자인 호부시랑 장백행이 청렴하지만 사소한 문제에 너무 집착해 큰일을 할 그릇이 못 된다고 비난하기도 했다. 또 호부상서 조신교는 비록 재정에 대해서는 해박하지만 호남순무 시절에 업무를 제대로 수행하지 못해 많은 문제를 일으켰다는 내용의 상주문을 올리기도 했다. 이처럼 이위는 자신보다 지위가 높은 관리에 대해서도 비난을 서슴지 않았다. 그것은 이위가 다른 사람들의 비난을 감수하고서라도 오로지 옹정제에 대한 충심으로 인재들에 대해 솔직히 평가했다는 것으로 풀이된다.

당시 강소와 절강 태호의 주변은 도둑들이 자주 출몰하는 지역이었다. 또 두 지역 모두 제방사업을 벌이고 있었기에 관리들은 업무적으로 부딪칠 일이 많았다. 이때 양강총독 범시역은 이위의 강하고 다소 오만한 성격에 불만을 품게 되었다. 옹정 6년(1728년), 강남에 도둑 떼가 자주 출몰하자 옹정제는 강소순무 진시하의 유약함과 범시역의 무능함을 비난하며 모든 사건의 지휘권을 이위에게로 넘겼다.

또 호부시랑 왕기가 체납된 세금을 조사하기 위해 강남으로 오자 옹정제는 이위에게 이 일에 관여하도록 명령했다. 분명 이위의 직권범위를 벗어난 일이었음에도 말이다. 그것은 범시역이 이위에게 불만을 품기에 충분한 구실이었다. 이 사실을 잘 알았던 이위는 명령을 받은 초기에 이러한 염려를 황제에게 그대로 전했다. 하지만 옹정제는 개의치 말고 자신의 의지대로 밀고 나갈 것을 독려했다.

옹정 11년(1733년), 호부상서 겸 보군통령이자 악이태의 아우인 악이기의 범법행위가 적발되었다. 그러자 당시 직예총독이었던 이위는 악이태의 높은 지위에도 아랑곳하지 않고 밀절을 통해 악이기의 죄상을 낱낱이 고해 바쳤다. 이위의 밀절을 본 옹정제는 매우 기뻐하며 "짐의 뜻을 완전히 이해하지 않고는 이런 글을 쓸 수 없다."며 그를 칭찬했다.

만약 옹정제의 용인원칙을 몰랐다면 이위는 그러한 내용의 글을 올릴 수 없었을 것이다. 이어서 옹정제는 '차라리 공개적으로 그를 탄핵해 관리들에게 경계로 삼도록 할 것'을 명령했다. 악이기에 대한 비판이 궁중에서 나오는 것은 좋지 않으며 탄핵 내용에서도 그 글의 작성자가 이위라는 것쯤은 누구나 알 수 있었기 때문이다.

그러자 이위는 정식으로 이에 대한 상소문을 올렸고, 옹정제는 윤례를 시켜 이 일을 조사하도록 했다. 결국 악이기는 이 일로 파직을 당하고 말았다. 이위는 관직에 오른 후 사사로운 정에 이끌리지 않고 과감하고 소신 있게 정사를 처리했다. 바로 이런 점 때문에 옹정제의 총애를 받았던 그는, 보호와 격려 속에서 초심을 잃지 않는 충성스런 신하가 될 수 있었다.

옹정제는 이위에 대한 교육에도 많은 신경을 썼는데, 이는《주필유지》중 '이위주절李衛奏折'에서도 잘 나타난다. 이위가 운남 염역도에 부임해 처음으로 올린 상주문에, 옹정제는 그의 충심과 근면함을 칭찬하면서도 다만 '상사에게 겸손하고 다른 사람을 위압적인 태도로 대하지 말 것'을 충고했다.

사실 오만한 성격의 이위는 늘 상사에게 무례하게 굴기 일쑤였다. 어떤 사람은 이위가 총독 고기탁과 순무 양명시의 이름을 함부로 부르고 자신의 명패에 '황제용'이라고 쓰며 가끔 뇌물을 받기도 한다는 비밀 상주문을 올리기도 했다. 그러자 옹정제는 이위에게 주의를 당부하는 주필을 썼다.

"늘 겸손하고 공경으로 사람을 대하며 말이나 골동품을 받는 것도 삼가도록 하라. 명패에 '황제용'이라 쓰는 것은 절대 용납할 수 없다. 소인배들이 그대의 행동을 예의주시하고 있다는 것을 명심하고 또 명심하라."

이위가 강직함과 오만함을 구별하지 못하는 것을 걱정한 옹정제는 다음과 같은 주필을 쓰기도 했다.

"오만하고 강한 천성은 각고의 노력 없이는 쉽게 고칠 수 없다. 하지만 이를 고치지 않으면 분명 큰 화를 당하게 된다. 그때는 후회를 해도 이미 늦어버린 후다!"

옹정제는 재위 후기에도 이위에 대한 충고를 아끼지 않았다. 옹정 12년 4월 28일, 이위의 상주문에 다음과 같은 주필을 남겼다.

"누군가가 그대를 두고 '성격이 오만하며 걸핏하면 거친 말을 입에 담는다' 고 비난했다. 그러니 언제나 말과 행동을 조심하고 생각을 깊이 하도록 하라."

청대의 학자 원매는 윤계선이 악이태, 전문경, 이위를 '모범독무' 로 꼽았다는 이야기를 기록하기도 했는데, 대략의 이야기는 다음과 같다.

> 어느 날 윤계선을 접견한 옹정제는 그에게 독무들 중 가장 모범이 되는 사람이 누구인지를 물었다. 잠시 생각에 잠긴 윤계선이 입을 열었다.
> "신은 이위의 용맹함을 배우고 싶지만, 그 거친 면은 배워서는 안 된다고 생각합니다. 전문경의 근면함을 배우고 싶지만, 그 지나친 엄격함은 피해야 합니다. 악이태는 배울 점이 실로 많지만, 그 고집스러움은 배우고 싶지 않습니다."

원매는 옹정제 시기의 인물에 관한 전기를 썼던 사람이다. 그의 논점이 얼마나 정확한지를 배제해두더라도, 이위에 대한 그의 평가는 비교적 정확했다. 이위는 용맹하고 과감했지만 성격이 오만하고 거칠었다. 하지만 옹정제는 결코 결점 때문에 인재를 버리지 않았다. 악이태에게 했던 말처럼 옹정제는 결점이 있는 인재를 '아끼고 가르치는 데' 더 많은 노력을 기울였다.

　오늘날 사회에서 '백리구'는 성공으로 가는 기본역량임에 틀림없다. 사회가 발전하기 위해서는 인류 공동의 노력이 필요하고 사업이 성공하기 위해서는 직원들의 단결과 분투가 필요하다. 그중에서 주도적인 역할을 하는 것은 '천리마'겠지만 대부분의 일은 '백리마'들이 하게 되어 있다. '아름다운 꽃도 푸른 잎사귀가 있어야 더욱 빛난다'는 말이 있듯, 아무리 뛰어난 인재도 대중들의 지지와 노력 없이는 그 무엇도 이룰 수 없다.

제 8 장

인정사정없는 비정함

―가장 약한 곳을 매섭게 공격하라

강력한 신하의 권위를 빼앗고 권력을 없애라
인정사정없이 공격하라
나를 거역하는 자, 망하리라
걸림돌을 손수 제거하며
반란을 꿈꾸는 자, 절대 용서하지 않을지니
역적들을 하루아침에 몰아내고
정보경쟁으로 승리를 취하라
가장 아픈 곳을 더 아프게 때려라

늑대들의 싸움은 처참하다. 늑대가 다른 늑대와 함께 춤을 춘다는 것은 어쩌면 가장 비극적인 결말을 가지고 올지도 모른다. 하지만 늑대는 절대 움츠러드는 법이 없다. 서로가 서로를 잘 알고 있기 때문에 늑대들은 상대방의 약점을 정확하게 포착하여 가장 악랄한 방법을 쓴다. 이 피비린내 나는 싸움에서 끝까지 살아남는 늑대는 가장 흉악하고 맹렬한 놈임에 틀림없다.

옹정제는 궁정의 패권다툼에서 최후의 승리자였다. 이는 옹정제의 능력과 의지가 다른 사람들보다 뛰어났다는 것을 잘 설명해주고 있다. 피비린내 나는 정치투쟁의 시련을 겪은 옹정제는 더 큰 자신감과 완벽함을 갖추게 되었다. 자신감 있게 모든 장애물을 뛰어넘으며 자신을 따르는 자는 함께 부흥하고, 배반하는 자는 망할 것이라는 권력자 특유의 오만함으로 그는 더욱 원대한 목표를 향해 나아갔다.

강력한 신하의 권위를 빼앗고 권력을 없애라

자고로 강력한 군주, 약한 신하는 통치체급의 가장 훌륭한 형태라고 했다. 역대 군주들이 최고 무관을 다스리는 책략은 바로 적당한 권력을 주는 동시에 그 위엄과 명성이 커져 군주의 자리를 뒤흔드는 것을 예방하는 것이었다. 따라서 전쟁이 끝날 무렵에는 반드시 권위를 빼앗고 권력을 없애야 했다.

"높이 나는 새는 화살에 맞아 죽고, 좋은 활은 바로 자취를 감춘다."
이것은 《제감》에 나오는 말이다.
"적대관계에 있던 나라가 망하면 중신도 버려라."
중신을 버리라는 말은 그들을 죽이라는 말이 아니라, 그 지위를 박탈하고 권력을 없애버리라는 뜻이다. 조정에서 중신에게 관직을 봉하고, 대신 중 최고의 자리를 주는 것은 그의 공로를 인정해주기 위함이다. 좋은 봉국을 하사함으로써 집안을 잘 살게 해주고, 미인과 골동품을 상으로 줌으로써 마음을 기쁘게 해주는 것처럼 말이다.

군주는 힘들고 어려울 때는 장군들과 같이하지만, 그들과 천하를 함께 다스려서는 안 된다. 그저 훌륭한 업적에 대한 대가로 높은 지위로 명예를 높여주고 비옥한 토지를 내려 부유함을 더해주며, 미인과 골동품을 하사해 즐겁게 해주면 그만이다. 하지만 장군이나 공신을 죽여서는 안 된다.

똑똑한 황제 옹정제는 이 모두를 잘 알고 있었다. 그리고 그는 황위 계승 다툼에서 자신을 도왔던 연갱요와 융사이의 문제를 처리하는 데 바로 토사구팽의 전략을 썼다.

강희제 시절, 황자들 간의 황위 계승권 다툼이 매우 치열했다는 것을 우리는 잘 알고 있다. 바로 여기에서 유조를 조작했다는 설이 오랫동안 제기되는 점을 보면 이 이야기가 완전히 날조된 것은 아닌 듯싶다. 후계자가 되기 위해 분명히 갖가지 수단과 방법이 동원되었고, 옹정제가 최후의 승리를 거머쥐도록 옆에서 도왔던 두 사람은 바로 2명의 외척인 손위 처남 연갱요와 외삼촌 융사이다.

당시 연갱요는 천섬총독이었다. 황권 경쟁자 중 한 사람이던 윤제는 무원장군으로 감숙에서 병사를 이끌고 있는 데다 막강한 군사를 장악하고 있어 옹정제를 위협하기에 충분했다. 하지만 연갱요는 때마침 윤제가 감숙에서 북경으로 들어오는 것을 막을 수 있었다. 매우 중요한 시기에 연갱요가 이 일을 해낸 것이다.

옹정제의 외삼촌 융사이는 당시 구문제독으로, 황제보위와 북경의 치안을 맡고 있었다. 융사이가 직접 옹정제를 비호하고 있어 북경 내의 모든 황자들은 유조 선포 후 옹정제의 안전을 위협할 수가 없었다. 게다가 유조를 선독한 사람이 융사이였기에 이 중간에 어떠한 비밀이 있었는지 알 수 있는 사람은 더더욱 없었다. 옹정제는 이러한 외척들의 든든한 도움으로 황제 자리에 올랐다. 자연히 연갱요, 융사이에 대한 신뢰는 더할 나위 없이 깊을 수밖에 없었다.

하지만 그 후 상황은 변했다. 옹정제의 권력은 공고해졌고 사람들에게는 강희제 사후의 정권교체를 되돌아볼 여유와 시간이 생겼다. 만약 옹정제의 제위 획득이 정말로 제삼자의 손을 빌린 것이라면, 연갱요와 융사이는 음모 가담자이자 내막을 알고 있는 자들이었다. 그리고 이 은밀한 비밀을 지키기 위해서는 그들을 제거하는 것이 불가피했다. 결국 연갱요는 무원대장군에서 항주장군으로 좌천되었다. 얼마 후 그 지위마저 박탈당하자, 그는 스스로 목숨을 끊고 말았다. 한편 융사이 역시 41개의 죄명을 뒤집어쓰고 감옥에서 최후를 맞아야만 했다.

이 사건은 우리에게 많은 것을 생각하게 해준다. 연갱요와 융사이는 자의에 의해 옹정제의 권력획득을 도왔다. 하지만 그 두 사람은 어쩔 수 없는 상황에서 희생양이 되었을지도 모른다. 정권이 안정되었을 때는 정치적인 업적보다 황제의 덕이 훨씬 더 중요하기 때문이다. 사람들의 뇌리에서 과거의 잘못을 지우기 위해서 옹정제는 그 당시의 동맹자이자 진심으로 자신을 도왔던 두 사람을 버릴 수밖에 없었다.

역사는 언제나 반복된다. '토사구팽'은 역대 공신들의 비극적인 운명을 반영하고 있을 뿐만 아니라, 최고 권력자의 전형적인 성격의 특징을 나타내고 있다. "고난은 함께 겪어도 기쁨은 함께 나눌 수 없다."라는 말처럼 말이다.

권력을 가지기 전의 지도자는 주변 사람들에게 예의를 갖추어 대하며 학식이 있는 자에게 의견을 구하기도 해, 마치 도량이 넓은 것처럼 행동한다. 심지어 그들과 평생 동고동락하며 부귀영화를 함께하겠노라고 맹세하기도 한다. 그러나 권력을 거머쥐는 순간, 그들은 충실한 지지자들을 외면하고 약속을 저버린다. 형제를 원수로, 친구를 적으로 간주하며 기필코 그들을 없애고 마는 것이다. 이보다 더 극단적인 경우에는 공신을 죽이는 것도 모자라 그 가족까지 몰살하기 위해 반역, 적과의 내통 등 갖가지 죄명을 뒤집어씌우기도 한다.

인정사정없이 공격하라

옹정제는 제위에 오른 후 줄곧 살얼음 위를 걷는 듯한 처지에 놓여 있었다. 그가 선택한 철혈수단은 황제 자리를 위협하는 사람이라면 신분을 가리지 않고 무릎을 끓게 만드는 것이었다. 이를 위해 옹정제는 윤제 일당을 와해시키고자 온갖 궁리를 짜내고 있었다. 황위를 빼앗고자 하는 윤아, 윤제의 세력을 타파하고 응사이와 같은 조직을 만들어 권력의 찬탈을 꾀하는 문무대신을 엄벌에 처했다. 연루된 사람은 부지기수였으며, 그 잔인한 수단과 방법은 청대의 철혈황제라고 일컬을 만했다.

어떤 사람은 옹정제를 잔혹하고 무정한 황제라고 부르지만 사실상 꼭 그렇지만도 않다. 역사자료를 살펴보면, 자신의 정치적인 라이벌에게 행한 잔혹한 방법이나 수단들이 결코 개인적인 원한에서 나온 것이라고 볼 수 없기 때문이다. 옹정제 역시 원하지 않았지만 잔혹한 정치투쟁이 자신을 그렇게 만든 것이라고 훗날 고백했다.

짐이 즉위한 당시, 모든 형제들을 양심전으로 불러 진심 어린 마음으로 울면서 설득했다.

"부황께서는 황자들 중에서도 짐에게 대업을 물려주셨습니다. 역대 계승자들처럼 서열대로 하지 못했습니다만, 우^禹, 탕^湯에서 걸^桀, 주^紂로 계승되었듯이, 후대의 악행 때문에 우, 탕의 공덕이 묻히지 않을 것입니다. 짐과 부황 사이의 옳고 그름, 좋은 점, 나쁜 점은 매우 밀접한 관계가 있습니다. 짐이 옳으면 부황의 선택도 옳음을 의미하고, 짐이 옳지 않으면 부황의 선택도 잘못된 것임을 의미합니다. 부황의 60여 년간의 성덕은 천고의 업적을 뛰어넘는 것입니다. 짐은 결코 눈앞의 안일함만을 보며 대충 살아갈 수 없으며, 자포자기할 수도 없습니다. 왜냐하면 후대 사람들이 잘못된 황위 계승이라고 떠들며 60여 년간의 공덕을 마멸시킬 수도 있기 때문입니다. 짐의 이러한 고심을 하늘과 부황은 모두 알고 계실 것입니다. 짐의 형제라면 오랫동안 선친의 높고 깊은 은혜를 입었을 터이니, 그 마음을 헤아리는 것이 마땅합니다. 그리고 하늘에는 2개의 태양이 있을 수 없으며, 백성은 두 군주를 모실 수 없다는 말도 압니다. 각자 노력하여 짐을 도와주십시오. 짐의 능력이 미치지 못하는 곳은 도움을 주시고, 실수에 대해서는 그렇게 하지 않도록 제지해주십시오. 과오에 대해서는 양해를 해주시고, 한마음 한뜻으로 짐이 계승자임을 인정해주시고, 부황의 황위 계승이 옳았음을 받아들여주십시오. 그렇게 하는 것이 여기에 오신 형제들이 부황의 깊으신 은혜에 보답하는 것입니다."

옹정제는 또 이렇게 말했다.

짐의 이러한 간곡한 설득에 아치나와 싸이스헤이는 완전히 모른 체하고 모반할 생각을 여전히 굽히지 않았다. 덕으로 그들을 감화시킬 수 없었고, 바른 도리로 일깨울 수 없었으며, 형제의 정으로 마음을 움직일 수 없었고, 은총으로 그들을 결속시킬 수 없었다.

예컨대, 아치나는 자신이 친왕으로 책봉되었을 때 오히려 사람들에게 원망과 분노의 말들을 쏟았고, 또 조정의 대신들에게 "황상께서 오늘은 은혜를 베푸시지만 훗날 살육을 행할지 누가 알겠습니까! 그가 지금 행하는 은혜는 믿을 수가 없습니다.", "사람들이 많은 장소에서 저를 욕하시니, 나머지는 생각하지 않아도 훤히 알 수 있습니다."라고 했다.

또한 짐이 즉위했을 때 싸이스헤이는 주변 사람들에게 이렇게 말했다. "예기치 못한 일이 결국은 이러한 결과를 가져오니, 내가 살아 있음은 죽은 것보다 못하구나."

이것은 싸이스헤이의 수하에 있던 태감 왕응융이 직접한 말이다. 그에게 서녕에 거주하라고 했을 때, 돈으로 사람을 매수한 이유는 영사, 사의 등이 싸이스헤이에게 서신을 몰래 넣어 반역을 부추기도록 하기 위함이었다.

형제들의 이 같은 만행은 옹정제가 더욱더 가혹한 방법으로 그들을 다루도록 결심하게 된 계기가 되었다. 이 일을 처리함에 있어 더욱 과감했던 이유에 대해 옹정제는 이렇게 고백했다.

황태자가 확정되기 전에 짐의 형제 예닐곱 명은 각자 다른 마음을 가지고 있었으며, 서로에게 해를 입히고 자기 사람을 심어놓았다. 이 모두가 황위를 얻기 위해 도모한 것이었다.

그러나 간사하고 못된 이들은 튼튼한 세력을 만들기 위해 이때를 틈타 당을 만들어 조정의 신하와 관리들을 부르고, 조정의 밖과 안을 결합했다. 이는 국가에 대재난을 불러들일 게 뻔한 일이었다. 짐이 이것을 알고도 벌하지 않고 내버려둔다면 흉악한 그들은 밥 먹듯이 배반을 일삼을 것이고, 그 폐해를 다음 자손에게까지 물려주게 될 것이며, 그 심각함은 이루 말로 다 하지 못하게 될 것이다.

하물며 옛 선인들은 "나를 돕는 자는 잘 대해주고, 나를 괴롭히는 자는 미워한다."라고 했다. 군^君 · 민^民 · 상^上 · 하^下에는 구별이 있다. 군주는 은혜를 베풀고 신하와 백성은 보답을 해야 마땅하다. 그런데 신하의 신분으로 반란을 꾀하는 게 가당키나 한가? 황실의 핏줄이라 하여 마음대로 나쁜 일을 해도 되고 국가의 대사를 돌보지 않아도 된단 말인가?

신하들은 "나를 돕는 자는 잘 대해주고 나를 괴롭히는 자는 미워한다."라고 말할 수 있다. 그렇다면 황제 역시 "짐을 따르는 자는 신하이며, 짐을 배신하는 자는 적이니라."라고 말할 수 있다. 이것은 바른 도리며 천고의 이치다.

맹자 또한 이렇게 말하지 않았던가!

"가장 중요한 것은 백성이며, 그다음이 나라이고, 황제가 마지막이다."

이렇게 볼 때 황제와 나라를 비교하면 황제가 나라보다 덜 중요하다. 그렇다면 형제, 친척은 두말할 필요도 없다. 가족의 화목을 위해서 국가의 대사를 돌보지 않는 것은 주객이 전도된 일이 아니겠는가!

청대와 명대의 일만 보아도 그렇다. 짐의 조부였던 청태종은 강직하고 결단력이 대단한 분이셔서 사적인 감정으로 문제해결을 하지 않으셨기 때문에 천하의 대업을 이룩하여 자손들에게 행복을 물려주셨다. 그러나 명대의 건문(建文 : 주원장의 손자)은 우유부단하고 대의를 모르며 위급

사태에 대응하는 법도 몰랐다. 가족을 살리기 위해 영락지화를 만들어 자신도 망치고 나라를 위태롭게 하여 선조 앞에 얼굴을 들 수 없는 죄인이 되고 말았던 것이다.

영락은 운 좋게 성공하여 권력이 다른 사람의 손아귀에 넘어가지는 않았지만 신하와 백성들에게 무슨 명목이 남겠는가? 후세 사람들이 어찌 그를 비웃지 않을 수가 있겠는가?

천하를 어지럽히고 백성의 목숨을 앗아가며 국가에 위기를 가져오고 신하와 백성을 불행하게 만드는 것처럼 나쁜 건 없다. 명대의 신호의 난^{辰濠}
^{之亂} 역시 원칙 없는 타협으로 인해 발생한 것으로 후세 사람들이 기억해야 할 교훈이 되었다.

말을 마친 옹정제는 다음과 같이 덧붙였다.

안타깝게도 이런 일은 벌어지고 말았다. 당시 짐으로서는 즉시 결단을 내려야 했고, '사소한 일을 참지 못하여 큰일을 벌일' 생각을 가져서는 안 되었으며, 짐의 명성이 어떻게 될까 걱정하다가 재앙을 후세에 물려줄 수 없었다.

이 말은 옹정제가 왜 형제들에게 그토록 비정할 수밖에 없었는지에 대한 변호이자 해명이었다. 이것은 당시의 행동이 심사숙고에 따른 결정이었으며, 그 과정이 한 나라의 제왕이 강경통치자로 변모하기 위해서 반드시 거쳐야 하는 것임을 잘 설명해주고 있다.

걸림돌은 손수 제거하라

사람들마다 앞으로 나아가는 과정에는 이런저런 장애물이 있기 마련이다. 그 장애물을 넘지 못하면 앞으로 나아갈 수 없다. 장애물은 사람의 결심과 끈기를 테스트하는 가장 중요하고 유용한 도구다. 200여 년 전 옹친왕 윤진은 황제의 자리에 오를 무렵에 거대한 장애물과 맞닥뜨렸다. 그러나 그는 겸허하게 도전을 받아들였으며 앞에 놓여 있는 걸림돌을 손수 제거했다.

강희제의 죽음과 옹정제의 즉위에 관한 논란은 아직도 계속되고 있다. 하지만 그 논란은 황위 계승과 찬탈, 두 가지 의견으로 좁혀진다.

관서 《청성조실록淸聖祖實錄》과 《청세조실록淸世祖實錄》의 기록에 따르면, 옹정제는 성조 강희제의 유조에 따라 황위를 계승한 것으로 나와 있다.

"강희 61년(1722년) 11월 13일, '짐의 병이 점점 악화되고 있다. 사람을 시켜 윤진을 속히 오라'고 명했다. 이에 모든 황자들과 부군통령이자 이번원 상서였던 옹사이가 황제의 침상 앞에 당도했다. 말하기를 '넷째 황자 윤진의 인품이 뛰어나고 짐과 많은 면이 비슷하니 대업을 이을 수 있을 것이다. 짐을 이어 황제의 자리에 오르도록 하라.'"

이외에도 조선의 《이조경종실록李朝景宗實錄》에 따르면 강희제가 세상을 뜬 지 한 달이 지난 12월 17일, 조선관원 김연이 역관의 말을 들었다는 내용이 있다.

"강희제의 병이 위독했을 때 원로대신 마제를 불러들여 이르기를, '넷째 옹친왕 윤진이 가장 현명하니, 짐이 죽은 후 황위를 계승하도록 하라. 윤진의 넷째 아들(홍력을 말함. 후의 건륭제)이 영웅의 기질을 타고났으니 반드시 태자로 책봉하라.'고 했다."

관서 기록에는 유조에 따른 황위 계승 외에 황위 찬탈설도 있다. 《대의각미록》3권의 민간소문에 따르면, "성조황제가 원래 열넷째 아들인 윤제에게 천하를 물려주고자 했으나, 옹정제가 '十'을 '于'로 바꾸었다."라고 한다. 또한 "성조황제가 창춘원에 거처하고 계실 때 병이 위독하여 인삼탕을 드셨는데, 어찌 된 영문인지 숨을 거두시고 옹정제가 자리에 올랐다."고도 전한다.

위의 말대로라면 옹정제가 황위를 찬탈하기 위해 유조를 고쳐 썼을 뿐만 아니라, 부황을 살해했다는 의심을 받을 수 있다.

이외에 민간에는 또 이런 말이 전해져 오기도 했다. 강희제는 처음부터 윤제에게 자리를 물려주려고 했으나, 웅사이가 중간에서 조작했다는 설이다. 강희제가 점점 위독해지자, "윤제를 급히 북경으로 돌아오도록 하라."고 명을 내렸으나, 웅사이가 어명을 숨겼다는 것이다. 선제가 눈을 감은 그날에 윤제는 북경에 당도하지 못했고, 웅사이가 어명을 지금의 황제에게 전했다.

계승이든 찬탈이든 결국 황제의 자리를 차지한 것은 옹정제였고, 이때문에 다른 형제들 특히 윤이, 윤제는 하루도 마음 편할 날이 없었다. 옹정제는 형제간의 다툼을 깨끗하게 해결하지 않는 한 자리를 보전할 수 없다는 사실을 잘 알았다. 그러나 이 일의 처리는 많은 시간과 공을 들여야만 했다.

옹정제는 즉위한 이튿날, 정치적 라이벌이었던 윤이를 친왕으로 책봉하고, 윤이와 윤상, 웅사이 및 윤이의 심복 마제를 모두 총리대신으로 임명하여 모든 사무를 처리하도록 했다. 이와 동시에 윤이의 측근인물 일부도 등용시켰다.

옹정제의 이러한 방법은 사람들의 예상에서 크게 벗어난 것이었다. 윤이의 부하들은 서로 축하했지만 윤이만은 이에 의구심을 품었다.

'오늘 황상께서 베푸신 은혜가 내일의 죽음을 의미하는 것은 아닌가?'

당사자였던 윤이는 당연히 다른 사람들보다 깊이 생각할 수밖에 없었다. 그러나 옹정제는 이를 통해 많은 사람들의 입을 막을 수 있었고, 윤이를 잠시나마 자신의 통제권 안에 가둬둘 수 있었다.

친동생 윤제에 대해서는 옹정제도 정말 손을 쓰기가 힘들었다. 윤제는 황위 계승의 유력한 경쟁자였고, 게다가 그의 자리를 빼앗았다는 소문이 나돌면서 사람들의 동정까지 받고 있었다. 윤제는 잠재적인 호소력도 가지고 있었기에 절대 그냥 지나칠 수 없었다. 강희제가 붕어한 후 옹정제는 윤제에게 서둘러 부황의 장례식에 참가할 것을 명했다. 그리고 그가 맡아보던 변방의 군사 일은 연갱요가 맡도록 했다.

황궁에 도착하여 부황의 영당으로 간 윤제는 만감이 교차한 나머지 엎드려 울었다. 옹정제가 부축하려 했으나 윤제는 이를 뿌리쳤을 뿐만 아니라, 새 황제에게 축하의 예도 올리지 않았다. 이에 진노한 옹정제는 그를 꾸짖으며 왕작을 빼앗고 패륵으로 강등시켰다.

한 달이 지나자 옹정제는 모든 황자들과 함께 부황의 시신을 동릉에 안장했다. 일이 끝난 후 윤제에게 부황의 묘소를 지키라고 명했는데, 사실상 윤제를 감금시킨 것이나 마찬가지였다. 윤제의 몇몇 측근도 함께였다.

윤제에게 너무 무정하게 대하는 옹정제의 모습은 그의 어머니인 오아 씨의 마음을 아프게 했다. 그러나 황제에게 간섭할 수 없었고, 동생도 도울 수가 없었던 오아 씨는 마음만 애태우다 병을 얻게 되었다.

옹정 원년(1723년) 5월 22일, 병을 얻은 오아 씨는 다음 날 바로 세상을 떠났다. 가난한 집안 출신이었던 오아 씨는 결국 태후의 자리에 오르지도 못하고 아들들의 싸움을 보며 세상을 등져야만 했다.

오아 씨의 죽음에 대해서도 전해지는 이야기가 있다. 오아 씨가 윤제를 만나고자 했으나 옹정제가 윤허하지 않았고, 이에 화가 치밀어 오른 오아 씨가 쇠기둥에 머리를 박고 죽었다는 것이다. 이 이야기는 사실일 가능성이 꽤 크다. 옹정제는 어머니를 위로하기 위해 바로 윤제를 군왕으로 책봉했으나 여전히 감금된 상태였다. 윤제의 아내 역시 전염병에 걸려 죽고 말았다.

큰 충격을 받은 윤제는 비통한 마음을 금할 수가 없었다. 그는 옹정제에게 '생명이 막바지에 온 것 같으니 이제 자신을 놓아주길 바란다'고 간절히 부탁했다. 이로써 윤제는 목숨을 지킬 수 있었다.

윤제의 지지자였던 아홉째 황자 윤당, 열째 황자 윤아 역시 옹정제의 등극에 불만을 품고 있었다. 옹정제는 윤당에게 서녕으로 떠나라고 명했지만, 사실 연갱요에게 일러 감금시킬 속셈이었다. 또한 구실을 잡아 윤아의 군왕 작위를 박탈하고 북경에 감금시켰다. 폐태자 윤잉, 황장자 윤제에 대해서도 마찬가지로 강제로 감금시켰다.

사실 등극 초기의 옹정제는 그리 잔혹하지 않았다. 그들의 목숨까지 위협하지는 않았던 것이다. 그것은 즉위한 지 얼마 되지도 않아 살인을 일삼으면 통치에 불리할 것이라는 생각에서였다. 그는 형제들을 천천히 핍박하기 시작했다.

이삼 년간의 준비를 거치면서 권력이 제법 탄탄해지자, 옹정제는 이 문제를 깨끗하게 처리하기로 했다. 옹정 4년(1726년) 정월, 옹정제는 윤이의 죄상을 일일이 열거하며 그를 민왕으로 강등시키고, 높은 담장 안에 가두었다. 이 과정에서 그에게 아치나라는 이름을 내렸는데, 그 이름은 만주어로 '개'라는 뜻이었다.

5월, 내외대신 및 군민 등에게 윤이 등의 죄상을 알렸다. 같은 해 8월, 윤이는 보정에서 죽음을 당했는데, 그 사인이 명확하지 않다. 옹정제의 동복형제 윤제만이 목숨을 겨우 유지해 건륭 20년(1755년)까지 살았다.

이렇게 옹정제는 형제들 간의 황위 쟁탈전을 끝까지 마무리했다. 이로써 자신의 위치도 다지고 황권도 강화시키면서 흔들림 없는 권위를 공고히 할 수 있었다. 황위 쟁탈전에서 해방된 이후 옹정제는 더욱 많은 시간을 국가대사에 쏟았다.

반란은 절대 용서하지 마라

철혈황제 옹정제는 백성들과의 투쟁에 있어 진압을 기본방침으로 삼았다. 구체적인 정황을 막론하고 관리에게 저항하는 자는 모두 사당邪黨 난민으로 간주했다. 즉 모든 투쟁을 반란죄로 간주하고 난동을 일으킨 집단의 우두머리를 사형에 처했으며, 절대 가볍게 봐주는 법이 없었다.

옹정제는 관리가 백성을 괴롭히는 것도 사회난동의 주요원인으로 보았다. 그래서 그는 관리의 부정부패 문제를 신중히 처리하고 악덕관리와 무능한 관리에 대해서도 절대 봐주는 법이 없었다. 민중의 반란을 진압하는 동시에 부패한 정부를 개혁하고자 한 것은 앞으로 발생할 가능성이 있는 민중의 난을 미연에 감소하거나 방지하려는 생각에서였다. 결국 최고 통치자의 이익을 대변하는 옹정제의 사명은 그 기득권을 옹호하고 공고하게 다지는 것이었다.

옹정제가 반란을 일으킨 무리들을 다루는 방법은 정말 가혹했다. 민중 기밀 결사단을 뿌리 뽑는 일이 얼마나 어려운 것인가를 잘 알았던 옹정제는, 고심 끝에 그들 내부로 직접 들어가 그 세력을 없앤다는 악랄한 방법을 생각해냈다.

옹정 5년(1727년), 그는 전문경의 상주문에 이렇게 말했다.

"이러한 나쁜 무리들은 모두 교활하고 깊이 숨어 같은 부류의 사람들끼리만 의기투합하며 뚜렷한 행적이 나타나지 않기 때문에 한 번에 다 잡는 것은 어렵다. 그 무리에 들어가지 않는 이상 조직을 염탐하는 것은 사실상 불가능하다. 엄하게 조사할수록 더욱더 깊은 곳으로 숨는 법이다. 지방관리가 특별한 방법을 가지고 있지 않을 뿐만 아니라, 편주현便州縣 유사有司 역시 정확한 것을 알 수가 없는 이유는 아마도 서리 중에 염탐꾼이 있기 때문일 것이다. 따라서 동정을 살피고 방법을 강구하여 구슬려서 반드시 지혜로 이겨야 하느니라."

옹정제의 명을 받은 전문경은 능력 있는 주현관州縣官 중 심복을 뽑아 변장을 하고 이름을 바꾸게 한 후 그들 무리에 잠입시켰다.

옹정제의 비밀스런 수사가 이루어지는 가운데 비밀 결사단과 관련된 비교적 큰 두 사건이 발생했다. 하나는 옹정 5년(1727년)에 발생한 '택주 도적 떼 민중 현혹사건' 이다. 이 사건의 주요인물은 적빈여였다. 취신선이라고도 불렸던 그는 하남 제원현 사람으로, 한때 섬서 합양현의 요도妖道 반봉치가 이끄는 부대에서 부술符術을 전수하여 풍수를 볼 줄 알았고, 의술을 행하면서 실제 신분을 속였다.

장염공은 조직을 만들어 《입천후회경立天後會經》 한 부를 숨겼다. 책의 내용은 모두 천기누설에 관한 것이었는데, 옹정제는 이 책을 '요상하고 사악한 책' 이라고 했다.

양정선은 하남 제원현의 하급무관이었고, 근광은 산서 택주 왕태래 집안의 하인이었다. 부호들의 전횡에 불만이 많았던 그는 대기촌^{大寨村}에 사람들을 모아 무술을 연마시켜 왕태래 집의 재물을 약탈할 준비를 하다가 밀고를 당했다. 택주의 지주 유육암은 민병을 점검한다는 빌미로 지인 2명을 체포했고, 근광은 무리들을 이끌고 가던 도중에 체포된 두 사람을 낚아챘다. 노비 한 사람이 다쳤고 13명을 붙잡았다. 유육암은 지주를 시켜 직접 화해하도록 하여 근광 등 노비를 풀어주었다. 그러나 유육암은 남몰래 그들을 붙잡았다. 산서 지방 쪽에서 하남 지방으로 상황을 알려준 데다 전문경의 적극적인 협조 덕에 적빈여, 근광은 차례로 체포되었고 양정선은 스스로 목숨을 끊었다.

이 사건 발생 후 감찰사 성계를 산서로 파견한 옹정제는 관련자들에게 '최선을 다해 이 사건의 범인들을 체포하라'고 지시했다. 이 사건 중 강희제 말년에 일어난 항정폭동과 관련된 자가 아직 남아 있다는 것은 크게 해로우며, 절대 소홀히 해서는 안 되는 일이라고 말하기도 했다. 결국 옹정제는 적빈여, 근광, 장염공 등 6명을 먼저 죽이고, 양세웅은 가을에 죽였다. 이 사건을 제대로 처리하지 못한 산서순무 덕명은 공적 기록 2개를 삭제당했고, 전문경은 승진했다. 이친왕 윤상과 대학사는 각 지방관리들에게 비밀 결사를 '언제 어디서든지 샅샅이 가려내어 송두리째 제거해야 한다'고 명령을 내렸다.

또 다른 사건은 산동삼원회^{山東三元會} 사건이다. 산동 동평주 사람인 우삼화랍(牛三花拉 : 우삼화자라고도 함, 본명은 우견덕)이 공종교^{空宗教}라고도 불리던 삼원회를 조직하여 겉으로 무역이라는 이름을 내걸고 내주, 청주 등지에서 포교 활동을 벌였다. 선조를 능가할 수 있다고 운운하며 "공가의 고향에 부모가 없으니 현재 여래미륵이 나의 주인이다."라는 경문을 선전하고 다녔다. 그는 사람들에게 화를 없애고 복을 얻을 수 있다고 말하여 많은 신도들을 끌어들였다.

옹정 6년(1728년) 7월, 누군가의 밀고로 고밀현 현령이 먼저 그를 잡았지만 우삼화랍은 도망쳤다. 산동총병 만제서의 보고를 들은 옹정제는 "사교인 것이 분명한 이상 정확하게 무슨 종교이며, 만든 이유가 무엇이고 참여한 사람들이 누구인지 밝혀 정치적 목적과 재물착취, 두 가지 상황을 확실히 구분하여 다루라. 단, 우두머리는 반드시 체포하고 절대 놓치지 마라."고 명했다. 산동, 하남 관리들이 1년을 쫓아다녔으나 우삼화랍의 그림자도 찾지 못했다. 하남총독 전문경은 칼 석 달, 곤장 40대와 칼 두 달, 곤장 40대의 형벌로 나누어 공종교도들을 처벌하도록 했고, 옹정제 역시 이에 동의하면서 전문경에게 '주범을 잡아 형벌하는 모습을 반드시 다른 사람들에게 보여주라'고 지시했다.

비밀 결사조직은 형식적으로는 낙후되고, 내용상으로는 황당무계한 것이 많았다. 하지만 하루하루 고통 속에서 살아가던 청대의 민중들은 그것에 기대고 싶어 했다. 과학이나 문화가 아직 발달하지 못하여 비밀 종교의 신통함에 희망을 거는 게 쉬웠던 것이다. 하늘과 자신의 힘을 합쳐 봉건사회의 암울한 현실에 저항하여 행복한 생활을 누리고자 하는 것이 그들의 생각이었다.

옹정제의 재위 기간 동안 대규모의 농민반란은 없었다. 전체적으로 보자면 봉건사회의 질서는 안정적이었으나 위에서 언급한 군중의 비밀 조직 활동에서 소규모의 농민폭동에 이르기까지 백성들의 저항투쟁이 계속해서 발생했다. 이는 당시 사회가 그다지 안정적이지 못했다는 반증이기도 했다.

옹정제는 여러 가지 통치정책으로 민중을 억압했다. 따라서 비밀결사

조직도 해체되었고 다른 저항투쟁도 진압되었다. 그럼에도 불구하고 이런 투쟁이 끊임없이 나타났다는 것은 옹정제의 강력한 통치도 백성들의 난동이나 폭동을 막을 수 없었다는 것을 의미한다.

민중투쟁의 출현은 그 시대의 필연이었음을 부인할 수 없다. 봉건사회에서 토지소유의 불평등으로 인해 백성은 지주나 고리대금업자의 손에서 놀아났고 또한 정부의 부역착취, 생활의 불안정까지 겹쳐 자신들을 괴롭히는 그들에게 대항하는 방법을 찾아야만 했다. 나라의 법을 어기면서까지, 그렇게 용감하게 위험을 무릅쓰면서 말이다.

희생양을 이용해 역적을 몰아내라

고대의 병서 《도략》에 이런 말이 있다.

"정부가 법을 시행하기 위해서는 법률의 권위를 따라야 하고, 법률의 위상을 강력한 수단으로 널리 알려야 할 필요가 있다. 백성은 위엄이 없는 정부를 두려워하지 않으며, 백성이 두려워하지 않으면 법이 갈수록 혼란해져 천하를 다스리는 데 큰 어려움이 따를 것이다. 따라서 일벌백계는 제왕이 권위를 세우는 데 중요한 방법이다."

역대의 통치계급이나 통치자들이 나라를 다스리는 방법 중 일벌백계는 자주 사용된 방법이다. 이는 다른 어떤 통치방법보다 효과가 뛰어나 수많은 사람들의 사랑을 받아왔다. 먼저 다음의 두 이야기를 살펴보자.

첫째, 주인에게 경고를 주기 위해 하인을 죽이는 방법이다.

당태종 말년에 고양공주가 승려 변기와 정을 통했다. 고양공주가 승려에게 금보신침金寶神枕을 선물로 주었으나, 그 물건이 귀중한 것인지 몰랐던 변기는 간수를 잘하지 못해 도난당하고 말았다. 그 후 어사가 사건을 해결하기 위해 도둑을 심문하자, 그 도둑은 변기가 거처하고 있는 곳에서 훔친 것이라고 자백했다. 변기에게 묻자 고양공주가 준 것이라고 털어놓았다.

어사가 이 일을 규탄하자 수치심에 어쩔 줄 몰라하던 태종은 자초지종조차 묻고 싶지 않았다. 태종은 바로 변기를 죽이고, 공주의 몸종 10여 명을 비밀리에 불러 주인을 잘 모시지 못했다는 죄로 죽였다. 태종의 이러한 행위는 사실상 고양공주에게 경고를 하는 것이었다.

둘째, 닭을 죽여 원숭이를 겁주는 방법이다.

손자가 오왕을 만났다. 그는 군사연습을 시킬 궁녀 180명을 선발해 두 팀으로 나누고, 오왕이 총애하는 두 비妃를 대장으로 뽑았다. 연습방법과 규칙을 설명하고 형구까지 설치한 그는 북을 두드려 왼쪽으로 향하라고 했지만, 궁녀들은 크게 웃었다.

손자는 규칙을 반복해서 설명해주었다. 그런 후 다시 북을 울려 왼쪽으로 향하라고 했지만 궁녀들은 여전히 웃음을 터뜨렸다. 잔뜩 화가 난 손자는 두 비의 목을 베려 했다. 오왕이 다급히 말리자 손자가 말했다.

"신은 명령을 받들어 장군이 되었고 지금 군대에 있으니, 왕의 명령은 받아들이지 않겠습니다."

그는 바로 두 사람의 목을 베었다. 곧이어 다른 두 궁녀를 대장으로 뽑은 후 북을 두드리자 조금의 흐트러짐 없이 명령에 복종했다.

일벌백계가 높은 효과를 보이는 이유는 뭘까? 그것은 아마도 법이 나라를 다스리는 근본이자 국가와 백성들의 행위규범이기 때문일 것이다.

"천하를 다스리는 사람은 법도가 없어서는 안 된다. 법도 없이 자신의 일을 이룰 수 있는 사람은 없다. 선비에서 장군이나 재상이 된 사람에게도 모두 법도가 있어야 하며, 보통 관리가 세상을 다스리게 되어도 법도가 있어야 하는 법이다."

그렇기 때문에 옛사람들은 나라를 법에 따라 다스려야 한다고 주장했다. 이 말은 옛 선인들이 한 말과도 일맥상통한다.

"법은 백성의 생명이자 통치의 근본이다. 통치자에게 규칙이 없으면 조정에 분란이 발생하고, 대신에게 법이 없으면 세상이 어지러워지니, 이 중에 하나라도 없으면 안 되며, 이 모두가 제왕의 통치방법이니라."

강서의 시험관일 때 팔고문 제목으로 '維民所止'을 출제해, '維' 자와 '止' 자는 옹정雍正 두 글자의 머리 부분을 없앤 것이라고 고발당한 사사정의 죄명은 옹정제가 직접 만든 것이다. 옹정제는 열몇 가지의 유지를 발표한 적이 있었는데, 사사정의 죄상을 일일이 늘어놓고, 매우 치밀하게 법문을 인용하여 죄를 뒤집어씌웠다. 최종 결정안의 자료에 따른 사사정의 죄명은 '대역부도, 비방저주大逆不道. 怨誹詛呪'였다. 그 구체적인 내용을 두 가지로 살펴보면, 하나는 강희제에 대해 '고의로 헐뜯고 마음대로 비방한 것', 또 하나는 옹정제에 대한 '반역과 조소저주悖悖不敬. 怨訕詛呪'였다.

일명 '비방'에 해당하는 것은 강희제 조정에 관한 것이 모두 30조항, '저주'는 옹정제 조정에 대한 것이 모두 12조항이었다. 사사정이 출제한 시험문제에서 나온 네 가지 조항을 제외한 나머지 38조항은 모두 사사정의 일기에서 발췌해 쓴 것이었다. 대학사, 구경 등은 이 사건의 판결문에서 이렇게 말했다.

"이상 각 조항은 죄가 너무 많아 상세히 말하기가 힘들다. 본 조정의 신하로서 사사정은 모든 일에 감히 풍자하여 비웃고, 황상의 깊은 은혜를 입었음에도 불구하고 비난을 일삼았다. 대역무도한, 실로 백성과 신하 모두가 비탄할 일이며 하늘과 땅이 용서하지 않을 것이다. 죄가 너무 많아 만 번을 죽여도 모자란다."

사사정은 이런 식으로 몰래 두 마음을 가지고 항상 세상을 어지럽게 만드는 천하의 최고 대역죄인으로 간주되었고, 그 죗값을 톡톡히 치렀다.

왕경기는 연갱요의 참모부대에 참가한 과정을 기록한《서정수필西征隨筆》을 썼다. 그러자 옹정제는 왕경기를 잡아들여 바로 목을 베었다.

옹정제에게는 시강관侍講官이 있었는데 성은 전 씨요, 이름은 명세였다. 그는 서역 지방을 평정한 연갱요의 공로를 찬양하는 글을 몇 편 썼으나 화가 치밀어오른 옹정제는 전명세를 파면하고 절강으로 쫓아버렸다. 그리고 스승 중의 죄인之敎罪人이라는 넉 자를 보내 지방관리에게 편액으로 만들어 전 씨의 대문에 걸어놓으라고 했다.

왕 씨와 전 씨의 두 사건은 일반적인 문자옥 사건은 아니었다. 문자옥 사건은 강희제 때부터 존재했다.

강희 3년, 강희제는 절강 호주 사람인 장윤성 등 70여 명을 죽였다. 죄명은 이미 죽은 장윤성의 아들 장정남이, 주국정이 쓴 명나라 역사를 새겼으며 거기에다 숭정일조崇禎一朝에 관한 이야기를 덧붙이고 건주위建州衛의 일을 언급했다는 것이다. 죽음을 당한 70여 명에는 장 씨 일가, 서문을 쓴 이세언, 주국정으로 오해받은 주우민과 아들까지 포함되었다.

강희 52년, 한림원의 편수編修, 안휘 동성 사람이었던 대명세 등 수십 명이 죽음을 당했다. 이 사건으로 200여 명이 잡혀 들어갔는데, 죄명은 대명세가 쓴《혈유록孑遺錄》에 명말의 삼왕에 관한 일을 기술했다는 것이다. 이 일에 연루된 사람들 중에는 이미 고인이 된《전금기문滇黔紀聞》의 저자 방효표도 있었다. 방의 시신은 토막으로 잘렸고, 네 아들과 손자 1명도 참수형을 당했다. 이른바 성조라 불리는 강희제도 이런 소심한 일을 벌여 명성에 먹칠을 하기도 했다.

옹정 7년, 육부의 한 책임자였던 육생남이 17편의 《통감론通鑑論》을 썼다는 이유로 죽음을 당했다. 군현제도를 폐지하고 봉건제도를 부활시켜 왕들에게 분봉을 나눔으로써 중앙세력의 약화주장을 펼친 것이 죄였다.

인과 예, 도덕을 제창했던 유가의 창시자인 공자도 노나라를 다스릴 때 소정묘를 죽인 적이 있었다. 이를 이상하게 여긴 공자의 제자 자공이 물었다.

"인의지본仁義之本해야 한다고 말씀하지 않으셨습니까? 어찌하여 소정묘를 죽여야 했습니까?"

자공의 질문에 잠시 생각에 잠겼던 공자는 이렇게 답했다.

"인간에게는 다섯 가지 악행이 있다. 첫째, 고금의 변화를 꿰뚫고 마음대로 행하는 것. 둘째, 정도를 가지 않고 나쁜 길로 가는 것. 셋째, 황당무계한 도리를 마치 이치에 맞는 것처럼 말하여 사람의 마음을 헛갈리게 하는 것. 넷째, 추악한 일을 많이 알고 있는 것. 다섯째, 사악한 것에 의지하여 중용이 되는 것이니라. 이 다섯 가지 악행 중 한 가지라도 물들어 있다면 군자는 그를 죽일 수가 있다. 그리고 소정묘는 이 다섯 가지 악행을 모두 가지고 있는, 소인 중 최고의 악질이어서 죽이지 않을 수가 없었다."

공자의 논리는 매우 명확했다. 통치자의 권위를 세우기 위해서는 나쁜 일을 일삼는 소인들을 반드시 엄하게 처벌하고, 희생양을 만들어서 사회풍토를 바꾸어야만 했다.

고대의 유명한 통치자들 중 사람을 죽이지 않고 권력을 잡은 이는 한 사람도 없다. 전국시대의 손무와 한나라의 한신이 그랬으며, 삼국시대의 제갈량도 그랬다. 이렇게 볼 때 일벌백계는 백발백중의 정확도를 자랑한다. 옹정제와 같은 통치자가 수없이 이 방법을 쓴 이유도 여기에 있다.

정보전情報戰으로 승리를 쟁취하라

정권을 튼튼히 다져나가기 위해서는 군대도 필요하지만, 더 필요한 것은 천하에 퍼져 있는 정보다. 이것은 옹정제가 황제 자리에 오른 이후에 알게 된 가장 큰 수확이기도 했다. 옹정제는 정보야말로 정책을 실행하는 과정에서 최고 결정권자들의 훌륭한 정책 실행방법을 찾아주는 것이며, 올바른 정책을 바르게 실행하는 전제라고 생각했다.

현재의 관점에서 볼 때 크게는 국가와 군대, 작게는 회사와 개인이 치열한 군사전쟁이나 비즈니스 경쟁에서 자리를 잡기 위해서는 반드시 곳곳의 정보를 수집하고, 수집한 정보를 정확하게 사용해야 한다.

현대는 치열한 경쟁사회다. 경쟁이 나라, 기업의 운명을 결정짓는 것도 심심찮게 볼 수 있다. 오늘날 경제, 과학기술의 경쟁은 이미 경쟁 중에서도 가장 중요한 부분이 되고 있다.

경제, 과학기술의 경쟁은 정보의 경쟁을 전제로 하며, 정보경쟁의 결과는 경제의 성패, 득실과 관계가 있다. 바꾸어 말하면 경제, 과학기술의 성공은 정확한 정책에서 나오며, 정확한 정책은 믿을 수 있는 정보에서 나온다. 믿을 수 있는 정보를 손에 쥐고 있다는 것은 '승리'할 수 있다는 말이다. 이것이 정책을 결정짓는 중요한 역할을 하는 정보의 존재 이유며, 결정권자와 정보는 절대 뗄 수 없는 관계다.

고대의 이야기를 소재로 하는 소설이나 희곡, 영화들을 보면 이러한 이야기들을 자주 만나게 된다. 중대한 결정을 내려야 할 때마다 결정권자(황제 또는 장군)들은 스파이를 적군의 진영에 보내 정탐한다. 스파이가 돌아와 정탐 결과를 보고하면 결정권자들은 다시 한 번 적군의 진영에 스파이를 보내라는 명령을 내린다. 재탐^{再探}을 하는 이유는, 어떤 정책이나 결정을 할 때 최신 정보를 근거로 할 수 있도록 정보수집과 상대의 동정을 한층 더 완벽하게 살피기 위해서다.

옹정제가 출병하여 준가르를 공격할 때마다 결과는 참패였다. 그 이유는 상대의 군사정보에 대해 아는 바가 없었던 반면, 상대측은 청나라 군사의 동향을 부처님 손바닥처럼 꿰고 있어 반간계^{反間計}가 통했기 때문이다. 이 이야기는 매우 가슴 아픈 교훈을 주고 있다.

옹정제 7년(1729년) 3월의 일이다. 옹정제는 1728년부터 군수방을 설치해 비밀리에 모든 것을 준비하고 있었다. 정변대장군^{靖邊大將軍} 부이단은 만주 양황기 사람으로, 개국공신 불영동의 증손자였다. 강희제가 갈단을 정벌할 당시 그는 진무장군에 임명되어 아이태에 주둔하고 있었다. 옹정 3년에는 파이곤에 주둔했고, 그 후 내대신으로 발탁되어, 옹정 6년에 이부상서의 자리에 올랐다.

옹정제가 정변대장군 부이단에게 선발해준 5만여 명 중에는 6,000여명의 경사팔기병^{京師八旗兵}, 8,000여 명의 차기영병^{車騎營兵}, 8,800여 명의 봉천(奉天 : 요녕) 등지의 병사도 포함되었다. 이외에도 과이심각기(科爾沁各旗

: 요북) 및 토묵특각기^{土默特各旗}에서 온 몽고 병사도 있었다.

옹정제는 경솔하거나 가벼운 행동을 하는 사람이 아니었지만 부이단 출정에 대해서는 매우 신경을 썼다. 특히 부이단을 위해 태화전에서 수월례^{授鉞禮}를 진행하고, 미리 태묘^{太廟}에 가서 제를 올리며, 남원으로 차기영병을 검열하러 갔다.

부이단이 아이태 산기슭에 다다랐을 무렵, 그는 단번에 해치우고자 하는 생각이 들었다. 산을 넘어 이리^{伊犁}까지 공격하여 나복장단진을 산 채로 잡고자 했던 것이다. 옹정제는 군사기관에 칙명을 보내 경솔하게 공격을 해서는 안 된다며 경고했다. 그리고 그는 부이단과 함께 파리곤에 주둔하고 있던 영원대장군^{寧遠大將軍} 육종기를 북경으로 불러들여 그에 맞는 적합한 대책을 직접 지시했다. 이때 육종기는 이미 파리곤에 동^東과 서^西, 두 성을 축조했는데, 부이단은 전방으로 돌아간 후 옹정 9년에 과포다성^{科布多城}을 축조했다.

옹정 9년 6월, 부이단이 준가르의 스파이를 잡았다. 이 스파이는 갈단이 이미 3만 병사를 보내 과포다를 공격했다고 털어놓았다. 그중 1명이 책령돈다복의 아들인 소책령돈다복이며, 그는 이미 찰한합달^{察罕哈達}이라는 곳에 도착했다고 덧붙였다.

6월 경자일, 흥분한 부이단은 전 군대를 끌고 찰한합달을 향해 출발했다. 아극새하^{雅克賽河} 강변에 이르렀을 때 그들은 또다시 준가르의 보초병을 잡았다. 이 보초병은 "강을 건너 3일을 계속 가면 찰한합달에 이를 수 있습니다. 소책령돈다복의 병사와 말이 아직 도착하지 않았고 총 1,000여 명 정도 됩니다."라고 말했다.

강을 건너 대엿새를 걸어도 찰한합달에 이를 수 없었던 부이단은 이때 또 스파이를 잡게 되었다. 이 스파이는 "준가르의 병사 2,000여 명이 앞쪽의 박극재령博克才嶺에 있습니다."라고 알려주었다.

이리하여 부이단은 대군을 이끌고 박극재령의 앞쪽인 고력도령에 진입했고 준가르 군사와 만나게 되었다. 이들은 단번에 적군 400여 명을 해치웠고, 패잔병들은 고개를 넘어 도망쳤다. 부이단은 대군을 부근의 화통박和通泊으로 이동시켜, 화통박 주위 산속의 준가르 병사를 찾도록 했다.

그러자 갑자기 수천 명에 이르는 준가르 병사들이 그들을 포위했다. 두 군대는 임자일부터 갑인일까지 3일 동안 전투를 벌였고, 부이단은 싸움에서 대패한 후 겨우 과포다로 도망칠 수 있었다. 살아 있는 군사를 세어보니 2,000여 명에 불과했다. 용장 제이합랑濟爾哈朗의 손자 파새, 오배의 손자 달복 및 사필납, 마이살, 서릉액 등 모두가 고군분투하며 맹렬히 싸우다 전사했다. 자살한 최고 지휘관도 많았다. 정수, 소도, 마이제, 영국, 해란, 대호, 서미뢰 등이 그랬다.

이 소식을 접한 옹정제는 눈물을 흘렸고, 부이단에게 만일 과포다를 지킬 수 없으면 철수해도 괜찮다는 칙서를 보냈다. 옹정제는 뿐만 아니라 많은 군대를 과포다로 보내 방어를 증강하도록 했다.

옹정제는 부이단의 정변대장군 직책을 순승군왕順承君王 석보에게 하사하고, 그에게는 진무장군의 직책을 주었다. 부이단이 석보의 지휘를 따르게 된 것이다. 이듬해에 준가르가 군대를 이끌고 과포다에 쳐들어오자 석보의 명령을 받은 부이단은 3,000여 군사를 이끌고 방어했지만, 크게 패하고 말았다. 옹정제는 부이단을 용서하고, 그를 전방으로 보냈다.

3년이 지난 옹정 13년(1735년), 횡령사건에 연루된 부이단이 북경으로 압송되어 왔다. 조정과 민간에서는 그가 참수당할 것이라는 말이 나돌았다. 하지만 다행스럽게도 얼마 후 옹정제가 세상을 떠났고, 부이단은 목숨을 건질 수 있었다. 그는 감옥에 갇혀 있다가 건륭 2년에 풀려났다.

이 사건은 정책을 결정하는 데 있어 매우 큰 위험을 감수해야 한다는 것을 말해주는 대표적인 사례다. 정확한 정보는 위험을 감소시키는 데 도움을 주며, 결정권자의 굳은 결심은 정확한 결정을 내리게 한다.

정책결정은 복잡한 과정이다. 또 엄청난 위험을 감안해야 한다. 정확한 결정의 옳고 그름은 전쟁의 승부나 기업의 이윤과 관계된다. 그렇기 때문에 결정권자들이 결정을 내릴 때는 확고한 신념이 필요하다. 결정권자의 신념은 여러 가지 요소에 의해 결정되지만, 정확한 정보는 결정권자의 결심을 굳히는 데 매우 중요한 역할을 한다.

내려야 할 어떤 결정에 대해 마음을 선뜻 정하지 못하고 주저하거나 아니면 이미 전반적인 계획으로 자신감에 넘칠 때도, 중요한 점은 확보한 정보가 정확한지, 전반적인 것인지를 헤아려야 한다는 것이다.

군사 지휘관이나 기업 대표들이 결정을 내릴 때는 자신감이 매우 중요하다. 당사자가 자신의 결정에 흔들리지 않는 자신감을 갖고 있어야 다른 사람들에게 믿음을 심어줄 수 있다. 또한 기필코 승리한다는 신념이 있어야 부하들이 기꺼이 함께 싸우려 할 것이다.

그러나 이러한 자신감은 하루아침에 만들어지는 것이 아니다. 또 이는 자신을 속이는 맹목적인 낙관은 더더욱 아니다. 이 모두는 바로 정확한 정보를 밑바탕으로 해야 한다.

군사 지휘관 또는 기업의 대표가 내려야 할 결정을 미적거리고 있을 때, 시기적으로 정확한 정보는 자신감을 굳히는 중요한 역할을 한다. 그렇지 않고 오락가락하며 확정짓지 않는다면, 설령 이미 내려진 결정이라 하더라도 뒤돌아보지 않고 최선을 다해 실행할 수 없다.

아픈 곳을 더 아프게 때려라

한 나라를 책임지는 제왕이 되고자 할 때, 강력한 수단 없이 그것을 이루는 것은 불가능하다. 업적이 뛰어난 고대의 제왕들은 처벌을 하거나 비판을 할 때 자신만의 능력을 발휘했다. 언제나 생각이 미치지 않는 틈을 타 적군에게 결정적인 한 방을 날렸던 것이다. 이 결정타는 말 그대로 결정적이어야 한다. 구체적으로 말하자면, 그 한 방은 안정적이고 정확하며 매서워야 한다는 것이다.

강경수단을 이용하는 데 탁월한 능력을 가지고 있었던 옹정제는 한 사람을 처벌하는 데도 위험을 감수해야 한다는 것을 잘 알고 있었다. 처벌을 해야 하는 사람 중에는 혈연관계도 있고, 황실의 극비나 약점을 쥐고 있는 사람도 있고, 또 강력한 배경을 가지고 있는 경우도 있다. 이런 사람들에게 손을 대려고 하면 어떠한 상황에서도 그것에 대응하여 쓸 수 있는 방법을 가지고 있어야 한다.

옹정제는 잔인했다. 황위 찬탈을 둘러싸고 경쟁을 해야 했던 황자들이나 주위의 충신들을 처리하는 수단이나 방법으로 보아 옹정제는 가장 아픈 곳을 찌르는 냉혈인간이라고 누군가는 말했다.

35명의 황자 중에 일찍 세상을 떠났거나 어려서 경쟁자가 아닌 이를 제외하면, 크게 세 분류로 나뉜다. 갑파甲派는 태자였던 둘째 윤잉과 윤잉을 옹호하던 셋째 윤지, 을파乙派는 여덟째 윤이와 황장자 윤제, 아홉째 윤당, 열째 윤아, 열넷째 윤제, 병파丙派는 넷째 윤진과 그를 옹호했던 열셋째 윤상, 열일곱째 윤례다.

이 세 파 중에서 여덟째 윤이가 속해 있던 을파세력이 제일 컸다. 옹정제는 황제가 된 후 여덟째 윤이를 먼저 처리하지 않고 총리사무왕대신으로 발표한 후 얼마 있지 않아 염친왕으로 책봉하고 이반원상서를 겸임하게 했다. 대단히 고명한 책략이었다.

옹정제는 막강한 군사를 장악하고 서녕에 주둔하고 있던 열넷째 윤제(부원대장군)를 부황상에 참여하도록 북경으로 불러들였다. 윤제가 북경으로 돌아오자 옹정제는 하북성 둔화의 경릉(강희제의 묘)에 머무르며 '대제'를 기다리라고 명했다. 그 후 윤제를 군왕으로 책봉하면서 그의 거주지를 경릉 인근의 마란욕으로 제한했다.

윤이의 또 다른 동지인 아홉째 윤당은 서녕으로 파견되었고, 따라서 윤제의 군사력을 이어받는 듯했으나 어떤 직책도 받지 못했다. 사실상 변방으로 쫓겨난 셈이다.

나머지 열째 윤아는 강희제가 정한 정황기의 만주, 몽고, 한의 삼군을 총괄했다. 옹정제는 그에게 객이객喀爾喀으로 철복존단파일세哲卜尊丹巴一世 불감을 호송하도록 했다. 가는 도중에 장가구張家口에 잠시 머무르라는 명을 내린 옹정제는, 얼마 후 옹정 2년(1724년) 4월에 '사자양도私自禳禱'라는 죄명을 내리면서 북경으로 압송해 감옥에 가두었다. 그는 옹정제 서거 후 건륭제 때 석방되었다.

사실, 여덟째 윤이는 조정에서 가장 높은 지위에 있었으나 외톨이였다. 갑파의 태자 윤잉은 이미 강희제 때 구금되었고, 옹정제는 태자를 옹호하던 셋째 윤지를 준화로 보내 경릉을 지키도록 했다.

옹정제가 이렇게 정적들을 차례대로 마무리하는 동안 그의 권력은 서서히 안정되기 시작했다. 그 후 을파의 윤당, 윤이, 윤제를 갑파의 윤지와 함께 더욱더 세차게 처리하려고 나섰다.

윤당은 옹정 3년 7월에 서녕에서 잡혔는데, 그의 죄명은 섬서에서 누군가의 뒤에서 옹정제를 '구왕야^{九王爺}'라고 불렀다는 것이었다. 옹정 4년 5월, 그의 이름을 싸이스헤이로 개명하라는 명이 떨어졌는데, 그의 죄명은 암호로 사람들과 서신을 주고받았다는 것이었다. 윤당은 북경으로 압송되어 오던 도중에 갑작스런 죽음을 당했다.

윤이는 옹정 4년 1월에 황족의 신분에서 제외되고, 같은 해 2월에 작위를 박탈당했으며 아치나로 개명되어 종인부^{宗人府}에 구금되었고, 9월에 감옥에서 죽었다. 윤제는 옹정 3년 3월에 패자^{貝子}로 강등되고, 5월에 수황전에 구금되었다. 그는 옹정제 사후 건륭제 때 석방되었다. 윤지는 옹정 8년 5월에 경릉에 구금되어 있다가, 옹정 10년 윤달 5월에 감옥에서 죽었다.

여덟째 윤이는 강희제가 세상을 뜨기 전, 대학사 명주와 그의 아들 좌두어사 규서의 지지를 얻고 있었다. 명주는 강희 47년에, 규서는 강희 58년에 세상을 떠났는데, 이 두 사람의 죽음은 윤이가 끝내 황위 계승에서 승리를 거두지 못했던 것과 연관이 있다.

규서를 무척 싫어했던 옹정제는 옹정 2년, 귀신과도 싸운다는 기세로 규서의 관직을 빼앗고 무덤 앞에 '충성심이 부족하고 불효막심하며 음험하고 간교한 규서'라고 적힌 비석을 세우도록 했다. 또한 이미 저세상 사람이 된 윤이의 측근이자 영시위내대신 아령아의 무덤에도 '신하도 아니며 동생도 아닌, 난폭하고 탐욕스런 아령아의 묘'라고 쓴 비석을 보냈다. 아령아의 동생 아이아송은 2년 후 죽었다.

아이아송과 함께 옹정 4년에 피살된 사람은 정람기 한군의 최고 사령관인 악윤대였다. 악윤대는 효의황후(태자 윤잉의 어머니가 아님)의 사촌형제로, 강희 47년에 태자가 처음 폐위된 이후 윤이를 태자로 책봉해야 한다고 주장하던 규서, 아령아의 대열에 합류했다. 옹정제는 과거의 빚을 청산하겠다는 마음으로 악윤대에게 매몰차게 대했다.

효의황후 동가 씨는 강희제의 3명의 황후 중 1명으로, 딸을 낳았으나 일찍 죽었으며 아들은 낳지 못했다. 다른 2명은 태자 윤잉의 어머니인 효성황후(혁사리 씨)와 자녀가 없었던 효소황후(뉴구루 씨)였다. 강희제는 비妃가 많았는데, 한족도 있었다. 그중에는 진 씨 4명, 왕 씨 2명과 고 씨, 석 씨, 장 씨, 유 씨, 위 씨 등이 있었다. 윤이는 위 씨(양비)가 낳은 아들이다. 강희제가 윤이를 후계자로 탐탁하게 생각하지 않았던 이유 중의 하나가 바로 양비의 비천한 출신 때문이었다.

옹정제의 어머니 역시 비였는데, 덕비德妃라고 불렸고 성은 오아로 만주 사람이었다. 호군참령 장군의 딸로, 양비良妃보다 신분이 좀 높았던 것 같다. 그러나 강희제는 옹정제를 태자로 삼을 뜻이 전혀 없었다. 오히려 옹정제의 어머니, 덕비의 또 다른 아들인 열넷째 윤제를 부원대장군으로 발탁해, 그가 청해, 서장에서 나라를 위해 공을 세워 명성을 얻기를 바랐다.

바로 이 점이 옹정을 질투와 시기에 불타게 만들어 화근을 일으키는 계기가 되었다. 사실 윤제는 별다른 야망을 가지고 있지 않았다. 윤제는 줄곧 여덟째 윤이를 옹호했는데, 만일 친형 윤진을 옹호했더라면 결과가 그렇게 비참하지는 않았을 것이다.

셋째 윤지는 처음부터 태자 윤잉을 옹호했다. 윤잉은 두 번씩이나 폐위된 후에도 분수에 맞지 않게 진몽뢰와 양문언이라는 두 책사를 길렀다. 진몽뢰는 《도서회편圖書滙編》을, 양문언은 《율력연원律歷淵源》을 편찬했다. 이 두 책 모두 강희제가 시킨 것이다. 그는 글씨를 잘 썼고 천문학과 수학에도 능하여 강희제가 매우 좋아했다. 이 점 역시 옹정제의 시기심을 불러일으켰다.

옹정제는 즉위하면서 먼저 진몽뢰를 변방으로 노역을 보내고 윤지의 측근들을 제거했다. 다행히도 양문언은 이미 이 세상 사람이 아니었다. 그렇지 않았더라면 옹정제의 손아귀에서 벗어나지 못했을 것이다. 옹정제는 용의주도하게도 윤제와 윤지를 처치하기 전에 이들의 아들 홍춘과 홍성의 직위를 박탈하고 감금하여 격리시킨 후, 그들을 다루었다.

열두째 윤도는 갑과 을 어느 파에도 들지 않았을뿐더러 옹정제의 심기를 불편하게 하지도 않았다. 그러나 강희제가 그에게 정백기의 만주, 몽고, 한의 삼군을 총괄하게 하고, 만주 양황기의 최고 자리를 내려주었기 때문에 옹정제는 한시도 마음을 놓을 수가 없었다. 옹정제는 즉위한 이후 윤도를 군왕으로 낮추고 다시 패자로 강등시켰으며, 또다시 진국공으로 지위를 격하시켰다. 본래 머리가 총명했던 윤도는 옹정제의 신임을 얻어 옹정 8년에 다시 군왕으로 책봉되었다.

옹정제가 의지하고 믿었던 사람은, 황자 중에서는 열셋째 윤상과 열일곱째 윤례, 대신 중에서는 옹사이, 무관 중에서는 연갱요가 있었다. 윤상은 이친왕에 책봉되어 큰일을 맡는 대신이 되었으며, 대학사 마제, 사부상서 옹사이, 여덟째 윤이와 같은 서열에 오르게 되었다. 옹정 8년 5월, 병으로 세상을 뜨기 전까지 이친왕은 옹정제에게 몸과 마음을 바쳐 충성을 다했다. 옹정제는 이친왕에게 '현賢'이라는 시호를 하사했으며, 또 '충경성직, 근신염명忠敬誠直, 勤愼廉明'이 적힌 편액을 하사하기도 했다.

윤례는 과군왕에 책봉되고, 이반원의 '관원대신(管院大臣 : 이반원 상서보다 높음)'과 공부, 호부의 관부대신(공부, 호부의 상서보다 높음)을 맡았다. 옹정제는 또 서남 지역의 각 성에 있는 주방병(駐防兵 : 만주족)과 녹영병(綠營兵 : 한족) 시찰을 윤례에게 지시했고, 중앙에서 서남 변방 지역의 업무를 맡도록 했다. 옹정 6년에 과친왕으로 책봉된 윤례는 건륭 3년

2월에 세상을 떠났다.

효의황후의 남동생이자 악윤대와 형제였던 웅사이는 그야말로 순수 외척이었다. 옹정제는 웅사이를 외삼촌이라 부르며 항상 가깝게 지냈다. 악윤대는 여덟째 윤이를 옹호한 반면, 웅사이는 옹정제를 옹호했다. 강희제가 죽기 전, 어상을 지키고 있던 사람은 단 한 사람 웅사이뿐이었다. 만약 웅사이의 '유조 발표'가 없었더라면 옹정제의 황제 즉위가 그리 쉽게 이루어지지 못했을 것이다.

여기서 황제에 오르기 위한 옹정제의 라이벌 처리방법을 몇 가지로 간추려보자.

(1) 처리는 정확하게 하라.

비판과 처벌은 직접적이고 깔끔하게, 약점을 파악하고 아픈 곳을 바로 찔러라. 급소를 찔러 한 번에 해결하라.

(2) 정확한 타이밍을 노려라.

어떤 사람이 계속해서 같은 잘못을 범하거나 한 부류의 잘못을 의미하는 어떤 대표성을 띠는 경우, 처벌은 반드시 시기를 잘 맞춰야 한다. 전형적인 잘못은 명백하고 위해성이 클 때 처벌해야 한다. 이때, 괜한 일을 만들어 쑤셔놓거나 사실에 대해 잘 모르고 있는 것은 아닌지 반드시 파악해야 한다. 또한 작은 문제를 크게 확대 해석하는 것도 금물이다. 이러한 사항이 지켜질 때 처벌을 받는 사람은 진심으로 믿고 따를 수 있게 되고, 대중들에게 따끔한 본보기가 될 수 있다.

(3) 가혹하게 처리하라.

시기를 포착하고 결심을 한 후에는 신속하고 과감하게 처리하되,

용서는 있을 수 없다. 주저하거나 결정된 사항을 번복하거나 꾸물거리는 일은 절대 삼가야 한다. 훌륭한 지도자들의 경우를 살펴보면, 단호한 조치를 취하게 된 이상 냉정함으로 무장한다. 또한 부득이하게 해고할 경우에도 양심의 가책으로 주저하거나 머뭇거리지 않는다. 이렇게 하면 자신의 방법이 정확하고 적절했다는 것, 그리고 자신의 방법에 대해 후회도 전혀 없고 자신 있으며 이것이 최상의 선택이었다는 것을 보여줄 수 있다.

(4) 계획적으로, 단계별로 처리하라.

직원들에 대한 규제를 강화하고 강력한 규율을 서면으로 남겨 부하에게 공평한 대우를 보장하라. 그렇게 하면 일시적인 충동에 의해 그들을 엄하게 처벌한다는 시선을 피할 수 있다.

규율강화에는 다음과 같은 4단계가 있다.

처음 잘못을 한 경우에는 구두로 경고를 한다. 부하들은 자신이 무엇을 잘못했는지 반드시 알아야 하며, 부하들에게 경고한 시간, 장소 그리고 주위환경을 기록하라.

두 번째 잘못을 한 경우, 서면으로 알리고 다음에 또 잘못을 하면 처벌 또는 임금삭감이나 부서이동을 하게 될 것이라고 경고한다. 서면으로 작성한 이 글은 세 부를 준비하여 하나는 잘못을 한 직원에게, 또 한 부는 상사에게, 마지막 한 부는 증거기록으로 보존한다.

세 번째 잘못을 한 경우, 대기발령을 내린다. 회사와 직원 간의 협의사항과 잘못의 성질 및 정도에 따라 대기발령 기간을 각각 달리하고 보수도 일절 지급하지 않는다.

네 번째 잘못을 한 경우, 강등시키든지 호봉을 낮추든지 또는 해임한다. 여러 가지 상황을 고려하여 위에서 말한 처벌 중의 하나를 선택한다. 부서이동이 가장 보편적이다.

실제적으로 회사 전체가 지도자의 이러한 행동 하나로 인해 얻을 수 있는 이익은 없다. 그의 실력 발휘가 신통치 않은 것은 일과 잘 맞지 않기 때문이어서 부서를 바꾸면 잘할 수 있을 것이라는 확신이 있지 않고서는 절대 쉽게 나서서는 안 된다. 그리고 부서를 옮기고 나면 해당 부서에 이 직원의 자료를 모두 넘겨야 한다.

위의 몇 가지 사항을 적절하게 할 수 있다면 어떤 부하일지라도 문제가 되지 않는다.

제 9 장

현명함과 강직함

—근면성실로 조정의 기강을 세우라

근본에 충실하고, 생계를 해결하며
황제의 주비硃批, 얼룩진 옥좌를 정돈하라
근면제일의 황제가 되어
정권교체로 태평성대를 이룰지니
정치는 단순하게, 말보다는 행동을 하고
믿을 수 있는 사람에게 권력을 부여하라
냉엄함으로 다스리며
인재등용, 옥석을 가려라
죄를 엄중히 가리며
지정은제를 도입하리라

경계심이 많은 늑대는 한시도 마음을 놓지 않으며 닥쳐올 위기상황을 시시각각 감지하는 동물이다. 믿고 의지할 곳은 오직 자신뿐이라는 믿음 때문에 늑대는 어려서부터 사냥하는 법을 배워야 한다.

역사책을 탐독했던 옹정제 역시 역대 왕조의 흥망성쇠를 누구보다 꿰뚫고 있었으며, '조건석척(朝乾夕惕 : 하루 종일 쉬지 않고 일함)' 정신으로 정무에 임했다. 오로지 조정의 기강을 바로 세우고 부국강병을 꾀하기 위함이었다.

강희제 말기의 느슨해진 사회기강과는 달리 매섭고 날카로운 그의 정치세계는 현명함과 강직함을 갖춘 무소불위의 군주임을 보여주고 있다. 그러나 지나친 과신으로 정치적 업적에 금이 가는 안타까운 일도 있었다.

하지만 누가 뭐라 하든 옹정제는 지옥 길도 앞장서겠다는 정신으로 책임감과 사명감도 없이 허송세월만 보내는 관리들에게 일침을 가하며 귀감이 되었다.

근본에 충실하라

청조가 팔기군의 상무전통과 희생정신을 바탕으로 세워졌다는 것은 누구도 부인할 수 없는 사실이다. 팔기정예부대가 천하통일을 할 수 있었던 것은 당시 만주 팔기군의 근검하고 소박하며 누구도 따라올 수 없는 용맹함이 있었기에 가능했다.

그러나 청조 중반 이후 팔기군은 일은 하지 않으면서 사치스런 생활을 하며 놀고먹는 게 주요 일과가 되었는데, 군인 녹봉으로는 이런 생활을 누리기에 턱없이 부족했다. 그래서 빚을 내거나 녹봉을 가불하여 생활을 하자 빚은 눈 덩이처럼 불어나기 시작했다. 팔기군의 상황이 이토록 심각해지자 옹정제는 원칙에 의한 집권을 들어, 일련의 조치를 취해 통치력을 강화하고자 했다.

옹정제는 즉위하고 난 후, 상무정신을 망각하고 점점 향락적인 생활을 하던 팔기군을 예의주시했다. 옹정제는 성안에서 술과 도박 그리고 아편을 하고 투계 등으로 소일하는 일부 만주 사람들이 있다는 것을 알고 있었으며, 주점들로 빼곡한 성안에서 음주가무를 일과로 하는 만주 사람들을 보면서 침통함을 감출 수 없었다.

　가산을 팔거나 봉록을 가불하여 향락에만 빠져 있는 만주 사람들이 있다는 사실도 알고 있었다. 옹정제는 이를 두고 "생계를 이유로 가옥을 팔아치운다는 것은 한 달 수입을 모두 털어 끼니마다 반드시 술을 곁들이는 것과 같으며, 고기 음식을 먹느라 가산을 탕진하는 것과 다를 바 없다. 그들은 계절마다 배급받는 식량도 비축해두지 않고 금지령에도 불구하고 싼값에 팔아버린다."고 했다.

　이에 옹정제는 어전회의를 열어 만주 사람의 생계문제와 관련하여 토론을 벌였다. 먼저 이부상서에서 이야기를 꺼냈다.

　"팔기군의 수가 늘어 50만 명에 달하고, 여기에 그 처자식을 합하면 대략 200~300만 명에 육박합니다. 팔기군은 오로지 조정에서 내리는 식량으로 생계를 이어가는데, 일반적으로 7살 이상은 전체를, 6살 이하는 절반을 배급받습니다. 팔기군이 이렇게 후한 대우를 받는데도 불구하고 생활은 날로 궁핍해지고, 빚더미에 앉거나 재산을 저당 잡힌 자도 있습니다. 그야말로 가만히 앉아서 식량을 축내기만 할 뿐, 아낄 줄 모르는 이들이 비일비재합니다. 노동은 하지 않고 안일하며 사치와 낭비를 일삼는 이런 풍조는 남녀노소 가릴 것 없이 만주 사람에게 퍼져 있습니다. 팔기군의 자식에게서 관내에 들어온 초기에 보였던 그런 순박함과 투쟁정신은 더 이상 찾아보기 힘듭니다. 강희제 때부터 조정은 누차 국고로 팔기군의 채무를 상환하고, 저당 잡힌 토지를 회수하고, 빈곤을 구제하느라 수백만 냥을 소비해야 했습니다. 그러나 이것도 잠시, 상황은 원래대로 돌아가 빚은 눈 덩이처럼 쌓이고, 심지어 매매가 불허된 토지까지 처분하기에 이르렀습니다."

다음은 주관내무부의 대학사 마제였다.

"청조는 지금까지 네 차례에 걸쳐 대규모 토지를 회수했습니다. 팔기군이 팔아넘긴 토지의 총누계는 6만 경에 육박하는데, 이는 건국 초기에 토지를 구획할 당시 팔기군에 배당한 전체 토지 중 무려 5분의 2에 해당하는 것입니다. 지금의 팔기군 자녀들은 생활능력이 전혀 없습니다."

그는 이부상서에게 동조했다.

어사 악이태 역시 황제에게 팔기군의 생계위기, 수도안전과 관련해 개혁이 불가피하다고 다급히 고했다.

옹정제는 고개를 저으며 악이태가 언급한 말을 확인했다.

"팔기군은 관내에 들어와서부터 줄곧 잉여 병력이자 보충 병력이었다. 조정에서는 병사의 공급원을 확보하기 위해 잉여 병력 역시 팔기군에서 충원하기로 규정지었다. 그들은 막사를 떠나 거주할 수 없으며, 수십만 만주 사람이 수도를 방위하는데도 책을 읽지도 않고 농사나 장사 등의 일도 하지 않으며, 죽을 때까지 빈둥거리기만 하고 찻집이나 극장, 도박판, 기방, 투계장 등을 들락거리면서 놀고먹고, 조정에서 배당하는 토지와 식량으로 연명하는, 그야말로 기생충 같은 생활을 한다는 것인가?"

옹정제는 "팔기군은 조정의 기둥이라 할 만큼 중요한 위치에 있기 때문에 생계를 보살피고 책임지는 것은 당연지사인데, 이를 어떻게 개혁한단 말인가?"라며 반문했다. 그러자 악이태는 우선 은자를 하사하고 병력을 증대하거나 수도 병력을 이동시키는 등 구체적인 방법을 취해 해결할 것을 주장했다.

그 구체적인 방법을 살펴보자.

첫째, 은자를 하사하는 방법이다. 강희제 시절, 조정은 국고에서 은자 540만 냥을 차출해 병사들의 빚을 갚아주었다. 후에 역시 국고에서 은자 655만 냥을 병사들에게 대출해주어 생활비와 이자 증식 기금으로 활용했다.

그러나 이 돈의 대부분은 이자 증식에 쓰이지 않았으며, 본전마저 모두 써버려 빚을 갚을 수 없게 되자, 조정은 채무를 탕감해주는 수밖에 없었다. 이 몇 년간에도 팔기군에 은자를 계속 하사했다. 그러나 이 정책은 그 어떤 실효도 거두지 못했다. 제도가 개혁되지 않는 한 어떠한 하사품이라도 일시적일 뿐이며, 팔기군의 생계위기를 근본적으로 타파하지도 못했다.

둘째, 병력을 증대하는 것이다. 당시 수도 경비는 잉여 병력을 배치하면 4,800명의 군인을 육성할 수 있었다. 그러나 만주 사람의 수가 급증하고 있어 소수의 인원을 구제한다고 해서 전체 만주 사람들의 생계문제를 해결할 수는 없었다. 설령 한족 병사가 이를 대신한다 하더라도, 각자의 생계는 각자가 책임져야 하는 것이다.

빠져나간 인원수는 만주족 잉여 병력과 약간의 몽고족으로 메울 수 있다. 그러나 군복을 벗고 평민으로 돌아간 수는 팔기군이 증가하는 수에 훨씬 미치지 못했다.

악이태는 수도 병력을 토지개간에 이동시키는 것, 즉 팔기군을 농사에 투입하는 것을 가장 좋은 방법으로 꼽았다. 그는 백 가구에 경작을 시켜 팔기군의 생계문제 해결의 시험대로 삼고 효과를 거두면, 이 제도를 확산시킬 수 있다고 말했다.

여기에 웅사이가 제동을 걸었다. 그는 팔기군이 대도시에서 오랫동안 태만하고 향락적인 생활을 한 데다 일할 능력과 기술도 없으며, 심지어

전답을 수령하여 이자만 받아도 되는 일조차 번거로워하는 사람들이라고 반박했다. 때문에 수도 병력의 이농정책은 결국 실패로 돌아가고 말았다.

그런 상황에서 옹정제는 결정을 내렸다. 먼저 북경부터 3,000호 팔기군을 납림^{拉林}으로 보내서 개간사업을 시작해, 그 결과를 지켜보기로 한 것이다. 팔기군의 생계문제를 해결하기 위해, 옹정제는 다음의 조치를 단행했다.

첫째, 팔기군을 평민화했다.

한족 팔기군으로서는 분명 원치 않던 일이었지만 어쩔 수 없는 일이기도 했다. 그들은 농사일이든 장사든 아는 게 없었다. 때문에 스스로 생계를 이어나가는 것이 얼마나 힘든 일인가를 뼈저리게 느낀 일부 퇴역 팔기군은, 다시 군대에 복귀하여 몰래 녹봉을 타기도 했다.

옹정제는 문서 조작자에 대해 진상을 파악하라는 엄명을 내리고 15일의 자수 권고 기한을 주었다. 이 기한 내에 자수한 자는 처벌을 면할 수 있지만, 그러지 않으면 가중죄를 적용해 이리로 후송했다.

둘째, 지출을 줄이는 것이다.

옹정제는 생계문제로 곤란을 겪고 있는 일부 팔기군이 생활을 영위할 수 있도록 갖가지 조치를 마련해주었다. 국가의 기둥인 팔기군이 생활고로 동요되지 않기를 바랐기 때문이다.

옹정제는 팔기군에, 수입에 맞는 지출을 할 것을 충고했다. 그는 팔기군이 향락에 빠지는 것을 철저하게 단속했다. 옹정 원년(1723년)에는 팔기군의 음주, 투계를 금지시키고, 귀족 및 팔기군의 경조사제도를 재정비하여 절약정신을 고취시키기도 했다. 옹정 12년(1734년)에 옹정제는 팔기군 중 아직도 옛 버릇을 고치지 못한 채 사치스런 생활을 하는 이가 있다며, 전체 팔기군들의 교육을 강화시킬 것을 명했다. 이러한 금지령은 팔기군의 교화를 목적으로 한 것이기 때문에 커다란 효과를 기대할 수는 없었다. 그래서 여전히 녹미^{祿米}를 파는 일은 비일비재했다.

옹정 5년(1727년)에 순승군왕 석보는 가부성 팔기군과 뒷거래를 통해 녹미를 사고 팔기군을 상대로 고리대금까지 놓았다. 그러자 옹정제는 이 사건의 추적조사를 명했고, 그가 사들인 녹미와 고리대금과 이자는 사건을 해결한 관병에게 하사품으로 내렸다.

하지만 이렇게 하나하나 조사하는 것이 팔기군의 녹미 불법판매를 근원적으로 해결하는 방법이 아님을 절감했다. 그리하여 옹정 6년(1728년), 경창^{京倉} 부근에 24개 팔기미국^{八旗米局}을 설치해 만주족, 몽고족, 한족 팔기군에 각각 1개를 배정했다. 통주창 부근에는 팔기군 좌우 양 진영에 미국^{米局} 두 곳을 설치했다. 그리고 각 미국마다 담당을 파견하여 녹미 거래를 감시했다. 팔기군들의 합리적인 소비를 도모하고 사치풍조를 일소하기 위한 조치였다.

셋째, 수입을 증대했다.

옹정제는 팔기군의 수입을 증대시키고자 우휼^{優恤}정책을 시행했다. 옹정 원년(1723년)에 국고에서 은자 80만 냥을 각 팔기군에 나눠주고, 관병들의 경조사 비용으로 활용했다. 호군교^{護軍校}, 효기교^{驍騎校} 등에게는 혼례 비용으로 은자 10냥을, 장례 비용으로 은자 20냥을 지급했고, 기마병과 보병 등에게는 그보다 조금 감해서 지급했다. 이것은 한시적인 보조정책으로, 팔기군의 생활보조에는 한계가 있었다.

이상과 같은 각종 조치를 통해 옹정제는 팔기군의 생계에 대한 장기계획을 세우고, 이를 장기제도로 보장할 수 있도록 심혈을 기울였다. 이로써 청조의 통치기본을 더욱 공고히 하는 데 발판을 마련할 수 있었다.

피로 얼룩진 옥좌를 정돈하다

안정된 정권은 왕과 대신들의 협력과 경계 속에서 이루어진다. 일국의 군주라면 반드시 '하'를 숙지하고 있어야 한다. 여기서 말하는 '하'는 백성을 일컫기도 하고 조정의 대신을 지칭하기도 한다.

건륭제가 평민 차림으로 강남을 순시한 이유는 백성의 실생활을 알아보기 위한 것이었다고 하지만, 사실 유람의 성격이 짙었다. 그러나 옹정제는 밀절제도를 만들어 대신들로 하여금 서로를 감시하도록 했는데, 이것이 더욱 효과적인 '하'를 파악하는 방식이 되었다.

즉위 후 옹정제는 피로 얼룩진 옥좌를 말끔히 하고 잠재적인 위기 상황을 평정하기 위해 모든 대신들의 숨통을 조이기 시작했다. 이를 위해 옹정제는 밀절 범위를 확대했고, 상소권(기밀로 긴급하게 직접 황제에게 전달하던 상소에 대한 권한)의 범위 역시 감찰관의 감찰어사로까지 확대했다. 관리는 한 사람씩 매일 돌아가며 상소문을 올려야 했다.

밀절은 점차 황제의 눈과 귀가 되었으며, 그 수도 점점 많아져 다양한 소식을 접할 수 있었다. 이후 관직이 비교적 낮은 번얼(藩臬 : 관찰사 정도의 벼슬) 부도의 제진瞡瓫 관리까지도 황제에게 직접 밀절을 올릴 수 있었다.

옹정제는 철통같은 비밀 제도를 제정하여 "짐이 비밀을 누설하면 신하를 잃으며, 신하가 비밀을 누설하면 목숨을 잃는다."라고 대신들에게 공공연하게 경고했다. 옹정제는 황제와 신하 사이에 다른 사람이 간여하는 것을 꺼렸다. 왜냐하면 이 중간자가 누구든 간에 함부로 말을 섞어

넣을 가능성이 있기 때문이다.

신하들의 일거수일투족은 옹정제의 시야를 벗어날 수 없었다. 이것이 바로 밀절의 기능이었다. 강희제는 비록 관대함으로 정평이 나 있지만, 황권강화에 있어서만큼은 그 어떤 황제 못지않게 매서웠다. 그는 지방 관리를 감시하기 위해 비밀리에 심복을 보내 상황을 상세히 보고하게 했다. 뿐만 아니라 비밀 누설을 방지하기 위해 밀서는 여러 번 접는 방식을 취했으며, 이를 편한 대로 '절자折子' 혹은 '밀절密折'이라 이름 지었다.

이후 옹정제는 상소권을 부여받은 관리들에게 황제와 일대일의 비밀 유지를 긴밀하게 하도록 했다. 밀절을 행하는 사람은 반드시 직접 작성해야지 대필을 해서는 안 되며, 비밀을 남에게 누설해서는 더더욱 안 됐다. 그는 밀절 작성 후 본인이 직접 전달하거나 책임자를 파견하여 내각을 거치지 않고 직접 황제에게 상소하도록 했다. 따라서 상소하는 내용은 황제 이외에 아는 이가 없었다.

옹정제의 정력은 타의 추종을 불허했다. 신하들이 보고하는 밀절은 그가 직접 살펴보고 친히 회답을 했다. 옹정제가 어지를 내릴 때 주필을 사용한다 해서 이를 '주비'라고 불렀다. 황제의 의중을 담은 주비는 각 지방으로 거침없이 전해졌다.

옹정제와 비교했을 때 건륭제는 황위 쟁탈에 대한 위기는 없었지만 신하들을 어떻게 통제할 것인가에 대한 난제에 봉착했다. 따라서 이 밀절제도는 분명 이러한 난제를 푸는 열쇠가 되었다. 이 부분에서 옹정제는 건륭제에게 많은 영향을 끼쳤으며 교훈을 남겼다.

건륭제는 밀절을 통해 대신들이 감히 공개적으로 담론할 수 없는 정사를 파악할 수 있었다. 주비를 이용해 유지에 공개하지 못한 지시사항을 실었다. 그러나 관리들 사이에서는 감시와 견제가 여전히 이루어지고 있었다. 즉 아무리 고위관직이라 할지라도 함부로 기만할 수 없었다. 따라서 건륭제는 칼날 같은 다양한 통치조치는 없애버렸지만, 옹정제가 적극 주창한 밀절제도만큼은 계속 이어갔다.

건륭 원년 8월 13일, 그는 밀절제도에 대한 유지를 반포했다.

"예로부터 나라를 다스리는 데 있어, 세상사에 어둡지 않고 나라 구석구석을 통달해야 한다. 국정을 논함에 있어, 널리 의견을 구하는 데 부족함이 없어야 한다. 이전에 밀절을 담당한 관리나 특별 유지를 담당한 사람은 모두 황제를 배알하여 상소할 수 있다."

건륭제의 노력은 헛되지 않았다. 몇 개월이 지나자 그는 산더미같이 쌓인 문서를 봐도 예전처럼 눈살을 찌푸리거나 혼을 빼지 않았다. 밀절은 외부세계로 통하는 창이 되었고, 이를 통해 그가 다스리는 신하와 백성, 그리고 나라 전반을 들여다볼 수 있었다. 그 결과 이해득실을 제대로 파악할 수 있었다. 따라서 그는 더 이상 대신들의 '보정輔政'에 의하지 않고 독립적인 명령체계를 만들 수 있었던 것이다.

밀절의 역할이 점점 부각되자 건륭제는 이를 처리하는 데 더욱 신중을 기했다. 조반을 들고 나면 바로 밀절에 회답하기 시작했다. 모든 밀절에 답했으며, 한 자라도 빠뜨리지 않겠다는 마음으로 꼼꼼하게 살펴보았다. 간혹 잘못 기재된 부분이 발견되면 즉시 수정하도록 명했다.

모두가 기밀에 속한 것이기에 보류된 문건은 자신이 직접 편지를 봉하기도 했으며, 어떤 것은 아예 통째로 암기하고 원본은 즉시 소각했다. 이런 일은 평상시 때나 지방 순시에서도 마찬가지였다. 그는 단 한 번도 남에게 일을 맡기지 않았다. 어디를 가든 밀절은 그가 있는 곳에 도착했으며, 밀절을 읽고 회답하는 일은 생의 일부가 되었다.

사실상 건륭제에 대해서 말하자면 밀절제도야말로 권력장악의 핵심이었다. 건륭 13년(1784년) 후 상소제도가 폐지되자 밀절의 역할이 더욱 두드러졌다. 기밀업무를 하는 관리들은 때때로 밀절 형식을 취해 황제에게 보고했다. 황제가 이를 수긍하면 제본題本 형식으로 중앙정부의 관련 부서에 제출했다. 그러나 이것은 어디까지나 최종 비준 절차를 완료하기 위한 것이었다. 건륭제는 이로써 대권을 장악할 수 있었고, 옹정제가 착안하여 만든 밀절제도가 가장 효과적인 통제방법임을 실감하게 되었다.

이른바 하부 상황을 알고 있는 자와 통치자에게는 각종 방법이 있었다. 옹정제의 밀절제도는 당시 봉건사회의 산물로, 21세기에도 통용되고 있다. 부적합한 것은 당연히 배제되어야 하지만, 현시대의 상하관계는 서로 신뢰하고 대화할 수 있는 관계여야 한다.

주위에 해가 되고 염치없는 소인배에게는 감시와 고발이라는 비상수단을 써야 한다. 이것은 오늘날 우리가 배울 만한 내용이다.

쉬지 않고 이어지는 나날의 격무

예로부터 중국에는 부지런한 인물이 많았다. 그리고 청조 황제들은 더욱 정무에 심혈을 기울였다. 옹정제는 근면함의 일인자였다. 그가 매일 붓으로 써 내리는 지시사항은 평균 오천 자에 달했으며, 이것은 역대 황제 중에서 유례를 찾아보기 힘든 기록이라 전해진다.

옹정제는 정무를 보는 데 있어 하루도 거르는 일 없이 스스로 나태함을 경계하며 성실함으로 일관한 황제였다. 그는 스스로 이렇게 말했다.

"오직 정무에만 매달리며 이것을 통치의 근본으로 하겠다."

옹정제는 이른 아침부터 저녁까지 쉬지 않고 정무에 매달렸다. 낮에는 대신들과 회동하여 정사를 의논하고 저녁에는 상소문을 확인했는데, 늦은 시간까지 계속되는 일이 많았다. 설령 식사를 하고 휴식을 할 때도 이러한 근면 성실한 태도는 흐트러지는 법이 없었으며, 긴장을 늦추거나 나태해지는 것을 경계했다. 그의 이러한 자세는 해가 바뀌어도 변함이 없었으며 한여름과 한겨울이 와도 지치지 않았다.

옹정제가 직접 확인한 상소문 2만 2,000여 건이 타이베이 고궁박물관에 소장되어 있는데, 이 또한 일부에 지나지 않는다고 한다. 옹정제 스스로 작성한 유지 및 대신들의 상소문에 대한 지시가 선별되어 출간된 것은 10만여 건도 채 안 된다. 출간되지 않은 수는 헤아릴 수 없을 정도다. 가히 놀라지 않을 수 없는 숫자다.

옹정 원년(1723년) 5월 초하루, 옹정제는 11건의 유지를 잇달아 내리고, 총독, 독학, 제독, 총병, 포정사, 안찰사, 도원, 참장, 유격, 지부, 지주, 지현 등 각 급 지방 문무관에게 명확한 요구를 제시했다. 빼곡하게 담긴 유지의 내용을 보고 있으면 그야말로 옹정제가 아니고서는 해낼 수 없는 것임을 알 수 있다.

옹정제의 근면함은 또한 천하통치를 근본으로 하는 것과도 깊은 관련이 있다. 그는 재위 기간 중 줄곧 책임감으로 정무에 부지런히 임했다. 그는 스스로 이렇게 말한 적도 있다.

"이른 새벽부터 늦은 밤까지, 잠자는 시간과 식사 시간조차 줄여가며 모든 힘을 정무에 쏟았다. 대소사를 가리지 않고 철두철미하게 했다. 결코 좋은 평판을 듣고자 했던 것은 아니다. 역대 선조들께서 홍복을 누리시고 선친께 정성을 다하고자 함이다. 종묘사직을 중대사로 하기에 나태함이 없었다."

다시 말해 그는 청조통치를 최대 사명으로 자각하여 정무에 소홀함이 없으며, 조금의 태만도 스스로 용납하지 않았던 것이다. 이렇듯 그는 종묘사직을 중대사로 꼽고 조정업무를 우선으로 했기 때문에 누구보다 부지런히 일할 수 있었다.

옹정 6년(1728년) 여름, 그는 달 밝은 밤에 금쪽같은 시간을 아껴가며 홀로 정무를 보고 있는 자신의 심경을 《하일근정관신월작夏日勤政觀新月作》이라는 칠언시에 담아냈다.

勉思解慍鼓虞琴 殿壁書懸大寶箴 면사해온고우금 전벽서현대보잠

　　머리 쓰기를 게을리 하지 않고 배움 속에서 만난 어려움을 해결하면서,

　　쉬는 시간에는 악기로 머리를 식히고, 대전의 벽에는 훈계의 말을 걸어

　　놓고 자신을 다그치네

獨覽萬幾憑溽暑 難抛一寸是光陰 독람만기빙욕서 난포일촌시광음

　　매일 추위와 더위를 아랑곳 아니 하고 정사를 돌보니 마치 시간은 금싸

　　라기 같거늘

絲綸日注臨軒語 禾黍常期擊壤吟 사륜일주임헌어 화서상기격양음

　　비단 입은 사람은 출세하기를 바라고, 벼 이삭은 땅속에서 싹트니

恰好碧天新吐月 半輪爲啓誡盈心 흡호벽천신토월 반륜위계계영심

　　이는 마치 푸른 하늘의 조각달같이 우리에게 자만하지 말 것을 알려주는

　　것과 같노라

옹정제는 어려서 더위를 먹은 적이 있어, 매년 찌는 듯한 더위가 찾아오면 의식적으로 휴식을 취하려 노력했다. 그러나 선현들의 잠언이 뇌리를 스치면 황제로서의 사명을 통감하며 시간을 헛되이 낭비하지 않으려 했다. 나아가 자만에 빠지지 않기 위해 스스로를 끊임없이 단련하여 정무에 모든 열정을 쏟아 부었다.

이듬해, 옹정제는 힘들지만 정사를 돌보는 데 더욱 매진하려는 마음을 담아 7언시 《모춘유감暮春有感》을 쓰기도 했다.

虛窓簾捲曙光新 柳絮爲錢又暮春 허창렴권서광신 유서위전우모춘

창을 열고 발을 올려 밖을 내다보니, 푸르른 아침 햇살에 버드나무 가지가 흔들리는 봄이 왔도다

聽政每忘花月好 對時惟望雨絲匆 청정매망화월호 대시유망우사물

정사를 담론할 때는 경치의 아름다움도 잊고 오로지 땅이 풍요롭기만을 바라노라

宵衣肝食非干譽 夕惕朝乾自體仁 소의간식비간예 석척조건자체인

한밤에 깨어나 간소한 음식을 먹으면서 정무를 보는 것은 무슨 명예를 바라서가 아니다

風紀分頒雖七度 民風深愧未能淳 풍기분반수칠도 민풍심괴미능순

민풍에 관한 법규는 이미 일곱 번이나 고치고 반포했지만 아직도 부족함이 많아서 부끄럽도다

이 시는 계절이 변해 아름답게 꽃이 펴도 이를 감상할 마음과 시간이 없고 민심이 아직 교화되지 않아 불안하다는 내용을 담고 있다.

그는 천자에 오르고 나서 민심을 다스리지 못해 군주로서의 책임감을

절실히 느끼고 주야조모로 정사를 돌보았다. 꽃들이 만발하고 초목이 무성해지는 대자연의 변화무쌍함조차 즐길 겨를이 없을 정도였다.

옹정제는 근면과 성실 그리고 무너지지 않는 신념으로 제왕의 본보기가 된 인물이다. 설령 공적을 세운 제왕이 있다 하더라도 옹정제와는 비교대상이 되지 못하는데, 하물며 무능하고 주색에 빠진 제왕과 비교해서야.

청조 역사가 맹삼 선생은 '정무에 힘쓴 군주 중에 옹정제를 따를 사람이 없으며, 영민함과 근면성은 그 누구도 흉내 내기 힘든 것'이라고 평한 적이 있다. 옹정제에 대한 이 같은 평가는 지당하다.

옹정제가 펼친 정무는 당연히 그의 아버지인 강희제에게서 많은 영향을 받은 것이라 할 수 있다. 강희제는 60년의 재위 기간 동안 심야에도 일어나 어둠 속에서 옷을 찾아 입고 새벽을 가르며 정무를 돌봤다. 이러한 일과는 수십 년간 계속되었고, 거의 중단된 적이 없었다. 이것은 강희제가 조정업무에서 두각을 나타낸 배경이기도 하다.

강희제는 매일 이른 아침에 건청문에서 부원의 각 아문 관리들과 정사를 논하고, 대학사 등과 의견을 수렴하여 처리했다. 이것이 바로 관문청정官門聽政제도다. 강희제는 스스로에게 엄격했고 철두철미했다. 그는 일찍 일어나고 늦게 잠들며 상소가 있으면 즉시 회답하고, 혹여 급한 일이 생기면 손에 촛불을 든 채로 처리했다.

말년에 가서는 오른손에 병이 들어 글을 쓰지 못했는데, 왼손으로 붓을 잡는 등 남의 손을 빌리지 않았다. 그는 세상을 떠나며 다음과 같은 유훈을 남겼다.

"천자에 등극하고서 비록 스스로 낡은 관행들을 개선시키고 백성의 삶을 풍요롭게 했다고 감히 말할 수는 없지만, 태평성대와 국태민안을 달성하고자 밤낮없이 고민하고 매사에 신중하며 안일을 탐하지 않았다. 수십 년을 하루같이 모든 정성을 기울였다."

역시 조금도 지나치지 않은 표현이었다.

강희제의 근면함은 타의 모범이 되어 '건륭성세'를 실현하는 중요한 기틀을 마련해주었다. 또한 훗날 옹정제와 건륭제의 근면성실에도 귀감이 되었다.

정치유산이 이룩한 건륭성세

청나라 황제 중에서 건륭제는 가장 복이 많은 황제로 꼽히는데, 그 원인은 두 가지다.

첫째는 유년 시절에 조부인 강희제에게 훗날 큰일을 할 손자라고 총애를 받은 것이다. 사실상 이 대목은 그가 이미 미래의 천자임을 확정짓는 계기가 되기도 했다.

둘째, 건륭제의 아버지로서 옹정제는 통치기반을 다지는 여러 가지 제도를 개혁했는데, 이 점에서 본다면 건륭제가 청조의 번영을 이끌 수 있었던 것은 어느 정도 옹정제가 소중한 정치유산을 물려주었기에 가능했다고 볼 수 있다.

우리는 건륭제가 조정중신의 추대로 황제에 등극했다는 사실을 잘 알고 있다. 그에게는 심복이 없었다. 옹정제는 형제들의 황위찬탈에 대한 뼈저린 경험을 알기에 아들에게는 이를 엄격하게 주의시켰는데, 건륭제의 형제들은 전대의 황자들과는 비교할 수 없을 정도로 야욕을 부리지 않았다.

건륭제는 재위 기간 동안 거의 적이 없었는데, 이것은 건륭제의 집정에 다소 걸림돌이 되었다. 왜냐하면 줄곧 황태자 신분이었던 건륭제는 어려서부터 궁 안에 거주하여 일거수일투족이 옹정제의 시야 안이었기에, 자신만의 공간이 없었기 때문이다. 그래서 천자에 오른 그는 기존의 대신을 제외하고는 다른 선택의 여지가 없었다. 이에 대해 자신의 심경을 이렇게 표현한 적이 있다.

"지금 내 옆에 있는 자들은 모두 선친과 함께한 사람이다."

사실상 이것은 옹정제의 전략이기도 했다. 옹정제는 옛사람을 쓰면 신구관료들 간의 알력다툼을 피할 수 있으며, 인사경질로 인한 부작용을 차단할 수 있다고 생각했다.

그러나 건륭제는 부황이 자신을 위해 만들어놓은 안정된 정국에 감사해하지 않았다. 황좌에 등극하고 나서 지극한 충성심은 있었을지 모르나, 낯선 인물을 보면서 암담한 심경을 감출 수 없었던 것이다. 경험이 부족한 어린 황제로서 정계에서 모진 세월을 겪은 원로대신들을 지휘하는 것은 무엇보다 무거운 짐이 아닐 수 없었다.

그러나 건륭제는 확실히 복을 타고난 황제였다. 즉위한 직후부터 원로들에게 에워싸였지만 옹정제가 생전에 짜놓은 인사로 인해 관료들 간의 견제나 다툼은 일어나지 않았다. 아첨을 하거나 몸을 사리는 사람은 있었지만 음모나 법을 위반하는 상황은 발생하지 않았다. 이것은 옹정제에게 정말 감사해야 할 일이다. 왜냐하면 옹정제의 고압정치는 이미 모든 신하들의 마음속에 깊이 각인되어 황제의 권위 앞에 머리를 조아리지 않을 수 없게 만들었기 때문이었다.

어찌 되었든 건륭제의 마음은 여전히 편하지 않았다. 독재정치를 하고 무소불위의 권력을 가졌음에도 구중궁궐에 갇혀 있는 삶이었다. 외부세계와 단절된 상황에서 정사는 대신들에게 맡겨야 했다. 믿고 의지할 심복이 없는 상황에서 건륭제가 어찌 마음을 놓을 수 있었겠는가?

그러나 이 모든 것을 옹정제는 미리 꿰뚫고 있었다. 따라서 건륭제가 즉위하고 3일째 되던 날, 옹정제가 남긴 정치적 유산인 '밀절제도'를 부활시켰다.

이것은 강희제 때 시작되어 옹정제 재위 시에 엄격한 제도로 자리 매김하여 황제의 대권장악의 산물이 되었다. 밀절제도는 또한 건륭제의 통치를 위해 특수한 기능을 부여받았다. 이를 더욱 자세히 알기 위해 우리는 밀절제도의 역사를 살펴보지 않을 수 없다.

청승명제(淸承明制: 청조에서 명의 정치제도를 계승함)는 장단점이 있었는데, 청대 초기에는 봉건왕조 행정 부문에서 아래로부터 위로 올리는 공식문서에서 주로 명대의 제도를 계승한 것이 많았다.

관료가 황제에게 바치는 상소문은 두 종류가 있는데, 하나가 '제본題本'이고, 나머지 하나가 '주본奏本'이었다. 제본과 주본의 차이점은, 제본은 공무를 보고하는 문서이고, 주본은 사적인 일을 보고하는 문서라는 것이다. 그러나 제본이든 주본이든 모두 내각에 송부해야 하고, 내각에서 통과돼야만 황제의 수중에 들어갈 수 있다. 이것은 절차가 복잡해 시간이 많이 지체될 뿐만 아니라, 내각의 의견이 황제에게 절대적인 영향을 미쳤다. 이것은 황제에 대해 전제정치를 시행하는 것이었는데, 실제로 상호견제를 하게 만든 요인이기도 했다.

강희제는 비록 관대함으로 정평이 난 황제였지만 황권을 강화하는 데 있어서만큼은 그 어떤 군주 못지않았다. 그는 지방관리들을 감시하기 위해 비밀리에 심복을 파견해 수시로 상소를 하도록 했고, 또한 기밀 유지를 위해 상소문은 겹겹으로 접는 형식을 써 이를 '절자折子', 혹은 '밀절'이라 칭했다.

이후에 옹정제는 상소권을 부여받은 관리들은 반드시 황제와 직접 연계하여 비밀 유지에 만전을 기했다. 상소를 하는 사람은 직접 작성을 해야 하며 남에게 비밀 누설은 더더욱 안 되는 일이었다. 밀절은 황제에게 직접 전달하도록 해 황제 이외에 그 누구도 알 수 없었다.

건륭제가 밀절제도를 부활시키게 된 까닭은 바로 이런 연유에서였다. 경험 없는 미숙한 황제가 구중궁궐에 갇혀 살다시피 하는 경우, 무엇보다 중요한 것은 아래 상황을 잘 파악하고 있어야 한다는 것이다. 그래야만 어떠한 견제세력 없이 권력을 행사할 수 있으며, 내일을 예측할 수 없는 정치세계에서 시시비비를 가려낼 수 있다.

옹정제와 강희제가 그에게 남긴 이 정치유산은, 천하를 다스리기에 충분했다.

정치는 단순하게, 말보다는 행동을 하라

무릇 성실함은 일의 성패를 좌우하는 법이다. 집권자가 정무에 성실히 임해야만 강건한 나라를 만들 수 있다.

"부지런히 사색하며 이치를 깨닫고 열심히 행하면 일을 달성할 수 있다."

이 말은 조정업무의 올바른 도리이자 옹정제의 수신치국의 첫 번째 방침이기도 했다.

사료는 옹정제를 역대 황제 중에서 가장 성실하게 조정을 돌본 황제로 기록하고 있다. 당시 제도에 따르면, 옹정제는 새벽에 4시에 일어나 조정업무를 보았다. 이렇게까지 일찍 조정에 나가는 것은 역사상 매우 드문 경우라 할 수 있다. 당시 군기처 당직 10여 명 정도가 5~6일에 한 번씩 새벽근무를 하는 것도 매우 고되다고 여겼는데, 옹정제는 하루도 거르지 않고 일찍 일어났으니 그들보다 더욱 고된 작업을 한 것이다.

만약 변방에 문제가 생기면 아무리 늦은 시간이라도 친히 나와 보고를 받았다. 옹정제의 이 같은 근면함과 책임감으로 인해 신하들이 감히 나태한 생활을 하지 못하게 되었고, 결과적으로 상부의 기강이 바로잡히게 되었다. 이것은 하부관리에게까지 영향을 끼쳐 대부분이 부지런히 일했다. 옹정제의 멸사봉공 정신과 책임감 그리고 최선을 다하는 모습은 오늘날의 지도자들이 표방할 만하지 않은가?

《청조야사대관淸朝野史大觀》에 기재된 바에 의하면 "구백이 말하기를, 반드시 매일 오전 5시에 일어나야 한다. 여름철은 날이 밝지만 겨울철에는 5시부터 여명이 밝아오기 시작한다."라고 했다.

옹정제의 근면성은 업무의 효율을 높이는 데도 발휘되었다. 옹정제는 "글로만 상소하지 말고 발로 뛰라."고 절강안찰사인 감국규에게 훈시했는데, 이 또한 상소권 유기를 반대하는 이유에서다. 바로 이런 이유로, 대충 글로 작성된 상소문을 올리거나 실효성 없는 내용을 상소한 관리들은 예외 없이 무섭게 질책받았다.

옹정 3년(1725), 복건의 학정인 황지전이 성은에 대한 감사와 유훈을 칭송하는 내용을 적어 보낸 데 대해 옹정제는 이렇게 질책했다.

"무슨 일이든 행동이 앞서야지 형식만 갖춘 내용 없는 상소문은 필요 없다. 짐은 이런 상소문에 넌더리가 날 지경이다. 짐은 빈껍데기뿐인 상소문을 읽을 시간이 없으니 더 이상 보내지 마라."

같은 해 11월, 운남의 포정사 상덕수가 부임하고 나서 번사아문^{藩司衙門}의 지세와 인두세를 포함한 재정수지를 꼼꼼히 기재했다. 이러한 청렴결백한 일상적인 상소문에 대해서도 옹정제는 "이 같은 상소는 지겹도록 받았다. 실력으로 행사하라. 이 같은 상소로는 짐의 신임을 얻을 수 없다."라고 회답했다.

옹정 9년(1731년) 11월, 진해장군이 상소하기를 "지난 달 주비유지를 삼가 받았나이다. 철통같은 경계를 당부하시는 황상의 유훈에 감사드립니다. 우매하기 짝이 없는 신이 고명한 황제를 받들게 되었으니 축생이 아닌 이상 미력하나마 보은하고자 합니다."라고 했다.

옹정제는 이 상소문은 미사여구와 과장된 표현으로 포장되었다며 "한 족은 하나같이 이런 식으로 상소를 하는구나. 언행일치를 행하는 자는 고작 100명 중 한두 명이니, 실로 교지를 내리기 막막하다. 이런 일로 짐을 바쁘게 해서는 안 된다."라고 호되게 꾸짖었다.

청대의 상소업무는 두 종류로, 상소문 분석과 직접 상소가 있다. 옹정제는 모든 관리에게 불필요한 상소를 면해주었고, 직접 상소를 올리는 일에는 엄격했다. 옹정 3년 4월, 귀주를 순시하는 중에 그곳 관리는 황제를 직접 만나 현지의 상황을 보고하고 교지를 받고자 했다. 하지만 옹정제는 이를 거절하고 대신 유지를 내렸다.

"황궁까지 왕복하는 데 많은 시간이 걸리니 무익하다. 만약 열의를 다해 맡은 바를 완수한다면 짐을 열 번 만나는 것보다 훌륭한 일이다."

옹정 8년 정월에 호광 낭양총병 양봉이 황제를 알현하고 올린 상소문에 대해서도 다음과 같은 교지를 내렸다.

"그대가 직무를 완수하고 짐의 훈시에 따라 실력행사를 하려면 보고

들은 실제 상황을 숨김없이 상소해야 한다. 이것이 예를 갖추어 짐을 알현하는 것보다 훨씬 반가운 일이다."

한 번은 새로 부임한 호광제독 장정홍이 황제를 알현하고자 했는데 옹정제가 "부임한 지 얼마 되지도 않았고 그대가 떠나기 전에 짐이 이미 타일러 두었거늘 무슨 할 말이 있다는 건가? 짐의 말을 마음속에 새기지 못하고 궁을 자주 들락거린다면 아무런 도움이 되지 않는다."라고 훈시를 한 적이 있다.

옹정제가 관리들에게 당부한 것은 행동이지 번지르르한 말이 아니었다. 그의 관심사는 문무대관들이 실제로 일을 하고 있는가 아닌가였지, 상소를 열심히 하는가 아닌가, 듣기 좋은 말을 하는가 아닌가가 결코 아니었던 것이다. 옹정제의 말을 인용하면, "백 마디의 말보다 한 번 행동하는 것이 낫다." 이 말은 실사구시 정신을 한마디로 표현한 것이라고 할 수 있다.

옹정제의 이야기는 이미 수백 년 전의 일이지만 그가 표방한 실사구시 정신은 우리가 깊이 생각해볼 만한 것이다. 우리는 근면성실하고 매사에 신중한 지도자를 요구하고 있다.

"관료가 불성실하다는 것은 직무유기나 마찬가지다."

관리는 성실해야만 민심을 살필 수 있으며, 근면해야만 일을 제때에 처리할 수 있다. 부지런해야만 부하직원들이 게으름을 피우지 않는다. 그렇다고 모든 일을 직접 처리하라고 주장하는 바도 아니며 — 이것은 리더십의 또 다른 문제다 — 아픈 몸을 이끌고 일을 하라는 말도 아니다. 어디까지나 결과에 관계없이 어떤 정신상태로 임하느냐가 중요하다.

우리의 신체는 지식과 재능을 담는 그릇이다. 지도자의 몸은 역량을 담는 그릇이다. 따라서 지도자라면 자신의 건강을 책임져야 한다는 뜻이다. 자신은 풍요롭고 편안한 생활을 누리면서 곤란한 상황을 못 본 체하며 부정을 일삼는다면 이것은 체면을 세우는 일이 아니라 자신을 좀먹는 이기적인 것임을 깨달아야 한다.

다난^{多難} 속에 나라가 발전한다는 말이 있다. 다난이라면 중화민족만큼 뼈저리게 경험한 민족도 없다. 이제 고난에서 벗어난 중국인들은 날개를 활짝 펴고 비상하려 하고 있다. 이 새로운 역사적 시점에서 옹정제와 같은 인물이 출현해 근면성실함을 발휘할 때 '부강한 나라'를 실현할 수 있다. 이런 의미에서 근면함이 나라를 일으킨다고 말할 수 있다.

진시황, 명태조, 옹정제, 건륭제. 이들은 부국강병을 도모하는 데 열정을 아끼지 않았다. 그 결과 조정의 기강을 잡고 나라를 부흥시켰다. 작금의 지도자들도 현재 국내외의 호기를 잘 파악하고 부지런히 일을 하면 현대화 건설에 더욱 박차를 가할 수 있을 뿐만 아니라 국민 경제가 한 단계 발전하는 계기가 될 것이다.

믿을 수 있는 사람에게 권력을 부여하라

"믿을 수 있는 사람에게 권력을 부여한다."

지도자라면 누구나 알고 있는 진리다. 이렇게 되면 아랫사람의 적극성을 이끌어내고 더 큰 효과를 낳을 수 있기 때문이다. 그러지 않으면 인재를 발굴해낼 수 없어 조직은 정체되고 만다.

중국 역사상 왕권이 신하보다 낮은 시대가 있었고, 반대로 왕권이 신하의 권세를 능가한 시대도 있었다. 가장 이상적인 것은 왕권도 신하의 권세도 함께 강력한 시대일 것이다. 청대의 옹정제는 바로 절대강자의 군주였으며, 그가 재위했을 때는 황권이 더 강했다.

옹정제는 왕대신들과 비교하여 자신을 군계일학으로 표현했다. 그는 날카로운 안목을 가졌으며 기억력도 매우 뛰어나 전국의 정무를 손바닥 들여다보듯 훤히 알고 있고, 그 많은 독무의 능력을 파악하고 있었으며, 어떤 때는 독무수하의 낮은 관리들까지도 기억하고 있었다. 그래서 그는 자신이 믿을 수 있는 사람에게 권력을 맡겼고, 이를 통해 청조에 대한 자신의 의중을 전달할 수 있었다.

옹정제가 신임한 독무 중에는 이위, 전문경, 왕사준 등이 있다. 이들은 원래 모두 직급이 낮은 관리였다. 이위는 동산의 서주 사람으로, 돈을 주고 관직을 샀다. 그는 옹정제 때 일개 호부낭중이었다. 옹정제는 그런 그에게 직예와 운남의 역참 직을 맡기고 3년이 채 안 돼 절강순무로 임명하여 염정도 함께 관리하도록 했다. 2년 후, 그는 다시 절강총독으로 승진되었다.

이위는 정무에도 능했지만 도둑 잡는 일에도 일가견이 있어 치안이 눈에 띄게 좋아졌다. 옹정제가 재위하고 10년 후, 이위는 북경으로 올라와 형부상서 직을 맡게 되었다.

전문경은 한군 팔기의 정황기 출신이다. 청조 초기, 한군 팔기에 속한 한족 팔기군은 일반 한족보다 쉽게 황제의 신임을 얻을 수 있었다. 연갱요와 강희제 시절의 조연(조설근의 조부), 팽붕(팽공안의 팽공), 시세륜(시랑의 아들, 시공안 중 시공)은 같은 부류에 속한다. 매관 출신인 전문경과 이위는 옹정 재위 시에는 내각시독학사_{內閣侍讀學士}에 지나지 않았는데, 현장_{縣長} 급의 지주를 거쳐 지금의 내정부 특별위원에 해당하는 이부원외랑까지 지냈다.

옹정제는 그를 산서포정사로 임명하고 2년이 안 되어 하남의 순무 대리로 승격시켰다. 그 후 다시 하남총독과 동하총독 직위에 올랐다. 전문경은 매우 열정적으로 업무 처리를 했는데, 옹정제를 대신해 오로지 세수 증가에 힘을 쏟아 백성과 하부관리에게서 원성을 샀다.

왕사준은 귀주의 평월 사람으로 시험을 통해 관직에 오른 한림원 출신이다. 옹정제는 먼저 그를 하남 지역의 지주 후보로 선임한 후, 동하총독 겸 하남순무로 발탁했다. 옹정 10년, 그는 전문경의 후임자가 되었다. 왕사준은 전문경을 탄핵한 인물로 알려졌지만 전문경의 업무방식을 그대로 따랐다.

전문경과 왕사준은 하남에서 많은 개혁을 단행했다. 전문경이 신속하고 과감한 개혁을 하자 옹정제의 칭찬이 끊이지 않았다. 그러나 하남에는 개간해야 할 땅이 그다지 많지 않았다. 전문경의 엄명에 몰려 주현관 州縣官은 하는 수 없이 황무지를 개간하여 백성들에게 소작하도록 했고 3년 후, 토지면적에 따라 세금을 징수했다.

건륭제 초기 호부상서를 담당한 사이직은 전문경과 왕사준이 보고한 개간지를 검사하고 다음과 같이 보고했다.

"강가 자갈밭 지역이 아니라 바위와 돌투성이인 산등성이와 심지어 무덤이 놓여 있거나 강둑에 접한 땅까지 개간하여 남은 땅이 없을 정도다."

전문경과 왕사준은 과감하게 일하고 부정을 저지르지 않았다. 전문경이 산동에서 총독 직을 겸임하고 있을 때, 200만여 냥의 재정이 비어 있다는 것을 적발했다. 그는 재정에 결손이 생긴 이유가 화폐주조 시 생긴 은의 손실과 밀수 때문이라고 옹정제에게 보고했다. 게다가 백성들도 세금을 바칠 수 있는 상황이 되질 못했다. 그러자 전문경은 이에 대한 묘안을 냈고, 산동순무와 포정사가 힘을 합쳐 반년 동안 진상조사를 하여 이를 완벽하게 개혁하도록 했다.

옹정제는 일 처리 능력이 뛰어난 사람을 깊이 신뢰하고 또한 필요로 했다. 사실상 자신의 심복을 얻고 나면 지도자에게 남겨진 일은 두 가지가 있는데, 지도자로서 반드시 완수해야 할 일이 그 하나이고, 나머지 하나는 자신의 수하가 해야 할 일이다.

그다음은 모든 부하를 적재적소에 배치하는 일이다. 이는 세부사항을 처리하는 데 불필요한 에너지를 소모하지 않게 하는 최고의 방법이며, 또한 최종 효과에 영향을 미치지 않는 선에서 업무시간을 줄일 수 있는 방법이기도 하다.

오늘날의 리더십에서는 부하에게 권한을 부여함과 아울러 지도자는 적절한 통제수단을 지녀야 한다고 말하고 있다. 즉 착오가 발생했을 때 발 빠르게 구제책을 세울 수 있어야 한다는 것이다. 이 같은 통제수단은 다음과 같다.

첫째, 자질과 역량을 갖춘 부하에게 적합한 직위를 부여한다.

둘째, 책임권한을 한꺼번에 부여하지 말고 단계적으로 부여한다.

셋째, 새로운 업무를 맡아 실수를 범하면 바로잡아주고 성과에 대해서는 칭찬한다.

넷째, 긴급한 일이 발생했을 때는 즉시 관여하여 부하가 더 큰 실수를 하지 않도록 미리 제지한다.

다음은 《삼국지연의》에 나오는 이야기다.

유비가 형주를 차지하자 손권은 목에 생선가시가 걸린 것처럼 마음이 편하지 않았다. 이를 다시 찾아온다고 해도 걱정이 이만저만이 아니었다.

첫째, 그럴 만한 역량이 부족했고, 둘째, 유비가 관우에게 형주 수비를 맡긴 것 때문이었다. 관우는 지혜와 용맹을 두루 갖춘 인물로 무적의 용장이었다. 셋째, 사마귀가 매미를 잡으려는데 뒤에서 참새가 사마귀를 노리고 있는 격이라, 동오^{東吳}의 일거일동을 주시하고 있는 조조를 피할 수 없었다.

당시 육구^{陸口}에 주둔하면서 관우와 대치하고 있던 여몽은 관우를 무력화시켜 허를 찌르는 전략을 짜냈다. 그 일환으로 요양을 핑계로 여몽을 수도로 불러온 것이다.

여몽은 동오의 명장으로, 촉나라 군대에는 위협적인 인물이었다. 여몽이 떠난 목적은 관우를 무력화시켜 그의 경계심을 잃게 만드는 것이었다. 그러나 아무리 덕망이 높고 용맹한 무사라 한들 관우의 팽팽한 긴장 태세는 풀어질 줄 몰랐다.

그럼 가장 적합한 사람은 누구란 말인가? 그렇다. 육손!

육손은 원대한 포부와 남다른 사고를 지닌 인물로 일 처리 또한 유능했다. 그는 관우를 무너뜨리고 형주를 탈환하는 데 적합한 인물이었다. 여몽은 군사책략에 정통한 육손이지만 아직 이름이 나지 않았기 때문에 관우의 시기를 살 일도 없다며, 손권에게 육손을 적극 추천했다. 당시 육손은 관직이 낮았고 그보다 이름난 장수들이 수두룩했다.

과연 육손이 해낼 수 있을까? 하지만 여몽의 사람됨을 믿었던 손권은 그가 추천하는 육손 역시 믿어보기로 했다. 육손은 육구에 도착하자자 비밀리에 전시태세를 갖추면서도 관우의 눈을 의식해 조용히 지냈다.

하지만 관우는 이러한 사실을 알면서도 아무런 관심을 두지 않았다. 훗날 육손의 기습공격에 허를 찔린 관우는 그제야 후회했다. 형주 땅이 다시 동오의 품으로 되돌아온 것이다.

형주는 촉나라의 동쪽 관문으로, 중요한 전략적 위치에 놓인 지역이었다. 이렇게 중요한 땅을 잃은 유비는 이를 되찾기로 했다. 직접 병사를 이끌고 동오를 공격하기로 한 것이다.

오나라는 일촉즉발의 위기상황에 처하게 되었다. 그리고 절체절명의 시기에 손권은 다시 한 번 육손에게 권한을 위임하여 유비를 칠 것을 명했다. 육손은 성심껏 직무를 수행했다. 촉나라 군대의 병력배치와 용병들의 우열을 분석한 그는 적이 지칠 때를 기다렸다 공격을 감행하기로 했다.

당시 유비는 갖은 수단을 동원해 육손을 도발했지만, 꿈쩍도 하지 않았다. 그러자 이번에는 그 부하들이 각자의 출신을 내세워 의견 충돌이 일어났다. 혹자는 육손이 간이 작아 적을 두려워하고 있다고도 하고, 혹자는 쓸모없는 서생 출신이라는 등 비난이 난무했다.

특히 오나라 군대의 선봉에 있던 손환이 촉나라 군대에 포위되어 구조를 기다리고 있을 때도 육손은 꿈쩍하지 않았다. 손환은 손권의 종실이기도 했지만 육손의 계략은 따로 있었다. 때문에 아무런 동요 없이 기회를 기다릴 수 있었던 것이다.

그리고 드디어 기회가 왔을 때, 육손은 단박에 유비를 공격해 멀리 내쫓아버렸다. 형주에서의 대패로 한없이 비통했지만 어쩔 수 없는 일이기도 했다. 형주는 어차피 동오에서 빌린 땅이 아니었던가? 잊는 게 상책이었다.

유비는 자신의 진짜 적수는 손권이 아니라 조조라는 것을 잊어서는 안

됐다. 전체적인 입장에서 보면 동오와 동맹을 맺는 것이 최선이라 생각했던 촉나라는 오와 화친을 맺었다.

손권은 오나라에 있으면서 촉나라의 상황이 궁금해 미칠 지경이었다. 서신을 보낸다 하더라도 혹여 실수로 오해를 살까 두려웠다. 그래서 그는 이 일을 육손에게 맡겼다. 그는 인장을 만들어 육손이 자유롭게 사용하도록 했으며, 촉나라에 서신을 쓰고는 육손이 이를 수정하여 손권의 도장을 찍어 보내게 했다.

군주의 인장은 그의 신분과 권력의 상징이다. 이런 의미에서 개인도장을 육손에게 넘긴다는 것은 바로 그에게 절대적인 신임과 함께 권한을 부여한다는 뜻으로 해석된다. 또한 육손에게 자신의 인장을 맡기는 것은 인장이 상징하는 권력을 육손과 함께 나누겠다는 의미로도 해석된다. 이렇듯 군주에게서 중책을 받은 육손이 어찌 충성심에 불타지 않겠는가?

손권은 육손에게 권한을 일임하고 나서도 일체 지휘권을 통솔하지 않을 정도로 그를 신임했다. 손권이 만약 육손이 주재하는 인사업무나 정책 결정에 간여했다면 육손의 심기가 필시 불편했을 것이다.

이런 마음을 알았기 때문일까? 손권은 그렇게 하지 않았다. 육손은 거침없이 자신의 전략과 수완을 마음 놓고 펼칠 수 있었다.

옛날부터 장수가 출사표를 내면 군주는 항상 이런 훈시를 내렸다.

"군대에 문제가 생기면 짐의 명에 따를 것이 아니라 경이 알아서 처리하라."

선인들도 이와 같은 말을 했다.

"장군이 출전 중일 때는 왕의 명을 받지 않을 수 있다."

이 말은 장군이 권한을 위임받고 나면 외부의 간섭을 받지 않고 독립적으로 권력을 행사할 수 있다는 의미다.

이렇게 권한을 부여받은 자는 가장 중요한 열쇠를 손에 거머쥔 것과 마찬가지로 모든 것을 움직일 수 있었다. 또 권한을 위임한 사람은 권한과 책임을 통일시킴으로써 장대한 계획을 세울 수 있었다.

결론적으로 말하면, 지도자가 대업을 성취하기 위해서는 아랫사람을 신임하고 실권을 넘겨줘야 한다는 뜻이다.

태평성대를 이룬 청조의 3대 제왕

'황제에 의해 조정이 결정된'는 말이 있다. 봉건체제의 이러한 정책적 관리체계는 왕왕 최고 권력자가 경질될 때 특히 부각된다.

임기응변 능력이 뛰어났던 옹정제의 가장 큰 특징은 카리스마 넘치는 통치전략이라 할 수 있다. 그는 재위 기간 동안 강희제 말년의 해이해진 기강을 개선하고자 매서운 통치제도를 시행했고 훗날 건륭제가 태평성대를 실현하는 기반을 마련해주었다.

옹정 13년 9월 27일, 새로운 군주가 지켜보는 가운데 대행황제 조칙이 반포되었다.

중국의 봉건사회에서 전대의 시정폐단을 개선하는 것은 종종 조칙반포를 통해 이루어졌다. 조칙이라 함은 새로 등극한 황제가 역대 황제의 명의를 빌어 자신의 시정요강을 발표하는 것을 말한다. 옹정제의 조칙

중에는 '관대함과 냉엄함의 조화'와 '때를 아는 법'에 대해 말하는 부분이 있다.

"이전부터 짐은 관리들이 상습적으로 사리사욕을 채우는 것을 알고 있었다. 이제는 더 이상 두고 보고만 있지 않을 것이며, 엄중히 단속하여 근절할 것이다. 각 아문조례에는 본래 엄격하게 처리하던 것을 짐이 관대하게 처리하도록 변경했다. 짐이 조정대신들과 심사숙고 끝에 개정하여 길이 남기고자 하니, 개정된 원칙에 따라 시행하라. 만약 종전의 원칙이 관대한 것을 짐이 엄격하게 바꿨다면 제후들이 조사하여 기존의 원칙을 따르도록 한다. 이 역시 짐의 본의임을 밝혀둔다. 차후에 이 같은 일이 발생하면 재차 의논할 것이며, 만약 선례가 있으면 그대로 따르기로 한다. 앞으로 짐의 육신과도 같은 경들이 짐의 고충을 헤아리고 나아가 역대 황제들과 선친의 공적에 보은하고 백성들을 복되게 하길 정녕 바랄 뿐이다."

우리는 강희제가 비교적 관용을 베풀었고, 만년에 이르러서는 매사에 태만해진 것을 알고 있다. 옹정제가 즉위하자 관대함은 없어지고 오로지 냉엄함이 가득한 정국으로 분위기가 일변했다.

그러나 옹정 재위 기간 동안에 토지는 그대로인데 인구증가로 인해 토지 부족 현상이 일어나, 황제가 각 성의 독무와 현 관리들에게 조칙을 내려서 백성들을 독려해 토지를 개간하도록 했다. 그런데 토지 개간사업을 장려하고 실적이 좋은 지역에는 상까지 내리자 관리들의 허위보고가 잇따랐다.

13년 동안 관리들이 보고한 개간면적은 은닉한 땅과 규획된 땅까지 포함하면 무려 39만 경이 넘었다. 개간지가 상부에 보고되면 몇 년 후부터는 세금을 내야 했다. 이렇게 되자 각 관리들은 개간지에 대한 세금을 기존의 토지에 분담시켜 징수할 수밖에 없었다. 황무지 개간이라는 명목이지만 실제로는 세금부담을 가중시킨 셈이 됐다. 옹정제 재세在世 시에 부실한 개간문제를 폭로한 관리도 있었지만, 그 정도의 미미한 보고는 계속 늘어나는 개간보고에 밀릴 뿐이었다. 따라서 허위보고된 개간지의 부가세 문제해결도 건륭제에게 고스란히 맡겨졌다.

건륭제 역시 정치갱신의 호기를 놓치지 않았다. 실제로 옹정제가 집권하던 초기, 황태자였던 홍력은 《관즉득중론寬則得衆論》에서 자신의 정치적 견해를 다음과 같이 피력했다.

"세상만물을 관대하게 대하여 황폐하고 더러운 것까지 포용하고, 사람들의 작은 잘못도 용서해 큰 덕이 이루어진다면 사람들 또한 그 은혜에 감격하여 진심으로 머리를 숙일 것이다. 만약 그러지 않고 편협한 마음을 품어 각박하게 대한다면 진시황이나 수문지처럼 근면성실하게 치국한들 무슨 의미가 있겠는가!"

이 글은 문자 그대로 읽으면 진시황과 수문지의 단순한 평가 같지만, 내포하고 있는 의미는 그들의 과오를 지적하고 있다. 따라서 건륭제가 즉위한 후 옹정제 때 시행한 제도를 그대로 계승시켰다. 아울러 개혁도 단행했는데, 건륭제의 노력으로 옹정제 때의 여러 가지 폐단들을 제거하기도 했다.

8월 25일, 건륭제는 옹정제가 붕어한 이튿날 서원(西苑 : 지금의 중남해)에 도사道士로 부임한 장태허와 왕정간 등을 축출하고, 선황에게서 하사받은 어서御書를 반환할 것과 고향으로 돌아가 근신할 것을 명했다. 축출된 관리는 도사를 포함하여 승려도 있었는데, 문각 선사가 그중 한 사람이다. 문각은 옹정제에게서 신임을 받아 국사國師로 봉해져 자유롭게 궁궐을 출입하고 조정에도 간여했다. 건륭제는 문각도 예외 없이 하사받은 재물을 반납하고 낙향하여 현지관리의 통제에 따를 것을 명했다.

9월 초하루, 건륭제는 형부상서 헌덕을 파면했다. 헌덕은 옹정 재위 시 신임을 얻어 높은 벼슬에 오른 인물이다. 그는 옹정 6년(1728년)에 사천순무로 임명되어 사천의 토지측량을 명받았다. 청조가 출범한 이후 처음으로 실시한 토지측량이었다. 성에서 현 단위에 이르는 각급 관리들은 납부할 세금에 맞추어 토지면적을 추산해왔다. 따라서 세금을 징수할 때는 실제로 소유하고 있는 토지의 면적이나 비옥한 정도와는 관계없이 속이거나 숨기는 일이 허다해 형평성의 문제가 초래되었다.

토지측량의 업무는 중대사라고도 할 수 있다. 각 가구별로 토지면적과 비옥한 정도를 기초로 상, 중, 하로 나누어 인표印票를 발급해주었다. 이로써 토지 소유주가 납부해야 하는 세금은 토지등급에 근거하여 징수하도록 했는데, 이것이 관리들의 과도한 세금징수나 기만행위를 방지하는 데 도움이 되었다.

그런데 헌덕이 주관하는 토지측량은 여전히 허위로 기재된 이름만 남아 있어, 실제 면적에 관계없이 원래의 계산법대로 토지가 적은 사람은 적게, 많은 사람은 많이 늘려주는 데 그쳤다. 심지어 원래 토지를 소유하지 않은 소작농도 토지를 소유한 것으로 책정해, 농가의 세금부담만 가중될 뿐이었다. 사천 농민들의 고생과 걱정은 이만저만이 아니었다. 결국 충주忠州에서 민란을 일으켰다. 옹정 7년 11월의 일이다.

헌덕이 이토록 백성을 궁지로 내몰았지만 그에 대한 옹정제의 신임은 변함없었다. 옹정 10년, 사천에서의 임기를 끝내고 곧바로 공부상서로 임명되었고, 그 이듬해 형부상서가 되었다. 건륭제가 집정하면서부터 사천에서 행한 헌덕의 죄상을 파헤쳐 청산할 수 있었다.

9월 15일, 건륭제는 유지에서 "지금부터 '상서로운 구름'이니, '하늘

에서 내리는 곡식'이니 하는 말을 일체 짐에게 상소하지 마라. '가화嘉禾'
니 '감로甘露'니 하는 것은 듣기는 달콤할지도 모르나, 국가경제와 민생
에 무익하다. 백성들이 풍요로운 생활을 누린다면 굳이 상서로운 징조
를 말하지 않더라도 태평성대를 이루는 것은 당연지사 아닌가! 만약 백
성들이 도탄에 빠져 있다면 제아무리 길조를 얘기하고 상서를 외쳐도
소용없는 짓이다. 즉, 각 지방의 관리가 성심으로 정무에 임하여 폐단은
없애고 이로운 것은 발전시키며 세금을 줄여 백성들을 안심시키는 것이
바람직한 행동이지, 상서라는 달콤한 말은 쓸모 없는 것이다."

9월 23일, 순치제 때 승도僧道에게 도첩(度牒 : 관청에서 승려에게 부여한
출가 증명서)을 발급한 제도를 부활시켜 출가出家 인원을 제한했다. 건륭
제는 사찰 소유의 전답을 조사하고 사찰과 사당을 무분별하게 짓는 것
을 금지했다. 또한 각 성의 독무에게는 사찰과 사당을 정리하고 계율을
지키지 않는 가짜 승려와 도사를 환속시키도록 명했다. 아울러 타락한
승려와 도사들이 제멋대로 백성들의 재물을 착취하고 미풍양속을 해치
는 일이 없도록 했다. 사찰의 재산은 환속하는 승려와 출가자에게 나눠
주고, 나머지는 공공재산으로 환수하여 그 지방의 빈민구제에 사용토록
명했다. 이로써 건륭제는 옹정 재위 시 실시했던 승려와 도사들에 대한
우대정책을 폐지시켰다.

10월 초, 건륭제는 각 성의 독무에게 유지를 내려 강변의 모래밭이나
산등성이의 불모지같이 보고가 완료된 개간지에 대한 현지실사를 명했
다. 허위로 보고된 토지는 경작지에서 제외시키고 책임자를 엄벌에 처
했다.

건륭제는 왕은 반드시 백성에게 인정仁政을 베풀어야 한다고 여겼다.
그래서 건륭제는 옹정 재위 시 실시했던 제도를 계승했는데, 특히 백성

을 위해서는 세금감면이 가장 시급한 것이라며 누차 유지를 내려 "천하를 다스리는 데 있어 백성을 사랑하는 일보다 중한 것은 없다. 백성을 사랑하는 길이란 바로 세금감면을 최우선으로 하는 것이다."라고 강조했다.

세금감면이 건륭제 때 최초로 실시된 것은 아니지만, 봉건체제하에서 전대미문의 사건이자, 영원히 기록될 업적임은 부인할 수 없다. 그는 63년 동안 각 다섯 차례(건륭 11년, 35년, 42년, 55년, 가경嘉慶원년), 세 차례(건륭 31년, 45년, 59년)에 걸쳐 전국적으로 세금을 감면했다. 조는 강소, 절강, 호남, 호북, 안휘, 하남, 산동, 봉천 등지에서 지세와 인두세로 통용되었는데, 이외에도 조정에 납부해야 하는 쌀, 보리, 대두가 운하를 통해 수도로 운반되었다.

앞서 서술한, 여덟 차례 실시한 세금감면의 누계만 해도 은자 1억 4,000만 냥, 곡식은 1,200만 석을 넘었다. 건륭제 초기에 그는 추위에 떨고 배고픔에 허덕이는 백성들을 보고도 값비싼 의복과 음식으로 사치하는 것은 잔인하기 짝이 없다고 통탄했다. 그가 세금감면을 대대적으로 실시한 것은 바로 백성들이 과중한 세금부담으로 추위와 배고픔에 떨지 않게 하기 위해서였다.

건륭제는 세금 감면정책을 통해 사회적 갈등요소를 해소하고 군주와 백성의 관계를 개선할 줄 아는 집권자였다. 건륭 원년 7월, 그는 옹정 재위 시 연체된 세금을 모두 청산하고, 섬서성과 감숙성을 대상으로 옹정 재위 13년간 연체된 세금과 건륭 원년 당시에 징수하지 못한 귀주성 전 지역의 세금을 탕감해주었다. 아울러 귀주 동부의 신벽묘강新辟苗疆에서 만든 세금을 영구 감면했다.

섬서와 감숙성은 청조가 서북 지역을 개척하면서 보충 지역으로 운영한 지역이다. 옹정 7년 3월, 준가르부의 갈이단과 전쟁을 시작하여 옹정 13년 3월에 화평조약을 맺었다. 무려 6년 동안 감숙과 섬서성은 군량미 수송이라는 중책을 맡았다.

옹정제가 서거하기 전, 감숙성 등지의 백성들이 군량미 수송에 시달려 고통받고 있다는 보고를 받고 그해 세금을 전면 감해주었다. 비록 건륭제가 즉위하고 난 후 준가르부와는 휴전을 했지만, 재능과 계략이 출중한 건륭제는 준가르부의 동태와 서북 지역의 형세를 시시각각 살피는 등 주의를 기울이며 기회를 노렸다. 서북 변방지역 개척이라는 전략적 사고에 입각해 2개 성의 연체된 세금을 면제하도록 지시했다.

사실상 건륭 원년에 징수하기로 한 귀주 세금을 전면 탕감한 것은 그 지역 묘족들의 민란을 평정시키고자 함이었다. 옹정 4년에 실시한 개토귀류 귀주 동부 지역의 생묘(生苗 : 장기간 군주 없이 서로를 예속하지 않는 사람을 일컬어 생묘라 불렀다. 생묘는 여전히 원시사회의 모습을 하고 있다)는 사방 삼천 리 내에 거주하며 1,300여 부락이 있어 청조가 직접 통치를 한 지역이다.

옹정 12년 9월, 옹정제는 이부시랑 여요증과 대리사 경덕복을 귀주로 파견하여 순무 원전성과 제독 합원생과 함께 귀주 동부의 신벽묘강新壁苗疆에 상을 내렸다. 흠차 일행이 필요로 하는 부역이 수천에 달해 묘족들이 고통을 당하고 있었다. 게다가 상은 부정을 일삼는 서리나 역관들에게 수여되고, 심지어 묘족의 추장과 결탁하여 상품으로 하사받은 은자를 나누어 갖는 바람에 정작 공을 세운 수상자는 빈손으로 돌아가는 일이 발생했다.

살육과 폭력을 행사하는 데 불만을 품은 묘족들은 반기를 들었다. 이듬해 2월 말, 대공, 고주, 단강, 청강 등지에서 동시에 봉기했다. 진원,

사주, 여평, 동인, 석천, 평월, 도윤 등지에서도 묘족들이 잇달아 동조하며 일어났다. 자칭 묘족의 장이라는 자도, 총독이라는 자도, 장군이라는 자도 총공세를 가했다. 상강과 귀주가 만나는 지역에 살고 있는 숙묘熟苗 토사는 개토귀류로 인해 대대로 내려오던 정치 권리와 경제 권리를 모두 박탈당한 데 불만을 품고 하나 둘 생묘를 적극 도와주었다.

옹정제가 집권하기 전부터 귀주 동쪽에서 시작된 묘족 반란은 호남, 윈남, 광서, 사천, 광동 지역까지 확산되었다. 애타게 구호를 기다리는 난민이 수만 명에 달하는 등 지금까지 없었던 참혹한 광경이 펼쳐지고 있었다. 건륭제가 즉위하자마자 곧 호광총독 장광사에게 묘족 사태 수습을 맡기고, 5개 성의 병력을 동원해 묘족 봉기 주둔지를 일망타진하고 반란 주모자와 주동자 전원을 체포하도록 명했다.

건륭 원년 5월 말, 묘족 사태가 진압되고 건륭제는 장광사에게 다음과 같은 유지를 내렸다.

"이 같은 일이 다시는 일어나지 않도록 사후 수습에 만전을 기하라."

그해 7월, 건륭제는 잇달아 명을 내려 귀주성의 1년치 세금과 귀주 동부 신벽묘강의 규정 세금을 감면시켜 생묘들이 세금 수송으로 인한 고통에서 벗어나게 해주었다. 이 일은 청조가 개척지 통치 기반을 다지는 데 일익을 담당했다.

강희제, 옹정제, 건륭제의 3대 황제의 노력으로 대청조는 최고의 전성기를 맞이할 수 있었다.

옥석을 가려 인재를 등용하라

정치를 함에 있어 무엇보다 우선시해야 하는 것이 백성을 보살피는 일이다. 백성을 잘 보살피기 위해서는 먼저 관리를 등용해야 하는데, 이때 여러 사람들의 의견을 수렴하여 추천자의 적합성을 파악하는 것이 가장 중요하다.

옹정제는 맹자가 말한 '인술仁術'을 높이 평가했다. 그중에서도 '술術'이 의미심장한 뜻을 지닌다고 여겼다. 사람을 좋아하되 그의 단점을 파악하고 사람을 미워하되 장점을 아는 것이 바로 '술術'이 갖는 의미를 가장 잘 표현한 것이라 하겠다. 그는 또한 대도를 행함을 군자라 하고 대도를 어기는 것을 소인배라 한다고 누차 언급했다. 사람을 파악할 때는 그에 대한 거짓 명성과 풍문에 의하지 말고 행동거지를 봐야 한다. 그리고 자신의 식견을 키우는 것이 먼저이며 남의 의견은 그다음이어야 한다.

옹정제는 용인에 있어 사적인 관계에 얽매이지 않고 현명하고 유능함을 기준으로 등용하는 진보 성향을 지닌 군주였다.

청조 초기, 순치제는 공적을 세운 제후들에게는 후한 상을 내렸으며 하오기下五旗들을 궁의 관리로 임용했다. 태평시대는 오랫동안 이어졌지만 제후들의 오만 방자함은 나아지기는커녕 부하들을 더욱 잔학무도하게 대했다.

돈군왕의 신하였던 양광총독 양림이 노여움을 사게 되는 일이 생겼다. 돈군왕은 즉시 광주로 사람을 보내 양림의 총독부를 발칵 뒤집어놓았다. 이 일로 양림은 얼굴을 들지 못할 정도로 체면이 깎였다.

옹정제는 이러한 사악한 행위에 대해 너무나도 가슴 아파했다. 황제 즉위 후 종실과 외부관리의 접촉을 금하고, 연례행사를 제외하고는 외부관리가 사사로이 궁을 출입하는 것을 금하는 명을 내렸다. 옹정제는 또한 제후 소속의 숙직 경비군을 철수시켰다. 이렇게 되자 제후들은 다시는 경거망동하지 않고 정무에 성실히 임하게 되었다.

옹정제는 비록 제후들은 엄하게 다스렸지만 대신들에게는 매우 관대했다. 그리고 자신만의 독특한 선별기준으로 대신을 발탁했다. 옹정제의 정치적 능력은 하부 상황과 신하들은 물론 자신마저 파악해 모든 수단을 써서 목표를 달성하는 데서 부각되었다. 옹정제가 등용한 악문단이 바로 그 예라 할 수 있다.

악문단이 내무부를 맡고 있던 시절, 그때까지 황자의 신분이었던 옹정제가 어느 날 그를 불렀지만 거절당하고 말았다. 이때 악문단은 품행을 조심해야 할 황자가 외부관리와 내왕하는 것은 적절치 못하다는 말까지 남겼다. 이에 옹정제는 일리 있는 말이라며 그에 대한 깊은 인상을 남겼다.

훗날 옹정제는 즉위하자마자 악문단을 불러들였다. 이때 그를 아끼는 사람들은 옹정제가 옛일을 트집 잡아 무례함을 질책하는 게 아닌가 하고 걱정했다. 그런데 예상은 빗나갔다. 옹정제는 악문단을 불러 다음과 같이 말했다.

"경은 일개 낭관郎官의 신분으로 감히 짐의 부름을 거절했다. 법도가 무섭지도 않더냐? 만약 경이 짐에게 충성을 맹세한다면 강소포정사로 임명할 것이다."

10년이 흘러 악문단은 대학사로 진급했는데, 그에 대한 옹정제의 신임이 얼마나 두터웠는지를 알 수 있다.

옹정 재위 시, 절강성 부양 출신인 남 모라는 내각서기는 맡은 바 일을 성실히 완수하는 사람이었다. 옹정 6년 5월 15일 밤, 동료들이 대보름을 쇠기 위해 귀가한 후 혼자 남아 있던 터에, 갑자기 풍채 좋은 중년 남자가 내각을 방문했다. 화려한 관복을 입고 있어 그를 궁내 숙직관리라고 생각한 남은 황급히 일어나 잔을 들어 예를 갖추었다. 그 사람이 물었다.

"그대의 관직은 무엇인가?"

남이 대답했다.

"관직이라고 할 것 없는 일개 서기입니다."

"이름은 무엇인가?"라는 물음에 남이 이름을 고했다. 이어서 그가 "어떤 일을 맡고 있는가?"라고 묻자, "문건을 관리합니다."라고 대답했다.

질문은 계속 이어졌다.

"함께 일하는 동료는 몇인가?"

"40여 명입니다."

"동료들은 왜 보이지 않는가?"

"오늘이 대보름이라 일찍 귀가했습니다."

"왜 혼자 내각에 남아 있는가?"라고 묻자, "조정업무는 너무나도 중요한데, 내각을 비워두었다가 혹여 불의의 사고라도 생긴다면 그 과실을 누가 책임지겠습니까?" 하고 남이 대답했다.

그 관리는 "내각서기 직은 어떤 장점이 있는가?"라고 물었고, 남은 "임기가 끝나면 하급관리로 발탁될 수 있습니다."라고 답했다. 관리는 "하급관리 직에 만족하는가?"라고 물었고, 이에 남은 "운이 좋아 하박河泊의 관리가 된다면 말할 수 없이 좋겠지요."라고 답했다. "하박관리가 되려는 이유는 무엇인가?"라고 묻자, 남은 "하박은 해안에 있어 상선商船이 출입하니 선물도 할 수 있고요."라고 대답했다. 관리는 미소로 화답한 후 몇 잔을 마시고는 자리를 떴다.

이튿날 아침, 옹정제는 모든 대신들을 불러 광동에 하박관리가 비어 있는지를 하문했다. 마침 비어 있다고 하자 내각서기 남에게 그 관직을 주라고 명했다. 남은 자신이 하박관리로 발탁됐다는 명을 받고 놀라서 한동안 아무 말도 하지 못했다. 훗날 남은 계속해서 승진하여 지부^{知府}까지 올랐다.

옹정제는 대신들의 봉록이 박해 생활이 빠듯하다는 것을 알고 있었다. 그래서 양렴은제도를 마련하여 명절이 되면 신하들에게 상을 하사하는 데 이용했다. 옹정제는 해망사공^{海望司空}에게 특명을 내려 악문단을 위한 관저를 짓고 필요한 일체를 준비하게 했다.

수많은 대신들의 상황을 손바닥 들여다보듯 하고, 인재등용에 제한을 두지 않았던 옹정제는 확실히 백락^{伯樂}의 패기를 지녔음에 틀림없다.

죄는 엄중히 다스리라

군주는 대사를 행함에 현명함과 강직함을 염두에 두어야 한다.

《중용^{中庸}》에서는 학^學, 문^問, 사^思, 변^辨, 행^行을 말하고 있는데, 모르는 것은 알게 하고, 강하지 못한 것은 강하게 하는 것을 주요 골자로 하고 있다.

옹정제는 신념이 있으면 매사를 성취할 수 있고 반대로 의지가 약하면 성공할 수 없다고 여겨 아무리 수신제가를 한다고 해도 반드시 현명함과 강직함을 근본으로 해야 한다고 강조했다. 예로부터 군주는 나약함을 수치로 여기고 국태민안을 위해서 자기 과시와 알력다툼을 가장 금기시했다.

이상적인 정치가는 다음의 덕목을 갖춰야 한다.

그 첫 번째가 바로 책임감이다. 군주뿐 아니라 독무나 성과 현의 관리들이라면 누구나 사회질서를 바로잡고, 기풍을 변화시키고, 인재육성에 대한 책임을 져야 한다는 것이다.

둘째는 도덕성이다. 책임감과 함께 자신에게 엄하고 남의 모범이 되어야 한다는 것이다.

셋째는 재능이다. 재능은 백성과 나라를 구하는 재목으로서의 자질을 말한다. 재능을 기르려면 배워야 하고, 그러지 않고서는 인재로 클 수 없다. 다시 말해 무능하다면 아무리 백성과 나라에 대한 뜨거운 열정이 있어도 허공 속의 외침에 지나지 않는다. 어질고 현명한 사람만이 사람들로부터 인정받을 수 있다.

넷째는 태도다. 그중 청렴이라 함은 귀신도 탄복할 정도로 명문명리를 탐하거나, 욕심을 부리지 않는 것을 말한다. 신중함이란 죽는 날까지 신중에 신중을 더하고 잘못된 원인을 자신에게서 찾는 것을 말한다. 근면함이란 행동이 민첩하고 밤늦도록 온몸이 부서져라 일하는 것을 말한다.

옹정 3년, 군대를 이끌고 전장에 나간 어느 고위직 무관이 솔선하여 격전지의 선봉에 나섰다. 이 사실을 알게 된 옹정제는 그를 칭찬하기는커녕 오히려 엄한 질책을 가했다. 자기과시를 경계하라는 옹정제의 본의는, 뽐내고 우쭐대는 것은 상대방을 얕잡아보는 우월감에서 비롯되므로, 상대방이 자신을 인정하고 순종하고 존경하도록 해야 한다는 것이다. 그렇지 않은 우월감은 남을 제압하고 상처를 입히게 된다.

물론 이런 방법도 어느 한날, 어느 한 장소, 어느 한 범위에서는 상대방을 정복할 수도 있다. 하지만 이런 정복감은 심한 반발을 불러일으킬 수도 있다. 정복한 사람이 많을수록 반대세력 역시 많아지는 것은 당연하며, 자신을 고립시키는 결과를 초래해 결국 궁지에 내몰린 자신을 발견할 것이다. 따라서 시기와 질투는 최후에는 패하고 만다는 논리다.

옹정 8년(1730년), 운남제독 합원생은 오몽의 진압을 지휘하라는 명을 받았다. 9월 18일, 합원생이 예정지인 위녕에 도착했는데, 다른 관병들의 도착이 지연되었다. 토민들의 수에 압도당해 혈혈단신이 된 그는 너무나도 무력해 보이기까지 했다. 하지만 합원생은 대오를 정비하고 직접 달려 나가 사정없이 칼을 휘둘렀다. 그는 토민들의 장인 흑과와 우두머리를 처치하고 계속해서 오몽까지 진격해갔다. 이 소식이 전해지자 옹정제는 합원생의 경거망동에 크게 격노했다.

몇 달 후, 옹정제는 합원생의 아들 합상덕을 궁으로 불러 아버지를 대신해 상소하게 했다. 이때 옹정제는 다음과 같은 말을 전했다.

"군의 아버지는 짐을 대신해 전력을 다하고 있다. 짐의 든든한 명장이다. 그런데 어째서 최전선에 뛰어들었단 말인가. 만에 하나 일이 잘못되기라도 한다면 짐의 소중한 명장을 잃을 수도 있지 않은가! 짐이 일찍이 일러두지 않았던가!"

옹정제는 재차 합상덕에게 다음과 같이 신신당부했다.

"앞으로는 부하를 앞세우고 절대 선봉에 나서지 않도록 하라. 짐의 뜻을 명심하라고 전하라."

합원생은 아들이 구두로 전해온 옹정제의 유지를 받고 감사와 반성의 뜻을 담은 상소문을 올렸다. 옹정제는 누차 그에게 경거망동하지 말 것을 당부했다.

스스로를 강하게 단련하는 것은 남을 이기기 위함이 아니라 자신을 이기기 위해서다. 정복하고자 하는 사람이 상대방이 아니라 자신이기 때문이다. 끊임없이 자신을 개발하고 향상시키는 사람은 어느 순간 단련에 힘입어 강인하고 완벽해지는 법이다. 이것이 군자가 소중히 하며 추구해야 할 덕목이다.

옹정 10년(1732년) 정월 초하루, 새해를 맞이한 항주에는 보슬비가 촉촉하게 내렸다. 그때 강성의 문무대작들은 서호 성인사에 모여 강희제의 사당에 제를 지내고 있었다. 관례대로 모포 세 장을 깔고 절강총독 이찬, 순무 왕국동이 먼저 제를 지냈는데, 갑자기 모포를 거둬가는 바람에 나머지는 축축한 땅에서 절을 올려야 했다. 이 일이 옹정제의 귀에 들어가면서 문제가 커지고 말았다.

2월 초하루, 직예총독 이위는 위엄 있는 조정대례에서 이찬과 왕국동이 무엄한 행동을 하여 누를 끼쳤으니 엄중히 처벌을 해야 한다는 상소를 올렸다. 2월 18일, 이찬과 왕국동은 유지가 담긴 이위의 서찰을 받고 3월 초사흘에 각각 지은 죄를 고했다. 이찬은 오로지 성훈을 받들어 잘못을 뉘우치고 더욱 매사에 신중할 것을 맹세하고, 왕국동은 반드시 이를 개선할 것을 맹세했다.

그러나 옹정제는 여기서 멈추지 않았다. 계속해서 꼬투리를 잡아 이찬의 상소문에 천성은 고치기 어렵다고 질책하고, 왕국동에게는 개선하든 하지 않든 신용하기 어렵다는 내용으로 질책했다. 이것만 보아도 옹정제는 총독과 순무 같은 고위관리의 작은 부주의도 그냥 지나치지 않을 정도로 명분과 예의를 중시했다는 것을 알 수 있다.

청조의 의식에 따라 왕은 상을 내리고 유지를 반포하고 상소문에 회답을 했다. 만약 지방에 있다면 관련 관리는 반드시 성을 나와서까지 예를 갖추어 머리를 조아려야 했다. 이것은 대례를 지고지상으로 여겨 한 치의 소홀함도 용납하지 못한 옹정제에 의한 것이었다.

옹정 10년(1732년) 겨울, 하남총독 전문경이 병으로 드러눕게 되었다. 11월 19일, 옹정제는 몸에 좋은 음식과 함께 상소문의 회답을 내렸다. 그러나 이것을 받아보기도 전인 11월 초여드레에 전문경은 이미 세상을 떠나고 말았다. 전문경의 장례를 치르던 하남 산동 하도총독 주조와 하도총독의 사무를 돕는 손국새는, 상의하여 전문경의 장례에 모든 노비들이 모여 애도할 것을 결정했다. 그래서 두 관리는 문무관에서부터 장지까지 장례 행렬을 인솔했다.

그런데 유독 포정사 서취륜만 그 자리에 보이지 않았다. 그는 전문경이 총독 대리의 직무를 인계하지 않은 데다 그의 양렴은 7,000냥을 삭감했다는 이유로 원망하고 있던 터였다. 이것은 어디까지나 자신의 개인 감정에 의한 것이다. 주조가 그를 만나기 위해 성안으로 들어가자 서취륜은 그제야 슬그머니 나타났지만 조문하지 않았다. 그 후 주조는 상소를 올려 서취륜이 오만방자한 데다 불경죄를 저지르고도 뉘우침이 없어 관민들이 의아해하고 있다고 했다.

이에 옹정제는 서취륜은 전문경이 추천한 것이 아니라 짐이 발탁한 사람인데 은혜도 모르고 괘씸하다며, 모든 부처에서 엄중히 다스릴 것을 명했다. 이부가 교지를 받들어 불경죄와 유지 위배를 죄목으로 서취륜을 파직시켰다. 서취륜은 한때의 오기가 자신의 전도유망한 앞날을 막으리라고는 꿈에도 생각하지 못했을 것이다.

옹정 7년(1729년) 3월 23일, 조정정무를 끝낸 옹정제는 갑자기 매화 소식이 궁금해졌다. 그래서 옆에 있던 태감 왕경에게 창춘원의 운송헌에 매화가 피었는지를 물었다. 하지만 그것을 알지 못했던 그는 다급한 나머지 매화가 이미 시들었다고 대답했다. 그의 말이 의심스러웠던 옹정제가 다른 시종에게도 묻자, 매화가 꽃봉오리를 틔워 만개했다고 알려오는 것이 아닌가!

옹정제는 왕경이 자신을 기만한 것을 알고 불같이 화를 냈다. 왕경은 황급히 머리를 조아리며 죽을 죄를 지었다며 용서를 구했다. 그러나 노기가 가라앉지 않은 옹정제는 내무부로 넘겨 엄중히 심문하도록 명했다. 내무부 사무를 주관하는 장친왕 윤록, 내무부 사무를 담당하는 대신 불륜, 산관, 내무부 총관리대신인 이연희 등은 불같이 화를 내는 황제를 말릴 수가 없었다. 그래서 바로 왕경을 포박해 형부로 넘겨 심문했다. 왕경은 사건의 경위를 모두 진술하고 죄를 인정해 처벌을 달게 받았다.

《대청률大淸律》에 따르면, 상소한 내용이 사실과 위배되면 곤장 100대와 징역 3년 형에 처한다고 되어 있다. 장친왕 윤록은 이 규정에 의거해 왕경을 곤장 100대, 징역 3년 형에 처했다. 윤록 등이 심문 결과를 옹정제에게 보고하자, 그는 왕경에게 40일간 칼을 채우고 채찍 100대를 치라고 고쳐 판결했다. 결국 왕경은 살점이 떨어져나가도록 채찍을 맞고 나서 40일 동안 칼을 찬 채 대중에게 공개되었다. 한순간의 말실수로 뼈아픈 고통과 수치를 당해야만 한 것이다.

여기서 우리는 군주가 신하를 어떻게 다루어야 하는지에 대해 생각해볼 수 있다. 사실상 수하들의 결점과 실수에 대해 어떤 태도를 취해야 하는가에 대한 문제라고 할 수 있다. 이 문제를 논의하기 전에 우리는 다음의 전제를 인정해야 한다.

세상에 완전무결한 사람은 없다. 아무리 탁월한 인물이라 하더라도 약점이나 결점이 없을 수는 없고, 실수를 범하기 마련이다. 결점이 있는 것은 두렵지 않다. 또한 실수를 범했다 하더라도 꼭 나쁘다고만 말할 수는 없다. 이럴 때 어떻게 대처할 것인가가 관건이다. 돌이킬 수 없는 실수가 있고, 장점을 충분히 살릴 수 있는 경우도 있다.

장점은 모두 발휘하고 단점을 축소시키는 데 용인의 묘미가 있다. 질책하거나 엄한 처벌은 사태를 더욱 악화시키는 지름길이다.

지정은제를 도입하다

옹정제는 농업문제를 해결하는 것이 곧 국가의 근본문제를 해결하는 것임을 깊이 깨달았다. 옹정 재위 시 지정은제는 부강한 나라를 건설하기 위한 중대사라 여겨 일대 혁신을 단행했다. 이는 엄밀히 말하면 세금문제가 아니라 징수문제였다. 이것은 역대 왕조에서도 늘 중대사로 분류되었고, 부국건설의 기본과제라 해도 과언이 아니었다.

만약 나라와 백성이 태평하고 아무 일도 일어나지 않는다면, 통치자가 현명한 인도정책을 펴고 있다고 생각할 것이다. 그러나 알고 보면 세금으로 인한 백성들의 부담이 없는 것이라고도 해석할 수 있다. 이렇게 되면 생산성이 당연히 제고된다는 것은 누가 봐도 아는 사실이다. 예를 들어 서한의 문경 시절, 당나라의 정관 시절 모두 태평성대를 이루었다. 강희제 때도 마찬가지로 60여 년간 태평성대를 영위했다.

그런데 각종 부역과 병역 등의 세수종목이 많아지고 세금이 무거워지면, 그만큼 백성들의 부담이 늘어나게 된다. 이런 상황은 일반적으로 왕조 말기에 나타나 멸망을 암시하는데, 세금징수는 통치자가 주시해야 할 일종의 일기예보라고 할 수 있다.

옹정제는 재위 시 모선귀공 문제를 정비했는데, 이 역시 징수문제에 관한 것이다. 또한 관리와 백성의 차별적 징수문제이기도 한, 부역과 지조세를 말한다.

부역과 지조세는 봉건체제하에서 신과 민이 모두 져야 할 2대 의무로, 전통적으로 분리하여 징수를 했다. 그런데 부역의 부담이 너무 무거워 땅이 없는 평민은 감당하기 힘들었다. 게다가 해마다 지역 세도가들이 부역을 면제받는 등의 형평성 문제도 야기되었다. 이로 인해 일반 백성은 가족 수를 거짓으로 보고해 부역을 피하는 일이 발생했다. 일이 이쯤 되자 정부의 부역조차 확보할 수 없게 되었고, 불합리한 부역제도는 시급히 해결해야 할 사회문제로까지 대두되었다.

강희제 말기에 이미 지정은제에 대한 건의가 있었다. 즉 인두세를 지조세에 포함시켜 일괄 징수하는 제도로, 사람 수가 아닌 땅의 면적에 따라 징수하는 방식이다. 그러나 강희제 때 부역법을 개선하려는 세력과 이를 고수하려는 세력의 다툼으로 결국 시행되지 못했다.

옹정제는 즉위 후 까다롭지만 급선무였던 이 문제에 봉착하게 되었고, 모선귀공과 마찬가지로 중대결정을 내려야 했다. 옹정제는 신중에 신중을 기했다. 이른 아침에 이 문제를 논의하기 위해 올라온 산동순무인 황병은, 기존의 인두세와 지조세를 각각 징수하는 바람에 인구수를 속이고 도망가는 빈민이 생겨나는 폐단을 지적했다.

황병은 지정은제를 실시하여 땅이 있는 자만 인두세를 내도록 하는 균형 있는 조세제도로 선정을 베풀 것을 주장했다. 그러나 옹정제는 그의 의견을 받아들이지 않고 오히려 황병이 망언을 한다며 크게 질책했다. 옹정제는 조세문제가 중대사인 만큼, 최후 결정은 대신들에게 맡겨 논의하고 의견을 내도록 명했다.

지정은제를 반대하는 쪽의 주장은 대강 이렇다. 인두세를 지조세에 포함시키면 인구조사가 소홀해져 유민^{流民} 관리가 더 어려워진다는 것이다. 따라서 지정은제를 장기 실시할 경우, 인두세는 없어지고 지조세만 남아 관료들이 부가세를 거두는 구실로 작용하게 되어, 결국 그 부담을 백성이 고스란히 짊어져야 한다는 것이다.

한 달 후, 직리순무 이유균이 빈민에게 도움이 된다는 이유로 지정은제 도입을 주청했다. 황병보다 똑똑한 이유균은 세도가들이 지정은제 도입에 반기를 들어 제지할 것임을 일찍이 간파하고 있었다. 그리고 호부에서도 상례대로 이 문건을 언제 처리할지 모를 일이며, 동의한다는 보장도 없는 노릇이었다. 따라서 그는 옹정제에게 직접 주청해 관할 지역에서 실시해도 좋다는 허락을 받았다.

옹정제는 이유균의 상소문을 호부와 구경첨사과도^{九傾會事科道}에 넘겨 심의토록 했다. 아울러 최고의 효과를 낼 수 있는 최선의 방법을 고안하도록 확실히 일러두었다. 옹정제가 지향하는 조세제도 원칙은 바로 국가 수입에는 영향을 미치지 않고 빈민층에도 이익이 되어 사람이 도망가는 일이 없도록 하는 것이다.

옹정제는 최종적으로 이유균이 주장한 인두세를 지조세에 포함시켜 징수하는 제도를 비준했고, 이유균의 상세한 계획에 매우 흡족해했다. 또한 그가 과감한 개혁을 하도록 독려했다. 그 후 산동, 운남, 절강, 하남 등지에서 잇달아 세제개혁이 단행되었고, 지정은제는 전국적으로 확산되었다. 전답을 많이 소유하고 있던 절강성의 세도가들은 자신에게 불리하게 작용한다고 주장하는 반면, 빈민층에서는 하루 속히 시행하자는 목소리가 커짐에 따라 양측 주장이 서로 엇갈리면서 심각한 의견충돌을 빚었다.

지정은제 실시 후, 인두세가 지조세를 능가해 정부는 안정적으로 부역세를 확보할 수 있었으며, 국고수입도 차차 늘어나기 시작했다. 더 이상 사람 수로 세금을 징수하지 않게 되자 백성들도 예전처럼 탈세로 인한 은닉과 도주가 없어져 사회적으로도 안정을 되찾았다. 그밖에 생산성 제고에도 이바지한 바가 컸다.

지정은제는 세수제도의 일대 개혁으로, 부국으로 가는 확실한 방법임이 여실히 증명되었다. 손에는 먹을 음식이, 마음에는 풍요로움이 이어졌다.

농업은 국가의 근간을 이루는 대업으로, 국가의 안위와 국민의 생계를 책임지고 있는 중대사다. 옹정제는 탁월한 식견과 안목으로 과감한 개혁을 통해 카리스마 넘치는 군주의 기백을 보여주었다.

제 10 장

비정한 황제

-모든 일은 천하로부터 시작된다

자신에게 엄격하라, 윗물이 맑아야 아랫물도 맑으니
책임완수, 정에 의한 인재등용은 금물이다
문치천하, 예로써 백성을 다스리고
백성의 마음을 헤아리라
타의 모범, 지옥 길도 앞장서고
천하가 황제의 손안에 있으니 위엄으로 다스리라

끝없이 펼쳐진 들판에서 들려오는 늑대 우두머리의 울부짖음은 수많은 늑대무리를 호령한다. 늑대무리가 적을 향해 돌진할 때는 우두머리가 선두에 나선다. 그래서 사람들은 늑대의 우두머리에게 '수령'이라는 칭호를 주기에 아깝지 않은 동물이라 한다. 늑대의 우두머리는 늑대무리의 정신적 지주로, 그의 모든 행동은 다른 늑대의 모범이 된다.

수많은 제왕 중에서 천하의 모범이 되기를 간절히 바란 황제가 바로 옹정제다. 그는 정무에 근면하고 성실하게 임해 모든 관리들의 귀감이 되었고, 사회풍토를 바로 세우고 백성들을 교화하고자 했다. 그는 저서인 《대의각미록》에서 자신을 잘 대변하고 있다.

그는 스스로에게 엄하고 신하도 가혹하게 대했다. 완벽을 추구하고 세세한 것까지 주의를 기울이며 신하들의 의견을 수렴하고 또한 몸소 실천하는 이러한 군주는 지금까지 유례를 찾아보기 힘들다.

자신에게 엄격하라

관리가 되어 남을 다스림에 있어 가장 설득력 있는 방법은 바로 자신의 행동에 있다. 옛말에 "위 대들보가 비뚤면 아래 대들보도 비뚤어진다."라고 했다. 옹정제는 스스로 올바르지 않으면서 남을 똑바로 세우려고 하면 규율이 무너져 대사를 성취할 수 없다고 했다. 현명한 지도자는 언제나 자신에게 엄격하고 결코 부정을 저지르지 않는다.

중국 역대 황제 중 자신을 먼저 바로 세워 나라를 다스린 올바른 선황들은 적지 않다. 옹정제가 바로 그 불세출의 황제 중 한 사람이다.

옹정제의 근면과 근검은 정평이 나 있으며, 그 역시 자신에게 엄격했을 뿐만 아니라, 신하들에게도 자신을 본받기를 바랐다는 것을 우리는 잘 알고 있다. 옹정제는 여러 이유를 들어 관리들의 극단 설립을 불허했다. 관리가 부패를 일삼거나 미풍을 해칠 수 있으며 연극을 보러 다니느라 정무를 소홀히 할 수도 있다는 것이 그 이유다.

옹정 5년(1727년) 6월, 옹정제는 조정대신에게 명을 내린 일이 제때에 처리되지 않자 크게 노하여 다음과 같이 말했다.

"짐은 하루 종일 더위도 잊은 채 정무를 보고 있는데 어찌하여 대신들은 묵묵부답인 게냐. 자신이 없어 못할 것 같으면 자초지종을 올리든가, 하기 싫다면 차라리 짐에게 넘기라. 짐이 하는 게 더 낫지 않겠는가. 이렇게까지 늦어지는 이유를 소상히 보고하라."

이듬해 2월, 새로 부임한 악제선과 증원매가 당직을 서다 조퇴하는 일이 생겼다. 대학사 마이새가 이들을 관계부서에서 심문하려 했으나 옹정제에게서 상례대로 처벌해서는 안 된다는 명이 떨어졌다. 갓 부임한 이들을 엄하게 다스리지 않고 그대로 봐준다면 같은 일이 반복될 것이라며 이 기회에 그들의 태만함을 고칠 심사였다. 그 후 두 사람은 원명원 당직을 맡아, 매일 해가 뜨기 전에 입궐하여 해가 지고 나서야 퇴궐할 수 있었다. 다행히 이들은 궁 안에서 거주하여 크게 무리는 되지 않았다.

주비朱批는 옹정제가 근면 성실하게 정무에 임했다는 것을 입증하는 최고의 기록이다. 그는 이것을 끝까지 유지시켰는데, 옹정 8년(1730년) 이후로 다소 줄어들긴 했으나, 열정적인 모습에선 지친 기색이 전혀 보이지 않는다.

옹정제는 철두철미하게 일을 처리했다. 신하가 혹여 일에 소홀하거나 불성실한 모습을 보이면 언젠가는 발각되었다. 옹정 원년(1723년), 연갱요가 올린 상소문과 후찰정의 상소문 내용이 동일한 것을 대학사가 인식하지 못하고 올렸는데, 옹정제가 이를 발견하여 심한 질책을 받았다. 같은 해, 예부시랑 장정석 등이 공자의 5대 손에게 왕의 작위를 내리는 문건을 작성하던 중, 두 글자를 잘못 쓴 채로 제출하게 되었다. 이를 옹정제가 발견하여 장정석과 관계자를 불러 "이렇게 중요한 문건에 실수를 범하고도 찾아내지 못하다니, 만약 짐이 자세히 보지 않았더라면 후대 사람에게 면목이 서겠는가."라며 훈계했다.

옹정제가 친히 모든 정무에 간여하는 것에 대해 여러 가지 다른 견해가 있는 것은 어찌 보면 당연한 일이다. 옹정 2년(1724년) 초, 복건성 순무 황국재는 사소한 일은 상소할 필요가 없다고 스스로 생각해 육부에만 보고하고, 육부가 그것을 취합하도록 했다. 또 어떤 이는 옹정제가 모든 대소사를 지휘하니 직접 간여하기를 희망했다. 옹정제는 이에 자신의 생각을 다음과 같이 피력했다. 먼저 황국재의 견해에 대해 옹정제는 강희제 통치 60여 년간의 변함없는 근면함과 성실함을 본받았기에 일의 경중을 가리지 않고 직접 지휘한다고 말했다.

또 그는 젊고 기력이 있는 한 조금의 안일함도 용서하지 않겠다는 굳은 결의까지 보였다. 그를 존경해 마지않는 심복조차도 그의 강력한 카리스마는 헤아릴 수 없을 정도였다.

만약 모두가 충성을 다해 열심히 일하고 완벽하게 일 처리를 한다면, 상소문이 아무리 쌓여 있어도 피곤함을 모르며 일이라고도 생각하지 않을 것이다. 모두가 아첨이나 하고 요령만 피워 업무가 지체돼 하루에 한 건의 상소문도 올라오지 않는 게 옹정제를 불안하게 만드는 것이었다. 이것만 보아도 옹정제가 얼마나 정무에 정력을 쏟아 부었는지를 알 수 있다. 대다수의 관리들이 이 사실을 알고 나서부터는, 더 이상 만류하지 않고 오히려 서로 경계하며 정무에 면려해 조정의 분위기가 몰라보게 일변했다.

중국 역사상 옹정제만큼 완벽한 황제는 보기 드물다.

수나라의 신공의 역시 보기 드문 인물 중 한 사람이다. 수나라 문제 때, 병주의 척사로 부임한 신공의는 일 처리가 매우 신속해 빠른 판결을 내릴 수 있었다. 범인을 징역에 처한 날이면 그는 귀가하지 않고 공무실에 기거했다. 사람들이 귀가를 권유하면 "척사의 신분으로 덕성과 인내심이 없으면 백성들에게 아무리 분쟁을 일으키지 말라고 얘기한들 누가 들으려 하겠는가! 사람을 감옥에 넣고 자신은 집에서 다리를 뻗고 잠을 잘 수 있단 말인가!"라고 했다. 이 말에 죄인이 탄복하여 스스로 죄를 뉘우쳤다고 한다.

이러한 솔선수범의 행동이 오늘날까지도 백 마디 말보다 더 사람을 감동시키고 있다.

정에 의한 인재등용은 금물이다

천하를 다스리고 인재를 등용하는 데 있어서는 근본원칙을 명심해야 하는데, 그것은 바로 공과 사를 구분하는 것이다. 공정한 인사를 하는 사람은 대국적인 시야를 가졌으며, 사사로운 감정에 얽매여 인사를 하는 사람은 그 목적부터가 불순하다. 따라서 공과 사를 명확히 하여 인사를 단행하는가에 따라 지도자의 수준이 결정된다.

옹정제가 황자였던 시절, 그는 함께 황위 찬탈을 벌였던 태자와 장자에 대해 공사관계를 명확히 해 강희제에게서 신임을 쌓을 수 있었다. 1698년, 윤진이 패륵에 봉해지고 아울러 윤우, 윤사, 윤지가 왕의 세습

작위를 받았다. 그가 받은 작위는 그들보다 못한 것이었지만 형제 중에서 눈에 띄지 않게 행동했다.

강희 47년(1708년), 그는 가을 사냥에 참여하지 않았다. 강희제가 윤잉을 폐위시켰을 당시, 윤사와 함께 궁에 남아 사무를 처리하라는 명을 받았기 때문이다. 16일에 궁으로 돌아온 강희제는 윤잉을 상사원 옆에 감금하고 윤진에게 감시하도록 명했다. 이는 윤진이 폐태자 문제에 어느 정도 영향력이 있었음을 보여주는 것이다. 윤진은 윤잉을 도와줄 것처럼 대했는데, 윤당의 상소문에서 윤잉이 폐위되고 난 후 윤진은 윤잉을 구하는 데 여념이 없다고 아뢨다.

강희제가 윤잉 폐위를 하늘에 고하기 전에 문서를 윤잉에게 보여주자 "황태자는 황제로부터 받은 것이니, 아버지가 폐위하면 그만일 것을 굳이 하늘에 고할 필요가 있는가."라고 말했다. 이 말을 윤제가 상소했다. 강희제는 이에 대해 다음과 같이 말했다.

"황제는 하늘의 명을 받고 있는데 어찌 이런 중대사를 고하지 않는단 말인가? 윤잉이 이렇게 망언을 하니 앞으로 그의 말은 상소할 필요 없다."

윤제가 유지를 다시 윤잉에게 전해주자 폐태자는 "나도 자식이 아닌가? 황제 시해 같은 생각은 품어본 적 없네. 내 말을 꼭 전해주길 바라네."라고 말했지만 윤제는 강희제의 말을 거역하지 못해 윤잉의 부탁을 일언지하에 거절했다. 이때 윤당이 윤진에게 "이 일은 그냥 넘길 수 없는 중대한 일이니 대신 상소할 필요가 있다."라고 말했다.

윤진도 "설령 일이 잘못된다 하더라도 반드시 알려야 해."라고 맞장구를 쳤다. 그러나 윤제는 대답하지 않았다. 윤진이 결심한 듯 "네가 안 하면 내가 가서 할 것이야."라고 하자 윤제는 하는 수 없이 동의를 하고 폐태자가 한 말을 상소했다.

내용을 들은 강희제는 윤잉의 말을 믿고 당장 그를 풀어주었다. 당시 모든 황자가 황위를 넘보며 서로 속고 속이며 폐태자에게 돌팔매질을 할 때, 오직 윤진만이 윤잉의 정당한 요구를 변호해주었다.

그의 이런 행동은 나름대로 이유가 있었다. 윤잉이 폐위되자 윤제와 윤사의 지위가 다른 형제들보다 부각되었다. 윤진 등 나머지 형제들의 지위는 상대적으로 낮아 태자를 책봉하게 되면 그에게 불리했다. 만약 태자가 바뀌지 않고 그대로 이어간다면 이 둘은 원래의 군신관계를 유지할 수 있어 손해볼 것이 없었다. 이런 이유로 윤진은 윤잉의 편에 서서 그를 비호해주었던 것이다.

태자가 폐위될 당시, 윤진은 윤사와도 좋은 관계를 유지했다. 윤진은 윤제와 윤당이 독을 품고 있다는 것을 알고 있었다. 만의 하나 윤사가 변고를 당하면 그들은 함께 망하게 된다. 윤제 등이 비밀을 누설한 것은, 윤진이 그들과 친분이 두터워 서로가 잘 이해하고 있다는 것을 보여준다.

이것으로 보아 옹정제는 문제를 해결하는 데 있어 확실히 자신만의 원칙을 사용한다는 것을 알 수 있다. 즉 기존의 군신관계를 유지하면서도 강희제와의 부자관계에 신경을 쓰고, 다른 황자들과도 무난한 관계를 유지시켰다. 바로 여기에 원칙과 인정이 숨어 있다. 어느 것 하나에 치우치지 않고 두 가지 모두를 살핀다는 것은 쉬운 일이 아니다. 강희제는 결국 옹정을 지목했으며 공(황제와의 관계)과 사(형제와의 관계)를 명확히 구분하는 것을 보고 그를 신임했다.

웅장한 궁전을 지으려면 하늘 높이 뻗은 나무를 써야 하고, 중대사를 성취하려면 큰 인물을 등용해야 한다는 것쯤은 상식이다. 이 점에서 옹인의 고수들은 재목감을 고르는 탁월한 안목을 지녔으며, 한번 골랐으면 믿고 등용한다. 삼국시대의 제갈량이 바로 고수로, 그는 큰 인물을 잘 기용했다.

> 《삼국지연의》에 나오는 위연은 모반을 일으킬 관상을 가지고 있었다. 이런 사람은 언젠가는 주인을 반역한다고 했다. 그럼에도 불구하고 제갈량은 위연의 재능을 높이 사, 믿고 등용했다.
>
> 위연은 처음에 유비를 따라 촉나라로 건너가 적과 용맹하게 싸운 후 정서대장군征西大將軍으로 승진했다. 제갈량이 사망하자 그는 병사를 동원해 적수인 장사 양의를 치러갔다. 그러나 군대는 격퇴당하고 그도 죽음을 맞고 말았다.
>
> 당시 제갈량이 그를 기용할 때는 믿음이 있었기에 가능했다. 이것은 제갈량이 인재등용의 귀재라는 것과 지략에 능한 위연의 재능과도 밀접한 관련이 있다.

역사적으로 현명한 지도자들은 모두 사사로운 감정으로 사람을 등용하면 안 된다는 것을 인식하고 있었다.

> 당태종 이세민이 논공행상을 하는데, 회안왕 이신통이 황제의 당숙임을 내세워 자신의 공로가 가장 크다고 말해 노여움을 샀다. 이때 이신통은 억울함을 호소하듯 소리 높여 고했다.
>
> "수나라를 전복시킬 때도 관서에서 가장 먼저 군대를 내보냈습니다. 오랫동안 폐하를 모시며 생사를 같이했고, 격무에도 아랑곳하지 않고 천하를 평정한 공로는 다 어디 간 것입니까? 부정을 저지른 방현령과 두

여회가 왜 신보다 공로가 높은지, 그 연유를 도저히 모르겠습니다."

당태종은 기세등등한 이신통의 말을 듣고 주저 없이 받아쳤다.

"숙부가 수나라를 치기 위해 가장 먼저 출병한 것은 짐도 알고 있습니다. 그러나 산동에서 두건덕과 교전 시 숙부가 도주하는 바람에 적이 북쪽까지 밀고 들어와 전군이 소멸하지 않았습니까? 방현령은 짐을 도와 천막 아래서 천하를 평정할 비상한 전략을 세워 오늘날의 안정된 종사를 만들었습니다. 논공행상을 따지자면 당연히 그들이 숙부보다 위지요. 황족이라는 이유로 적은 공으로 높은 직위를 얻으려 하는 숙부에게 어찌 사사로운 정으로 논공행상을 할 수 있겠습니까?"

그 자리에 있던 다른 관리들도 당태종의 말에 승복하여 기쁘게 받아들였다.

당태종이 공신들에게 상을 내리고 후궁으로 돌아와 보니, 몇 명의 근위병들이 관직을 받지 못해 무릎을 꿇고 눈물을 쏟으며 아뢰기를 "폐하께서 황좌에 등극하시고 나서부터 지금까지 신은 충성을 다해 모셨고, 오늘날 천하가 평정을 되찾았건만 폐하께서는 저희가 안중에도 없으신지요? 폐하, 숙고하여 주십시오!"라고 했다.

당태종은 하늘을 보며 긴 한숨을 쉬고 대답했다.

"경이 얼마나 오랫동안 짐을 보위하고 생사를 함께했는지 어찌 잊겠는가! 그러나 일은 공정해야 하는 법, 짐이 관직을 하사할 때는 전면적으로 헤아려 수여하고 있다. 경처럼 황제 측근임을 믿고 관직을 탐하는 것은 떳떳하지 못한 행실이 아닌가. 짐도 사사로이 가깝다는 이유로, 혹은 원한이 있다는 이유로 관직을 남용할 수 없다. 경들이 이해하기 바란다."

이 말을 들은 몇몇은 수치심에 자리에서 물러갔다.

바람직한 지도자가 인재를 등용할 때는 잔재주나 그릇된 재능을 보는 것이 아니며, 대사를 망치게 하는 사적 관계를 고려하는 것은 더더욱 아니다. 바로 그의 유능함을 인정했을 때 등용한다는 것을 알 수 있다.

예로써 백성을 다스리다

단시간에 천하를 얻을 수는 있어도 단시간에 천하를 다스릴 수는 없다. 그런 의미에서 강희, 옹정, 건륭처럼 문무를 겸비한 황제는 그야말로 진정 영명한 군주라 할 만하다.

중국 역사에는 이런 이야기가 있다.

> 한대漢代를 개국한 황제 유방은 천하를 얻은 이후, 자기 만족감에 득의양양했다. 그는 강대한 진 왕조를 무력으로 차지했으므로 자신감에 넘쳤고, 무력을 숭배하기까지 했다.
> 당시 유방에게는 육가라는 문신이 있었는데, 그는 유방 앞에서 자주 시서예의詩書禮義를 말함으로써 흥을 깨곤 했다. 반감을 가지게 된 유방은 육가를 질책하며 "천하는 내가 전쟁을 통해서 얻은 것이다. 시詩, 서書 같은 것은 필요 없다!"라고 말했다. 그러자 육가는 "말 위에서 천하를 얻을 수는 있지만, 말 위에서 천하를 다스릴 수 있습니까?"라고 반문했다. 이 말을 들은 유방은 잠시 부끄러워하는 기색을 보였다고 한다.

육가가 말한 무력을 이용해 정권을 빼앗을 수는 있어도 무력으로 나라를 다스릴 수는 없다는 도리는 일종의 묘약처럼 역대 군주들의 마음을 빼앗았다. 소위 말하는 "무로써 기초를 닦고, 문으로써 다스리다."라는 말은 봉건황제들의 좌우명이기도 했다. 또한 문치를 제창하는 것은 정권을 공고히 하는 효과적인 방법일 뿐만 아니라, 성세를 표방하는 중요한 상징처럼 여겨졌다.

고대 학자는 "깊은 골짜기에 가보지 않으면 땅의 두께를 알지 못하고, 글이라는 바다에서 마음껏 헤엄쳐보지 않으면 지식의 원천을 알지 못한다. 오간﹖﹖은 강하고 곧은 특성을 가지고 있지만, 오늬와 깃털의 도움 없이는 좋은 화살의 장점을 발휘하지 못한다. 사람도 마찬가지로 분별력과 지혜라는 잠재력을 가졌다 하더라도, 부단히 공부하지 않으면 재능과 지혜가 뛰어난 사람이 될 수 없다."라고 말했다.

그래서 역대 통치자들은 명당을 지어놓고 대학을 설치해 학생들에게 문화전적﹖﹖典籍을 공부하게 하고, 나라의 동량지재를 배출하고자 했다. 또한 군주로서 제자백가의 책들을 박람하고 유가경전인 《예禮》, 《악樂》, 《시詩》, 《서書》, 《역易》, 《춘추春秋》를 연구하고자 했다. 이렇게 천하의 대세를 이해하면 천하를 잘 다스릴 수 있기 때문이었다. 고금의 통치경험을 거울삼아 예와 도덕으로써 민중을 일깨웠던 것이다. 군왕이 명성을 떨치고, 사업을 번창시켜 인덕﹖德의 빛이 꺼지지 않게 하기 위한 유일한 방법은 문화전적을 공부하는 것이었다.

고명한 군주는 끊임없이 공부를 해야만 도덕적으로 고상하고 재능과 지혜가 출중한 사람이 될 수 있고, 그런 다음에 예로써 백성을 다스리면 반드시 천하를 통치할 수 있다고 옹정제는 생각했다.

중국 역사를 보면, 한나라를 시작으로 역대 봉건왕조는 모두 많든 적든 간에 글을 모집하거나 책을 편찬했다. 한, 당, 송, 명과 같이 대대적으로 글을 모집하거나 편찬 활동을 펼쳤던 왕조 외에 문화 사업을 그다지 중시하지 않았던 원 왕조조차도 경적소經籍所나 홍문서興文署를 세워 경사經史를 수장하거나 서적을 만들었다.

청조의 통치자는 소수민족이지만 중원의 주인이 되어 한족의 고도로 발달된 봉건문화를 접하고는, 알게 모르게 한나라의 문화와 유가에 젖어들기 시작했다. 이런 현상이 심화되면서 청조의 황제 중에서도 특히 옹정제와 건륭제는 유가의 봉건적인 의식형태를 선택해 사상을 통일하고 인심을 잡았을 뿐 아니라, 중국의 역대 봉건왕조가 중시한 문치라는 전통적인 관념 또한 받아들여 서적편찬과 문화건설에 더 많은 힘을 들였으며 큰 성과를 거두었다. 옹정제는 이 중에서도 공자문화를 대표하는 유가문화를 통치이념으로 삼았기 때문에, 청대 문치의 효시라 할 수 있다. 비록 이것은 강희제의 영향을 받았지만, 분명히 그는 건륭제에게 영향을 미쳐 건륭제의 태평성대에 문치 양상을 띠게 만든 사람 중 1명이었다.

순치제 시대는 계속된 전란으로 인해 문치를 할 만한 겨를이 없음에도 한족의 전통문화의 영향 아래 이미 도서의 편찬을 중시하기 시작했고, 대표적인 것으로《명사明史》의 편찬이 있음을 우리는 알고 있다. 청의 통치자가 북경에 발을 들여놓은 지 얼마 되지 않았던 당시에는 전국 대부분의 지역이 아직도 전쟁의 불길 속에 있었지만, 청조는 즉시《명사》를 편찬하라는 명을 내렸다. 당연히 순치 시대가 끝날 무렵에도 완성되지 못했는데, 당시의 그런 조건 속에서 완성한다는 것 자체가 불가능한 일이었지만, 청조의 이런 행동과 후에 어찬御撰의 명의로 출간한《자정요람資政要覽》,《통감전서通鑒全書》의 편찬 및《효경孝經》의 주해 등은 새로운 왕조가 문치를 추구하게 되는 발단이 되었다.

강희제는 즉위 후 전국을 통일하여 문치건설을 꾀했다. 강희 17년 (1678년), 청조는 처음으로 박학대학사라는 특과를 개설해 전국의 현재들을 대거 모집했다. 18년(1679년)에는 명사관明史館을 다시 열어 이 특과의 시험을 거쳐 합격한 50명의 학자 모두에게 한림원이라는 관직을 수여함과 동시에 《명사》 편찬에 참여하게 했다. 또한 옹정 시대에도 이 제도를 계속 실시했으며, 이때부터 학자들을 모아 각종 경서를 주해하고 전적을 정리 · 편찬하는 것이 일상적인 일이 되었다.

강희제와 옹정제, 두 시대에 관리들이 편찬한 도서는 수십 종류가 넘었으며, 그중에는 경부서적인 《주역절중周易折中》, 《서경전설회찬書經傳說匯纂》, 《시경전설회찬詩經傳說匯纂》, 《춘추전설회찬春秋傳說匯纂》, 《효경연의孝經衍義》, 사부서적인 《삼조실록三朝實錄》, 《태조 · 태종성훈太祖 · 太宗聖訓》, 《대청회전大淸會典》, 《평정삼역방략平定三逆方略》, 《평정삭막사략平定朔莫事略》, 역산서적인 《역상고성歷象考成》, 《성력고원星歷考原》, 《수리정온數理精蘊》, 문자음운서적인 《음운천미音韻闡微》, 《강희자전康熙字典》, 유서類書인 《연감유함淵鑒類函》, 《변자류편騈字類編》, 《분류자금分類字錦》, 집부集部 방면의 책인 《역대부회歷代賦匯》, 《전당시全唐詩》, 《전금시全金詩》, 《역대시여歷代詩餘》, 《영물시선詠物詩選》 등이 있다.

특히 내세울 만한 것으로는, 강희와 옹정, 두 황제 때 편찬한 《고금도서집성古今圖書集成》이 있다. 명대 다음으로 규모가 큰 《영악대전永樂大典》의 상위 분류 서적은 총 만 권이고, 그 외에 40권의 목록이 더 있다. 전권은 6집과 32전으로 나뉜다.

1집 '역상회편歷象匯編'은 천상, 세공歲功, 역법, 서정사전庶征四典을 열거했다. 2집 '방여회편方輿匯編'은 곤여坤輿, 직방職方, 산천, 변예사전邊裔四典을 통괄했다. 3집 '명륜회편明倫匯編'에는 황극皇極, 궁위宮闈, 관상官常, 가범家範, 우의, 민족,

인간사, 규원팔전閨媛八典을 나누어놓았다. 4집 '박물회편博物匯編'에는 예술, 신과 요괴, 금충禽蟲, 초목사전草木四典을 나누어놓았다. 5집 '이학회편理學匯編'은 경제, 학문과 품행, 문학, 자학사전字學四典을 통괄했다. 6집 '경제회편經濟匯編'은 선거, 인재등용, 식량, 예의, 음률, 융정戎政, 상형詳刑, 고공팔전考工八典을 나누어놓았다.

매 전典 아래는 다시 부部로 나누었고, 그 부 아래는 각종 전적소와 관련된 이 부의 상세한 자료를 집록했다. 또 인용한 각종 자료는 모두 상세하게 주를 달아 출처를 밝혀놓았다. 이런 엄밀한 분류 체제와 편찬 방법은《고금도서집성》을 중국 고대에서 편성이 가장 완벽한 유서類書로 만들었으며, 유서의 분류별 사건정리라는 특징을 가장 잘 나타냈다.

《고금도서집성》을 주축으로 한 많은 서적의 편찬은 강희와 옹정, 두 황제의 문치건설의 성과를 잘 반영할 뿐만 아니라 봉건왕조 고문연구의 기초를 다졌고, 이 기초는 건륭시대 문치 성과의 대전개를 위해서도 기초를 다져주었다고 할 수 있다.

건륭 시대의 봉건사회는 정치, 경제, 문화가 발전해감에 따라 통치자가 더 많은 힘과 더 많은 재력 및 물력을 대규모 문화건설에 사용할 수 있었다. 건륭제의 진두지휘하에 관리들은 수십 년간 120여 종류의 서적을 편찬했으며, 그 수는 중국 역대 봉건황제 중에서 으뜸이다.

옹정제의 뒤를 이은 건륭제는 그 풍부한 물질적 기초를 이용해 혼신을 바쳐 고문연구를 제창했고, 폭넓은 문치양상을 조성했다. 이런 양상의 출현은 태평성대를 만들고 또 거기에 후광을 더해주었다.

생각해보면, 성세의 재력과 건륭제의 애호가 없었다면 어떻게 청궁淸宮 내에 이렇게 많은 서적, 화첩, 묵보墨寶, 고대 유물 등 진품을 수장하고, 많은 문인학사들이 한가로이 오래된 경서를 연구하거나 책에만 빠져 있을 수 있었겠는가? 분명 불가능한 일이다.

봉건사회에서 어떤 황제든 문치를 제창하는 데는 분명한 정치적 목적이 있었고, 그것은 옹정제와 건륭제도 예외가 아니었다. 그들이 칙령을 내려 편찬한 많은 서적은 모두 정치적 목적에서 출발한 것이었다. 게다가 건륭제는 사상문화의 규제를 강화하기 위해서 책을 편찬하는 일을 직접 주관하고 간여했는데, 크게는 체제의 규정, 내용의 첨삭, 인원의 조직에서, 작게는 역사적 사실의 고증, 문자의 개정까지 늘 친히 행했고 독단적이었으며, 절대 형식적으로 일을 처리하거나 방치하는 법이 없었다. 이것이 바로 18세기 성세군주가 만든 문치양상이 불가피하게 농후한 정치적 색채를 띨 수밖에 없는 이유다.

어찌 됐든 18세기의 문화건설은 중국 봉건사회의 역사발전을 최고봉에 올려놓았고, 이것은 의심할 여지가 없는 사실이다.

백성의 마음을 헤아리라

《대의각미록》은 옹정제의 역작이자 특색을 가진 당대의 대작이었다. 옹정제가 온 힘을 다해 그것을 추진한 이유는 책을 통해서 자신을 변론함과 동시에 백성에게 정당성을 주장하고 그들을 일깨운다는 목적에서였다.

옹정 시대에 증정이 옹정제를 모반하려는 계획을 세운 사건이 있었는데, 반청을 꾀한 대장 악종기를 통해서 목적을 달성하고자 한 것이 그 사건의 핵심이었다.

그러나 옹정제는 궁정정변^{宮廷政變}의 고수였을 뿐 아니라 중신관리에도 탁월했다. 그는 서북을 안정시키고 변방요지에 문제가 발생하지 않도록 군왕의 신분으로 악종기에게 관직 임명을 약속하고 맹세까지 했다. 은혜를 입은 악종기는 변방수비에 더욱 힘써 천하제일의 모반사건을 처리했다.

옹정제가 이렇게 행동한 이유는 이 사건이 결코 우연이 아니었음을 알았기 때문이다. 그래서 그는 더 심층적으로 추궁하면 그 배경이 엄청날 것이라고 생각했다. 그렇지 않고서야 증정, 장희처럼 산간벽지에 사는 이들이 어떻게 조정에서 발생한 복잡하고 사소한 문제까지 알았으며, 아홉 가지 죄상을 지었다고 질책할 수 있었겠는가?

반복적인 심문과 조사를 통해 진상을 밝혀낸 결과, 유배 판결을 받은 윤아, 윤제의 힘이 되었던 환관과 달색, 채등과, 마수주, 경상격, 경육격, 오수의, 곽성 등의 말이 확산된 것이고, 연루된 환관들이 불만을 품은 채로 북경에서 광서로 유배되어 보충 병력이 된 것에 억울함을 호소하며 만나는 사람에게 황제를 비방한 일이 원인이 되었음을 알아냈다.

그들은 서슴지 않고 옹정제를 공격하고 욕했으며 가는 곳마다 "이리와서 황제의 소식을 들어보시오. 우리의 억울함을 얘기할 터이니 다른 사람들에게 전해주시오." 혹은 "부득이 우리의 죄를 물으시는데 어찌 입을 봉할 수가 있겠는가?"라며 큰 소리로 호소했다. 또한 예전에 동북 삼성 지방으로 유배 보냈던 윤사 일당의 측근 도당 역시 제멋대로 모함하고 도처에 헛소문을 퍼뜨려 인심을 속이고 개인의 분노를 발산하고자 했음을 밝혀냈다.

옹정제는 변방으로 유배 보낸 윤사 일당의 잔존세력이 헛소문을 퍼뜨리지 못하게 하고, 이 죄인들의 언행을 낱낱이 열거했으며, 증정의 모반과 여유량의 문자옥 사건을 한데 묶어 윤서 일당 세력을 철저하게 숙청하는 구실로 삼았다. 헛소문을 퍼뜨려 황제를 헐뜯은 윤서의 잔당들은 죄목을 더해 또다시 형벌을 받아야 했다. 이들의 비참한 결말은 비록 청사에는 기재되어 있지 않지만 미루어 짐작할 수 있다.

이는 옹정제가 직접 지도하고 또 직접 심문한 청조 최대의 문자옥 사건으로, 옹정 6년부터 사건조사에 나서 옹정 10년에서야 마침내 종지부를 찍었다. 하지만 최후의 처벌방법은 역대 황제의 처벌관례와는 달랐다. 옹정제는 증정과 장희 등 반역범을 석방하도록 명령을 내려 그들이 공적으로써 죄를 보상할 수 있도록 했으며, 이 경험을 들어 사람들을 훈계하여 악영향을 말끔히 제거했다. 또한 정치사상범인 여유량은 육시효수戮屍梟首의 형벌을 받아야만 했다.

옹정제의 특이한 처벌은 구경대신들의 불만을 샀다. 그들은 연이어 상소를 올려 증정과 장희 등 반역자를 능지처참할 것을 요구했으며, 설령 찢어 죽인들 백성과 신하들의 분노를 삭일 수는 없었다. 옹정제는 만약 장희가 스스로 그물에 걸려들지 않고 증정 등이 헛소문을 퍼뜨려 대중을 현혹하는 반역자들과 황제를 비방하는 악당들을 진술하지 않았다면 사건을 해결할 수 없었다고 생각하고, 힘으로 대중의 의견을 억압했다.

옹정제는 극히 이례적인 방법을 택해 관대하게 처리하고 호남의 관풍정속사아문觀風整俗使衙門을 사용하게 했으며, 그를 이용해 도처에 황제의 덕을 알리도록 했다. 증정은 비록 관대한 처벌을 받았지만, 시시각각 옹정제의 구속을 받았다.

옹정제는 이런 방법으로 백성들에게 증정을 죽이지 않은 이유를 해명했고, 또한 "만약 백성들을 교육한다는 차원에서 문제를 처리한다면 증정과 장희 등은 그래도 공로가 있다. 그러므로 억울함과 죄를 추궁하지 않고 무죄로 석방할 것이며, 잘못을 뉘우치고 새로운 사람이 되게 하기로 결정했다. 앞으로 짐에게 다시는 이 일로 상주하지 말 것이며, 설령 상주문을 올린다 해도 짐은 보지 않겠다."라고 했다.

이와 동시에 옹정제는 이 최대 문자옥 사건의 모든 유지, 심문, 진술 등 비밀 기록들을 편찬했고, 후에 증정의 죄를 인정한 책인 《귀인설歸仁說》에 덧붙여 《대의각미록》을 발간하여 전국의 각 청과 주·현 및 산간벽지까지 알려 학생과 시골의 서민들도 알도록 했다. 옹정제는 학교마다 한 권씩 비치해 오래도록 보존하고, 모든 사람이 다 알게 하라고 지시했다. 게다가 모든 사람이 이 책을 휴대하면서 공부하도록 규정지었으며 "이 책을 보지 않았거나 지시를 듣지 못한 자는 짐이 수시로 축출해 그 성省의 교육행정관 및 현縣의 교관을 엄중히 처벌할 것이며, 식견이 얕은 학생은 그릇된 설에 현혹되지 않도록 하라."고 했다.

그러나 옹정제의 이런 독특한 조치는 건륭제 즉위 후 달라졌다. 건륭제는 옹정제가 취한 반역자 증정에 대한 처벌과는 현저한 차이가 있었는데, 이는 그의 세심한 고려에서 나온 것이었다. 그는 청년 시절에 이 문자옥 사건의 전 과정을 목격했고, 반역자 증정과 여유량의 문자옥 사건에서 행한 공개 심문과 비판이 사실상 부황을 심판대로 밀어 올린다는 사실을 분명히 알았다. 옹정제의 화이지별華夷之別에 대한 새로운 해석, 아홉 가지 죄상의 자기변명, 황궁의 비밀스럽고 추잡한 일의 누설, 황자 간의 사기행각, 문무대신 간의 중상모략 등등 모두 상세하게 《대의각미록》에 기록되어 있다.

이것은 만인의 존중을 받는 황제의 화려한 형상을 망가뜨렸고, 국조國祚와 궁정의 극비를 누설해 역효과를 일으켰으므로 신민을 일깨운다는 목적에 도달하기는커녕 사람들의 반청배만反淸排滿 심리만 증대시켰다. 이 때문에 반드시 이단 사상의 만연을 철저하게 제거해 그 독을 없애야 했다. 이 두 중범이 반면교사를 하도록 내버려두면 더욱더 감화교육의 효과를 기대하기 어려웠다. 또한 그것은 부황이 실수했음을 증명하는 것이기도 했다. 건륭제는 심사숙고 끝에 부황이 남긴 유명遺命을 어기는 죄를 무릅쓰고 증정과 장희를 죽였다.

중국 역사상 청조는 문자옥 사건이 가장 많이 일어난 시대였다. 강희, 옹정, 건륭 3대의 청 왕조는 흥성 시기였으며, 이 3대 황제 모두 재능과 계략이 뛰어났을 뿐 아니라 그에 따른 업적도 남겼다. 그들은 또한 명성이 오래도록 이어지길 바랐으며, 정치상 적대세력을 제거하고 사상문화 영역의 절대적 통일을 강화하려 했기 때문에 이 시기에는 필화사건이 상대적으로 빈번했다.

이 3대 황제가 만들어낸 문자옥 사건은 조사할 만한 사건만 무려 179여 건에 달했지만, 그 문자옥 사건의 특색으로 볼 때 옹정 시대의 증정, 여유량 문자옥 사건만큼 독특한 것은 없었다. 또 이 문자옥 사건은 연루된 인원이 많을 뿐 아니라 형벌 또한 잔혹했으며, 특이한 처벌방식을 취해 역대 문자옥 사건 중에서도 보기 드문 것이었다.

옹정제는 전 사건의 사소한 일, 비평과 변론까지도 공개했고, 천하에 《대의각미록》을 발간해 사람들이 모두 알도록 했다. 또 중범을 과감하게 사면해주고 스스로 갱생하여 반면교사하도록 했다. 학생들에게 이 사건에 대해 태도를 표명하게 하고 사람들이 자신의 경험을 토대로 어려움을 이겨내도록 했다.

이 모든 것들이 그가 여론을 이끄는 데 탁월하고 자신을 알릴 줄 알았으며, 백성들이 깨치기를 바라며 충고를 아끼지 않던 황제였음을 증명해준다.

지옥 길도 앞장서다

《채근담》 중에 "은혜와 이익을 받는 데는 남보다 앞서지 말고 덕을 베풂에는 남에게 뒤지지 마라. 받아서 누림에는 분수를 넘지 말고 닦아서 행함에는 분수를 줄이지 마라."는 구절이 있다. 이 말의 뜻은, 은혜와 이익은 다른 사람에게서 빼앗아서는 안 되고 덕행과 사업에 있어서는 다른 사람에게 뒤떨어지지 않아야 하며, 남에게서 받고 누림에는 일정한 분수를 넘지 말아야 하고, 교양과 품행을 닦는 일에는 조금도 낮춤이 있어서는 안 된다는 것이다. 이것은 바로 옹정제가 자신에게 기본적으로 요구했던 덕목이다.

중국 고대 역사 속에는 진보적인 사상을 가지고 백성들에게 귀감이 된 황제들이 많다. 우禹 임금은 온갖 고생을 참고 견디어 13년간 대홍수를 다스렸고, 일찍이 자신의 집을 세 번이나 지나가면서도 들어가지 않아 많은 백성들에게서 지지를 받았다. 그는 중국 역사에서 탁월한 치수治水*의 공적을 세운 첫 임금이자 영웅이었다. 그는 오랜 세월 시련을 참고 견디며 멸사봉공 정신으로 일한 황제로, 지금까지도 미담이 전해지고 있다.

어려움을 이겨낸 선조의 정신을 후대 사람들에게 남기는 것은 교양 있는 인품과 덕성 그리고 고상한 심성을 보여주기 위해서다. 옹정제가 줄곧 표방한 것은 백성을 사랑하는 것이었다. 그는 수차례 "고생을 해보지 않은 사람은 어떠한 일도 성공할 수 없고, 고생 끝에 오는 즐거움이야말로 진리이며, 오로지 명분명리만 추구하는 군주는 종종 자신에게 무수한 번뇌를 가져온다."라고 말했다. 그래서 그는 늘 괴로움을 참고 힘든 일을 견뎌내는 정신을 스스로에게 엄격하게 요구하면서 인품과 덕성 그리고 교양을 끊임없이 수양하며 백성들에게 좋은 임금이 되기 위해 부단히 노력했다.

옹정제는 먼저 겉치레하지 않기를 제창하고 근검절약의 풍토를 확립했다. 옹정 원년 5월, 문무대신들에게 등급에 따라 갓을 쓰고 옷을 입으며 말을 탈 것을 명했다. 옹정제는 또 "관리에게는 일정한 등급이 있고 그것은 곧 오복五服제도가 있다는 뜻이다. 하지만 근래에 들어 많은 관리들이 등급에 따르지 않고 마음대로 갓을 쓰고 말을 소유하는데, 이러한 관리들은 모두 분수에 넘치는 생활을 하는 것이다. 그러니 팔기대신 통솔자 모두를 엄격하게 조사하여 위반하는 자는 즉시 엄벌에 처할 것이다."라고 말했다.

이어서 복건의 황국재라는 지방 행정관리가 상소를 올려 앞으로 의복의 색깔을 위반하는 자는 분수에 넘치는 행위로 간주하여 법도에 따라 처분할 것을 주청했다. 옹정제는 악습을 타파하고 점진적인 개선을 통해 규율을 어긴 자들에 대해서는 먼저 설득하고, 후에 엄격한 법제정으로 시정해야 한다고 말했다. 그는 의복 색깔을 남용하는 것을 금지했지만 점차적이고 단계적으로 엄격하게 적용시켜 나갔다.

옹정 원년 8월, 백성들에게 근검절약을 권장하기 위하여 팔기인 외에 상인들에게도 더욱 주의를 시키고, 각 성의 염정 관원들에게 당부했으며 또 염상들의 과도한 낭비를 질책했다.

그다음에는 백성들의 생활풍토를 정비했다. 민간에서는 봄에는 풍년을 바라는 제를 올리고, 가을에는 신에게 감사하는 추수감사제를 만들어 축제를 벌였다. 미신적인 요소를 제외하면 백성들은 한데 어울려 노는 기회를 갖기도 어려웠다.

옹정 원년, 홍려사의 이풍저는 신을 맞이하며 벌이는 마당극이 남녀가 모여 질서를 어지럽히고 소모적이라고 생각하여 금지시켜야 한다고 생각했다. 옹정제는 이에 동감을 표시하고 신을 맞이하며 벌이는 연극놀이가 폭도를 불러일으킬 수 있다고 여겼다. 또 치안에 방해가 되며 남녀 역할이 바뀌어 음탕하고 풍속을 어지럽히며, 연극에 금전을 낭비하여 생활에 악영향을 미친다고 생각하여 금지하는 것에 동의했다.

　　또한 옹정제는 관원들이 재물을 긁어모으는 것을 핑계 삼아 백성들을 수탈하는 것을 금했고, 관원들에게 연극 금지를 내릴 것을 주장했다. 특히 그는 관원들이 극단을 만드는 것이 불만이었다. 옹정 2년(1724년) 12월, 옹정제는 지방관리들이 개인적으로 극단을 만들고 20~30여 명을 채용하여 1년에 수천 냥의 은자를 지출한다고 말했다. 이렇다 보니 많은 관원들이 놀이를 낙業으로 삼고 공무를 그르치는 일이 많았고, 광서 지방 안찰사같이 온종일 연극을 보며 소일하는 등 공무를 소홀히 했다. 그래서 연극배우를 양성하고, 어떤 사람은 권세를 믿고 평민에게 해를 끼치고, 어떤 사람은 소속관원 밑으로 보내지고, 향신이 거주하는 곳에 가서 이런저런 명목으로 돈을 갈취하여, 종래에는 모종의 관계를 맺고 아첨하여 출세를 했다. 그래서 독무제진사도督撫提鎮司道 관리인의 집에 극단 설치를 금지시켰다.

　　이러한 일련의 정치 활동들 중에는 낡은 풍속을 바로잡고, 민생과 경조사는 관민이 함께 청조 시대의 규율을 따르며, 분수를 지키고, 공무에 성실하고 법을 준수하며, 발생할지도 모르는 백성들의 저항과 통치세력의 내란을 방지할 것을 강조했다. 그래서 봉건적인 등급제를 유지하고 청조 시대의 통치를 공고히 하는 것이 옹정제가 의례제도를 바로잡고자 하는 목적이었다.

마지막으로 옹정제는 특히 백성들에게 도덕과 법률을 강조했는데, 간소화된 민속의례 확립을 통해서 이러한 풍토가 사회 전체에 파급되도록 많은 시도를 했다. 옹정 7년(1729년), 옹정제는 향약(鄕約)을 만들어 시골마을 구석구석 널리 보급시키고 약정(約正 : 향약 조직의 임원)을 파견하여 매월 3~4명이 당번을 서게 했다. 약정은 지방관이 생원 중에서 선발해 직무를 맡겼다. 약정의 주요 임무는 강희제가 살아 있을 때 공표한《십육조성유(十六條聖諭)》를 강연하는 것이다.

이 십육조는 '하나, 부모에게 효도하고 형제간에 우애 있게 지낼 것. 둘, 가족이 화목할 것. 셋, 마을끼리 단결할 것. 넷, 농사를 근간으로 하는 풍요로운 생활을 할 것. 다섯, 근검절약할 것. 여섯, 인재육성을 통해 학풍을 수립할 것. 일곱, 올바른 학문을 숭상할 것. 여덟, 법률 강연을 통해 소양을 높일 것. 아홉, 예의와 양보를 통해 바람직한 풍토를 조성할 것. 열, 본분에 충실할 것. 열하나, 자녀교육을 통해 악을 근절할 것. 열둘, 진실함으로 선량한 삶을 영위할 것. 열셋, 억울한 일에 연루되지 않도록 도망자를 숨기지 않을 것. 열넷, 철저하게 세금을 납부할 것. 열다섯, 도적을 없애기 위해 보갑제(保甲制 : 강한 병사를 기르고 군사비의 부담을 덜기 위하여 왕안석이 만든 민병제도(民兵制度))와 연대할 것. 열여섯, 생명을 소중히 여기며 원망과 분노를 없앨 것'을 포함하고 있었다.

이것은 삼강오상(三綱五常 : 유교 도덕의 기본이 되는 삼강과 오륜)을 체계적으로 널리 알림으로써 백성들이 본분을 지키고 법을 준수하도록 하기 위한 것이었다.

옹정제는 십육조의 역할을 잘 알고 있었다. 그것은 '강상(綱常 : 삼강(三綱)과 오상(五常)을 아울러 이르는 말, 곧 사람이 지켜야 할 도리)에서부터 실제 생활에 이르기까지 십육조를 잘 보급하고 전수하며 농사를 지을 때나 쉴 때도 전반적인 과정을 세세하게 알려주고 공적인 것과 사적인 것을 잘 구분해야 한다' 는 것이다.

여기에는 민간에서 발생하는 모든 문제들이 총망라되어 있다. 옹정제는 백성들이 십육조를 더 잘 이해하도록 해석을 가미시켜 수없이 많은 주석을 단 《성유광훈聖諭廣訓》을 완성했다. 그래서 백성들이 십육조를 유명무실한 가르침으로 여기지 않기를 바랐다. 옹정제는 이 책을 통해 서민들에게 용기를 북돋우고, 불성실하고 경박하며 남을 업신여기는 낡은 관습을 철저히 없앨 수 있다고 여겼다.

옹정제는 팔기대신들과 직성直省의 일반 백성들에게도 《성유광훈》을 알릴 것을 명했다. 매월 초하루와 15일 두 번에 걸쳐 강연을 하고 반드시 집집마다 알도록 했다. 강연은 직성의 약정이 하고, 팔기는 각 급 관청이 맡아서 관리하도록 했다. 옹정제는 시종 강연 상황을 살폈다. 말년에는 팔기 중에서 강연을 소홀히 하는 것을 발견하고는, 죽기 전에 수일간 팔기에 하명하여 매월 세 번에서 여덟 번 만나 연습을 시킨 뒤, 다시 십육조 중 1조와 2조를 강연하게 했다. 그가 이렇게까지 한 것은 바로 사회풍토를 올바르게 바꾸고 싶어서였다. 그래서 태평성대를 열고 싶었던 것이다.

위엄으로 다스려라

위엄으로 사람을 다스리는 것은 참 슬픈 일이다. 그렇게 하면 진실을 말하는 사람은 점점 적어질 수밖에 없기 때문이다. 게다가 마음으로 복종하는 것이 아니라 단지 말로만 복종하는 것일 뿐이고 장기적으로 보면 자신의 살길을 찾고자하는 욕망에서 거짓된 마음으로 아첨하여 복종하는 것처럼 보일 뿐이다. 이런 거짓된 복종은 두 가지 결과를 낳는다. 그것은 첫째, 반항을 불러일으켜 종래에는 권세의 몰락을 가져온다. 둘째, 마지막에는 어리석은 복종으로 변해서 인간이 완전히 하나의 장난감이나 도구로 전락한다는 것이다. 그래서 덕으로 사람을 다스리는 것이야말로 복종의 가장 좋은 방법이라고 말하는 것이다.

사람을 믿고 따르게 만들려면 권력을 이용해 관대할 때와 엄할 때를 구분하여 조절하는 규칙이 있어야 한다. 옹정제는 사람을 통치하는 방법에 대해 관대할 때는 관대하게, 엄할 때는 엄하게 다스리며 부드러움과 강함을 조화롭게 펼치는 정책 이상은 없다고 마음속으로 생각하고 있었다. 이것이 소위 말하는 '당근과 채찍'의 정책이기도 하다.

옹정 원년, 어사 탕지욱은 법조문을 하나로 통일시켜 세상에 공포해야 한다는 내용의 상소를 올렸다. 옹정제가 회답하기를 "모든 상소는 아직 결실을 거두지 못했지만 천하의 일에 통치자는 있으되 통치법은 없다. 사람을 얻어서 다스리려면 동의와 협조를 얻어야 하는데, 사람을 얻지 못하면 붓끝을 놀려 법을 우롱하는 것과 같아, 비록 법을 정비한다 해도 실패를 면하기 어렵다."

법령제도와 법령을 제정하고 집행하는 사람들, 이 양자 중에서 국가의 혼란스런 상황을 다스리는 관계에 대하여 옹정제는 사람을 가장 중요한 구성요소로 생각했고, 법제의 역할은 부차적이며, 정치에 참여하는 사람의 상황에 의해 결정된다고 여겼다. 그는 좋은 법제는 법을 지키는 사람들이 보급해야 하며, 만약 악한 사람을 만나면 도리어 탐욕스럽고 교묘하게 빼앗는 도구로 이용된다고 생각했다. 그는 또 법이 오래되면 폐단이 생기고 자고로 법은 믿을 수 없기 때문에 사람이 바꿔나가야 폐단을 막을 수 있다고 생각했다.

법이 완전하지 못한 것에 관해서는 너무 조급해하지 말아야 한다. 법은 좋은 사람이 집행하기만 하면 자연히 때맞게 처리할 수 있다. 또 보충하고 정정해야 비로소 온전한 법으로 만들 수 있다. 그래서 그는 "사람을 다스리는 것은 곧 법을 다스리는 것이다."라고 했다.

순자荀子가 "세상은 사람이 다스릴 수 있지만 법이 다스릴 수는 없다."라고 말한 이후로 지금까지 통치자에 의해 모든 것이 결정되었다. 옹정제는 그것을 더욱 공고히 했으며, "사람을 다스리는 것이 곧 법을 다스리는 것이다."라는 순자의 말을 한층 더 확실하게 하여 법에 의한 통치를 인간에 의한 통치로 귀속시켰고, 사람의 중요성을 더욱 부각시켜 말했다.

옹정제의 '신용한 사람에 의한 통치'는 비록 역대 군주들에 의해 공유된 것이지만, 그에 앞서 진보적인 사상가 황종희가 이미 《명이대방록明夷待訪錄》에서 '법을 다스리는 것이 있고 난 후에 사람을 다스려야 한다'는 관점을 표명한 적이 있다. 황종희는 '사람이 다스릴 수는 있어도 법이 다스릴 수는 없다'는 전통적인 관념을 맹렬히 비판했고, 국가의 흥망성쇠에 있어서는 법제가 사람보다도 중요하다고 생각하여 법제를 이용함으로써 사람을 다스릴 것을 요구했다.

황종희의 관점이 옹정제보다 진보적이라는 것에는 조금도 의심의 여지가 없다. 옹정제는 황종희 후에도 사람에 의한 통치를 주장했고, 사상 체계 면에서 말한다면 당연히 반대되는 입장이다. 하지만 법제가 봉건 사회에서 진정으로 실현된다는 것은 불가능한 일이며 정치의 좋고 나쁨은 때때로 집권자의 상황이 변화하는 것에 따라 바뀌는 것으로 본다. 옹정제의 '사람에 의한 통치'는 군주가 힘을 다해 나라를 다스려야 한다고 강조하고, 관리의 임용을 중시함으로써 청·명 시대의 정치를 실현하기를 바랐다.

실천적 관점에서 보면 그의 '사람에 의한 통치'는 일부 합리적인 내용도 담고 있다. 옹정제는 정치의 구체적 실천을 위해 노력하고 국가정책과 민생의 실제적인 문제를 해결하는 것을 중시했으므로, 온갖 수단으로 명예를 추구하거나 탐욕에 찬 관료 또는 오직 백성을 착취하고 해하는 것만 아는 집권자들보다는 당연히 더 낫게 느껴진다.

옹정제가 붕당을 반대하는 관점은 제왕사상이다. 붕당은 역사적으로 좋은 역할을 한 적이 거의 없으며, 늘 정치부패와 연관되어 있었다. 옹정제는 정치혼란을 막기 위해 붕당을 반대하고 사람이 통치하는 법을 채택하여 확실히 훌륭한 방법을 가미했다.

옹정제는 집권 초기, 침궁을 양심전으로 옮기고 양심전 서난각에서 한 폭의 대련을 썼다. 그 글은 '사람이 세상을 다스리지, 세상이 사람을 받들지는 않는다'는 내용이다. '사람이 천하를 다스린다'는 사상은 자연히 사람에 의한 통치관념을 형성하게 되었다.

본래 군주의 권력은 가지려고 하는 만큼 얼마든지 가질 수 있다. 법률은 군주가 제정한 것인데 그 법률이 완전하지 않다면 군주의 의지와 서로 모순된다. 그래서 법을 더욱 개정하고 혹은 명령과 격식을 이용하여 법을 보강하기도 하며, 군주의 말은 곧 법이 되고 시정방침이 된다. 물론 법치는 사람에 의해, 군주에게 종속되었다.

"사람으로 천하를 다스린다."

이것은 옹정제의 통치사상이면서 군주의 권력이 가장 높다고 외치는 그의 사상이 강하게 응축된 말이기도 하다. 사실 예로부터 지금까지 많은 제왕들은 사람에 의한 통치를 가장 우선순위에 두었고, 당근과 채찍을 병행하는 방법을 자신의 통치수단 중 하나로 활용했다.

서거하기 전날 저녁, 당태종은 태자를 보좌하는 막중한 책임을 지고 있던 재상 이책을 일부러 좌천시켰다. 당태종이 태자에게 이르기를 "이책은 능력 있는 보좌관이지만 그는 내 수하의 공신이며 전대₩ᵗ의 왕조 원로이기 때문에 그에게 어떤 자애도 베풀어선 안 된다. 그가 오만불손한 모습을 드러내는 것을 면하기 어려우니 네가 그를 지배하기는 생각보다 쉽지 않다. 그래서 일부러 그를 강등시킨 것이다. 네가 즉위한 후에 즉시 복직시켜 준다면 그는 너에게 감격하여 더욱 목숨을 다해 일할 것이다."

당태종이 사망하고 태자 이치가 즉위한 그날, 이책을 재상으로 복직시켰다. 이책은 새로운 황제에게 감격해하며 진심으로 충성하여 더 이상 다른 마음을 품지 않았다.

이런 이야기는 또 있다.

한나라 시대 대장군 위청이 패전한 장수를 죽이지 않은 일도 사람을 잘 다스리는 방법의 훌륭함을 말해주고 있다.

어느 해 한무제는 위청을 파견해 정상ᵗᵗ에 출병시켰다. 부하무관 소건과 조신은 비범한 기량을 갖춘 3,000여 기병을 동원했다.

어느 날 그들은 갑자기 선우(單于 : 한나라 때 흉노의 군주를 부르던 말)의 군사들과 맞닥뜨렸고, 하루 동안의 치열한 전투 끝에 3,000여 명의 기병이 거의 전멸했다. 조신은 선우에 투항했고 오직 소건만 혼자 한나라

진영으로 도망쳐왔다.

이때 소건을 죽여야 한다는 것에 대해 의견이 분분했다. 자신의 생각이 강했던 주패가 위청에게 말했다.

"자고로 대장군이 출병한 이래로 아직 부하무관을 벤 적은 없습니다. 오늘 소건은 이렇게 많은 군사를 버리고 혼자서 도망쳐왔습니다. 하찮은 저의 소견으로는, 소건을 만인이 보는 앞에서 참수하시어 장군의 위엄과 지도력을 보여주는 것이 옳다고 생각됩니다."

하지만 군사들 중 오랜 기간 병역하고 있던 안은 "절대로 그렇게 해서는 안 됩니다! 소건은 수천 명의 군사로 대항하고 싶었지만 수만 대군의 적군이 포위하여 공격해오는 바람에 하루 동안 온 힘을 다해 악전고투했으나 병사들을 모두 잃게 되었습니다. 그런데도 항복하지 않고 돌아왔는데 어찌 그 충성심이 보이지 않는다고 하겠습니까? 소건이 구사일생으로 살아서 돌아왔는데 만약 그를 참수시키신다면 이것은 차후에 전쟁에서 패하면 돌아오지 말고 차라리 적에게 투항하라는 것을 병사들에게 보여주는 것과 다르지 않습니다. 그러니 그를 절대로 죽여서는 안 됩니다."라고 말했다.

위청이 이 말을 듣고 매우 옳다고 여겨서 "나 위청은 앞으로 그를 진심으로 대할 것이며, 그를 군에 머물게 할 것이다. 그래서 위엄과 명망을 잃을 수도 있음을 두려워하지 않을 것이다. 주패가 소건의 목을 벰으로써 위엄을 보이라고 권했지만 이것은 근본적으로 내가 바라는 바와는 다른 것이다. 더욱이 대장군에게 부하를 죽이는 권한이 있지만, 폐하의 총애를 받고 있는 몸으로 성 밖에서 제멋대로 부하를 참수시키는 것은 안 된다. 그를 폐하께 보내 친히 처벌을 내리시도록 하는 게 어떻겠는가! 이것이 신하된 자로써 권력을 남용하지 않는 것이 아니겠는가? 어떻게 생각하는가?"

이 말에 모두가 위청의 깊은 뜻에 감복했고 인품과 인자함에 탄복하여 숙연하지 않는 자가 없었다. 그래서 위청은 소건을 수감한 채로 한무제에게 보냈고, 한무제는 소건을 사면시켰다.

부하를 용서한 위청의 행동은 그가 관대하고 인자한 장군이며 또 군을 다스리고 사람을 다스릴 줄 아는 훌륭한 지도자임을 동시에 말해주고 있다. 위청과 옹정제는 인간을 존중하고 다스리는 면에 있어서 서로 방법은 다르나 같은 효과를 내는 묘한 공통점이 있다.

요컨대 옹정제의 정치사상인 '사람에 의한 통치'에 내포된 중요한 뜻은 역시 사람들이 실천하도록 해야 한다는 것이다. 여기서 중요한 것은 제왕이 힘을 다해 나라를 다스려야 한다는 것과 군주의 지도하에 훌륭한 관료들을 육성시키고 양성시키는 것이다.

옹정제가 말하기를 "천하를 다스리는 것은 오직 사람을 쓰는 일을 근본으로 삼아야 하고, 나머지는 모두 부차적인 것이다."라고 했다. 이러한 사상은 바로 오늘날 사람들이 늘 말하는 한마디로 나타난다.

"세상을 얻고자 하는 자는 인심을 얻어야 하고, 인심을 얻고자 하는 자는 반드시 인재를 얻어야 한다."

제 11 장

권력 놀음가

−결탁하여 사욕을 꾀하는 자를 공격하라

권력이 최고조에 이르니
군위신강^{君爲臣綱}, 주객이 전도되다
지나침은 모자람만 못하니
친분이 아닌 재능으로 인재를 등용하라
아랫사람에게 너무 많은 사랑을 내리지 말지니
복잡하게 얽힌 문제, 핵심은 바로 단결이다
지나친 총애는 큰 인물도 소인배로 만드는 법이니
다른 이의 손을 빌려 문제를 해결하라

늑대는 의심이 많은 동물이다. 사냥꾼이 많은 덫을 놓아도 늑대는 곧 그것을 알아채고 만다. 때때로 늑대는 사냥감 주위를 배회하기도 하지만 결코 사냥꾼이 놓은 덫에 걸려들지는 않는다. 늑대왕은 비록 절대적인 권력을 가지고 있지만, 항상 의심의 눈초리로 주위를 살피고 같은 무리에 대한 경계를 늦추지 않는다. 이는 다른 늑대가 자신의 권위에 도전하는 것을 허락하지 않을 뿐만 아니라, 제왕만이 가진 명예와 특권을 쉽사리 포기하지 않겠다는 의미다.

옹정제 역시 강한 권력욕을 가진 통치자였다. 그는 개혁을 통해 권력을 손아귀에 넣고 결탁하여 사욕을 꾀하는 자들을 공격하면서, 자신을 제외한 그 누구의 권위도 허락하지 않았다. 또한 그는 남의 칼을 빌려 적을 해치고 일을 성사시킨 후에는 그를 위해 애쓴 사람을 버렸다. 옹정제는 자신의 눈앞에 놓인 권력을 최고의 경지까지 끌어올리면서 끝내 최고의 권력을 가진 군주가 되었다.

최고조에 이른 군주의 권력

소순은 《권서》에서 이런 말을 했다.

"군주가 대신들을 제압할 때는 재상보다 무장이 쉽다. 무장은 두 종류의 유형이 있는데 하나는 덕과 재능을 동시에 지닌 무장이요, 다른 하나는 재능은 뛰어나지만 평범한 인품을 가진 무장이다. 군주의 입장에서는 재능과 인품이 모두 평범한 군관을 제압하는 것이 특히 어려운 일이다. 군주는 예의로써 재상을 제압하고, 권모술수로 무장을 제압한다. 재능과 덕을 겸비한 무장을 제압하는 방법은 믿음이요, 재능만 뛰어난 무장을 제압하는 방법은 권모술수를 사용하는 것뿐이다. 군주가 예의를 갖추지 않고 믿음을 보여주지 않는 것은 단지 그가 실행에 옮기지 않았기 때문이다. 군주가 권모술수로 대신들을 제압할 필요가 없는 이유는 다만 그가 할 수 없기 때문이다. 따라서 무장들을 제압하는 일은 결코 쉬운 게 아니며, 실세를 가진 무장인 경우 더욱 그러하다."

옹정제 또한 연갱요 등 무장들의 문제를 해결하면서 가장 큰 깨달음을 얻었다.

사실 대신들의 재능은 본래 그 크기가 다른 법이다. 보통의 대신들 중에서 특출 난 사람들은 비교적 강한 사람들이며, 재능을 가진 대신들 중에서도 독단적인 행동을 할 수 있는 사람만이 뛰어난 사람이라 할 수 있다.

재능이 미미한 대신들은 포부가 작고, 재능이 뛰어난 대신들은 포부가 크다. 마땅히 대신들의 재능 크기를 파악하여 그에 상응하는 방법으로 제압하는 것만이 그들의 뜻을 만족시킬 수 있다.

그렇다면 옹정제는 어떤 방법으로 대신들을 제압했는지 살펴보자.

옹정제가 건청궁에 들어온 후 첫 번째 사건은 바로 고승 문각이 입궁하여 국사가 된 것이다. 부황이 남겨놓은 큰 혼란에 직면한 그는 과거의 사람들을 이용해서 현재의 국면을 타개하는 게 어렵다는 것을 느꼈다. 게다가 천하에 군림하게 된 그는 문무백관들에게 활력 없는 케케묵은 인상을 남기고 싶지 않았다.

그래서 옹정제는 첫 번째 어지를 내렸다.

"패륵 윤이, 십삼아가 윤상, 대학사 마제, 상서 옹사이를 총리사무부 대신에 명하노라."

두 번째 어지는 십사아가 대장군왕 윤제를 역참으로 명하는 것이었다. 그리고 세 번째 어지를 내렸다.

"패륵 윤이와 십삼아가 윤상을 각각 친왕에, 이아가의 아들 홍석을 군왕으로 명하노라."

옹정제는 윤이를 중용하고 홍석을 군왕에 봉하면서 강희 말년에 적대관계에 있던 양대 정치세력에 자신의 태도를 보이고 싶어 했고, 또한 그들과 협력을 도모하여 집권 초기의 국면이 안정화되어 나가길 바랐다.

옹정제는 정적을 제거하면서도 예를 갖추는 모습을 보이고자 항상

'먼저 주고 나중에 받는' 전략을 사용했다. 그는 즉위하자마자 윤이를 총리사무왕대신에 임명하여 4명의 총리사무부대신들의 우두머리 자리에 앉혔다. 그리고 곧 윤이를 염친왕으로 승격시켜 번원과 상사원 관리를 겸하게 한 후 공부의 관리까지 맡겼다. 또한 그의 측근인 패자 소노를 패륵으로 임명하고 소노의 아들 십상을 시위내대신에 임명하며 아이 송아를 형부상서로, 종실에서 한가로이 지내던 불격 역시 형부상서에 임명했다.

윤이의 파격적인 승진에 주변 사람들은 잇달아 축하인사를 전해왔다. 하지만 주변 사람들의 됨됨이와 자신에 대한 그들의 원한을 잘 알고 있던 윤이는 이러한 특별한 은혜에 대해 좋은 내색을 하지 않고 오히려 근심걱정에 쌓였다.

황위를 넘보던 모든 형제들은 부황이 사아가 윤진에게 자리를 물려줄리 없다는 것에 동의했다. 따라서 옹정제가 즉위한 날부터 그의 황위 계승의 합법성에 대해 문제를 제기하며 공격하기 시작했다.

가장 큰 문제는 경쟁에서 패한 모든 황자들이 불만이 가득한 데다, 어찌 되었든 윤진의 승리를 받아들일 수 없다는 데 있었다.

윤진이 황위를 잇는다는 소식을 들은 구아가 윤당은 곧장 윤진 앞으로 달려가 다리를 쫙 벌려 무례한 태도로 앉았는데, 그러한 행동의 의미는 알 길이 없다. 십사아가 윤제도 서녕에서 돌아와 "이제 나의 형이 황제가 되었으니 내가 머리를 조아리길 바라지 않겠는가? 하지만 부황의 관 앞에 참배를 하고 태후를 알현하고 나면 내가 할 일은 끝이다!"라는 말을 서슴없이 내뱉었다.

옹정 원년 2월, 옹정제가 말했다.

"즉위 이후, 짐의 형제나 대신들이 범한 죄는 모두 너그러이 용서했다. 하지만 은혜의 감사함을 알지 못하는 사람들이 여러 가지로 짐의 마음을 어지럽혔다. 짐은 마음이 넓고 남을 해치는 것을 싫어하지만 짐을 모욕한다면 그들을 죽일 수밖에."

이렇게 옹정제가 사람들을 죽이기 시작하자 몇 년 만에 정치적 적수들은 분열되거나 거의 전멸해버렸다.

옹정 2년에 옹정제는 윤아를 군왕 작위에서 면직시켜 종인부에 감금했고, 염친왕 윤이에게는 사당을 조직한 죄를 물었다. 옹정 3년에는 윤당을 패자 작위에서 면직시켰고, 4년에는 윤이, 윤당을 아예 종실의 족보에서 빼고 윤이를 감금했다. 또한 부름을 받고 온 윤제가 북경에 도착하자 수황전에 감금시켰고, 같은 해 윤당과 윤이는 차례로 갇힌 채 죽음을 맞이했다. 몇 년 동안 옹정제의 형제들 간에 일어난 골육상잔의 참혹한 사건들로 인해 조정의 감옥은 늘 많은 사람들로 가득했고, 군신들은 두려움에 몸을 떨어야 했다.

문각은 자연히 옹정제가 자신을 국사로 청한 의도를 알게 되었다. 그가 제안한 첫 번째 치국정책은 바로 천하에 있는 권신들의 세력을 장악하여 각 파벌의 세력균형을 꾀하며 안정을 추구하는 것이었다.

문각이 말했다.

"태조께서 처음 제정한 정사에 관한 규정은 합의를 위주로 하는 것이었습니다. 태종황제께서 즉위하여 황권이 높아졌을 때도 그 제도는 여전히 존재하면서 황제의 측근 중신들의 발언권이 보장되어 하오기^{下五旗}의 기주^{旗主}가 본기^{本旗}에 큰소리쳤습니다. 하지만 성조황제께서 즉위하자 모든 왕패륵의 합의로 정사를 결정하던 일이 차츰 줄어들게 되었습니다. 황제께서 보위에 오르신 지 얼마 되지 않아 모든 왕패륵이 각기 자신의 주장대로 행동하고 있으니, 이대로 가다가는 분명 황권을 위협할 것입니다. 소인의 생각으로는 중신들의 권력을 약화시켜 황권을 강화해야 합니다. 동시에 왕기王畿의 제도를 폐지하여 군주의 위엄을 세워야 합니다."

옹정제는 아무런 대답이 없었지만 이미 마음속으로는 모든 결정을 내렸다. 다음 날 아침, 옹정제는 문무백관들을 불러 정사를 의논했다. 새로운 황제가 등극하여 새로운 제도를 세우면 각기 다른 세력에 속해 있던 문무백관들이 자신의 의견을 내려는 것은 당연한 일이다. 하지만 선불리 말을 꺼냈다가 화를 당할지 모르니 누구도 감히 이에 반대하지 않았다. 결국 일순간에 대담하게 정사에 관해 입을 여는 사람이 없게 되었다.

옹정제는 주위를 둘러보고 마음의 결정을 내렸다.

"짐은 이미 뜻을 굳혔다. 오늘부터 황팔제 윤이, 황십삼제 윤상, 옹사이와 대학사 마제를 총리사무부대신으로 임명하여 함께 총리사무를 맡기도록 한다."

황제의 이러한 명령에 대해 모든 대신들이 각기 다른 추측을 하고 있었지만, 윤상과 옹사이가 총리사무부대신으로 임명된 것은 모두가 짐작하고 있던 바였다. 마제가 내각총리대신에 임명된 것은 나이가 많고 궁정사무에 관해 잘 알고 있었기 때문이었다.

하지만 윤이가 수석 총리사무부대신으로 임명된 사실은 모두에게 의외의 일이었다. 팔왕의 도당을 제외한 대부분의 대신들은 윤이가 옹정제와 이미 모종의 계약을 했다고 생각했다. 원래 윤이와 행보를 같이하려던 어떤 사람은 옹정제가 이미 윤이를 굴복시켰기 때문에 새로운 조정에 좋은 신하가 될 것이라고 생각했다.

천하를 얻은 옹정제는 군사권을 거둬들여야 한다는 사실을 알고 있었다. 그래서 군사대권을 모으기 위해 군기처를 설립했다. 그리고 군과 관련된 모든 일을 이친왕, 대학사 장정옥, 장정석에게 보고하게 하여 그들로 하여금 비밀리에 처리하도록 했다. 군기대신은 단지 원고를 베껴 쓸 뿐, 자신들의 의견을 내놓을 수 없었다. 사실상 그들은 황제의 비서였고 군기처는 황제의 비서기관일 뿐이었다. 그래서 군기대신들은 군주의 명에 복종할 따름이었다. 옹정제의 이러한 조치는 황권을 보호하기 위한 것으로, 역대 다른 어떤 황제들보다 최고의 권력을 잡아 황권을 행사했다.

옹정제가 대신들을 제압하는 방법을 통해 우리가 알 수 있는 것은 봉건시대의 제왕들이 주로 강압정책을 사용했다는 것이다. 이러한 정책이 가능했던 이유는 당시의 사회적 배경 때문이었다. 하지만 오늘날의 사회는 그때와는 완전히 다르다.

현대사회의 관리업무에는 강압정책이 불필요할 뿐만 아니라 이러한 정책의 남용은 삼가야 한다. 왜냐하면 모든 상황에서 관리직에 있는 사람들이 아랫사람에게 이러한 태도를 취한다면 반항적이거나 무조건 순종하는, 두 가지 성격의 부하직원들만 생겨나기 때문이다. 오랜 시간 이어져온 이러한 방식은 많은 사람들에게 관리업무가 마치 사람들을 제압하는 일이라는 오해를 낳았다. 따라서 관리업무가 곧 강압정책이라는 생각은 큰 오산인 것이다.

우리는 반항적인 부하가 회사에 미치는 크고 작은 손해들에 대해 잘 알고 있다. 업무의 효율과 자질은 표면적인 것일 뿐, 그 후유증은 얼마나 크겠는가!

예를 들면 겉으로는 복종하나 속으로는 따르지 않는 부하직원의 경우, 회사를 위해 일하는 척하지만 사실은 다른 회사를 염두에 두면서 회사에 대해 부정적으로 말하고 다닐 것이다. 그리고 무조건 순종하는 부하직원의 경우에는 자신의 의견은 없고 적극적인 태도가 부족하여 일에 대한 감각을 잃게 되며 업무의 흐름을 따라가지 못하게 된다.

많은 상사들이 강압정책으로 부하직원들을 제압한 주요 원인은 바로 자신의 능력에 대한 믿음이 없어서라 할 수 있다. 그들은 짧은 시간 내에 전반적으로 제압하기 위해 강압정책을 쓰는 것 외에 실제로 다른 방법을 찾기 힘들다. 부하직원들을 관리하는 데는 달리 방법이 없다. 반드시 순서대로 하나하나 진행하여 부하직원들이 충분히 심리적인 준비를 하여 쉽게 받아들일 수 있도록 해야 한다.

관리직에 있는 사람들은 어떤 상황에서든 협력하여 관리하는 것이 강압적으로 제압하는 것보다 더 중요하다는 사실을 명심하라. 관리업무는 안달복달하여 명령을 내리는 것이 아니라, 여러 사람들과 협조적인 관계를 맺는 것이다. 협조의 목적은 지도계층 내부의 각 조직 간, 각 구성원들 간, 그리고 조직 외부의 조직과 회사들 간에 협조하고 협력하여 더욱 효율적으로 임무를 수행하는 것에 있다. 협조는 바로 갈등을 해결하고 여러 방면의 이해관계를 바로잡는 것이다. 이러한 지도력이야말로 진정 오늘날의 사회발전에 적합한 것이다.

군위신강君爲臣綱, 주객이 전도되다

군신의 관계에 대해 옹정제는 맹자가 말한 다음 내용을 가장 추앙했다.

"군주가 신하를 자신의 수족으로 여기면 신하는 군주를 자신의 심장으로 여길 것이요, 군주가 신하를 개나 말로 여긴다면 신하는 군주를 일반 사람으로 여길 것이다. 하지만 군주가 신하를 하찮게 여긴다면 신하는 군주를 적으로 여길 것이다."

사람을 중용하는 것과 관련하여 맹자는 세 가지 형태의 군신관계에 대해 언급했지만, 몇천 년간 이어온 전제정치 아래에서는 후자의 두 종류가 대부분이었다. 신하가 군주를 일반 사람으로 여기면 군주는 그들과 편안히 살 수 있다. 반면 신하가 군주를 적으로 여기면 목적을 달성한 뒤에 이를 위해 애쓴 사람을 제거하는 비극이 발생하게 된다. 이러한 비극이 만들어지는 이유는, 군주와 가까이 지내면서 친밀한 관계에 있는 대신들, 특히 군주가 권력을 획득하고 공고히 하는 데 죽음을 마다하지 않으며 큰 공로를 세워 세력과 명성을 지닌 대신들 때문이다. 비록 그들이 군주에게 실질적인 위협을 가하지는 않지만 군주의 마음속에는 여전히 잠재적인 위협존재로 남아 있기 때문에 그들을 제거한 후에 안정을 찾고 싶어 한다.

윤진이 황위에 등극하자 표면적으로는 내각총리대신들에게 의존하는 것처럼 보였지만, 사실 그는 이미 뜻한 바가 있었다. 반드시 강력한 황권을 가져야 한다는 것이었다.

황팔자 윤이는 윤진의 수단에 일찍이 유감을 가지고 있었다. 아니나 다를까, 황팔자 부부의 예측대로 옹정제는 여러 차례 반복해서 매서운 질책과 처벌을 내렸다.

옹정 4년 정월, 윤이는 왕 작위를 박탈당하고 종인부에 감금되었으며 이름을 아치나로 고치고 종실에서 쫓겨났다. 부인은 친정으로 갔고 그해 9월, 윤이는 감옥에서 숨을 거두었다. 옹정제는 그전에 이미 아홉째 패자 윤당을 질책하여 종실에서 쫓아내고, 이름을 싸이스헤이로 바꾸었다. 꼼짝없이 갇혀버린 윤당도 8월에 생을 마감했다.

한편으로 옹정제는 진사들 중에서 인재를 계속해서 선발하여 자신의 수하로 삼으며 오래전부터 권력을 지니고 있던 대신들에게서 권력을 빼앗았다. 하지만 또 한편으로는 모든 신하들의 움직임을 감독, 감시하는 더욱 강력한 방법들을 세웠다. 내정총감은 하루에 한 무더기의 밀서를 가지고 왔는데, 지방관들이 서로를 고발하는 내용이었다. 옹정제는 밀서 하나하나를 모두 읽었고, 이를 보낸 지방관들을 대부분 만나 마음속에 있던 분노를 해결해나갔다.

옹정제는 강희제의 말을 떠올렸다.

"만약 대신들이 연합하여 황제에게 대항한다면 황제가 설령 커다란 인내를 발휘하더라도 결국에는 큰 고통을 맛볼 수밖에 없다. 그래서 황제는 항상 신하들을 분열, 와해, 격파의 방법으로 대해야 한다."

살아생전에 강희제는 최고의 권력을 행사했고, 이에 대신들은 모두 두려워했다. 이는 그가 분열, 와해, 격파의 방법을 사용했기 때문이다. 하지만 강희제처럼 이러한 수완을 가지지 못했던 옹정제는 다른 방법을 찾아야만 했다.

어느 날,《명사》를 읽던 옹정제는 명대의 동창東廠에서 사용한 방법을 보고 나서, 조정에서 신하들을 감독할 방법에 관한 문제로 며칠간 고민에 싸이게 되었다. 고민 끝에 결국 옹정제는 대신들 간에 서로 견제하고 감독하게 하는 방법을 생각해냈다. 이러한 방법은 대신들로 하여금 각자가 황제의 신임을 받고 있다는 생각을 하게끔 했지만, 사실상 그들의 일거수일투족은 모조리 황제의 수중으로 들어가는 셈이 됐다.

다음 날 옹정제는 광동순무를 임시로 맡고 있던 부태를 접견해 밀서에 관한 권한을 부여하며 광동포정사 왕사준을 몰래 감시하도록 했다.

다음 달이 되자 옹정제는 왕사준을 불러 그에게도 밀서권을 주며 몰래 부태를 감시하도록 했다. 이후 얼마 지나지 않아 부태는 왕사준에 대해 재능이 많고 일 처리를 잘해 직무에 적합한 사람이나, 행동거지를 볼 때 자만심이 가득하다고 보고했다. 이와 동시에 왕사준 역시 자주 부태에 관한 보고서들을 올렸다.

한번은 옹정제가 왕사준이 제출한 보고서에 이러한 내용을 적었다.

"부태의 식견이 이처럼 좁으니 이에 대해 어떻게 생각하느냐? 그의 품행은 어떠한가? 마음속의 포부는 어떠한가? 일을 처리하는 재능은 어떠한가? 아랫사람을 다루고 공무를 처리하는 방식은 어떠한가? 성심껏 조사하여 사실대로 진술하라."

왕사준은 황제가 적은 글을 보고 부태가 황제에게 자신에 대해 나쁜 말을 했다는 사실을 알아채자 다시 보고서를 올렸다.

"부태는 주관이 뚜렷하지 못합니다. 그래서 논의할 일이 생기면 새로 부임한 서리 진병문, 범구석, 반동, 고유신, 류대본 등을 찾아가 의견을 묻습니다. 또한 부태는 그들에게 각각 은 300냥을 받고 장부에 올리는 등, 자질이 태만하고 청렴결백하지 못합니다."

이처럼 두 사람이 서로를 감시하도록 하는 방법을 이용한 옹정제는 부태에게는 왕사준이 자만심이 가득하여 죄를 범한다는 정보를, 왕사준에게서는 부태가 뇌물을 받았다는 증거를 확보하게 되었다.

옹정제는 이러한 방법으로 아주 빠른 시간 안에 전국 각지의 세력까지 손아귀에 넣었다. 그 결과 옹정 3년에 옹정제가 지방에 있는 적수들에 대한 공격에서 손을 떼면서 원한과 증오가 극에 달한 팔아가와 오만불손한 십사아가가 가장 먼저 공격을 받았다.

옹정 3년(1725년) 3월, 대장군 시절에 병정들을 괴롭히고 지방을 혼란에 빠뜨렸으며 국고를 낭비했다는 죄목으로 윤이를 패자로 강등시켰고, 옹정 4년 5월에는 그 작위마저 빼앗고 감금했다. 6월, 황제의 뜻을 헤아린 모든 왕, 패륵, 패자, 공, 만한 문무대신들은 윤이, 윤당, 윤제가 모반을 일으키는 대죄를 범했을 때 윤제에게는 열네 가지 대죄를 물으며 그와 함께 윤이, 윤당의 목도 베어야 한다고 청했다. 하지만 옹정제는 그들을 수황전 근처에 가두라 명하면서 세월이 흘러 뉘우칠 때까지 기다리자며 윤제의 목숨을 살려주었다.

위에서 언급한 과감한 방법을 통해 옹정제의 권위는 이미 입지를 굳히기 시작했으며 최고의 자리에 오른 그는 마침내 안도의 한숨을 내쉴 수 있었다.

어느 사회와 시대를 막론하고 주종과 군신은 그 관계를 확실히 해야한다. 만약 한 사회나 한 단체에서 윗사람이 약하고 아랫사람이 강하거나, 임금이 약하고 신하가 강하다면 그 사회와 단체의 질서는 혼란에 빠지게 되며, 작은 권력 단체가 생겨날 수도 있고, 무정부주의가 계속될수도 있다. 이러한 상황은 아주 위험천만하다. 이처럼 옹정제의 행동은우리에게 지도자의 권위가 가장 중요하다는 사실을 알려주고 있다. 지도자들은 이 점을 결코 가볍게 여겨서는 안 된다.

과유불급, 권력을 손에 쥐다

'과유불급'이라는 말이 있다. 어떤 일을 하든 '절제'를 해야만 비로소 자신이 예상한 목표에 도달할 수 있다는 뜻이다. 옹정제가 아랫사람들에게 권한을 부여할 때도 마찬가지였다. 옹정제 즉위 초기, 그는 연갱요와 융사이를 너무 믿었던 탓에 그들에게 무절제하게 권력을 나누어주었기 때문에 이후에 큰 교훈을 얻게 되면서 대대적인 개혁을 단행했다.

전국시대에 제환공은 관중의 보좌로 국력이 점차 강화되자 크게 기뻐하며 관중을 '중부仲父'라 존칭했고, 그에게 더 많은 권한을 주려고 했다. 그리고 대신들에게 말했다.

"관중의 재능에 대해서는 대신들도 잘 알고 있을게요. 그래서 짐은 그에게 더 많은 권한을 부여하고자 하는데, 이에 찬성하는 사람들은 왼쪽에, 반대하는 사람들은 오른쪽에 서시오."

유일하게 동곽아 혼자 중간에 서자, 환공은 이를 이상하게 여겨 그 연유를 물었다. 동곽아가 말하기를, "황제께서는 관중이 그의 지혜로 천하를 평안하게 할 수 있다고 생각하십니까?"

이에 환공은 "당연히 그렇게 할 수 있지."라고 대답했다.

"관중이 큰일을 결단할 만한 능력을 가지고 있습니까?"

"그야 더 말해 무엇하겠는가!"

동곽아가 마지막으로 아뢰었다.

"그렇다면 황제께서는 관중이 천하를 평안하게 다스릴 능력이 있고 결단력을 가지고 있다는 사실을 알면서 더 많은 권한을 부여하려 하십니다. 황제께서는 그가 위험한 인물이라고 여겨지지는 않으신지요?"

제환공은 잠시 침묵하다 고개를 끄덕였다. 그리하여 환공은 포숙아, 습붕 등의 인물들을 등용하여 관중과 같은 위치에 놓고 관중을 견제했다.

위의 이야기는 우리에게 지도자가 권력을 장악했을 때 그 권력을 한

곳에 집중시켜서도, 무한히 확대해서도 안 되며, 반드시 제한하고 분산시켜야 한다는 점을 알려주고 있다. 권력으로 인해 아랫사람들이 이성을 잃게 해서는 안 된다.

《병록兵錄》에 "병사들의 승패는 그 수의 많고 적음에 달린 것이 아니라 병사의 배치를 어떻게 하느냐에 달려 있다."라고 했다. 이 말은 분산시켜야 할 병력을 분산시키지 않으면 군대는 어려움에 빠질 것이고 작전이 순조롭게 진행되지 않으며, 모아야 할 병력을 모으지 않는다면 이 역시 군대가 제 실력을 발휘하지 못하게 될 것이라는 뜻이다. 이와 마찬가지로 국가의 최고 통치자는 국가가 위험에 직면했을 때 반드시 권력을 손안에 쥐고 있어야만 능력 있는 진정한 제왕이 될 수 있다.

이러한 이유로 옹정제는 즉위 이후, 청조의 팔기제도에 도전장을 내밀며 팔기군에 분산되어 있던 권력을 거둬들이기로 결정했다. 그러자 청나라의 세력이 통일되기 시작했고, 그의 황권도 더욱 높아졌다. 그는 수중에 이미 상삼기를 제약할 수 있는 권한을 쥐고 있었기 때문에 즉위한 이후 팔기에서 반독립적인 하오기부터 손을 대기 시작했는데, 이는 큰 의미를 지니고 있다.

소위 말하는 하오기는 양백기, 정남기, 양남기, 정홍기, 양홍기 등 다섯 기다. 하오기와 쌍벽을 이루는 황제의 직속부대인 상삼기는 정황기, 양황기, 정백기다.

누르하치는 가세를 일으켜 몇몇의 여진부락과 연합하여 규모가 큰 한 나라를 건설했다. 한나라는 사실상 부락의 연맹으로 이루어진 국가로 8개의 기旗로 나뉘어 있었고, 기는 각각 자신들만의 기주旗主가 있었다. 기주는 아래로는 완전한 통치권을 가지고 있었고, 위로는 누르하치에게 충성을 다했다.

총명했던 누르하치는 자신의 아들들을 이 여덟 기의 기주로 만들었다. 그중에서도 황태극은 정황기와 양황기를 장악했다. 황태극이 사망하자 다이곤은 정백기의 기주 자격으로 아우 다탁이 기주인 양백기와 연합하고, 정황기와 양황기 내부의 몇몇 사람들과 결탁하면서 실질적인 정권을 차지하게 된다. 그는 처음에는 보정으로, 후에는 섭정을 펼치며 마침내 자신을 '황부皇父'라 칭하면서 순치제를 어린아이 취급했다.

다이곤이 사망하자 그가 이끌던 정백기는 순치제의 수중에 들어갔다. 이때부터 정백기는 황제의 친위부대가 되었고 정황기, 양황기와 함께 상삼기로 불렸다. 사제세와 육생남 두 사람이 복팽과 석보에게 봉건제도를 회복해야 한다고 주장할 당시 복팽은 양홍기의 기주였고 석보는 정홍기의 기주였다. 그러니 어찌 옹정제가 의심하지 않겠는가?

복팽의 작위는 평군왕이고 그의 부친의 이름은 눌이소다. 눌이소의 처는 조설근의 고모였고 또한 그의 증조는 대선의 큰아들 악탁이었다.

하오기의 최초 기주는 다음과 같았다.

양백기 : 다탁

정남기 : 망고이태

양남기 : 아민

정홍기 : 대선

양홍기 : 아제격

그 이후로는 다이박의 자손, 다니의 자손, 제이합량의 자손, 살합린의 자손, 악탁의 자손들이 자리를 이어갔다. 석보의 작위는 순승군왕이고, 그의 조부는 근극덕혼이다. 근극덕혼의 부친은 대선의 셋째 아들 살합린이다. 당시 하오기의 다른 세 기주들은 아마도 양백기의 보국공 색근, 정남기의 신군왕 덕소, 양남기의 간친왕 신보주였을 것이다.

하지만 이 세 사람들은 모두 평군왕 복팽과 순승군왕 석보만큼 중요한 인물들은 아니었다. 본래 복팽의 부친 눌이소는 복팽보다 더 강력한 세력을 가지고 있었지만, 일찍이 태자 윤잉의 공격을 받아 윤이의 일당이 되었다. 옹정 4년에 옹정제는 그의 작위를 박탈하고 아들에게 복팽의 직위를 계승하게 했다.

간친왕 신보주의 부친 아이강아 또한 눌이소와 마찬가지로 옹정 4년에 작위를 박탈당했다. 전해지는 말에 조부는 옹정 6년에 가산을 차압당했는데, 그 역시 아마도 옹정제의 구속을 받았을 것이다.

옹정제는 즉위 때부터 하오기의 각 기주들이 정부 관리로 있는 기원旗員들에게 재물 강요를 금하는 조서를 발표했다. 또한 그는 각각의 기마다 도찰원의 만주인 어사 두 사람을 파견하여 모든 일을 조사하게 했다. 이때부터 사실상 각 기의 내부행정은 중앙정부의 직접적인 관리를 받게 됐다. 따라서 하오기의 반독립적인 주권은 유명무실해졌다.

과거 강희제 역시 한 기의 기원을 다른 기의 도통에 임명했다. 하지만 도통이 많든 적든 간에 그 기의 기주와 본인이 속한 기의 기주의 제약을 받아야 했다. 하지만 옹정제는 명쾌하게 그 기의 기주에게 다른 기의 도통을 겸하게 하여 다른 기의 기주와 맞먹을 수 없도록 했다.

강희제 이래로 양남기, 정홍기를 제이합량과 살합린의 자손들이 차지한 것 이외에 나머지 셋의 하오기(양백기, 정남기, 양홍기)는 신봉의 사람에 포함되어 신봉의 사람들은 모두 참령(갑라, 5개의 좌령과 같음)을 하나 맡거나, 몇 개의 좌령을 맡아야 했다. 그래서 이 3기의 세력 역시 상실되었다. 말할 필요도 없이 옹정제 역시 각 기를 분리하는 정책을 사용했지만 그들의 결합은 더욱 강화됐다.

모든 만주의 기는 원칙적으로 5개의 참령, 즉 25개의 좌령을 포함했다. 하지만 각 기의 크기가 같은 것은 아니다. 좌령은 두 종류로 나뉘었는데, 하나는 기분旗分 좌령이고, 그에 속한 사람들을 기원이라고 불렀다. 기주는 서양 봉건시대 제후인 영주와 비슷했는데, 기주는 대토지를 소유하고 기원은 작은 토지를 소유했다. 또 다른 종류는 소위 말하는 포의包衣 좌령으로, 이는 농노의 집단과 비슷한 것이었다.

옹정제가 세운 규정은, 하오기의 각 기주들은 포의에 대해 종전대로 주인의 권리를 행사할 수 있고 기원들에 대해서는 호위, 근위병 훈련(소군관), 근위병으로만 이용할 수 있게 하고, 복종을 요구하거나 집안일과 부역을 요구하지는 못하게 했다. 만일 기원들을 그렇게 하려면 반드시 황제에게 주청해야 했다. 기원이 경관시랑 이상, 외관현지사 이상의 직위를 받으면 지주는 그들의 자제를 시종이나 하인을 관리하는 하관으로 뽑아서는 안 된다.

이때부터 각 기는 서로 간에 더 이상 횡적인 관계는 발생하지 않았다. 한 기의 기원과 하인은 다른 기의 기주에게 가서 하인 노릇을 할 수 없게 됐다. 상삼기의 기원, 하인은 더욱 이를 허락하지 않았다. 이러한 개혁을 통해 옹정제는 팔기 기주들의 노력을 분산시키고, 팔기의 권력을 자신이 거머쥐면서 청조의 황제로서는 처음으로 중앙집권적 권력을 획득했다.

인재등용은 재능을 보고 하라

믿을 만한 신하를 두고 신하의 능력을 잘 파악하여 이를 이용하는 것은 관리자에게 결코 없어서는 안 되는 능력이다. 자신에게 목숨을 걸 수 있는 심복이 없다면 뜻을 실천하기 어렵다. 하지만 친분에 개의치 않고 사람을 임명한다면 그는 반드시 능력 있는 지도자가 될 수 있다. 이세민은 일찍이 진왕 시절에 고급 인재들을 대거 모으고 그들을 가리켜 '진부십팔학사秦府十八學士'라 불렀다. 그가 황위에 오른 후, 그들 중 두여회, 방연령, 우지녕, 허경종 등이 보정대신이 되었다. 이처럼 친분에 개의치 않는 인재등용 방식은 황제의 정권을 공고히 하는 데 큰 역할을 했다.

당태종과 달리 옹정제는 친인척을 임용하는 문제에 있어 친분은 전혀 고려하지 않았다. 그는 이러한 원칙에 따라 능력이 출중한 친인척에게는 그에 합당한 자리를 주었는데, 옹정제의 열셋째 동생 윤상이 바로 대표적인 예다.

옹정제와 윤상은 강희제 시절에 막상막하였지만, 옹정제가 황위에 오르자 군신관계가 되었다. 옹정제가 즉위하자 윤상에게 총리사무부대신 직을 명하고 이친왕에 봉했다. 옹정 원년에는 회고부를 설립하여 윤상에게 그 일을 담당하도록 했다. 동시에 윤상은 호부삼고와 호부사무의 관리를 명받았다.

옹정제는 집권 초기 4명의 총리사무부대신 중 업무주재를 윤상과 옹사이에게 맡겼다. 이후 옹정제는 이러한 사실을 떠올리며 말했다.

"보정 초기에 아치나가 앙심을 품고 나라를 혼란스럽게 하고 융과다가 전횡을 일삼을 때도, 오직 이친왕만이 그에 굴하지 않고 자신의 뜻을 펼쳤다. 이친왕은 냉정하고 침착하게 그들이 마음대로 하지 못하게 했다."

이처럼 윤상과 황제의 관계가 아주 친밀하여 다른 왕대신들은 그의 태도에 주의하지 않을 수 없었다.

옹정 3년(1725년) 겨울, 윤상은 새롭게 시작한 직예 영전의 사무를 담당했다. 옹정 집권 전기에 윤상이 왕성한 정력으로 재정을 정비하고 생산력을 높이는 일을 담당하자, 옹정제는 "수입과 지출은 계획적으로 관리해야 하며 수리공정과 토지사업을 펼쳐야만 땅이 풍요로울 수 있다."라고 충고했는데 이는 역사 기록에도 그대로 남아 있다.

옹정 6년(1728년) 5월에 옹정제는 운남의 업무를 담당하고 있는 이위에 대해 이야기하면서 "이친왕은 호부에 있고, 낙민은 산서에, 이위는 운남에 있으며, 충성스럽게 나라의 이익을 도모하며 나쁜 것은 뿌리 뽑고 많은 공적을 쌓고 있다."라고 했다.

옹정제는 윤상이 하는 재정관리 역할을 충분히 인정했다. 옹정 7년(1729년)에 군기처를 설립한 옹정제는 윤상을 군기대신 직에 명하여 서쪽과 북쪽의 용병에 관한 업무를 맡겼다. 이러한 중대사를 계획하면서도 윤상, 장정옥 등 몇몇 사람들과 사전모의를 했다. 이러한 것만 보아도 윤상이 옹정제의 정치무대에서 중요한 역할을 맡았던 인물임을 잘 알 수 있다.

옹정제는 관료들이 정치적 적수를 제거하기 위해 반드시 필요한 사당을 조직하는 것을 허락하지 않았다. 하지만 관료들은 자신의 지위를 보존하고 더 높은 지위에 오르기 위해 기댈 만한 권력을 가진 인물을 찾았다. 옹정제는 그들이 권력을 가진 인물에게 의지하는 것과 사당을 조직해 정치를 어지럽히는 것은 다르다는 사실을 알았기 때문에 비록 이를 허락하지는 않았지만, 그렇다고 절대적으로 금지시킨 것은 아니었다.

특히 국경이나 지방의 중급관리들을 통제하기 위해서는 혼자 힘만으로는 역부족이며 몇몇의 중개인들이 필요했는데, 이러한 역할을 한 사람이 바로 윤상이다. 그는 관료들에게 상주문을 전달하며 몇몇의 고관들에게 몰래 윤상과 접촉하도록 명령했다. 대표적인 예로 옹정제는 하도총독 제소륵이 옹정 2년 12월 13일에 올린 상소문에 답하며 이렇게 말했다.

"경이 이친왕과 교류가 없다는 것을 알고 있다. 오늘 그와 교류하기를 명하노라. 이는 짐의 생각이니 두려워할 필요 없다. 경에게 이익이 될지언정 손해는 되지 않을 것이다."

그리고 제소륵을 안심시키기 위해 윤상에 대한 평가를 전해주었다.

"윤상은 당대 모든 왕공 대신들 중에서 가장 충성스런 사람이다. 경도 이러한 사실을 잘 알게 될 것이다."

이처럼 황제의 명이 내려지자 제소륵은 자연히 윤상과 가까이 지냈다. 조세를 거두는 문제에 있어 윤상은 명에 따라 이를 주창한 이유균을 적극적으로 지지했다. 또한 옹정제는 이유균에게 무슨 일이 있을 때는 윤상과 의논하라는 지시를 했다.

이후에 이유균과 연갱요를 떼어놓기 위해서 황제는 또다시 그에게 윤상과 교류하라고 명했다.

"모든 왕공대신들 중에서도 경은 국가가 아끼는 인재다. 만약 경이 사소하고 잡다한 속사정을 짐에게 털어놓기 힘들다면 이친왕이 그것을 배려해주며 도움을 줄 것이니, 경은 일을 진행하는 데 어려움이 없을 것이다."

윤상과 교류한다면 다른 사람과 사당을 조직할 것이라는 걱정을 안 해도 되므로, 옹정제는 이를 특별히 허락한 것이다.

이와 관련하여 윤상은 황제의 대표로서 이러한 사람들과 정사뿐만 아니라 그들의 사적인 문제도 함께 상의했고, 신하와 황제 사이의 의사소통을 도왔다. 이 역시 변방의 관리들이 절대적으로 황제에게 충성하게 하는 방법으로, 황제는 아무런 힘도 들이지 않아도 됐다. 윤상이 황제를 대신해서 이를 처리해주었으니 말이다.

결론적으로 윤상은 신하로서의 도리를 다하며 옹정을 위해 변심하지 않고 충심을 다하는 신하로, 초기 정치생활에서 중요한 역할을 한 인물이다. 그는 옹정제가 전력을 다해 정사를 돌볼 수 있도록 많은 도움을 주었을 뿐만 아니라 자신의 공로를 자처하지 않는 겸손한 사람이었다. 이러한 점에서 군주의 권력을 중시하던 옹정제의 사랑을 받은 것은 당연했다. 팽여승은 윤상을 가리켜 "성은을 입을 때마다 더욱 겸손해지는 것은 다른 꿍꿍이가 있다."라고 했다.

옹정제의 형제 중에 윤상 외에 총애를 받은 사람으로는 윤례, 윤록 등이 있다. 윤상이 죽자 윤례가 그 자리를 대신할 것 같은 분위기였다. 이위가 문안인사를 오자 윤례는 그에게 많은 하사품을 내려주었고, 이위는 이 일을 황제에게 보고했다. 이에 옹정제는 "황제의 특별대우는 남을 구슬리는 기술에서 나오는 것이 아니다. 경의 알현이 아첨하려는 마음을 가진 것이 아니라고 짐은 굳게 믿고 있다. 신하는 개인적인 친분 없이 같은 마음으로 나라를 다스리며 서로 경애해야 하지만 그렇지 않을까 두렵다."라고 했다.

옹정제는 이위의 또 다른 상주문에 "윤례는 생각이 공허하니 대신들의 뜻을 이룰 수 없을 것이다."라고 답했다.

옹정 원년에 장친왕이 후세 없이 죽자 옹정제는 열여섯째 동생 윤록에게 뒤를 잇게 했다. 당시 여론은 옹정제가 윤록을 총애했기 때문에 그에게 세습봉작을 계승하도록 했다고 했다. 또한 옹정제는 그에게 내무부의 사무를 관리하게 하고, 동시에 그에 대해 가르침을 강화했다. 그러면서 그가 귀족 자제의 화려한 습관을 버리고 모든 일을 감당해낼 만한 가까운 중신이 되기를 요구했다.

옹정제는 어린 동생들에게도 작위와 봉록을 내려주었다. 옹정 4년 (1726년), 열다섯째 동생 윤우를 패륵에 봉했고, 8년(1730년)에는 유군왕에 봉했다. 4년에 열둘째 동생 윤도를 패자에 봉하고, 8년에는 패륵에 봉했다. 스물한째 동생 윤희는 윤상의 호감을 얻었는데, 윤상이 그가 열심히 공부한다고 칭찬하자 옹정제는 그를 패자로 봉했다. 윤희가 이에 감사하여 더욱 열심히 공부하자, 앞으로 뜻을 세울 인물이 될 것이라고 생각하여 다시 패륵으로 봉했다.

또한 옹정제는 스물둘째 동행 윤호를 패륵에 봉하고, 스물셋째 동생 윤기를 진국공으로, 스물넷째 윤필은 충심이 깊고 천성이 순한 사람인데다 궁에서 공부를 하여 학식이 많이 깊어졌다고 생각하여 성친왕에 봉했다. 이러한 사실들이 증명해주듯이, 옹정제는 자신과 적대 관계에 있던 윤이와 같은 인물들은 제거하면서, 윤상, 윤록, 윤례와 같은 형제들과 단결해 고립되지 않았다. 그는 결코 모든 형제들을 공격할 필요도 없었으며 그렇게 하지도 않았다.

사실 가까운 친인척들을 임용하는 것은 이미 오래 전부터 있어 왔던 일이다. 삼국시대 때 위나라의 어떤 사람은 위왕에게 이런 상소문을 올렸다.

"옛 황제들은 반드시 형제들에게 작위를 내려주어 혈육으로서의 사랑을 보여주었습니다. 하지만 다른 성을 가진 공신들을 임명하면 그들에게 믿음과 존중을 보여줄 수 있습니다. 멀고 가까움에 상관없이 인재들을 등용한다면 천하를 평온하게 보존할 수 있을 것입니다."

역사적으로 현명함을 보고 사람을 임용하는 것은 개인적인 친분에 기초를 두고 있는데, 예를 들어 진시황과 이사, 한무제와 확광, 유비와 제갈량이 있다. 누구도 감히 이러한 사실에 이의를 제기할 수 없을 것이다.

전진시대. 왕맹이 나날이 부현의 중용을 받게 되자 번세라 불리는 나이든 신하는 이에 따르지 않고 왕맹을 질책했다.

"천신만고 끝에 천하를 차지한 것은 우리인데 너는 무엇을 믿고 함부로 이래라저래라하느냐?"

하지만 왕맹은 자신이 그렇게 한다고 생각하지 않았다. 그 결과 양측은 떠들썩해졌고, 이를 안 부현이 번세의 의견이 부당하다는 구실로 그를 죽여버렸다. 이때부터 대신들은 왕맹에게 고분고분하게 굴며 더 이상 왈가왈부하지 않았다.

당나라 시절. 역시 어떤 사람이 능력과 무관하게 친분만으로 인재를 등용하는 문제에 대해 자신의 생각을 밝혔다. 장손 무기는 당태종에게 이러한 말을 했다.

"저는 합당한 인재를 선발할 때는 전적으로 재능을 봅니다. 그 일을 감당할 수 있는 재능을 가졌다면 그에게 자리를 맡깁니다. 만약 재능이 부족하다면 아무리 친척이라 해도 일을 맡기지 않습니다."

이는 친분만으로 인재를 등용하는 문제를 바로잡은 것이다.

이 외에도 관직사회에서는 친분이 아닌 재능을 본다는 규칙이 있었다.

진간문제 때 황제가 강력한 진나라를 막아낼 장군을 구한다는 조서를 내리자, 승상 사안은 자신의 조카인 사현을 추천하여 발탁되었다.

치초는 이에 대해 이렇게 평가했다.

"사안은 재능의 유무와 관계 없이 많은 사람들의 여론 때문에 자신의 친척을 추천했다. 하지만 사현의 재능은 추천한 자들의 기대를 저버리지 않을 만큼 충분했다."

이후 비수에서 전쟁이 일어나자 사현은 부현을 격파했다.

당나라 중종 때 무측천이 모든 재상에게 명하여 상서랑을 추천하라고 하자, 적인걸이 자신의 아들 적광을 추천하여 원외랑 자리를 잇게 했다. 이후 적광은 업무를 잘 수행해 친인척을 기용해서 생기는 어떤 문제도 발생하지 않았다.

만약 어떤 사람이 뛰어난 능력을 가지고 있다면 그가 친인척이든 아니든 상관없이 그의 능력에 따라 기용해야 한다. 이것이 바로 지도자가 마땅히 지녀야 할 자질이다.

토사구팽, 하사품이 지나쳐서는 안 된다

속담에 "큰 상을 준다면 있는 힘을 다한다"라는 말이 있다. 큰 상을 내리는 방법은 인재를 이용하는 방법 중 하나로, 능력 있는 신하를 부리는 데 자주 사용된다. 이러한 방법을 쓰면 신하들은 은혜를 받기 위해 더욱 자신의 일에 몰두하게 된다. 큰 상을 내리는 것은 인재를 이용하는 중요한 원칙 중의 하나다. 이러한 원칙을 어떻게 잘 이용하느냐에 관해서는 여러 가지 기술들이 있다.

일반적으로 뛰어난 관리자들은 관리가 매우 신중을 기해야 하는 것이라고 생각한다. 첫 번째 상을 내릴 때는 사람들이 아주 치열하게 다툰다. 두 번째 상을 내릴 때는 예사로운 일이 되며, 세 번째 상을 내릴 때는 당연한 것으로 생각하여 더 이상 열심을 내지 않는다.

작은 상을 자주 내리면 사람들은 그것에 익숙해져 그에 대해 감사하는 마음을 느끼지 못하게 된다. 어쩌다 한번 큰상을 내리면 그때서야 사람들은 서로 협력하여 열심히 하려는 의욕을 가지게 된다.

만약 상을 받는 범위가 넓다면 상도 무의미해지고 가치도 작을 것이다. 그렇게 되면 상이 사람들에게 자극제 역할을 하기 힘들다. 하지만 상을 주는 범위가 좁고 상의 가치가 아주 크다면, 사람들은 자신의 노력으로 큰 이익을 얻을 수 있다고 믿으면서 사지도 마다 않고 열심히 일할 것이다.

그렇지만 이러한 상이 너무 과해서는 안 된다. 옹정제와 그의 중신 연갱요, 융사이 간에 발생한 일들은 오늘날 우리에게 상을 내리는 것만이 아랫사람들을 노력하게 만드는 유일한 방법이 아님을 알려준다. 너무 과도한 상은 다른 사람뿐 아니라 자신까지 해치며, 악영향을 가져오게 된다.

옹정제는 일찍부터 연갱요와 친분이 깊어 즉위한 이후에 특별히 대우해주며 그 어떤 신하도 누리지 못한 영예를 안겨주었다. 옹정 원년, 옹정제는 연갱요 등 봉강대리 10여 명이 국가를 다스리는 일을 걱정하지 않아서는 안 된다고 생각했다. 청해의 승리를 들은 옹정제는 심히 흥분하여 연갱요를 은인이라고 말했다. 그 역시 이렇게 말하면 황제로서의 체통이 떨어진다는 것을 알고 있었지만 인정상 그렇게 말해버렸다.

옹정제는 연갱요를 너무 총애한 나머지 다른 사람이 듣기에 낯간지러운 부적절한 말까지 했다.

"뛰어난 황제가 못 되어 그대가 짐에게 해준 것을 다 갚을 수 없구나!"

옹정제는 연갱요에 대한 평가를 모든 사람들에게 널리 알리기 위해 모든 왕공대신들에게 분부했다.

"국가를 위해 전력을 다한 연갱요에게 짐이 큰 상을 내리니, 짐의 자손뿐만 아니라 천하의 백성들도 모두 즐거워하도록 하라. 만일 조금이라도 앙심을 품는 자가 있다면 그는 짐의 자손이 아니요, 조금이라도 다른 마음을 품고 있다면 그 또한 짐의 백성이 아니다."

이 말은 연갱요에 대한 태도로 사람들의 옳고 그름을 판단하겠다는 황제의 뜻이었다.

여기서 지적할 만한 점은 옹정제가 연갱요와 그의 가족들을 대하는 마음이 매우 극진했다는 것이다. 연갱요의 측근이 다치거나 부인이 병이 났을 때도 옹정제는 직접 방문했고, 연갱요의 부친, 연갱요의 귀비와 그의 소생 복혜의 건강도 항상 관심을 가지고 있었다. 종실 보국공 소연의 딸인 연갱요의 처는 현군으로 봉하고 그녀의 집에 공작의 작위를 내려주었다.

옹정제는 연갱요에게 어마어마한 상금을 내려주었다. 옹정 원년 봄, 그는 원래 소주(蘇州) 이후의 가신을 몰수하여 그중 북경에 있는 집을 연갱요에게 하사하고 노비도 연갱요에게 고르게 했다. 약과 먹을 것은 자주 하사했고, 여지를 하사할 때면 경사에서 서안까지 6일 만에 보내 신선함을 유지하게 했다. 이것은 당대 양귀비에게 보낸 여지보다 더 신선한 것이었다.

그해 연갱요는 옹사이를 업신여기면서 황제에게 그가 극히 평범한 사람이라고 했다. 옹정제는 자신이 아끼는 두 대신들 간에 마찰이 생기지 않도록 여러 차례에 걸쳐 많은 일을 했다. 옹정 원년 5월 2일, 연갱요가 북경에 와 황제를 알현하는 문제에 대해 상주문을 올리자 옹정제는 "외삼촌인 웅사이는 어떤 일에 대해서든 반드시 자네와 상의해야 한다고 말했다."라고 했다. 이는 웅사이에 대한 존중의 뜻이었다. 이어 옹정제는 "짐과 자네는 웅사이에 대해 잘 알지 못했을 뿐만 아니라 크게 잘못 알고 있었다. 그는 성조황제의 충신이었고 짐의 공신이자 나라의 좋은 신하로 진정 이 나라에서 보기 드문 대신이다."라고 말했다. 옹정제는 연갱요가 웅사이와 잘 지내기를 희망했다.

옹정제는 이 두 사람을 가깝게 지내도록 하기 위해 스스로 웅사이에게 연갱요의 장자 연희를 아들로 삼게 했다. 웅사이는 이미 2명의 아들이 있었지만 큰 상을 받고 기쁨을 감추지 못했다. 그리고 자신의 삶에 3명의 아들이 있는데 이렇게 황제에게 상으로 그 아들을 얻었으니 하늘이 준 것과 다름없다며 기뻐했고, 연희의 이름을 득주로 바꾸고 연갱요와 함께 협력하여 일할 것을 밝혔다. 웅사이가 호의를 보이고 황제가 이렇게까지 하니, 연갱요 역시 자연히 그와 협력하여 어려움을 극복했다.

연갱요와 웅사이가 옹정제의 각별한 총애를 받은 데는 객관적인 요인이 있다. 붕당 간의 싸움이 장기화되면서 옹정제는 즉위하고 난 이후 기존의 대신들에게만 의지할 수 없었다. 그래서 반드시 그들 중 자신에게 기울어졌거나 중립적인 태도를 보이는 관료들을 선발해야만 했다. 자신의 집단에 오래 있었던 사람들은 과거에 많은 공적을 쌓았던 사람들로, 정권안정을 위해 핵심인물로 삼았다. 당연히 모든 관료들을 단결시키기 위해 정권의 하부조직을 만들었고 그 집단의 우두머리는 자연히 조정의 중심인물이 되었다.

옹정제는 연갱요와 웅사이를 총애했지만 그 한계는 있었다. 웅사이의 직권이 비록 대단하기는 하나 그를 대학사로 부리지는 못했다. 또한 연갱요는 조정에서 대장군의 직책을 맡으면서 무한한 존경을 받고 많은 업무에 관여할 수 있었지만 직접 그 일을 담당할 수 없어 다른 사람의 손을 빌려야 했고, 결국 자신의 욕망을 채울 수 없었다.

옹정제는 그들, 특히 연갱요에 대한 총애가 각별하여 그를 높이 평가하고 많은 의견을 구했다. 그러나 그들의 권세가 날로 커지자, 머리보다 꼬리가 더 큰 형세를 보였다. 이 모든 것은 옹정제가 자초한 일이었다. 일찍이 옹정 원년에 도통 도랍과 부도통 악삼 등이 옹정제에게 "모든 왕자들과 멋대로 구는 옹사이, 연갱요의 권력을 눌러야 합니다."라고 했다. 대탁은 옹정제에게 연갱요가 법을 어기고 자신의 하인 상성정을 관리로 삼은 사실을 고발했다. 옹정 2년에는 내희가 옹정제에게 "총리하무대신을 임용하는 데 있어 임용된 모든 사람들이 그의 친인척입니다."라고 고했다.

이 말은 두 가지 의미를 내포하고 있는데, 하나는 그가 개인적인 친분이 있는 사람을 임용한다는 뜻이고 또 하나는 권력을 마음대로 휘두른다는 뜻이었다. 이런 말을 한 사람들은 모두 엄한 꾸지람을 들었으며, 옹정제는 그 말을 믿지 않으려 했다. 하지만 얼마 후, 옹정제는 두 사람에 대한 무한한 총애가 엄청난 결과를 초래했다는 사실을 알게 되었다.

그리고 옹사이와 연갱요를 비난하는 여론이 일기 시작하면서 그들에 대한 비판이 더욱 거세지자, 옹정제는 자신의 잘못을 바로잡으라는 뜻으로 생각했다. 하지만 이러한 과오를 바로잡은 대가는 아주 컸다. 연갱요와 옹사이는 결국 정치무대에서 멋지게 퇴장하지 못했고, 옹정제 역시 충신을 죽였다는 오명을 남기게 됐다.

사실 고대부터 뛰어난 관리자들은 규정에 근거한 것이지, 마음대로 처벌이라는 수단을 사용하지는 않았다. 즉, 처벌은 아랫사람들이 싫어서가 아니라, 그들을 아끼는 마음에서 하는 것이다. 처벌이라는 수단이 이러한 역할을 할 때 아랫사람들은 더욱 법을 잘 지킬 것이다. 반면, 상을 자주 주면 사람들은 불법적인 방법으로 이익을 챙기려 할 것이다.

고대 병법에서 뛰어난 관리자들은 아랫사람을 관리할 때 우선적으로 관리규정을 정하면 일을 성사시킬 수 있다고 했다. 일을 할 때 우선 그들의 사기를 북돋아주면 승리를 이룰 수 있다. 따라서 관리는 일을 하는데 가장 선도적인 역할을 한다고 볼 수 있다.

우선 아랫사람들에게 신념을 쌓고, 개인적인 이익을 위해서가 아니라 공공의 이익을 행위의 목적으로 삼아야 한다. 간사한 행위를 적발한 사람에게 상을 주면, 상을 받은 사람은 그런 행동을 하기 힘들 것이다. 이처럼 제도를 공개적으로 확실히 하면 관리업무가 더욱 용이해진다. 이러한 네 가지 원칙에 근거하여 업무를 처리하면 회사는 강해진다.

과거 주무왕이 강태공에게 물었다.

"벌을 줄여 짐의 권위를 보여주고 상을 줄여 선을 지향하는 지도자의 역할을 해내고 싶구나. 또한 명령을 간소화하여 사람들을 이끌어가고 싶은데, 어떻게 하는 게 좋을 것 같으냐?"

이에 강태공이 대답했다.

"1명의 죄인을 죽여 1,000명이 그 두려움을 알게 되면 그 죄인을 죽이십시오. 2명의 죄인을 죽여 만 명이 법의 위엄을 알게 되면 그들 또한 죽이십시오. 3명의 죄인을 죽여 삼군의 사기를 북돋을 수 있다면 그들 역시 죽이십시오. 1명에게 상을 내려 1,000명이 자극을 받을 수 있다면 그에게 상을 내리시고, 2명에게 상을 내려 만 명이 기뻐하면 그들에게 상을 내리십시오. 3명에게 상을 내려 삼군의 사기를 북돋아 상을 받기 위해 그들 모두가 열심히 싸운다면 그 3명에게도 상을 내리십시오. 1명에게 명령을 내려 그가 그 내용을 1,000명에게 전달할 수 있다면 그에게 명령을 내리십시오. 2명의 바르지 못한 행실을 금하여 만 명의 사람들이 어떻게 하는 게 바른 것인지 알게 된다면 그 2명을 바르게 가르치십시오. 1명을 죽여 만 명을 타이를 수 있고, 2명에게 상을 주어 모든 사람들에게 자극을 줄 수 있다면 이것이야말로 현명한 관리자의 권위가 작용한 것입니다. 어리석은 많은 관리자들은 상벌의 기준 없이 자신의 권위를 남용합니다. 권위를 남용하면 할수록 아랫사람들은 그를 따르지 않게 됩니다. 따라서 권위자의 권위는 반드시 있어야 합니다. 하지만 권위를 이용해서 강압적으로 일을 처리해서는 안 됩니다. 이는 소금으로 음식의 맛을 조절하는 것과 같은 이치인데, 음식에는 반드시 소금을 넣어야 하지만 적당히 넣지 않으면 음식을 못 먹게 되고 맙니다. 관리자의 권위 역시 마찬가지입니다. 적절히 사용해야지만 비로소 그 능력을 발휘할 수 있는데 어찌 남용할 수 있겠습니까?"

많은 상을 내리면 관리자들은 그들을 격려하려는 원래의 뜻을 잃게 되고 너무 많은 벌을 내려도 관리할 수 없게 된다. 노자는 "사람이 죽음을 두려워하지 않을 때 죽음으로 그들을 위협한다면 무슨 소용이 있겠는가?"라고 했다.

무릇 죽음을 두려워하지 않는 마음은 벌을 남용했을 때 생기는 것이다. 형벌을 과하게 남용하면 아랫사람들은 처벌이 그들의 일을 보호하기 위한 것이라는 생각을 할 수 없게 된다. 사람들이 규칙에 따라 일을 하지 않을 때 관리자의 권위도 경시될 수 있다. 하지만 과도한 상을 내리는 것 역시 그 효과를 볼 수 없다. 이에 우리는 옹정제의 교훈을 깊이 새겨야 할 것이다.

문제해결의 핵심은 단결이다

예로부터 제왕을 둘러싸고 여러 가지 다양한 작은 단체가 존재했다. 하지만 모두 최소한의 단결정신과 응집력이 부족하여 해체되면 그 즉시 나뉜 단체들이 남은 이익을 놓고 서로 다투게 되었고, 자신을 보호하기 위해 그 단체의 다른 구성원들을 배반하거나 해쳤다. 이를 볼 때 사람들을 단결시키는 데 중요한 것은 신념이라고 말할 수 있다.

옹정제의 일생은 그의 주변에 있던 핵심적인 집단과 밀접한 관계가 있다. 비록 그 집단의 구성원들은 변화가 없었지만, 그들은 모두 옹정제의 통제 아래에 있었다.

일찍이 강희제가 집권하고 있을 당시 옹정제는 그에게 황제의 자리에는 아무런 관심이 없다고 여러 차례 말하면서 일부러 도당을 만들지 않았고, 작은 호의도 베풀지 않았으며, 사사로이 친구를 사귀지도 않았다. 어떤 사람이 자신에게 의지하려면 이를 엄중하게 거절해 파벌이 거의 없었다. 사실 몇 년간 이러한 수고로움을 겪으면서 그의 주변에 비록 크기는 작으나 요직에서 권력을 장악하고 결정적인 시기에 도움이 될 작은 집단이 형성되었다. 그것은 윤진의 계획에 따른 것이었다.

이 집단의 구성원들로는 연갱요, 한군기인 그리고 윤진을 위해 다년간 노력을 기울인 변방의 제후들이 있었다. 연갱요는 강희 48년(1709년)에 천섬총독을 지내며 강희제의 신임을 받은 인물이다. 위경국은 강희 말년에 호광의 제숙을 지냈다. 상뢰는 주도눌의 사위로, 부도통을 지냈다. 대탁은 복건에 있을 때 부지사에서 도원으로 승격되었다. 그가 부임 초기에 익숙지 않은 생활로 병가를 내고 북경으로 돌아가고 싶다고 청하자, 윤진이 답신을 보내왔다.

"어찌 병가를 내겠다는 패기 없는 말을 하는가? 앞으로 순무 자리에 오르면 그때는 마음껏 활개를 펼 수 있을 텐데, 어찌 지금 자네 뜻대로 하려는가?"

윤진은 이처럼 관직을 높여주며 그를 격려했다.

강희 말년에 대탁은 사천에서 포정사를 맡았다. 그의 형 대금은 윤진에 의해 이부에 파견되어 활동하며 하남 개귀도를 맡았다. 농연정은 상주의 지주와 난주의 부통지를 역임했다. 김곤은 무회도 출신으로 옹정제의 관저에서 일을 맡아보았다. 마이제합은 의술을 가지고 있어 일찍이 청강이사통지를 역임했다. 박이다는 번저기하인으로, 거인 출신이며 내각주서를 맡았다. 부내는 옹정제의 관저에서 시중들면서 줄곧 그의 곁에 있었다.

옹사이는 강희제의 생모 효강장 황후의 조카로, 강희 효미인 황후의 동생이다. 그는 먼저 황장자 윤제와 가까이 지냈는데, 강희제가 강희 48년에 '대아가와 가까이 지낸다는 사실을 모두가 안다'고 질책했다. 하지만 곧바로 강희제의 신임을 얻어 강희 50년(1711년)에 보군총령으로 임용되어 윤제의 측근인 찰합제의 직위를 대신했고, 강희 59년(1720년)에는 이번원 상서에 보군통령까지 맡았다. 그가 황제에게 대우를 잘 받았다는 윤진의 말은 사실이다. 그리고 강희 말년에 윤진을 돕기 시작했다.

윤상은 윤진과 아주 가까운 사람이었는데, 윤진이 때때로 가을 순행을 나서면 윤상은 시와 편지를 적어 보냈고 윤진은 그것을 모았는데, 시는 32수에 달했다. 윤진이 만든 집단은 사람 수도 많지 않고 요직에 있는 사람도 적었다. 하지만 보군통령이나 전선에서 용병을 부리는 천섬 총독 등의 직위에 있는 사람들도 있었다. 이들은 이후 윤진이 순조롭게 보위에 오르는 데 중요한 역할을 한 인물들이다.

이 집단 중에서 윤진이 가장 가까이 지내던 사람은 바로 열셋째 윤상이었다. 윤상은 강희제의 총애를 받았지만 이후 태자사건에 연루되어 총애를 잃었다. 그래서 많은 형제들이 뒤에서 치열하게 다투고 있을 때, 두 사람은 이해관계가 없었기 때문에 형제애를 더욱 돈독히 할 수 있었다.

윤진은 자신이 조정대신들의 광범위한 지지를 받지 못하면 뜻을 이루는 데 큰 저항이 있을 것이라는 사실을 알았다. 그래서 그는 황자나 대신들이 사당을 조직하지 못하도록 하라는 황제의 명령에도 불구하고 온갖 방법을 동원하여 관료들 중에서 마땅한 인재를 물색했다. 한림원 장원학사 겸 예부시랑 채정은 비록 한족기인이었지만, 부친이 운귀총독 채육영이었기 때문에 조정에 어느 정도 세력을 가지고 있었다. 윤진은 마이제합을 보내 병을 봐달라는 구실로—채정은 의술로도 유명했다—그를 불렀다. 하지만 채정은 학사의 신분으로 황족의 저택에 드나들기가 불편하다며 일언지하에 거절했다.

하지만 윤진은 사람을 얻기 위해 그를 결코 포기하지 않았다. 이후 그는 다시 사천순무 연갱요가 북경에 온 것을 기회로 삼아 연갱요에게 부탁했지만 그때도 거절했다. 얼마 후 채정이 연갱요의 뒤를 이어 사천순무 직을 맡아 열하에서 황제께 하직인사를 할 때였다. 이때 결국엔 연희(年熙 : 연갱요의 아들)를 따라 윤진을 알현했다.

윤진은 자신의 측근들을 엄격하게 통제하며 불충하는 자를 용서치 않았다. 어린 시절에 뜻을 이룬 연갱요에게 황자는 안중에 없었다. 그는 윤진에게 편지를 쓰면서 자신을 낮추어 부르지 않았다. 그러자 윤진은 그를 '경박하고 불량스럽다'며 크게 꾸짖었다. 그리고 편지에 쓰인 '오늘의 황제(강희)를 저버리지 않으면 내일의 황제(옹정)도 저버리지 않는다'는 말로 위협했다. 윤진은 연갱요가 자신에게 황위를 넘보도록 유인했으며, 이 편지가 바로 증거이고, 언제든 강희제에게 고발할 수 있다고 말했다. 그리고 그에게 명하여 재임지에 있는 10살 이상이 된 남자 조카를 북경에 보내는 것을 벌로 내렸다.

대탁은 복건 지역에서 근무하는 것을 원하지 않아 병가를 내고 북경에 돌아오려고 했으나, 윤진이 "앞으로 순무 자리에 오르면 마음껏 뜻을 펼칠 수 있을 것이다."라는 말로 격려했다. 말인즉, 그가 변함없이 황자를 따르면 높은 지위에 오를 수 있다는 뜻이었다.

옹정제가 이끄는 작은 집단은 특징을 가지고 있었다. 강희 말년에 만들어진 이 조직의 구성원들은 윤이와 윤제의 세력과 비교할 수 없었지만 때가 되면 적절한 곳에서 결코 적지 않은 역할을 해냈다. 그들은 은밀하지만 왕성하게 활동했다. 대택이 각라만보에게 줄 선물을 전달할 때도 결코 그에게 직접 전해주지 않았다. 특히 윤진은 불종과 어울리며 그가 당을 조직하고 활동하는 것을 몰래 보호했다.

윤진은 세력을 확대하기 위해 당을 조직하지 말라는 강희제의 규정을 깨고 온갖 방법을 동원하여 관리들을 끌어 모았다.

옹정제의 이야기가 우리에게 알려주는 것은 정치집단이 효율적이고 길며 왕성한 생명력, 전투력을 가지려면 지도자의 신념 이외에도 그 내부 대다수 구성원들의 뜻을 반영할 수 있는 규정이 반드시 있어야 한다는 것이다. 그리고 표면적으로는 강제적인 제약을, 내면적으로는 규칙을 준수해야 한다는 자각을 줌으로써 집단은 건강하고 지속적이며 효율적으로 운영될 수 있다.

집단 내부에서 지도자들이 기업문화를 알릴 때는 특히 근로자들에게 '승리를 거두면 잔을 들어 다 함께 기뻐하고, 실패하면 목숨 걸고 서로를 구해야 한다'는 단결정신을 강조해야 한다. 이러한 정신은 기업의 발전을 이끄는 숨어 있는 강력한 에너지다.

많은 사회단체를 비교해봤을 때, 온전히 이익을 위해 만들어진 단체가 있다. 그 단체의 목표는 공동의 사업이 아니며, 내재된 응집력 또한 공동의 사업에 대한 같은 신념이 아니다. 그 단체의 모든 목표는 단지 이익에 있다. 그래서 이러한 단체에서는 반드시 강력한 지도자가 나오기 마련이다.

인재를 과용하면 큰 인재도 작은 사람이 될 수 있다

어떤 사람은 '인재를 사용할 때 큰 사람을 작게 사용하지 말라'는 말을 한다. 하지만 옹정제는 이 말에 찬성하지 않았다. 옹정제는 일찍이 이런 말을 했다.

"인재는 큰일은 충분히 할 수 있지만 작은 일은 할 수 없다. 즉 소를 담을 만한 큰 솥은 닭을 익히는 데 사용할 수 없음과 마찬가지다. 하지만 짐은 자신이 큰 인재임에도 작게 사용된다고 생각하는 관리들은, 실제로 그 개념을 잘 모르고, 옳고 그름을 혼란하게 하는 사람들이라 생각한다. 왜냐하면 재능은 크고 작은 것을 나눌 수 없기 때문이다. 또 큰일을 할 수 있는데 작은 일을 못하는 사람이 어디 있겠는가?"

옹정제는 이런 말을 했다.

"무릇 큰일은 할 수 있는데 작은 일은 할 수 없다는 말이 있는데, 이러한 말은 사람의 성격이 다 다른 데서 비롯된 것이다. 성격이 대범한 사람도 있고 급한 사람도 있으니, 그에 합당한 일 역시 큰일이 있고 작은 일이 있다. 도량이 넓고 큰 사람은 군郡을 맡는 데 적합하며, 아랫사람이 그들의 역할을 충분히 발휘할 수 있게 하고 사람들의 힘과 지혜를 통해 정치적 업적을 달성할 수 있다. 한편, 마음이 조급하고 도량이 좁은 사람은 꾸준히 힘써 노력하여 직접 일을 처리하는 현縣의 업무에 적합하다. 하지만 군과 현은 범위의 크기만 다를 뿐, 실질적인 업무를 느슨하게 또는 조급하게 처리해야 한다고 말한다면 그들이 적합한지 아닌지는 말할 수 있지만, 큰일은 할 수 있고 작은 일은 할 수 없다고 할 수는 없다. 이는 닭과 소처럼 하나는 크고 하나는 작기 때문에 솥도 크고 작은 것이 있는 것과 같은 이치다. 하지만 소를 익힐 수 있는 솥에 닭을 익힐 수 없단 말인가? 큰 군을 다스릴 수 있는 사람은 작은 군도 다스릴 수 있다. 이를 볼 때, 인재가 그 일에 적합한지를 감별할 때는 큰일은 할 수 있지만 작은 일은 할 수 없다는 것은 문제가 되지 않는다."

옹정제는 이렇게 이야기했고 또한 실천했다. 그는 인재를 중용할 때 항상 작은 부분부터 눈여겨보면서 큰 재능을 가진 사람을 선발했다. 때로는 일부러 큰 재능을 가진 사람에게 작은 일을 처리하도록 했는데, 그 목적은 인재들에게 큰일이든 작은 일이든 본래 그것은 귀천이 나뉘어 있지 않으니, 최선을 다하면 반드시 그에 합당한 보답이 있을 것임을 알려주기 위함이었다.

악종기는 사천 성도 사람으로, 연갱요의 오래된 부하이며 용맹하고 싸움을 잘했다. 그는 악비의 자손으로, 증정과 장희는 그가 금나라에 저항해야 한다는 악비의 유조를 따라 청나라를 멸망시킬 것이라고 생각했다. 청나라 황제가 바로 금나라 황제의 자손이라고 자청하지 않았던가?

악종기는 녹영 명장 악승용의 아들이다. 처음에는 돈으로 관직을 사서 무관으로 잠시 지내다가, 강희 58년에 사천 영녕협의 부장이 되었다. 강희제가 서장을 정벌하자 그는 선봉에 서서 서강 이당理塘 지역의 핵심 인물을 죽이고 파당巴塘, 찰목다察木多 등지의 핵심인물들에게 투항을 권유했고, 라사拉薩 지역을 공격했다. 이런 이유로 그는 강희제에게 좌도숙으로 임명되었고 또한 사천의 제숙으로 승진했다. 그리고 그는 서장, 사천, 청해 사이에서 소수민족들로 둘러싸인 송반松潘 지역을 정복했다.

옹정제가 즉위한 이후 연갱요에게 청해에 웅거하고 있는 몽고인을 토벌하라는 분부를 내리자, 연갱요는 악종기에게 도움을 청했다. 결과적으로 이 지역에서 몽고인들을 완전히 몰아낸 것은 악종기였다. 그래서 옹정제는 그에게 감숙의 제숙 자리를 맡겼다. 그리고 얼마 후 감숙의 순무 직도 겸했다. 옹정 3년 4월, 그는 결국 연갱요를 대신해 천섬총독의 자리에 앉게 되었다.

악종기는 청대에 나고 자라 조정을 대신해 큰 공을 세워서 관료가 되었다. 그는 청나라에 충성을 맹세할 뿐, 자신의 먼 조상인 악비가 송나라에 충성하고 금나라에 대항한 것에 대해 관심이 없을 뿐만 아니라, 명나라가 북경을 빼앗긴 지도 거의 100년이 넘은 이때에 사실상 반청 감정은 조금도 없었다.

천섬 일대는 지리적 요충지여서 남쪽에서는 운귀와 호강 일대를 통제할 수 있고, 동쪽에서는 기예와 경도 일대를 견제할 수 있으며, 청해, 신장, 감숙성의 고원을 연결하는 요충지이기도 하다. 이처럼 천섬 일대는 청나라 조정이 서북 변방의 중요 방어선으로 생각하는 곳이다.

이렇게 중요한 자리는 강희 19년부터 규정이 정해져 있었다. 하지만 만한 팔기의 수가 절대적으로 부족하다 해도 악종기가 파격적으로 이 자리에 올랐다는 것은 그가 옹정제의 총애를 받고 있다는 것을 증명해 주는 사실이다.

그럼에도 불구하고 만주대신들의 반대를 피하기는 어려웠다. 악종기 가 연갱요의 뒤를 이어 천섬총독 직에 오르려 하자, 직예총독 채정이 즉 각 옹정제에게 상소문을 올려 반대의 뜻을 표했다. 게다가 악종기에게 이간책을 사용했다.

"이친왕은 자네가 천섬총독이 된 것에 큰 불만을 가지고 계신다네. 그 래서 황제께서는 부내에게 자네가 조심해야 할 것이라고 하셨네. 이친 왕은 황제가 가장 신임하는 형제라네."

이렇게 이간책을 쓰자 악종기는 놀라서 두려워했고, 스스로 옹정제가 자신에게 큰 임무를 맡긴 것에 의문을 가졌으며, 결국 하루하루가 살얼 음판을 걷는 기분이었다.

때마침, 장희가 보낸 편지를 받기 3개월 전에 성도 사람인 호종한이 거리에서 "악공이 천섬의 병마를 이용해 모반을 일으키려 한다!"라고 외치며 악공이 모반을 일으키면 성문 밖에서 사람들을 죽일 것이라고 떠벌리고 다녔다. 일가족을 몰살시킬 만한 그의 행동에 악종기는 화가 머리끝까지 치밀어올라, 제숙 황정계에게 명하여 호종한을 잡아들여서 그의 목을 베었다.

악종기는 확실히 옹정제의 충신이었다. 그는 황제가 자신에게 베풀어 준 은혜가 크다는 것을 알고, 아무리 노력해도 그 은혜의 만 분의 일도 갚기 힘들다는 것도 잘 알고 있었다. 그런 그가 옹정제에게 맞선다는 것 은 있을 수 없는 일이었다. 그래서 그는 호종한을 처리하고 즉시 조정에 상주문을 올려 다른 마음을 품고 있지 않다는 것을 밝혔다. 그리고 스스로 자리에서 물러나면서 옹정제에 대한 충심이 변함없음을 보여주었다.

이 일을 알게 된 옹정제는 그를 책망하지 않았을 뿐만 아니라, 오히려 크게 안심하며 채정, 정여사 등 귀신이 한 짓이라고 말했다. 게다가 "다년간 짐 앞으로 몰래 보내온 남을 비방하는 서신이 한 상자가 넘지만, 짐은 아직 그것을 다 처리하지 못했다."라는 말도 덧붙였다.

"악종기가 만약 계속 그 자리에 있으며 업무를 보았다면 짐은 이러한 서신에 남을 비방하는 글이 담겨 있다는 것을 알지 못했을 것이다. 그는 더욱 매진하여 짐과 협력해 종묘사직의 이익을 도모하고, 천하를 평온하게 하여 대청의 기반을 튼튼히 하고, 모두가 풍요롭게 살 수 있게 만들어 이를 자손에게 물려주어야 할 것이다."

옹정제는 사람을 잘 부릴 줄 아는 사람이다. 그는 악종기를 요직에 앉히면서 그에 대해 면밀히 검토했다. 악종기는 비록 한족이지만 오랫동안 봉강대리를 지내면서 여러 차례 큰 공적을 쌓아 경험이 풍부한 사람이었다. 그래서 고심 끝에 선출되었다.

원래 천섬총독이었던 연갱요는 직권을 남용하고 권세를 부리며 붕당을 만들고 뇌물수수에 군량미까지 빼돌렸다. 또한 그는 이미 수백만의 신하를 거느리며 황권의 지위를 위협할 만한 세력을 갖고 있었다. 그래서 옹정제는 이 일을 기회로 삼아 연갱요 집단을 일망타진하고 사약을 내리며 악종기를 그 자리에 추천하게 되었다.

우리는 소를 익힐 수 있는 그릇은 반드시 닭도 익힐 수 있으며 단지 땔감을 많이 낭비할 뿐이라는 사실을 알았다. 인재의 도리 역시 마찬가지다. 사람의 자질은 솥, 소, 닭, 땔감의 관계보다 더 복잡한 것이고, 능력 역시 변화 과정을 거치기 마련이다. 지금 할 수 없는 일도 배워서 실력을 높이면 할 수 있게 된다. 하지만 지금 할 수 있는 일도 만약 공부를 하지 않아 발전이 없다면 시간이 조금 흐른 뒤에는 다시 그것을 못하게 된다.

그러므로 인재를 임용할 때는 먼저 그의 잠재력을 보고 적합한 인물인지 아닌지를 판단해야지, 그의 능력의 크기만을 봐서는 안 된다. 그렇게 되면 자연히 작은 인재는 작게 쓰일 것이고, 큰 인재는 크게만 쓰이는 결과를 낳을 것이다. 교수가 초등학생을 잘 가르치지 못하는 것은 그들의 의식 구조가 아이들을 가르치기에 적합하지 않기 때문이다. 그들에게 일정한 시간과 에너지를 준다면 반드시 초등학생을 잘 가르칠 수 있다. 시간만 충분히 주어진다면 모든 사람들은 최고의 인재가 될 수 있다.

따라서 확실히 말할 수 있는 것은 큰 인재 역시 작은 일을 잘할 수 있다는 것이다. 다만 우리가 그들을 재능에 따라 적재적소에 쓴다면 더 좋은 결과를 얻을 수 있을 것이다.

남을 이용해 사람을 해치다

정치권력에 가장 위협적인 것은 무엇일까? 그것은 바로 군주의 천위에 도전하는 것이고, 나라를 빼앗으려는 것이며, 조정대신들이 분열하는 것이다. 이러한 세 가지의 결과를 낳게 한 원인은 한 가지다. 그것은 바로 조정 내부에 깊이 뿌리박힌 여러 붕당세력들이 존재한다는 것이다. 그들은 각자 따로 행동하면서 내부의 자원을 심각하게 소모하고 결국 혼란만 야기한다. 이는 능력 있는 군주라 해도 결코 참을 수 없는 것이다.

옹정제가 집권했던 기간에 나타난 붕당세력은 깊은 역사적인 뿌리를 두고 있었다. 말년에 강희제가 황위 계승문제를 두고 결단을 내리지 못하고 망설일 때, 조정 내부에서는 여러 황자를 둘러싸고 이미 다른 붕당 집단이 형성되었다. 이러한 붕당세력은 각자의 방식대로 서로 협력하기도 하고 서로 싸우기도 했다. 사실 이미 각기 다른 권력의 중심이 형성되어 복잡한 정치적 상황이 만들어졌고, 이것이 바로 옹정제의 가장 큰 근심거리였다. 그는 빠른 시일 안에 붕당세력을 효과적으로 제압하지 못하면 황제의 정치적 능력은 약화될 것이고, 모든 통치체계가 사분오열될 것임을 잘 알고 있었다.

따라서 옹정 2년 7월에 옹정제는 《어제붕당론御制朋黨論》을 반포하고 붕당세력을 척결하겠다고 확실히 밝혔다. 이것을 지표로 삼아 그는 윤이, 윤제의 당파와 싸움을 펼치며 한 단계 새롭게 올라섰다. 옹정제는 그가 직접 작성한 《붕당론朋黨論》을 선포할 때 특히 모든 왕패륵과 만한 문무대신들에게 어지를 내려, 신하들이 모두 마음을 안정시키고 이 책을 반복해서 읽고 깊이 이해할 것을 요구했다.

옹정제가 어지와 《어제붕당론》에서 중점적으로 전달한 뜻은 아래와 같다.

첫째, 강희 원년에 유행하던 붕당의 기운이 강희제가 즉위한 이후 경계되었으나 오랜 습관은 아직 남아 있으니, 그것이 철저히 사라져야 한다. 만약 면종복배하며 계속해서 붕당을 조직하는 자가 있다면 결코 용서치 않으리라.

둘째, 군주와 신하의 관계는 하늘과 땅의 관계와 마찬가지다. 신하는 오로지 군주를 알아야 하며 군주에게 절대 충성해야 한다. 붕당은 군신의 대의와 군주의 뜻을 위배하며 군주의 권력행사를 어지럽히는 극악무도한 것이다.

셋째, 만약 붕당을 반대하는 군주를 비판하려면 이론적으로 붕당의 이치를 명확히 설명해야 한다.

넷째, 윤이, 윤제 등이 사당을 조직하는 것을 질책하고 자신은 그렇지 않다는 것을 분명히 표방하라.

결론적으로 옹정제의 이러한 말은 황제의 절대적인 권력의 필요성과 당연한 이치를 선포하는 동시에, 붕당의 위해와 불법성을 말하고 있다. 그는 군주의 신분으로 이러한 문제를 언급하면서 시대적 병폐를 정확히 지적하고 붕당에 반대하는 자신의 결심을 충분히 전달했다.

옹정제의 《어제붕당론》은 그가 윤이, 윤제의 집단을 맹렬하게 공격하겠다는 선언문이자 결심이 담긴 글이었다. 이후 그는 즉시 행동으로 옮기기 시작했다. 8월 22일 옹정제는 모든 왕공대신들을 접견한 자리에서 강희 시절의 후계자 쟁탈전을 언급하며 대아가 윤제, 윤이, 윤당, 윤제 등을 비판했다.

"대아가 윤제, 이친왕 윤이, 군왕 윤제, 패자 윤당 등은 모두 본분을 잊고 붕당을 조직하여 태자의 자리를 빼앗으려 했다. 따라서 짐이 즉위한 이후 그 당을 해체시켰고, 열넷째 윤제와 윤당을 먼 곳으로 보내 자신들의 행동을 깊이 뉘우치고 더 이상 문제를 일으키지 않으며 나랏법에 저촉되는 행동을 하지 않길 바랐다."

11월 동안 옹정제는 2일, 13일, 14일 세 차례에 걸쳐 윤이를 질책하면서 점점 더 비난의 강도를 높이며 더욱 엄격한 태도를 보였다. 예를 들면 13일에 옹정제는 "염친왕의 심보가 간사하여 사당을 조직해 온갖 술수로 정사를 방해하고 나라를 어지럽히며, 종인부의 사람과 결탁해 벌인 일이 수십 가지가 넘는다."라고 했다.

그리고 윤이가 명을 받아 총리사무왕대신 직을 맡은 이후의 행적에 대해서도 비난했다.

"그가 한 모든 일은 사람들의 환심을 사는 일이었는데, 그렇게 하면서 황제에게는 오명을 씌우고자 했다."

대표적인 예로 윤이가 공부를 관리하고 있을 때, 봉록의 결손에 대해 엄격히 추궁하는 것이 그의 일이었지만, 이를 널리 용서해주면서 사람들에게 명성을 얻게 되었다. 같은 달, 황제는 또다시 어지를 내렸다.

"친왕부터 관직이 없는 사람들까지 만약 윤이의 붕당에 가입하는 자가 있다면 그 즉시 나라를 판 죄인으로 취급하고 엄중히 처벌하며 결코 용서치 않으리라!"

나라를 판 죄목으로 윤이의 당파를 처벌하겠다고 선포한 것은 상황이 이미 정점에 이르렀다고 볼 수 있다. 12월에는 규서를 윤이의 붕당 구성원으로 간주하면서 명을 내려 이미 죽은 지 7년이 넘은 묘 앞에 '불충하고 악랄한 규서의 묘'라는 비석을 세워 질책했다.

옹정제의 권력 토벌을 통해 황좌를 노리던 붕당들이 무차별 공격을 받았고, 이러한 공격을 통해 옹정 역시 황제의 권력을 더욱 장악할 수 있었다는 사실은 의심할 여지가 없다. 또한 이것은 그가 개혁을 추진하고 관리체제를 정비하며, 청나라를 강대국으로 이끌어가기 위한 전제조건이기도 했다.

종전에 큰 위세를 떨치던 붕당집단은 와해되고 강력한 중앙집권이 나타나면서 붕당문제를 해결한 옹정제는 자신의 거대한 포부를 국가의 큰 일에 쏟을 수 있었다.

제 12 장

탁월한 통치자

-한 손은 강하게, 한 손은 부드럽게

부황의 태평성대를 계승하라
술에 취하나 그 뜻은 결코 술에 있지 아니하니
때로는 온화하게 때로는 엄하게 다스리라
지나친 총애는 독이 될지니
지식인들을 내 편으로
친화정책, 정誠의 힘은 무한하다
빠져나갈 길을 열어두고
인자함과 엄격함을 동시에 지니라

늑대왕은 늑대무리 중에서도 문무를 겸비한 리더다. 불굴의 투지와 용기로 수많은 적들을 무찌른 늑대만이 비로소 왕의 자리를 차지할 수 있다. 진정한 늑대왕은 무리를 이끌고 어려움 속에서 벗어나 먹을 것을 구하는 것뿐만 아니라, 무리의 번영을 책임질 수 있어야 한다. 그래서 발은 빠르지만 우둔한 늑대는 절대 무리의 지도자가 될 수 없다.

예로부터 무력만을 가지고 천하를 얻은 사람이 천하를 훌륭하게 다스리는 경우는 거의 없다. 문무를 겸비한 황제야말로 태평성대를 열 수 있기 때문이다. 옹정제는 백성들에게 문무를 가르쳐야 한다는 강희제의 뜻을 이어받았으며 변방을 안정시키기 위해 노력했다. 그리고 그는 문인 장정옥, 악이태, 무인 연갱요, 악종기를 등용하여 만주족과 한족 간의 갈등을 조정함으로써 문무대신들 간의 분쟁을 해결했다.

한 손은 강하게, 다른 한 손은 부드럽게 하여 강경책과 온건책을 함께 사용했던 그는 개혁의 모든 장애요소들을 말끔히 제거하고 강희제의 태평성대를 계승했으며, 건륭제 시절의 번영을 위한 기초를 다졌다. 옹정제는 문무를 겸비한 제왕의 능력을 마음껏 발휘했다.

부황의 태평성대를 계승하다

　　무력으로 정권을 획득한다 해도 무력으로 나라를 다스릴 수 없다는 이치는 마치 영험한 묘약처럼 역대의 모든 군주들이 믿고 따르던 것이었다. 소위 "무로 시작하여 문으로 다스린다."라는 말은 봉건제왕들의 좌우명이었다. 문치를 주장하는 것은 정권을 공고히 하는 데 가장 효과적인 방법으로 여겨졌을 뿐 아니라, 태평성대 표방의 중요한 상징으로 간주되기도 했다.

　　옹정제 역시 문치를 통해 정권을 공고히 한 황제 중 한 사람이다. 하지만 그의 문치는 남달랐다. 모든 통치자들이 숭배하는 여러 사상 중에서 그는 공자의 사상을 가장 숭배했다.

　　역사적인 기록에 따르면, 중국 역사상 역대 제왕들이 모두 존경했던 인물은 아마 공자일 것이다.

　　청세종 옹정제는 역대 그 어떤 제왕들보다 공자를 존경했다. 공자의 말 앞에서 꼼짝을 못 했다고 해도 과언이 아니었다.

역대 제왕들은 공자에게 제사를 지낼 때 모두 일정한 예의법도를 갖추었지만, 무릎을 꿇고 엎드려 절하지는 않았다. 하지만 옹정제는 공자 앞에서 무릎을 꿇고 머리를 조아려 절을 했다. 옹정제는 자신이 나라의 예의법도에 어긋나는 행동을 한 것에 대해 예부와 태상사의 관료들에게 "전대前代의 현인에게 예법에 따라 서서 예를 올린다면 짐의 마음이 편치 않도다."라는 말로 설명했다. 이는 그의 생각을 드러내는 말이기도 했지만, 공자의 사상에 많은 영향을 받았다는 것을 나타내는 말이기도 했다.

곡부에 있는 공자의 무덤은 줄곧 성묘聖廟로 불렸고, 역대 제왕들은 모두 이곳을 성지로 여기고 보호했다. 공자의 묘를 돌보던 사람에게는 작위가 없었지만 옹정제는 그들을 3급에 봉했는데, 그중에는 3품이 2명, 4품이 4명이나 있었다. 공자의 자손들 중에서 이들을 뽑아 예부에 보고했다.

옹정 원년(1723년) 6월, 곡부 공자의 묘에 불이 났는데, 이때 대성전은 형체도 남지 않고 모조리 불탔다. 이 소식을 들은 옹정제는 즉시 공부에 어명을 내리고 예산을 들여 대성전을 재건했다. 옹정 5년(1727년) 여름, 공자의 후손인 양광총독 공육순이 북경을 출발하여 부임지로 가는 도중 곡부에 들렀을 때, 공자 묘의 재건 사업이 진척이 없는 것을 보고 지현인 공육거에게 상세히 물어 그 연유를 알게 되었다.

산동순무 진세관이 목재 구입을 위해 뉴국새를 파견했는데, 운반하던 중 자신의 주머니를 채우기 위해 많은 목재를 팔아치워버린 것이다. 그리고 남은 목재도 원래 필요로 했던 것과 크기가 맞지 않았다. 길이가 아니라 두께가 맞지 않아 공사를 정상적으로 진행할 수 없었던 것이다. 공육순은 이러한 사실을 보고했고, 이를 들은 옹정제는 화가 머리끝까지 치밀어올랐다.

옹정제는 일찍이 진세관이 업무에 적합한 사람이 아니라고 들은 바가 있었고 이번 재건업무 또한 성실히 이행하지 않아 파면시켰다. 그리고 사익을 위해 목재를 판 뉴국새는 형부에 넘겨 법에 따라 엄중히 처벌했다. 옹정 8년(1730년) 10월, 곡부 공자 묘의 대성전이 마침내 완공되었는데, 이 공사에 은이 총 115만 냥 사용되었다.

새롭게 탄생한 대성전에 있는 모든 그릇들은 궁에서 하사한 것이었다. 옹정제는 황오자 홍주와 순군왕 홍경을 곡부로 보내, 준공을 기념하는 제사에 참석하도록 했다. 홍주가 제사를 끝내고 북경으로 돌아와 공자림 주위의 담장이 무너졌다는 사실을 보고하자, 옹정제는 즉시 관료를 보내 그것을 수리하게 했다.

옹정제는 자신만 공자를 존경한 것이 아니라 아들과 손자들에게도 유가경전을 가르쳤다. 이러한 과정에서 그는 태자로 홍력을 마음에 두면서 더욱 엄격하게 가르쳤다. 홍력이 13살 되던 해, 옹정제는 특별히 주식, 장정옥, 서원몽, 혜증균, 채세원 등의 유문儒文대신들을 홍력의 스승으로 임명했다. 그리고 그가 20살이 되자 악이태, 장정석, 소기, 호희, 고성천 등을 뽑아 학업을 돕도록 했다.

옹정제의 이러한 계획 아래 건륭제는 황자 시절 사서오경 및 송대宋代 유학자들이 모두 읽었다는 《통감강목通鑑綱目》과 한인의 문헌까지 두루 읽었다. 그래서 역대 군주들의 통치기술을 파악했을 뿐 아니라 공자, 맹자의 유학에 대해 깊이 이해하고 있었고, 유학과 관련하여 많은 글을 썼다. 건륭제는 즉위 후에 1년에 한 번 공자의 묘를 친히 방문해야 한다는 옹정제의 규정을 따르는 것은 물론, 여덟 차례나 공자의 묘를 방문하기도 했다.

이처럼 공자를 존경하는 건륭제의 사상은 부황인 옹정제의 영향이 컸다. 또한 이러한 사상은 청나라 조정이 한족에 대한 통치를 공고히 하는 데도 많은 도움이 되었다.

사람들에게 암시를 주라

어떤 일을 드러내놓고 얘기하기 어려운 경우에 암시는 일종의 특별한 의사소통 방법이다. 이러한 측면에서 말하자면, 암시는 우리에게 심리적인 요구임과 동시에 언어적인 요구이기도 하다. 여기서 말하는 암시란, 암시하는 자가 어떤 목적을 가지고 일정한 방법으로 상대방에게 함축적으로 교묘하게 뜻을 전달하는 것이다. 그러면 상대방은 심리적인 영향을 받아 자신도 모르게 상대방의 의견이나 신념을 받아들이거나 아니면 행동이 바뀐다.

옹정제는 관료들에게 의견을 전할 때 이러한 방법을 자주 사용했고 그것은 훗날 많은 관료들이 정무를 처리할 때 최고 원칙이 되었다.

생활 속에서 모든 말을 직접적으로 할 필요는 없다. 가끔 직접적으로 말하는 대신 암시를 준다 해도 같은 결과를 얻을 수 있다는 것은 의심할 여지가 없다. 지도자로서 만약 이러한 방법을 잘 파악한다면 기대하는 효과를 볼 수 있을 것이다.

옹정제는 특히 암시라는 이 무기를 다루는 데 아주 능숙했다. 이는 그가 많은 대신들을 대하는 과정에서 종종 사용되었다.

예를 들면 옹정제는 일찍이 연갱요를 매우 신임하여 그에게 11개 성의 병마들을 통제할 수 있는 권한을 주고 큰 포상을 내렸다. 하지만 시간이 흘러 옹정제가 연갱요를 처벌해야 할 때가 되자 아주 빠르게 일이 진행되었는데, 조정의 대신들 모두 어찌 된 영문인지 알지 못했다. 옹정제는 교묘하게 겉으로는 성지를 내려 연갱요를 질책하면서, 다른 대신들에게는 연갱요와 거리를 두도록 암시를 주었다.

옹정제와 그의 측근들은 연갱요를 어떻게 하기로 결정했을까?

군기대신 방포는 옹정제의 의도를 짐작하며 이렇게 말했다.

"자만심에 가득 찬 연갱요의 거동이 정무를 방해하는 것이 명백합니다. 하지만 막 청해에서 공을 세운 그는 지금 높은 관직에 있습니다. 그에게 갑자기 죄를 물으면 굴복하지 않을 뿐만 아니라, 그 측근들이 도전할 수도 있습니다. 그렇게 되면 정국이 혼란스럽게 되고 그 뒤처리도 결코 수월하지 않을 것입니다. 이 점을 굽어 살펴주시옵소서!"

옹정제는 잠시 생각에 잠기더니 말문을 열었다.

"그렇다고 이 일을 여러 해 미룰 수도 없는 법, 겉으로는 승진한 것처럼 보이나 실제로는 그를 좌천시킬 수 있는 방법을 경들이 모색하여, 병권을 빼앗은 후에 처벌해서 서서히 일을 진행하는 게 가장 확실하고 안전한 방법일 것이다."

장정옥이 말을 이었다.

"하지만 연갱요는 권세를 부리며 빠르게 세력을 확장해나가고 있습니다. 수년이 지난 후의 상황은 어떻게 될지 그 누구도 짐작할 수 없습니다. 그가 하남의 일에 개입하여 전문경이 개혁을 계속 진행할 수 없게 되었고, 강절에 개입하더니 이제는 광동 지역에까지 손을 뻗쳤다는 것은 공육순도 이미 잘 알고 있는 사실입니다. 성조가 악부에 갔을 때 연갱요가 감히 중문을 열지 않고 성조를 맞이했다고 누명을 씌우면 결코 벗어날 수 없을 것입니다. 오늘 우리가 몰래 건의한 사항에 대해 공명정대한 사람이라면 그 누구도 뒷공론을 하지 않을 것입니다."

두 사람의 말을 들은 옹정제는 "짐은 연갱요의 목숨이 필요한 것이 아니다. 단지 그가 군직에서 물러나 자신에 분수에 맞게 한평생 살길 바랄 뿐이다."라고 했다.

"연갱요를 항주장군으로 발령을 내는 것입니다. 그에게는 이러한 일이 적합합니다. 연갱요가 만약 이에 따른다면 일이 잘 진행될 것입니다. 하지만 이에 따르지 않는다면 악종기의 대대에서 연회를 베풀어 단번에 그를 붙잡는 것입니다."

이 말에 장정연이 냉담하게 말했다.

"방^方 선생, 고서의 내용을 그대로 답습할 수는 없습니다. 그것도 법도가 엄격한 이때에 말입니다! 이는 책에서나 나올 법한 방법입니다. 연갱요가 만약 명을 받들지 않고 연회에 참석하지 않는다면 어떻게 할 것입니까? 청해에 있는 악종기의 부대는 1만 명이지만 연갱요의 군대는 10만이 넘고, 게다가 구패륵 또한 군에 있습니다."

방포가 다시 말했다.

"11개 성의 병마 지휘권을 조정이 다시 회수해야 합니다. 이는 황제의 지시 없이 제가 병부와 의논하여 명을 내려 처리할 것입니다. 그렇게 하면 연갱요 또한 따르지 않을 수 없을 것입니다."

장정옥이 말했다.

"음력설에 맡은 일을 보고받는다는 구실로 연갱요를 북경으로 불러들이는 것입니다. 이것이 바로 두 번째 단계입니다. 그러면 악종기에게 대장군 직을 대신 수행하게 할 수 있고 사천의 군대를 청해로 들여보낼 수 있습니다. 만약 연갱요가 이를 따르지 않는다면, 모반을 꾸미는 것으로 간주하여 청해 지역의 10만 병사들의 군량과 급료를 중단합니다. 그러면 군사를 쓰지 않아도 연갱요의 군대는 혼란에 빠지게 될 것입니다. 만약 그가 북경으로 온다면 그때는 황제의 뜻에 따라 처리하시면 됩니다."

방포가 다시 말을 이었다.

"황제께서 연갱요를 칭찬하기 위해 많은 어지를 내렸는데 이 또한 다시 거두어야 합니다. 황제께서 이를 거두면 아랫사람들은 자연히 황제의 뜻에 따를 수밖에 없습니다. 이렇게 조금씩 암시를 주면 신하들은 서로 이야기하며 방법을 모색하게 될 것입니다. 그러면 그들의 마음도 안정될 것입니다."

방포의 몇 가지 건의에 모든 계획은 완벽해졌고 장정옥 역시 감탄을 금치 못했다.

"좋소!"

여기서 방포의 "암시를 주면 신하들은 서로 이야기하며 방법을 모색할 수 있다."라는 말은 그야말로 대단했다. 옹정제의 암시를 통해 연갱요와 관련된 관료들은 그에게 돌을 던지거나 멀리 떠났다. 결국 어려움에 빠진 연갱요에게, 주변 사람들이 부채질하는 꼴이었다.

이를 볼 때 지도자의 암시라는 방법의 위력이 얼마나 대단한지 알 수 있다. 암시를 잘 사용하면 아랫사람을 움직여서 결국 목적을 달성할 수 있다. 잘못 사용한다 해도 한 사람을 충분히 매장시킬 수 있다.

어떤 사람은 일찍이 지도자들이 자주 사용하는 몇 가지 암시법을 다음과 같이 소개하여 오늘날 우리에게 흥미를 자아내고 있다.

첫째, 이야기로 암시를 준다.

어떤 회사에서 간부 관리를 강화하기 위해 출퇴근 기록과 관련해 일련의 규정을 마련하고 나이 든 직원에게 그 기록업무를 맡기기로 결정했다. 하지만 그 직원은 이러한 일을 하면 죄인이 되기 십상이라고 생각하고 그 일을 원하지 않았다. 그는 자신이 과거에 열심히 일했지만 오히려 많은 사람들의 미움을 샀고 그때 교훈을 얻었다고 했다. 그의 말을 들은 책임자가 완곡하게 이야기 하나를 들려주었다.

어떤 영화감독이 영화를 찍기 위해 배우를 찾고 있었다. 그러던 어느 날, 아주 적합한 사람을 발견한 영화감독은 그에게 영화 찍을 준비를 하라고 알렸다. 그 사람은 너무 기쁜 나머지 머리 모양을 바꾸고 의상을 갖춘 후 거울 앞에 서서 이리저리 비춰보았는데 자신의 덧니 2개가 보기 싫어 뽑아버렸다. 그런 후 자신 있게 감독을 찾아갔다. 그를 본 감독은 실망스런 눈빛으로 "미안합니다. 당신의 장점을 스스로 없애버렸군요. 이제 당신은 우리 영화에 필요 없게 됐습니다."라고 말했다.

이야기를 듣고 난 직원은 '원칙을 고수하며 열심히 일해야 한다'는 사실을 이해하고 자신의 큰 장점을 소중히 여기며 기쁜 마음으로 그 일을 받아들였다.

둘째, 우스갯소리로 암시를 준다.

어떤 회사에서 나이 든 몇몇의 직원들이, 기숙사 위층에 사는 젊은 직원들이 너무 시끄러워 잠을 잘 수 없다고 했다. 이야기를 들은 회사의 책임자는 젊은 직원들과 담소를 나누면서 재미있는 이야기 하나를 들려주었다.

신경이 예민한 노인이 있었는데, 그는 약간의 기척에도 잠을 잘 수 없었다. 위층에는 밤에 퇴근하는 젊은이가 살고 있었다. 젊은이가 집에 돌아올 때면 쿵쿵거리며 걷고 신발도 던지듯 벗었는데, 그럴 때마다 겨우 잠든 노인이 다시 깼다. 그래서 이 노인은 젊은이에게 조심해달라고 부탁했다.

밤에 돌아온 젊은이는 습관적으로 쿵쿵거리며 걸었고 신발 한 짝을 내던진 후에 갑자기 노인의 말이 생각나 나머지 한 짝은 조심스럽게 벗었다. 다음 날 아침, 노인이 젊은이에게 원망하듯 말했다.

"자네가 신발 두 짝을 벗어 던질 때는 그래도 다시 잠들 수 있었는데, 한 짝만 벗어 던지기에 언제 다른 한 짝을 던질지 몰라 그때를 기다리다 한숨도 못 잤다네."

이야기가 끝나자 젊은이들은 떠들썩하게 웃다가 잠시 후 이야기의 의미가 무엇인지 깨닫고 자신들의 행동에 주의했다.

셋째, 말을 돌리며 암시를 준다.

갑: 저 사람은 공명심이 큰가봐.

을: 어제 '홍루몽' 1편 했는데, 봤어?

갑: 아니, 너 그거 알아? 그 사람에 대해서는 좋은 말뿐이래. 다들 그를 하늘 떠받들듯이 한대.

을: 응, 그걸 안 봤다니 정말 아깝다. 네가 봤다면 영화와 비교했을 때 어느 것이 더 잘 만들어졌는지 알 수 있었을 텐데.

여기서 '을'이 말을 돌리는 이유는 갑에게 뒤에서 다른 사람의 이야기를 하고싶지 않다는 암시를 준 것이다. 만약 갑이 눈치를 챘다면 더 이상 그에 대해 이러쿵저러쿵 말을 하지 않을 것이다.

넷째, 농담으로 암시를 준다.

유머나 재미있는 이야기로 다른 사람에게 암시를 주는 것이다.

남당南唐 시절에, 가혹하게 세금을 거두어 백성들이 생활하기 힘든 데다 마침 수도에 큰 가뭄까지 겹쳤다. 이에 황제가 군신들에게 "다른 곳은 모두 비가 오는데 왜 수도에만 비가 내리지 않는 것이냐?" 하고 물었다. 대신 신점고가 이 기회를 놓치지 않고 익살스럽게 대답했다.

"세금을 내야 할까봐 비가 감히 이곳에 내리지 못하고 있습니다."

도량이 넓었던 황제는 크게 웃으며 세금을 줄이기로 결정했다. 신점고는 익살스런 이야기를 통해 암시를 주면서 백성들에게 좋은 일을 했다.

때로는 온화하게, 때로는 엄하게 대하라

많은 역사서에서 청나라가 태평성대였던 시기는 강희제와 건륭제 때라고 말하고 있다. 그 이유는 강희제와 건륭제가 역사학자들에게 높이 평가받고 있기 때문이다. 하지만 학자들은 중요한 사실 하나를 놓치고 있다. 그것은 바로 강희제와 건륭제 사이에 옹정제가 메워준 13년간의 과도기가 없었더라면 소위 말하는 강희제와 건륭제의 태평성대도 존재하지 않았을 것이라는 점이다.

강희 말년에 황제의 연치가 높아지자 황실 내부에서는 많은 문제들이 나타났다. 청나라 조정은 이미 해이해졌고 관료들이 정도는 다르지만 황가 내부의 문제에 개입하거나 인습에 그대로 따르면서 업무에 아무런 성과를 내지 않았다. 그래서 정부의 재정은 심각한 수준이었다.

옹정제가 등극하여 엄격하게 제도를 실시한 후에 이 모든 것은 다시 바로잡혔다. 조정의 질서가 세워지고 관리들의 업무가 개혁되었으며 경제는 다시 활기를 띠고 반대 세력들은 모두 숙청당했다. 그랬기 때문에 건륭제가 즉위한 후에 나라가 더욱 발전할 수 있었다. 그래서 건륭제는 즉위 이후 옹정제와는 반대로 탄력적 국정운영을 통하여 다시 한 번 청대의 태평성대를 이끌었다.

아버지와 아들의 통치방법은 달랐지만 그 근본목적은 같은 것이었다. 봉건시대의 제왕이었던 옹정제는 봉건제도의 대표적인 인물이었다. 그 래서 잔인한 면이 있었다. 불교를 숭배하면서도 미신을 믿었고, 문자옥 을 일으키고 반항하는 백성들을 잔인하게 진압했고, 광산개발을 금하고 상공업을 억제하는 등의 폐단을 낳았지만 이에 대해서는 충분히 이해한 후에 평가해야 한다.

하지만 옹정제의 재능과 식견, 사상, 태도, 정치적인 많은 업적들을 두루 살펴보면, 그가 단지 봉건시대의 정치가에만 머문 것이 아님을 알 수 있다. 강희제, 옹정제, 건륭제가 집권하던 때는 청나라가 가장 번성 했던 시기로, 역사에서는 '강건성세'라 부른다. 하지만 강희 말년에 황 제가 정치를 소홀히 하자, 관리들 역시 자신의 직무를 소홀히 했다. 정 치기강이 문란해지고 부정부패가 날로 심해져 결국 국고가 바닥을 드러 냈고, 국력 또한 쇠약해지면서 사회적 모순이 나날이 드러났다.

옹정제는 즉위 후 개혁을 단행했다. 관리를 감시하여 백성들이 편안 히 살 수 있게 했고 총력을 기울여 폐단을 없애며, 국고를 면밀히 조사 하여 뇌물을 받은 자를 엄하게 처벌하고 토지제도를 개혁하여 백성들의 생활을 안정시켰고, 청해와 서장 지역의 귀족반란을 진압하고 몽고 지 역의 관리를 강화하여 그 지역을 안정화시키는 등 민생에 도움을 주며 후대에도 영향을 미칠 많은 정책들을 펼쳤다.

이는 사회의 생산력을 발전시켰으며, 관리들의 업무와 사회가 상대적 으로 안정되었고, 비어 있던 국고가 채워지고 나라가 안정되었다. 이로 써 건륭 초기에 지속적인 발전을 하며 '강건성세'를 이룰 수 있도록 초 석을 다진 것이다. 그는 청대 역사상 결코 가볍게 볼 수 없는 중요한 위치에 있었다. 그래서 옹정제 일생의 공적과 과실을 가리자면 용감하게 개혁을 단행하고, 항상 노력하며 최선을 다하여 나라를 다스린 봉건군주라 할 수 있다. 또한 그는 중국의 봉건사회 말, 국가와 민족을 위해 많은 공헌을 한 걸출하고 역사적인 인물이다.

하지만 건륭제는 더 총명한 사람이었다. 그는 옹정제의 강력한 집권에 대해 좀더 유연하게 대처했다. 그러면서 옹정제 집권부터 누적되어온 폐단에 대해서는 강력한 조치를 취했다. 이처럼 유연하면서 강경한 정치를 통해 짧은 시간 안에 많은 사람들의 지지를 얻을 수 있었다.

먼저 건륭제는 억울하게 감옥에 간 사람들을 풀어주면서 사람들의 마음을 안정시켰다. 종실의 왕공대신들이 석방되면서 전국에서 억울하게 누명을 쓰거나 작은 죄로 큰 벌을 받고 있는 관료들도 풀려났다. 군사전략에 잘못을 저질러 사형을 선고받은 용맹한 장수 부이단, 붕당을 조직한 죄로 참수형을 선고받은 채정, 정주를 비방한 죄로 귀양 보내진 사제세 등 모든 사람들이 사면되었다. 그리고 문자옥에 연루된 왕경기의 가족들도 풀려났다. 그리고 공금을 횡령하여 관직을 박탈당한 자들도 관대히 석방시켜 주었다. 이러한 황제의 정책에 매일매일 천하가 놀랐다. 이처럼 관대한 정치는 새바람과 마찬가지였고, 황제의 관대함은 황실뿐만 아니라 일반 백성들에게도 전해졌다.

건륭제는 두 번째로 백성들에게 과도하게 부과한 세금을 덜어주면서 휴식을 강조했다.

옹정 13년(1735년) 9월, 건륭제는 어지를 내려 다음의 내용을 널리 공표했다.

"천하를 다스리는 도리는 그 안에 귀함이 있다. 너그러이 통치하면 엄격함이 따를 것이요, 엄격하게 통치하면 관대함이 따를 것이다. 《기記》에서 말하는 것처럼 활시위를 죄었다 늦췄다 하는 것이 바로 문무의 도리다."

너그러움과 엄격함을 잘 조화시켜야 한다는 그의 주장에 따라, 전 왕조의 통치정책이 하나하나 수정되어 전국에 반포되어 시행됐다.

(1) 지방의 토지측량과 개간을 과장 보고하는 것을 금한다.
(2) 어떤 사업에 비용 할당을 금한다.
(3) 관아에서 민간의 토지교역을 관리하는 '계약증서법'을 폐지하고 백성들이 자유롭게 토지를 사고 팔 수 있게 한다.
(4) 실효가 없는 '관전수리법'을 폐지하고 예전의 '정전제'를 부활시킨다.
(5) 백성들의 밀린 세금을 감면시킨다.

건륭제가 보기에 정치적인 명령체계가 복잡하고 매사가 백성들에게 가혹한 것처럼 보였다. 그래서 그는 새로운 정치를 펼치며 일체의 번잡한 업무를 간소화하고 백성들의 부담을 덜어주었다.

세 번째로 건륭제는 부황이 잘못 처리한 증정의 안건을 바로잡아 청나라 조정에 부정적인 영향을 끼치는 것들을 모두 제거했다.

건륭제는 옹정제가 해결하지 못한 일을 처리하면서 대개 관대했지만 강경하게 처리한 사건도 있었는데, 가장 대표적인 것이 바로 증정과 장희를 처리하는 문제였다.

그는 황위에 오르자마자 부황의 명을 거역하고 증정과 장희를 능지처참시켰다. 그리고 《대의각미록》을 알리는 것을 금지시켰고 각 순무에게 명령하여 그 원본을 예부에 보내 보관하도록 했다. 그렇게 이 일은 종지부를 찍게 됐다.

몇 개월 후, 건륭제가 펼친 새로운 정치는 너그럽고 현명한 황제라는 이미지를 가져다주었고, 백성들의 추대를 받았다. 건륭제의 황위가 안정적이었다는 것은 바로 이러한 찬사가 증명해주고 있다.

하지만 부황인 옹정제의 노력이 있었기에 훗날 건륭제가 현명한 군주로 중대한 역할을 해낼 수 있었다. 부자는 차례로 강력하고 너그럽게, 팽팽하고 느슨하게 정치를 펼치며 멋진 조화를 이루었다.

황제보다 더 빛나서는 안 된다

관직사회에 몸담고 있는 사람이라면 아첨을 잘하는 자나 이익을 좇는 자나 할 것 없이 살아생전에 그리고 죽은 뒤에라도 좋은 명성을 남기고 싶어 한다. 하지만 이를 위해서는 많은 위험이 따른다는 것을 어찌 알지 못하는가!? 고대 봉건통치의 최고 권력자들은 전쟁에서 큰 공로를 세운 장군들에 대해 의심을 품었고 정치적 업적이나 인품이 뛰어나거나 명성이 높거나 사람들에게 칭송받는 신하들에 대해서도 역시 질투심을 가졌다. 황제보다 명성이 더 높아 주객이 전도되는 형세가 되면 곧 그 사람 앞에 재앙이 닥친다.

연갱요는 옹정제 시절의 큰 공신이며 또한 황제의 큰외삼촌이다. 그는 옹정제가 황위에 오를 수 있도록 도왔고, 변방 지역의 혼란을 평정하여 나라에 큰 공을 세운 인물이다. 옹정제 역시 항상 그에 대한 고마움을 잊지 않았다.

그렇지만 연갱요는 관직사회에서 극히 삼가야 할 기본적인 규정을 잊어버리고 옹정제의 권위를 경시했을 뿐만 아니라 도처에 적을 만들고 여기저기에 자신의 세력을 펼쳐, 결국 옹정제는 그를 처단해야만 했다.

연갱요가 총독을 지내고 있을 때, 사람을 임용하면서도 조정은 안중에도 없었다. 당시 산서안찰사가 연갱요에 대해 구체적이고 상세하게 기록했다.

"섬서총독은 자신이 하고 싶은 대로 하며, 권세를 마음대로 휘두른다. 만약 문무 관리직에 공석이 생기면 그것이 큰 자리든 작은 자리든 상관없이 개인적인 친분이 있는 사람 중에서 골라 앉혔는데, 그 수가 수십 명에 달했다. 그리고 이부와 병부는 형식적으로만 있을 뿐 유명무실했다."

연갱요가 대장군으로 취임하자 전장에서 세운 공로로 관료들을 추천했는데, 그때마다 개인적인 친분을 남용했다. 이부는 연갱요가 추천한 인물들로 이루어져 있어 특별히 중시되었는데, '연선年選'이라고 불리기까지 했다.

연갱요는 조정의 법도를 어기고 하인인 상성정을 위해 자리를 마련해주었다. 상성정은 우선 서안 지부로 임명되었다가 후에 직예도원의 자리에까지 올랐다. 이렇게 불법적으로 특별대우를 받은 사람은 위지요, 유이당 등이 있다.

이 외에도 연갱요는 권력과 이익을 다투어 빼앗았다. 그는 권력을 노리면서 다른 권신들과 자주 마찰을 일으켰다. 옹정제의 중재로 연갱요와 웅사이는 마지못해 화해했지만, 다른 권신들은 연갱요의 안중에 없었기 때문에 그와의 다툼을 피할 방법이 없었다. 다만 황제의 가장 가까운 형제인 이친왕 윤상만이 총리대신에 즉위하여 조정의 많은 중요한 사무를 처리했다. 그는 옹정제와 아주 가까운 사이여서 어떤 사람도 함부로 할 수 없었다. 이러한 그에게 연갱요는 질투심을 느끼고 공격을 멈추지 않았다. 그는 이유균에게 이렇게 말했다.

"이친왕의 저택은 겉은 화려하나 안은 볼품없다. 이렇게 겉치레만 중시하니, 이를 보면 그의 포부도 어떠한지 알 수 있다."

연갱요와 조정대신 이불, 채정은 사이가 좋지 않았다. 이불이 이부 우시랑에 임명되었을 때 마침 인재 임명에 대한 건의가 이루어지고 있었다. 첫 번째가 연갱요의 아들 연부였다. 이부에서 권세 있는 자에게 아부를 잘하는 사람들은 군사력에 따라 우대하여 임명할 것을 건의했지만, 이불은 그것이 규칙에 어긋난다며 반대했다. 그러자 연갱요는 크게 노하며 9경을 비방하고 이부를 엄하게 질책했으며, 이불에게 원한을 품게 된다.

채정은 연 씨 부자가 옹정제의 세력집단에 끌어들인 사람이다. 하지만 연갱요가 사천에서 화폐를 주조하겠다는 건의를 하자 이에 반대했고, 그 이유로 연갱요에게 탄핵당했다. 그 외에도 연갱요는 전문경, 낙민을 비방하고 부내를 억압했다.

도량이 좁았던 연갱요는 조정에서 다른 사람들과 어울리지 못하고 홀로 고립되었다. 나쁜 짓을 많이 하면 스스로 목숨을 잃게 되듯, 죄가 쌓여가자 옹정제에게 버림을 받았는데, 스스로 죽음을 자초한 것이라 말할 수 있다.

고대 대신들 중에서도 지혜로운 자들은 자신의 명성이 너무 빛나 군주의 빛을 흐리지 않도록 항상 주의했다. 그래서 의식적으로 자신의 미덕을 숨기고, 심지어 고의로 사람들의 마음을 살 만한 행동을 하지 않으며 스스로 명성을 떨어뜨리려고 했다. 이렇게 함으로써 군주의 마음을 편안하게 해주고, 군주의 의심과 질투를 받지 않으면서 자신을 안전하게 지켰다.

소하는 처음에 유방이 군사를 일으킬 때 이를 지지하고 동참한 신하다. 이후 그는 초나라가 망하고 한나라가 세워질 때 큰 공을 세워 유방이 공적에 따라 상을 내릴 때 가장 공이 큰 신하가 되었다. 유방은 그에게 칼을 지니고 입궁할 수 있는, 특별한 대우도 해주었다.

훗날, 유방이 군사를 이끌고 다른 지역에 출정했을 때, 한신이 역모를 꾸미며 모반을 일으켰다. 이때 소하는 여후를 위해 한신을 제거하면서 유방의 가장 큰 근심거리를 해결해주었다. 이 일로 소하는 승상에서 상국^相^國으로 직위가 높아졌으며, 5,000호에 달하는 봉지가 내려졌으며, 경호를 위해 500명의 군사까지 하사받았다. 조정대신들이 모두 그에게 축하인사를 했는데, 유독 소평이라는 진나라 유신만이 홀로 애도의 뜻을 표하며 소하에게 말했다.

"얼마 지나지 않아 큰 재앙이 닥쳐올 것입니다. 지금 주상께서는 이리저리 자리를 옮겨가며 힘들게 전쟁을 치르고 계시지만, 대감께서는 수도에 주재하고 있으며 전쟁의 공적을 세우지 않고 있습니다. 주상께서 많은 봉지와 군사들을 대감께 주신 이유는, 한신이 모반을 일으켰을 때 주상께서 대감을 의심했기 때문입니다. 주상께서는 대감을 구슬리기 위해 그렇게 하신 것이지, 결코 총애해서 그러신 게 아닙니다. 그러니 대감께서는 그것들을 받아서는 안 됩니다. 그리고 가산을 모두 처분해 전방에 있는 군대를 도우십시오. 그러면 주상께서는 반드시 기뻐할 것입니다."

다시 1년이 흘러 영포가 모반을 꾸밀 때도 유방은 또다시 군사를 이끌고 출정했다. 하지만 북경으로 사신을 보내 소하가 무엇을 하는지 보고받았다. 소하는 황제가 출정하여 자리를 비웠지만, 진심으로 전력을 다해 백성들을 보살폈고 군량과 마초를 마련하여 전선으로 보냈다. 그리고 몇 년 동안 계속 그렇게 했다. 또 어떤 사람이 소하에게 말했다.

"머지않아 대감께서는 큰 화를 당할 것입니다. 지금 대감께서는 상국의 자리에 있고 공적도 가장 많으므로, 더 이상 위로 올라갈 자리도 없고 쌓을 공적이 없을 정도입니다. 게다가 십수 년 동안 민심도 많이 쌓았습니다. 주상께서 사람을 보내 대감에 대해 전해 들었을 때, 대감의 평판이 너무 좋으면 위협이 되지 않을까 염려하시게 될 것입니다. 대감께서 지금 도처의 토지를 무리하게 값을 깎아 사들이고, 높은 이자를 받고 토지를 빌려준다면 백성들의 원망을 사지 않겠습니까? 이렇게 하면 주상께서도 더 이상 대감을 경계하지 않을 것입니다."

소하가 그 의견을 실천에 옮기자 역시 유방은 매우 기뻐했다.

유방이 다시 조정으로 돌아왔을 때 백성들은 연이어 상소를 올려 소하의 악행을 고발했다. 하지만 유방은 그를 조금도 책망하지 않고 백성들이 올린 상소문을 그에게 전해주며 웃는 얼굴로 말했다.

"네가 직접 해결하도록 하라!"

소하는 유방이 가난했던 시절에 맺은 인연으로, 유방이 직접 그를 제1 공신으로 봉했는데 왜 믿지 못했을까? 그 이유는 바로 정치투쟁이 끊임없이 하나가 분열하여 둘이 되어 대립하는 과정이기 때문이다.

항우와 유방은 함께 진나라를 공격했지만 진나라가 망하자 두 사람은 태도를 바꾸어 서로 공격하기 시작했다. 결국 항우는 패했고, 유방의 내부에서도 분열이 발생했다. 중도에 들어온 한신과 영포가 다른 세력을 키워 역모를 계획했지만, 두 사람 다 실패했다. 그러자 유방은 또다시 새로운 공격 대상을 찾아야만 했다. 소하는 명성이 높아지면서 자연히 유방이 가장 경계해야 할 대상이 된 것이다.

소하는 비록 끊임없이 자신의 명성을 스스로 깎아내렸지만 유방의 의심을 완전히 없앨 수는 없었다. 백성들의 상소문을 유방에게 전달할 때, 소하가 황가의 화원 중에서 쓸모없는 토지를 백성들에게 나눠주어 경작하게 함이 어떠냐고 청했다. 그러자 유방은 곧바로 얼굴 표정이 변했다. 그리고 소하가 일부러 백성들에게 환심을 사려고 그런 말을 한 것이라며, 감옥에 가두었다.

이처럼 소하는 어떻게 하든 유방의 의심에서 완전히 벗어날 수 없었다.

이 이야기가 말해주듯, 고생은 함께할 수 있지만 안락함은 함께 누릴 수 없는 지도자들에게 가장 좋은 부하는, 적절한 때 용감히 싸워주는 부하다. 만약 그렇게 하지 않으면 그들은 큰 화를 입게 될 것이다.

지식인들을 내 편으로 만들어라

역사를 들여다보면 세상에서 가장 관리하기 쉬운 사람이 지식인이라는 사실을 알 수 있다. 왜냐하면 그들의 힘은 미약하기 때문이다. 그렇지만 세상에서 가장 관리하기 어려운 사람 또한 지식인이기도 하다. 그 이유는 그들이 똑똑하고 수준이 높은 사람들이기 때문이다.

진시황은 분서갱유로 인해 스스로 멸망을 초래하는 결과를 낳았다. 이는 책을 읽는 사람들을 결코 얕봐서는 안 된다는 것을 말해주고 있다. 진나라 조정은 중, 후반기에 문자옥을 일으켰는데, 이 역시 책을 읽는 사람들을 억압하는 방법 중 하나였다. 하지만 안타깝게도 이러한 방법들은 전혀 다른 결과를 낳았다.

옹정제가 집권하던 시기에 비록 한족이 대청제국의 백성이 되었지만, 여전히 많은 지식인들이 청나라의 관료가 되지 않으려고 했다. 이러한 세력들은 청나라 통치 기구의 역할을 제한하거나 약화시켰고, 만청통치를 강화하는 데도 부정적인 영향을 끼쳤다.

한족 지식인들은 본래 세상을 다스리려는 강한 욕구를 가지고 있어 벼슬길에 오르는 것이 꿈이었다. 그런데 어째서 관리 자리를 원하지 않게 된 것인가?

사실 큰 장애물이 하나 있었다. 대청제국의 통치자들은 "소수민족으로 기백이 강한 한족의 학자들이 이민족에 지나지 않는 만주인 아래에서 일을 한다면 이 어찌 낯부끄러운 일이 아니겠는가?"라고 말했다. 이러한 한민족주의 사상이 바로 그들의 벼슬길을 가로막은 큰 장애물이었다.

옹정제는 즉위 후에 한족의 지식인들을 감동시켜 그들의 마음을 사고 지방관료들에게 명하여 학문과 재능을 가진 지식인들을 추천하게 하여 임용했지만, 그 효과는 미미했다. 지식인들을 불러 모으기 위해서는 무엇보다도 장애물을 제거하는 것이 중요한 일이었다.

옹정제는 문을 중시하는 황제는 반드시 지식인들의 도움을 받아야 한다고 생각했다. 당태종은 전국을 통일한 후에 정치, 경제, 군사 방면에서 일련의 개혁조치를 취한 것 외에도 학술과 문화도 매우 중시했다. 그가 전쟁에서 많은 공적을 쌓을 수 있었던 것도 이와 아주 밀접한 관계가 있었다. 그의 곁에 있었던 18명의 학사들이 이러한 사실을 잘 말해주고 있다. 이 사람들의 도움이 있었기에 그는 침착하게 나라를 다스릴 수 있었다.

이러한 사실 때문에 옹정제는 학술과 문화의 중요성을 잘 알고 있었다. 중앙집권이 강화됨에 따라 옹정제는 사관史館 설립을 명하고 역사서 편찬에 직접 참여했다.

또한 옹정제는 서예에도 조예가 깊었다. 옹정제는 어릴 때부터 엄격한 교육을 받아 만주의 문자와 한족의 문자에 능숙했다. 그는 긴 황자 시절을 보내면서 시간만 나면 책을 읽고 이를 해석하는 경연을 열기도 했다. 그리고 황제의 자리에 오른 후에도 바른 정치를 하기 위해서 끊임 없이 공부했다. 그는 유가의 '사서'와 '오경'을 완전히 머릿속에 익히고 자신만의 해설을 내놓기도 했다. 이것은 글귀만 따지며 유가를 분석하고 창의적인 생각을 내놓지 못하는 사람들과 완전히 다른 것이었다. 그는 이러한 사람들을 경시했다.

옹정 5년(1727년) 8월 6일, 경연에서 관등덕과 채세원의 '문행충신文行忠信'에 관한 해석을 비평했다. 그는 문장에 있는 문, 행, 충, 신을 확실히 구별하여 완벽하게 해석했다. 옹정제는 "인, 의, 도덕의 이치가 바로 문文을 나타내며, 몸소 행하는 것이 바로 행行을 나타내며, 실제로 존재하는 모든 것이 충忠을 나타내며, 진심으로 믿게 하는 것이 바로 신信이다. 넷으로 나뉘어 있지만 이 모두는 하나의 이치이며, 성인들이 이 네 가지를 가르치는 것은 한 가지를 가르치는 것과 다름없는 것이다."라고 자신의 생각을 말했다. 그는 인, 의, 도덕의 관념으로 '문행충신'을 꿰뚫고 있었다. 즉 인, 의, 도덕으로 '문행충신'을 해석한 것으로, 그것을 하나로 모아서 옛사람들이 해석한 것보다 더욱 뛰어나게 했다.

옹정 원년에 치러진 향시에서 옹정제는 낙방한 사람들의 시험지를 조사하여 그중에서 2명을 선발했다. 그리고 같은 해에 열린 회시에서 다시 낙방한 사람들의 시험지를 조사하여 78명을 선발했다. 다음 해에 열린 회시에서도 똑같이 했다. 청대 향시는 낙방이라는 제도가 있었는데,

옹정 4년(1726년)에 열린 향시에서는 보결 합격자(명·청 시대의 제도로 향시에 합격되었으나 인원수에 제한이 있어 거인의 자격을 받지 못하고 국자감에 입학한 사람을 이르는 말) 중에서 몇몇에게 거인의 자격을 부여했다. 이는 옹정제 때 처음 이루어진 것이었다.

옹정 5년(1727년)에 치러진 회시에서 옹정제는 낙방한 거인들 중에서 문리文理에 정통한 자를 선발하여 각 성에 파견해 교육의 업무를 맡게 했다. 전례에 따르면 주현학州縣學은 20년에 한 번씩 선발했는데, 옹정제는 즉위하자마자 은혜를 베푸는 뜻에서 다시 한 번 선발했다. 그리고 옹정 5년에는 6년에 한 번 선발하고 그 수를 늘리도록 명했다. 옹정제는 중시中試의 선발 인원수도 대폭 늘리며 책을 읽는 자들이 관직에 나갈 기회를 더 많이 만들어주었다.

옹정제는 이러한 방법으로 학자들을 구슬렸다. 옹정 원년에 치러진 은과(恩科 : 나라에 경사가 있을 때 실시하던 과거)의 전시(殿試 : 과거제도 중 최고의 시험)가 10월 27일에 열렸는데, 옹정제는 날씨가 추워져 연적의 물이 얼지 않을까 염려하여 태화전에서 시험을 치르도록 하고, 태감들에게 명하여 글 쓰는 데 불편함이 없도록 불을 지펴 따뜻하게 하라고 분부했다.

옹정 5년의 회시는 원래 2월에 치르도록 예정되었으나, 날씨가 너무 추워 3월로 변경했고, 그때가 돼서도 날씨가 여전히 추워 다시 연기했다. 하지만 시험을 치르는 자들의 여비가 부족할 것을 걱정하여 예정대로 치르기로 하고, 손 난로와 두꺼운 옷을 입고 입장하는 것을 특별히 허락했으며 관가에서는 목탄과 생강탕을 제공해주었다. 호남성의 향시는 과거 호남성에서 치러졌으나 옹정제는 응시자들이 동정호를 건너다 혹시 물에 빠질까봐 염려하여 호남에 시원試院을 건립하도록 명령했다.

국자감 진사 제명비는 원래 공금으로 세웠으나, 강희 3년에는 진사들에게 자비를 내어 세우도록 했다. 하지만 옹정제는 제명비를 세우는 일은 국가가 교육을 진흥시키는 일과 관련이 있다고 생각하고, 공금으로 이것을 세우라 명했다. 그래서 학자들이 높고 큰 비석을 구경하며 책을 읽으면서도 명예를 얻을 수 있다는 것을 알게 하고, 학문에 더욱 힘쓸 수 있도록 격려하라고 했다.

옹정제는 과거를 통해 사람들을 격려했을 뿐만 아니라 처벌의 수단으로 과거를 이용하기도 했다. 사사정과 왕경기 때문에 절상에서는 향시와 회시가 치러지지 않은 것이 대표적인 예라고 할 수 있다. 가장 재미있는 사실은 옹정제가 관리를 확충한다고 말하면서도 과거에 참가하지 못하도록 함으로써 제재를 가했다는 것이다.

옹정 6년(1728년)에 그는 "관리들은 백성들에게 가까이 다가가야 한다. 백성들이 이해할 수 있게 말해야만 위와 아랫사람들의 정을 나눌 수 있어 정사를 잘 돌볼 수 있게 된다. 하지만 매년 복건성과 광동성 출신의 관료들을 만날 때면 말을 완전히 알아들을 수 없다. 그들이 지방에 가서 공사를 처리할 때 백성들이 말을 알아들을 수 없어 통역이 필요하다면 여러 가지 문제가 나타날 것이다. 따라서 복건성과 광동성 출신의 관료들은 먼저 자신의 고향 말씨부터 고쳐야 한다."

8년 안에 표준어를 익히지 못하면 과거에 참가할 수 없다는 규정이 있어 사투리를 고치고 나서야 시험을 치를 수 있었다.

옹정 10년(1732년)에 광동순무 양영빈이 "광동 사람들은 표준어를 익히는 데 어려움이 많습니다. 이미 4년을 공부했지만 아무런 진전이 없습니다. 표준어를 보급하는 것은 나라의 명을 집행하는 일에 도움이 되고 사람들의 생각과 감정의 교류에도 유리하며, 민족문화를 높이고 생산력을 향상시키는 데도 도움이 되니 본래 좋은 일이지만, 강제적으로 실시하는 것은 타당하지 못합니다."라는 상주문을 올리기도 했다.

정(情)의 힘은 무한하다

지도자로서 자신의 수중에 우수한 인재들이 없다면 성공을 거두기 어렵다. 그래서 선견지명이 있는 지도자들은 인재를 빼앗아올 때 수고로움을 아끼지 않는다. 인재를 빼앗아오는 방법 중에서 정(情)으로 사람을 감동시키는 것이 가장 일반적이다. 우리는 정이 인간의 가장 큰 특징이라는 사실을 잘 알고 있다.

"살아서 받은 은혜는 죽어서도 갚는다."

"여자는 자신에게 즐거움을 주는 사람을 위해 용서할 수 있고, 선비는 자신을 알아주는 사람을 위해 죽을 수 있다."

이 모든 것이 바로 정(情)이 낳은 결과물이다. 옹정제는 청대 황제 중에서 정이 가장 많은 사람이었다.

한비자는 신하를 다스리는 기술에 대해 말할 때 상과 벌 두 가지만을 언급했는데, 가장 중요한 수단이기는 하지만 이것만으로는 부족하여 가끔씩 정에 관해 말하면서, 상심의 눈물 몇 방울이 때로는 큰돈보다 사람을 더 감동시킬 수 있다고 이야기했다. 따라서 정에 투자하여 만 배의 이익을 보는 것은 현명한 통치기술 중 하나다.

옹정제는 총애와 신임이라는 방법으로 관료들을 다스렸는데, 그가 자주 사용한 방법은 상으로 관직을 하사하거나 관직을 높여주는 것이었다. 그는 대례복을 하사할 때 '보稬' 자 대신에 '복黼' 자를 새겨 넣어주었고, 부상으로 각종 특산품과 약품, 인삼 등을 하사하며 충성스런 관료들을 표창했다.

옹정제는 관료들의 건강에도 관심이 많았다. 옹정 원년에 호광총독이자 병중에 있던 양종인이 아들 양문건을 무창으로 불러 자신을 돌보게 할 수 있도록 허락해달라는 상주문을 올리자, 즉시 허락해 양종인이 편안한 마음으로 병을 치료하게 했으며, 양문건에게 안찰사 직을 하사하고 의관인 어사 조사영을 파견하여 치료하게 했다.

옹정 3년 7월, 양광총독 공육순이 광동안찰사 송위가 재주를 두루 겸비한 인물이지만 안타깝게도 병이 있다는 상주문을 올렸다. 그의 상주문이 전달되기 전에 옹정제는 이미 송위에게 북경으로 오라는 명을 내렸다.

공육순의 상주문을 받은 옹정제는 즉시 송위에게 북경으로 오지 말 것을 명하고, 공육순을 통해 몸이 좋아지기를 기다려 걸을 수 있게 되면 그때 북경으로 오라는 말을 전했다. 그리고 그가 북경에 오는 동안 건강을 해치지 않도록 배려해주었다. 이는 옹정제가 신하를 아끼고 사랑하는 마음에서 비롯된 것이다. 11월, 공육순이 옹정제에게 송위의 병이 완쾌되었다고 전하자, 그는 매우 기뻐했다.

옹정 8년에 절강안찰사 방근이 섬서부정사에 부임하러 가던 길에 병을 얻었다. 옹정제는 그에게 집으로 돌아가 건강을 돌보도록 했다. 그리고 어의들을 보내 병을 살피게 하고, 그에게 내려진 섬서의 업무를 다른 사람에게 위임했다. 그리고 그가 쾌유를 전해오자 즉시 재임용했다. 방근은 결코 높은 관직에 있는 주요 관료가 아니었지만, 황제가 파견한 어의의 치료를 받는 영광을 누렸다.

옹정제는 관료들의 가족에게도 많은 관심을 가졌다. 진시하는 어떤 사건으로 파면됐는데, 2년 후에 다시 강소순무 직에 오르게 되었다. 그는 운남 사람으로, 팔순의 노모를 돌보며 관직을 수행하고 싶어 했다. 이에 옹정제는 운남순무에게 명하여 진시하의 모친을 강소로 모시게 하고, 이동하는 날짜는 그 모친이 편한 날로 정하여 이동하면서 언제든지 쉬어도 되며 역참에 제한을 두지 말 것을 특별히 지시했다. 이처럼 황제의 총애를 받은 진시하는 최선을 다해 일했다. 그리고 황제는 조금도 숨기지 않고 말했다.

"짐이 진시하를 임용한 것은 그가 조정을 위해 최선을 다해 일하도록 하기 위함이다. 그리고 백발의 노모가 수천 리 밖에서 아들을 걱정하는 모습을 차마 두고 볼 수 없었다."

옹정제와 건륭제 시절의 문학가인 원매는 옹정제가 신하들에게 보여준 관심과 관련된 이야기를 쓴 적이 있다. 잠시 그 이야기를 살펴보자.

옹정제는 이진을 협판대학사로 임명하면서 그의 아들 이계선도 총독으로 임명했다. 이계선의 생모 서 씨는 이진의 첩이었는데, 아들의 직위가 봉강에 이르자 그녀 역시 본처와 같은 대우를 해주었다. 하루는 이계선이 황제를 알현하면서 생모를 위해 청을 하려고 했다. 하지만 옹정제는 그가 말하지 않아도 이미 생각하고 있었다며, 생모의 일에 관해서는 집에 돌아가면 알게 될 것이라고 했다.

한편 집으로 돌아온 이진은 아들이 자신에게 먼저 청하지 않고 황제에게 청하여 황제의 은혜로 아비를 누르려고 한다며, 지팡이로 마구 때렸다. 서 씨가 무릎을 꿇고 용서를 빌자 그제야 이진은 매를 거두었다. 이 이야기를 들은 옹정제는 즉시 궁녀 4명을 보내 서 씨 부인을 단장시키고, 그녀에게 1품 부인에 봉하는 내각학사의 어지를 받으라 했다. 그리고 이진에게 명하여 가장 먼저 서 씨 부인에게 예를 갖추게 했다. 이러한 방법으로 옹정제는 이계선에게 은혜를 베풀어주었다.

장정옥은 옹정제가 가장 믿고 중요하게 생각하는 신하였다. 옹정제는 장정옥에게 많은 사례금을 하사하며 그에 대한 총애를 보여주었다. 옹정 5년에 옹정제는 그에게 3만 5,000냥의 가치를 가진 전당포를 하사했다. 그리고 옹정 8년에 또다시 은 2만 냥을 내렸지만 장정옥이 이를 거절하자 "대신들 중 제일공신이니 더 이상 사양하지 말고 어서 받도록 하라."고 했다.

자신의 건강이 좋지 않을 때마다 옹정제는 밀서를 내려 장정옥에게 대신 일을 보게 했고, 일을 마치고 나면 옹정제는 그의 일 처리에 탄복했다. 사실 이친왕 윤상이 죽고 악이태가 군기처에 오기 전에 장정옥은 모든 대신들 중에서 옹정제가 가장 신임하던 사람이었다. 옹정제는 일찍이 친히 '찬유석보贊猷碩補'를 적은 현판을 장정옥에게 내려 그를 표창했다.

옹정 11년, 옹정제는 나랏돈 만 냥을 내어 장정옥의 부친 장영을 위해 고향에 사당을 지어주었고, 장정옥이 고향에 제사를 지내러 떠나기 하루 전에 옥으로 만든 여의(장식품의 일종으로 길상을 상징한다)를 주며 그의 복을 빌었다. 그리고 의복과 모피, 인삼, 서적 등 50여 종의 물품을 하사했다.

《고금도서집성》은 64부만 있었는데, 그중 장정옥에게 2부를 하사했다. 장정옥이 북경으로 다시 돌아올 때 옹정제는 내무부 대신들에게 명하여 호구교까지 마중을 보냈고, 그에게 술과 음식을 내렸다. 그리고 '천은춘호탕, 문치일광화天恩春浩蕩, 文治日光華'가 쓰인 주련(한 쌍의 대구의 글귀를 종이나 천에 쓴 것)을 하사했다. 이 주련은 옹정제와 장정옥의 군신관계를 비유해 쓴 것이다. 장 씨 가문은 황제에게 그것을 하사받은 이후 매년 설날이 되면 그것을 문에 걸었다. 이 주련을 거는 풍습은 훗날 민가에서 그대로 답습했는데, 이는 황제를 찬양하고 은혜 입기를 바라는 마음을 나타낸 것이다.

장정옥과 악이태는 옹정제의 총애를 받은 신하들이다. 하지만 두 사람이 똑같은 대우를 받은 것은 아니었다. 악이태는 옹정제에게 중용된 이후 강직한 모습으로 충심을 다하고 과감하게 행하며 책임지면서 큰 포부를 가지고 세상을 위해 일하여 역사에 이름을 남긴 인물이다. 한 사람은 청렴결백하게 일을 하는 사람이고, 한 사람은 끊임없이 노력하는 사람이다. 하지만 두 사람 모두 옹정제에게 충성을 다하는 사람들이었다. 옹정제 역시 그들을 잘 다루어 가진 재능을 제대로 발휘할 수 있게 했다. 그리고 이는 옹정제가 한 가지 방법으로만 인재를 등용하지 않는다는 그의 사상을 잘 보여주는 대목이라고 할 수 있다.

높은 직위에 있는 많은 인물들은 한두 번 본 부하들이라 하더라도 이름을 반드시 기억해야 한다. 계단이나 문 앞에서 그들을 만났을 때 웃으며 이름을 불러주면 아랫사람들은 깜짝 놀랄 것이다. 따라서 인정이 많은 상사는 아랫사람들의 추대를 받기 마련이다.

오기는 전국시대의 저명한 군사가로, 위군魏軍 통사를 맡았을 때 병사들과 동고동락하며 아랫사람들의 깊은 존경을 받았다. 오기가 이렇게 한 목적은 병사들이 전쟁에서 그를 위해 목숨을 바쳐 싸워 승리를 거두게 하기 위해서였다. 결국 그는 큰 전과를 올렸고, 그의 작위도 높아졌다. 한번은 어떤 병사에게 농창이 생겼는데, 당시 그 군대의 총사였던 오기가 직접 자신의 입으로 피고름을 빨아냈다. 모든 병사들이 그의 행동에 감동을 받았지만 그 소식을 들은 병사의 모친은 그저 하염없이 눈물을 흘렸다. 어떤 사람이 이상하게 여겨 그 연유를 물었다.

"당신의 아들은 일개 병사에 불과한 데도 장군이 직접 피고름을 빨아내어 치료했는데 어째서 우는가? 아들이 장군의 사랑을 받았으니 이는 가문의 영광이 아닌가!"

그러자 모친이 대답했다.

"이것이 어디 우리 아들이 총애를 받는다는 증거란 말입니까? 분명 아들은 그를 위해 목숨을 바칠 것입니다. 예전에 오 장군께서 남편의 피고름을 빨아낸 적이 있습니다. 그 결과 전쟁이 일어났을 때 남편은 앞장서서 싸우다 결국 목숨을 잃고 말았습니다. 지금 오 장군이 아들에게 똑같이 했는데, 이를 보아 아들 역시 오래 살지 못할 것입니다!"

사람은 정이 있는 동물이다. 이처럼 병사를 자신의 아들처럼 아낀다면 어떤 병사들이 목숨 걸고 싸우지 않겠는가!

빠져나갈 길을 열어 두라

옛 사람들은 나라를 통치하는 것은 수신修身하는 것과 마찬가지며, 수신의 도道의 핵심은 바로 마음을 수양하는 것이고, 나라를 다스리는 핵심은 현명한 인재를 등용하는 것이라고 했다.

마음을 수양하는 것은 건강하게 오래 살기 위함이지만 인재를 등용하는 것은 나라를 오랫동안 평온하게 다스리기 위함이다. 따라서 군주를 보좌하는 대신들은 집을 떠받치고 있는 대들보와 마찬가지다. 대들보가 작고 가늘면 안 되는 것처럼 임금을 보좌하는 대신들이 너무 부드럽고 약해서는 안 된다. 대들보가 가늘면 집이 무너지는 것처럼 대신들이 나약하면 국가 역시 무너지게 될 것이다.

중국 고대 제왕들의 통치와 관련된 서적인 《제감》에서는 신하들을 어떻게 다스려야 하는지에 대해 언급하고 있다. 관리를 임용하고 파면시키는 원칙은, 바로 정직한 군자를 임용하고 간사한 소인배는 파면시켜야 한다는 것이다.

옹정제는 이에 대해 몸소 깊이 느낀 바가 있어 다음과 같이 자신의 생각을 밝혔다.

"나라를 다스림에 있어 정직하고, 능력 있는 관료들을 임명해야 하고, 품행이 바르지 못한 소인배는 면직시키거나 멀리 보내야 한다. 그래야만 나라가 평안할 것이다. 대들보는 항상 곧고 튼튼한 목재를 사용해야 하는 것처럼 보국의 대신들 역시 품행이 곧은 인재야말로 어질고 재능이 있는 사람이라고 말할 수 있다. 곧은 목재를 깊은 산중에서 찾을 수 있는 것처럼 강직한 인재들 역시 때때로 지위가 낮은 보통 백성들 중에 있을 수 있다. 그러므로 군주는 현명하고 능력 있는 자를 뽑기 위해서는 반드시 많은 백성들 중에서 찾아야 한다. 재능이 있으면서도 그것을 펼칠 기회를 만나지 못한 사람이 백성들과 함께 어울려 살 수도 있고, 뛰어난 재능을 가졌지만 아직 임용되지 못한 사람이 있고, 충성스럽고 현명하지만 지방관리의 추천을 받지 못한 사람이 있고, 깊은 산속에 은거하며 자신의 뜻을 펴는 사람이 있고, 황제에게 충성스러우나 간사한 무리들의 음해를 받은 사람이 있다. 현군인 요제는 숨어 있는 선비를 중용했고, 상탕은 재능을 가진 사람들을 모집했으며, 주공은 지위가 낮은 사람들 중에서 현명한 인재를 찾았다. 결국 이들은 자신들이 필요로 하는 뛰어난 인재들을 찾아 그들의 보좌를 받으며 태평하게 나라를 다스렸다. 군주는 항상 귀한 상을 내려 공신들을 격려해야 하고 관직을 만들어 현명한 자들을 불러 모아야 한다. 군주는 인재를 모아야 하며 숨어 있는 인재를 불러오는 데 재물을 아끼지 말아야 한다. 그래야만 비로소 천하의 인재들을 모을 수 있고 간사한 자들을 멀리 쫓을 수 있다."

옹정제는 나라는 다스리는 데 곧고 바른 인재가 필요하다고 말했다. 또한 옹정제는 이렇게 생각했다.

"만약 나라가 필요로 하는 인재를 잘 보살피지 않거나, 잘 보살핀 사람들이 국가가 필요로 하는 인재가 아니거나, 재물을 중시하며 아첨을 잘하는 소인배를 중용하거나, 충직한 자를 멀리 쫓아버리거나, 인재를 등용하는 데 예를 다하지 않는다면 어찌 현명한 인재를 찾아 나라를 잘 다스릴 수 있단 말인가? 만약 국가가 어려움에 처하여 나라가 어지럽고 백성들이 편히 살 수 없다면 이는 군주가 현명한 인재를 등용하지 않았기 때문이다. 현명한 인재를 등용하지 않았는데 나라가 평온하거나, 현명한 인재를 등용했는데 나라가 오랫동안 어지러운 적은 지금까지 한 번도 없었다."

많은 사람들은 옹정제가 인정사정없이 적수를 공격했기 때문에 인재를 등용할 때도 편견을 가졌을 거라고 생각한다. 하지만 이러한 생각은 잘못된 것이다.

사실 옹정제는 재위 기간 동안 자신과 다른 정책과 견해를 가진 사람들이 정치적 투쟁과 관련이 없는 자들이라면 내치지 않았을 뿐 아니라, 예전처럼 등용하고 신임했다.

주식은 강희 말년에 좌도어사를 지낸 인물로, 옹정제가 즉위하자 태자태부에 봉해졌고, 옹정 2년(1724년)에 이부상서를 겸했다. 황제는 그의 보좌를 받으며 나라를 잘 다스리기를 희망했다. 하지만 주식은 옹정제의 이러한 뜻을 저버리며 황제의 몰수정책에 반대했다.

그럼에도 옹정제는 옹정 3년(1725년)에 그를 대학사에 임용하여 홍력 등 황자들을 가르치게 했다. 이후 그는 또다시 서북 지역의 용병에 반대했는데, 전하는 말에 따르면 자신의 지위가 불안함을 알고 건강상의 이유를 들어 퇴직을 자처하자, 옹정제는 그를 만류하며 뜻을 굽히지 말라고 했다. 그는 감격의 눈물을 흘리며 옹정제가 죽을 때까지 더 이상 자신의 뜻을 굽히지 않았다.

그는 옹정제의 정책에 반대하는 이유를 조목조목 진술하며 사법의 가혹함과 황무지 개간의 폐해를 질책했다. 그리고 병으로 죽을 때까지도 황제의 뜻에 반대하는 상주문을 올렸다.

태원 지부금 역시 옹정제의 몰수정책에 반대했다. 하지만 옹정제는 그를 광서안찰사에 임명하고 곧이어 순무 직에 발탁했다. 그는 지방관 임용의 합리화를 위해 옹정에게 주·현을 요충지, 번화한 곳, 어려움이 많은 지역, 중요한 곳 등으로 나누어 각 상황에 따라 관리를 임용해야 한다고 제안했다. 그리고 옹정제는 그의 건의를 받아들였다. 또한 그도 옹정제의 신임을 받으며 충성을 다했다.

시랑 심근사 역시 황제의 정책에 반대한 인물이지만, 옹정제는 그를 여전히 중용했으며 시#도 하사했다. 심근사는 숭불정책에 반대했지만 옹정제는 이에 개의치 않았다. 그가 죽은 후에도 그를 예부상서, 태자소부에 봉하고 관리를 파견하여 제사에 참석시켰으며, 어린 아들을 위해 사람을 파견해 장례를 돕도록 했다.

몰수정책에 반대한 또 한 사람으로는 어사 유찬이 있었다. 옹정제는 처음에 그가 사심이 있다고 생각하고 형부낭중으로 좌천시켰다. 하지만 사심이 없다는 것을 알고 복건의 정장도汀漳道로 승격시켰다. 옹정 5년(1727년)에 그는 장주부와 속현에 양식이 부족했기 때문에 순무를 고발했지만, 그 고발문서는 부현에서 더 이상 위로 전해지지 않았다. 이 사실을 안 그는 너무 화가 나서 머리로 벽을 부수었다. 이에 복건 육로의 제숙 정사걸은 그가 경박한 행동을 하며 체통을 지키지 않았다고 탄핵했지만, 옹정제는 오히려 그를 보호해주었다. 옹정제는 "그가 은혜에 보답하기 위해 잠시 예를 잊은 것 뿐이며, 맡은 소임에 최선을 다하려다 그랬으니 잘못한 것이 없다."라고 했다.

옹정 7년(1729년), 이원직은 감찰어사로 재임하는 8개월 동안 수십여 편의 상주문을 올렸다. 첫째는 만한의 대학사 등을 질책하는 내용이었다.

"조정에 '예'라 답하는 자는 있으나, '아니오'라고 답하는 자는 없으며, 요와 순과 같은 임금은 있는데 고皋와 기夔 같은 신하가 없습니다."

이는 조정에 찬성만 있을 뿐 논쟁이 없다는 뜻으로, 겉으로는 조정대신들을 질책하는 것이었으나, 실제로는 황제를 향한 말이었다.

옹정제가 그에게 말했다.

"고와 기 같은 신하들이 없는데 어디에 요와 순 같은 군주가 있겠는가?"

옹정제는 그에게 악의가 없다는 것을 알았기에 위로해주었다.

"이후로도 조금도 두려워하지 말고 이야기하라."

그리고 마침 광동에서 조공으로 바친 리즈(희귀한 열대과일로 양귀비가 좋아했던 것으로 유명하다)가 도착하자, 옹정제는 그것을 하사하며 그의 정직함을 표창했다.

얼마 후 옹정제는 대만을 순시하도록 그를 감찰어사에 임명하며 친히 일정을 정해주었다. 이원직이 대만으로 가기 전에 하직인사를 왔을 때 옹정제는 "경이 재물을 탐하지는 않을 것이라고 생각하지만 일을 너무 급히 서두를까 염려된다."라고 했다.

옹정제는 말했다.

"누군가를 위해 관직을 마련하면 결국 국가는 혼란에 빠지게 마련이며, 어떤 관직을 위해 그에 적합한 인재를 뽑는다면 나라는 분명 잘 다스려질 것이다. 또한 인재를 들이는 데 재물을 아끼지 말아야 하며 이것은 결혼과 같은 이치다. 남자가 보낸 예물을 받고 여자가 좋아하는 이유는 그것이 자신의 정절을 표시하기 때문이고, 현명한 인재가 군주의 재물을 좋아하는 이유는 그것이 자신의 명성을 나타내기 때문이다. 군주가 만약 재물을 아까워하지 않고 유능한 인재를 초빙한다면 국가는 자연히 태평성대를 누릴 수 있다. 이처럼 국가를 다스리는 데는 반드시 유능하고 현명한 인재를 선발해야 한다. 그들과 가까이 지내며 파격적으로 임용해야 하지만, 간사한 소인배들은 멀리 내쫓아야 한다. 나라에 황제를 보좌할 수 있는 현명한 인재가 있는 것은 집에 든든한 기둥이 있는 것과 마찬가지다. 이러한 기둥 역할을 하기 위해서는 너무 작거나 약해서도 안 되는데, 이는 관리를 선발할 때 반드시 그에 상응하는 능력을 가진 자를 뽑아야 한다는 뜻이다. 그렇다면 군주는 어떻게 해야 좋은 인재를 뽑을 수 있는가? 우선 사람들 사이에서 찾아야 한다. 곧은 나무가 깊은 산중에 있는 것처럼 곧은 인재도 사람들 사이에 있기 때문이다. 두번째, 군주는 반드시 관직을 정해놓고 사람을 뽑아야 한다. 일찍이 공자가 '대의명분이 옳게 서지 않으면 말도 이치가 맞지 않는다.'라고 한 것처럼 현명한 인재들은 대의명분에 맞게 군주를 보좌하고자 하지, 온갖 수단으로 명예를 추구한다는 말은 듣고 싶어 하지 않는다."

사실 옹정제의 이러한 관점은 일찍이 삼국시대 제갈량이 제시한 것이다. 이뿐만 아니라 제갈량은 "사람을 위해 관직을 마련하면 혼란이 생길 것이고, 관직을 위해 사람을 뽑으면 질서가 잡힐 것이다."라고 했다. 이 말 속에는 깊은 도리가 담겨 있다.

'관직을 위해 사람을 뽑는 것'은 우선 어떤 자리를 마련해두고 백성들에게 국가가 이러한 자리에 쓸 사람이 필요하다고 발표하는 것이다. 그렇게 하면 그 자리를 희망하는 사람들이 서로 경쟁하게 될 것이다. 경쟁은 반드시 공개적으로 이루어져야 한다. 그래야만 설득력을 가질 수 있고 사람들이 공정하게 경쟁에 참여하게 된다. 그리고 공개적인 경쟁을 통해 직위를 얻게 된 사람 역시 떳떳하게 업무를 볼 수 있다. 그렇게 되면 국가통치에 큰 도움이 된다.

'사람을 위해 관직을 마련하는 것'은 결코 안 되는 일이다. 우선 이것은 군주가 어떤 사람의 벼슬길을 위해 관직을 마련했다는 의심에서 벗어날 수 없다. 그리고 백성들을 믿고 따르게 하기 어렵다. 나라의 법도를 위반하고 합법적인 과정을 거치지 않았기 때문에 대중의 인정을 받기도 어렵다. 만약 이러한 자리가 한가한 자리라면 재정만 축낼 뿐이지만, 권력이 큰 자리라면 반드시 국민들을 해치게 될 것이다.

사람의 인품이 어떠한가를 알기 위해서 윗사람들은 한 가지 측면만을 본다. 하지만 이것이 꼭 정확한 것은 아니다. 윗사람에게는 부드럽고 상냥한 말씨를 사용하지만, 아랫사람들에게 흉악하게 말하는 사람도 많기 때문이다. 사람의 마음을 시험하는 것은 또 다른 수단으로 그 사람의 인품을 더욱 자세히 반영하기 때문에 비교적 실용적인 방법이다.

모든 사람들은 각기 장단점을 가지고 있다. 일반적으로 말해 장점이 많으면 단점도 많은 법이다. 그래서 사람을 임용하는 데 한 가지 방법만 추구해서는 안 된다. 사람들은 그 사람의 장점에 따라 모두 자기가 있을 자리가 있다. 많은 사람들 속에는 각자 다른 장단점과 성격을 가진 사람들이 포함되어 있다. 경쟁적인 환경 속에는 많은 불확정적인 요소와 우연들이 내재되어 있어 여러 종류의 인재들이 각기 맞는 곳에서 일할 수 있다.

전체적인 효율을 위해서는 개개인이 서로 부족한 점을 보완할 필요가 있다. 전체의 여러 가지 기능은 모두 각 부분에서 나온 것이다. 각기 다른 기준으로 뽑힌 인재들이 조화를 이루어 단점을 보완한다면 서로의 능력은 더욱 돋보일 수 있다.

인자할 때는 인자하고 엄할 때는 엄하라

"물은 배를 움직일 수도 있고 뒤집어버릴 수도 있다."

옛 선인들은 이 말의 의미를 잘 알고 있었다. 아랫사람을 대할 때 잔뜩 위엄을 세워 질책하기만 하면 반항심을 가질 수 있고, 그렇게 되면 자칫 일을 망칠 수 있다. 하지만 늘 웃는 모습으로 아랫사람을 대해서도 안 된다. 그렇게 하면 지도자의 위엄은 없어지고 아랫사람들은 윗사람에게 조금도 경외심을 가지지 않기 때문이다. 곧 지도자들은 자신의 권력범위 내의 일들을 쉽게 통제할 수 없게 되고, 지도자로서의 역할도 제대로 수행하지 못하게 된다. 어쩌면 상사는 그런 그를 대신할 사람을 뽑는 것을 고민하게 될지도 모른다. 그렇다면 이를 해결할 가장 좋은 방법은 무엇일까? 바로 인자할 때는 인자하고 엄할 때는 엄하게 대하는 것이다. 즉, 당근과 채찍을 적절히 사용하여 아랫사람들을 벌할 때는 따끔히 질책하고 칭찬할 때는 한껏 치켜 세워주란 말이다.

아랫사람을 잘 관리하는 것은 지도자가 기본적으로 갖추어야 할 덕목이다. 그래야만 자신의 업무를 잘 수행할 수 있고 이를 통해 발휘되는 업무수행 능력으로 윗사람의 눈에 들 수 있기 때문이다.

옹정제는 자신에게 해가 되는 사람이나 일을 무척이나 증오했다. 그 때문에 보통 신하들은 그와 좋은 관계를 맺기 힘들었다. 하지만 옹정제는 항상 먼저 손을 내밀어 그들과의 거리를 좁혔고, 그 과정에서 상대방에 대한 많은 관심과 애정을 보여주었다.

유가 사상에 조예가 깊었던 옹정제는 신하들에게 항상 '정치를 펼쳐 백성들을 편안하게 대할 것'을 강조했다. 그 대표적인 예가 바로 옹정 2년(1724년), 예무^{豫撫} 석문작이 올린 상주문에 남긴 비답이다.

"옛말에 백 마디 말은 한 걸음 실천만 못하다는 말이 있다. 이처럼 말에는 반드시 실천이 뒤따라야 한다. 오랜 세월 동안 하급관리 직에 익숙해지면 봉강^{封疆}의 중책을 맡을 수 없다. 그러니 포부를 크게 하고 바른 뜻을 세우며 아부를 멀리하여 그 직책을 욕되게 하지 않아야 한다."

옹정제는 공자의 가르침을 이용하여 언행이 일치하지 않는 그의 단점을 꼬집었던 것이다. 한번은 석문작이 백련교 사건을 조사하여 상주문을 올린 적이 있었는데 옹정제는 그에게 이런 비답을 내렸다.

"흐르는 물을 막지 않으면 그 물이 흘러 강이 된다. 그래서 성인들은 모든 일을 미연에 방지하고자 했던 것이다. 만약 일찍 그것을 없애지 않으면 그 피해는 더 커질 것이 불 보듯 뻔하다. 그러니 이 일은 결코 가볍게 넘겨서는 안 된다. 첫째, 그곳의 풍속을 바로잡아 깨끗하게 하고, 둘째, 바르지 못한 것은 억누르고 바른 것은 떠받들어 아직 일어나지 않은 재난을 미리 없애도록 하라."

산동순무 악준이 밭농사 법을 가르치기 위해 광동으로 갈 농부의 여비와 그 가족들의 상황을 보고하자 옹정제는 "맹자께서 농부는 아홉 사람을 먹여 살린다고 했다. 모든 식구들이 한 사람에게만 의지했는데 그 사람이 오늘 집을 떠나니 그에게 은자를 주어 채비를 하게 하고, 가족들이 생활하는 데 부족함이 없도록 하라."고 명했다.

옹정 7년(1729년) 6월 4일, 광서순무가 황제께 상주문을 올리고 받은 비답은 이랬다.

"짐이 이렇게 편안하고 건강하게 사는 이유는 모두 조상들이 돌봐주신 덕분이다. 시경에 '덕을 보답하면 하늘은 잊지 않는다.' 라는 말이 있다. 짐이 그것을 여러 번 반복해서 읽으니 느끼는 바가 더욱 크다."

이처럼 옹정제는 상주문들을 꼼꼼하게 읽어보았으며 상대방의 마음도 세심히 살폈다. 때때로 상대방에게 무한한 정과 관심을 보이기도 했는데 이것은 봉건사회에서 결코 흔하지 않은 일이었다.

삼국시대의 제갈량은 현명한 재상으로 이름이 나 있었다. 문무를 모두 겸비했던 그는 사람들과도 잘 어울려 많은 사람들에게서 사랑을 받았다. 오·촉 동맹이 매우 불안한 상황에서 주유는 "하늘은 이 주유를 낳으시고 어찌 또 제갈량을 낳으셨단 말인가."라는 한탄과 함께 죽음을 맞이했다.

오·촉 동맹은 완전히 분열을 맞게 됐다. 하지만 제갈량은 친히 주유를 조문하고 눈물을 쏟으며 진심이 담긴 추도사를 읽어 내려갔다. 그의 진심에 주변의 병사들은 모두 감동의 눈물을 흘릴 수밖에 없었다. 아울러 이러한 상황에서 주유가 제갈량으로 인해 죽었다고 생각할 사람은 아무도 없었다. 오히려 사람들은 그의 우정에 경탄해 마지않았다. 제갈량은 바로 이 방법을 통해 자신을 지켰을 뿐만 아니라 오·촉 동맹도 지켜낸 것이다.

제갈량이 눈물을 머금고 마속의 목을 벤 부분에서 우리는, 처음엔 악역을 맡았지만 이후에는 선한 인물로 분한 그의 모습을 볼 수 있다. 즉, 처음엔 채찍을, 나중에는 당근을 주는 전형적인 예가 바로 그것이다.

기원전 228년, 군대를 이끌고 북벌에 나선 제갈량은 천수天水, 남안南安, 안정安定 세 지역을 신속하게 공격했다. 제갈량이 강유의 항복을 받아내자 관중 일대는 모두 놀라움을 금치 못했다. 이 상황에서 제갈량은 마속을 파견하여 가정街亭을 지키고 위군의 침략을 막도록 명령했다. 하지만 병서를 너무 많이 읽어 교만했던 마속은 제갈량의 계책을 따르지 않았고 급기야 대패하고 말았다.

제갈량은 급히 군사를 돌려야 했고, 결국 첫 번째 북벌은 실패로 끝나고 말았다. 가정에서 참패한 마속은 군법에 따라 참수를 당해야 했다. 마속과 절친했던 제갈량이었지만 모질게 마음먹고 그를 죽이라는 명령을 내렸다. 하지만 법이 집행된 이후 제갈량은 친히 그를 조문하여 가슴 뭉클한 제문을 써서 병사들을 감동시켰다.

한나라의 승상이라는 높은 지위에 있었던 제갈량은 법을 집행할 때는 사사로운 정에 얽매이지 않아야 했다. 그러지 않으면 위엄을 지키기 어려웠고 신하들을 따르게 하기 힘들기 때문이었다.

하지만 개인적인 측면에서 보면 제갈량과 마속은 두터운 우정으로 맺어

진 사이였다. 그럼에도 불구하고 가차 없이 법을 집행하면 사람들은 제
갈량을 인정 없는 사람으로 여길 것이고, 부하들은 작은 실수에도 벌을
받을까 두려워하여 결국 그를 멀리하게 될 게 뻔했다.

이런 상황에서 제갈량이 택한 방법은 그야말로 탁월했다. 직접 마속을
조문하여 눈물을 흘리며 애절한 추도사를 읽음으로써 자신에게 돌아올
비난의 화살을 모두 피한 것이다. 아울러 이 일로 인해 병사들은, 제갈
량은 원래 정이 깊은 사람이지만 군법을 지키기 위해 어쩔 수 없이 마속
을 죽였다고 생각하게 되었다. 나아가 사사로운 정에 얽매이지 않는 그
의 강직한 성품을 더욱 칭송하게 된 것이다. 이처럼 한편으로는 엄격한
법집행을 통해 자신의 위신을 지키면서 사람들의 인심을 잃지 않았던
제갈량은 그야말로 두 마리 토끼를 다 잡은 셈이었다.

실생활 속에서도 옹정제와 제갈량처럼 처음에는 악역을 맡았다가 나
중에는 선한 모습을 보이는 방법을 사용해도 좋을 것이다. 이렇게 하면
일 처리를 공정하게 하면서도 인정을 잃지 않을 수 있다.

뛰어난 통치력과 근면성실함으로 태평성대의 기틀을 마련했으나, 오
명에 가려져 그 치적을 제대로 평가받지 못했던 옹정제.

그의 행보에 잔인한 면들이 있는 건 사실이나 살신성인의 자세로 백
성을 돌보기 위해 노력하는 훌륭한 군주였으며, 부패를 다스리기 위해
엄정한 정치를 펼친 뛰어난 개혁가였다.

이제 옹정제를 재평가해야 할 시점이 왔다. 건륭제가 태평성대를 이
룰 수 있도록 토대를 세워준 옹정제처럼 현 시대를 살아가는 우리에게
는 그가 가진 지도자로서의 혜안과 탁월한 지략, 참된 개혁정신을 본받

아 후세를 제대로 이끌어갈 책임과 의무가 있다.

21세기의 지도자들은 의義로 천하를 다스린 개혁군주 옹정제의 장점만을 취하여 더 나은 미래를 만들어가는 데 심혈을 기울여야 하겠다.